中小学体育教学法理论与实务

周奕君　郭　强　主编

中国原子能出版社

图书在版编目（CIP）数据

中小学体育教学法理论与实务 / 周奕君，郭强主编
. --北京：中国原子能出版社，2020.7
ISBN 978-7-5221-0732-5

Ⅰ．①中… Ⅱ．①周… ②郭… Ⅲ．①体育课－教学
法－中小学 Ⅳ．①G633.962

中国版本图书馆 CIP 数据核字（2020）第 138679 号

内 容 简 介

本教材在继承了前人不同时期出版的"体育教学法"和"体育教材教法"等教材优点的基础上，吸收了国内外中小学体育教学的先进理论和实践内容。本教材着眼于当前培养体育教育专门人才的实际需要，注重理解"运动能力"、"健康行为"、"体育品德"的体育与健康学科核心素养，注重实施结构化的体育与健康知识与技能教学，坚持继承与发展、改革与创新，从本科教学实际出发，突出教学性、针对性、实用性、科学性、先进性、时代性，力求从教材体系和专业发展，教学内容、手段与方法掌握上进行改进、提炼、拓展。

中小学体育教学法理论与实务

出版发行　中国原子能出版社（北京市海淀区阜成路 43 号　100048）
责任编辑　张　琳
责任校对　冯莲凤
印　　刷　三河市铭浩彩色印装有限公司
经　　销　全国新华书店
开　　本　787mm×1092mm　1/16
印　　张　23.5
字　　数　421 千字
版　　次　2021 年 4 月第 1 版　2021 年 4 月第 1 次印刷
书　　号　ISBN 978-7-5221-0732-5　　定　价　98.00 元

网址：http://www.aep.com.cn　　E-mail：atomep123@126.com
发行电话：010－68452845　　　版权所有　侵权必究

前　言

中小学体育教学法在学校体育教育中具有重要的地位与作用,是中小学实施体育与健康课堂教学的基础理论和基本依据,也是体育院校体育教育本科专业学生必修课程之一。本书《中小学体育教学法理论与实务》根据《义务教育体育与健康课程标准(2011 年版)》与《普通高中体育与健康课程标准(2017 年版)》(以下简称"课程标准")的要求,坚持落实"立德树人"的根本任务和"健康第一"的指导思想,致力于促进体育教育本科专业学生能够有效掌握中小学体育与健康课堂教学的基础知识和实施技能。

本书在继承了前人不同时期出版的与"体育教学法"和"体育教材教法"相关的教材优点的基础上,吸收了国内外中小学体育教学的先进理论和实践内容。本书着眼于当前培养体育教育专门人才的实际需要,注重培养具备"运动能力""健康行为""体育品德"的体育与健康学科核心素养,注重实施结构化的体育与健康知识与技能教学,坚持继承与发展、改革与创新,从本科教学实际出发,突出教学性、针对性、实用性、科学性、先进性、时代性,力求从教材体系和专业发展,教学内容、手段与方法掌握上进行改进、提炼、拓展。

本书在编写过程中参阅并借鉴了众多专家学者的研究成果以及优秀教师的成功经验,在此一并致以衷心感谢! 对于书中所引用的论著,对其作者表示衷心的感谢! 对于在本书中所引用但由于疏漏未一一注明的成果或观点,在此表示歉意,并同样表示感谢!

由于编者水平和能力有限,编写过程中难免存在不妥之处,恳请体育教育界的同仁及读者朋友们批评指正。

编　者
2020 年 2 月

目　录

第一篇　中小学体育教学法的基础理论

第一章　中小学体育教学法概述 ……………………………………… 1
　　第一节　中小学体育教学法的概念与相关理论 ………………… 1
　　第二节　中小学体育教学法的特点 ……………………………… 9

第二章　中小学体育教学法的理论依据 …………………………… 13
　　第一节　科学与人文融合的体育教学原理 ……………………… 13
　　第二节　科学与人文融合的体育教学规律 ……………………… 14
　　第三节　体育教学的基本原则 …………………………………… 19

第三章　中小学体育健康课程与体育教学 ………………………… 24
　　第一节　体育课程与体育教学的关系 …………………………… 24
　　第二节　中小学体育健康课程基本要点 ………………………… 28
　　第三节　中小学体育健康课程学习评价 ………………………… 38
　　第四节　中小学体育教学目标 …………………………………… 43
　　第五节　中小学体育教学计划 …………………………………… 49
　　第六节　中小学体育教学模式 …………………………………… 63

第四章　中小学体育与健康课的课堂教学 ………………………… 71
　　第一节　中小学体育与健康课的概念与特点 …………………… 71
　　第二节　中小学体育与健康课的类型和结构 …………………… 72
　　第三节　中小学体育与健康课的密度 …………………………… 80
　　第四节　中小学体育与健康课的运动负荷 ……………………… 86
　　第五节　中小学体育与健康课堂教学 …………………………… 94

第五章　中小学体育教学方法 ……………………………………… 101
　　第一节　体育教学方法概述 ……………………………………… 101
　　第二节　体育教授方法 …………………………………………… 107

　　　第三节　体育学习方法…………………………………………… 120
　　　第四节　合理运用体育教学方法的原则………………………… 124

第二篇　中小学体育教师职业技能

第六章　中小学体育教学设计技能…………………………………… 129
　　　第一节　中小学体育教学设计概述………………………………… 129
　　　第二节　中小学体育与健康课程教案概述……………………… 136
　　　第三节　中小学体育与健康理论课教案编写…………………… 140
　　　第四节　中小学体育与健康实践课教案编写…………………… 151

第七章　中小学体育与健康课堂施教技能………………………… 178
　　　第一节　中小学体育与健康课堂常规和礼仪…………………… 178
　　　第二节　中小学体育与健康课口令……………………………… 181
　　　第三节　中小学体育与健康课口哨……………………………… 189
　　　第四节　中小学体育与健康课肢体语言………………………… 193
　　　第五节　中小学体育与健康课队列队形………………………… 199

第八章　中小学体育与健康课评课技能…………………………… 209
　　　第一节　中小学体育与健康课评课概述………………………… 209
　　　第二节　中小学体育与健康课评课类型………………………… 211
　　　第三节　中小学体育与健康课评课内容与指标………………… 213
　　　第四节　中小学体育与健康课评课程序与方法………………… 222

第九章　中小学体育与健康说课与模课技能……………………… 229
　　　第一节　中小学体育与健康说课概述…………………………… 229
　　　第二节　中小学体育与健康说课内容…………………………… 235
　　　第三节　中小学体育与健康说课案例…………………………… 238
　　　第四节　中小学体育与健康模课概述…………………………… 248
　　　第五节　中小学体育与健康模课的流程与评价………………… 250
　　　第六节　中小学体育与健康模课案例…………………………… 255

第三篇　中小学体育与健康教材教法实例

第十章　发展身体素质教材教法…………………………………… 261
　　　第一节　发展力量素质…………………………………………… 261
　　　第二节　发展速度素质…………………………………………… 264

目　录

第三节　发展耐力素质……………………………………… 265

第四节　发展柔韧素质……………………………………… 268

第五节　发展灵敏素质……………………………………… 271

第十一章　田径运动教材教法……………………………… 274

第一节　跑…………………………………………………… 274

第二节　跳跃………………………………………………… 286

第三节　投掷………………………………………………… 298

第十二章　球类运动教材教法……………………………… 303

第一节　篮球………………………………………………… 303

第二节　排球………………………………………………… 312

第三节　足球………………………………………………… 329

第十三章　体操运动教材教法……………………………… 338

第一节　徒手体操…………………………………………… 338

第二节　器械体操…………………………………………… 340

第三节　技巧………………………………………………… 345

第十四章　武术运动教材教法……………………………… 349

第一节　武术教学概述……………………………………… 349

第二节　武术基本动作……………………………………… 351

参考文献……………………………………………………… 366

第一篇 中小学体育教学法的基础理论

第一章 中小学体育教学法概述

第一节 中小学体育教学法的概念与相关理论

一、中小学体育教学法的概念

体育教学法的研究主要涉及整个体育教学的理论和实践,有关教学过程、教学原则、教学内容、教学组织、教学方法、教学评价等。简而言之,体育教学法是关于体育教与学的理论与实践,研究的是体育教学中的教与学的关系、教与学的条件、教与学的操作等问题。狭义的中小学体育教学法是指以中小学体育教材为依据,探讨在体育教学过程中,如何正确处理教师、学生、教材、教法手段之间的关系,充分发挥教师的主导作用和学生的主体作用,优化体育教学任务的方法。

中小学体育教学法是师范类体育教育专业的必修课程,是在学生理解和掌握体育运动专业技能和技术的基础上,专门针对中小学体育教学开设的课程。

中小学体育教学法是以中小学体育与健康课程标准和体育教材为研究对象的分科教学法。它探讨在体育教学过程中,如何协调运作好体育教学目标、教学内容与方法、人际关系、传播媒介之间的关系,对教师与学生正确运用及掌握基础理论知识技能和方法具有积极的作用,并以此来充分发挥调动教师和学生的能动性,较好地完成体育教学任务。

二、中小学体育教学法的目的

体育教学法是将体育教材、体育教法与学生实际相结合的教学方法。其教学目的是：使体育教育专业的学生掌握和运用体育教学的基本理论与方法，加强教学基本功和教学技能的训练，熟练地掌握中小学体育教材的内容，科学地分析和处理教材，找出教材的重点和难点，根据教学对象的实际选择合理的教法，在正确的体育教学思想指导下提高教学水平。

中小学体育教学法对教师来说，既是体育教学技巧的表现，也是一种教学艺术。作为一名合格的体育教师，只有一般的体育知识和某些业务专长是不够的，还必须具有高尚的思想品德、广博的知识、熟练的运动技能、高效的组织才能、生动的口才和表现力、较强的业务工作能力和较高的文化素养，能够根据教学对象的特点采取有效的教学步骤，巧妙地、恰当地把知识和技能传授给学生，而这一切均建立在体育教学法的基础之上。

三、中小学体育教学法的课程内容和任务

(一)中小学体育教学法的课程内容

中小学体育教学法的内容主要分为理论和实践两部分。

理论部分：主要了解与中小学体育教学法相关的知识；掌握中小学体育教案的编写及设计；了解中小学体育教研活动的形式与内容；掌握中小学体育教学方法及了解体育教学模式；了解体育教学中的技巧和艺术。

实践部分：以中小学体育教材为基础，结合教学观摩、试讲、说课、模拟上课等内容，对中小学体育教学有全面的了解。

(二)中小学体育教学法的课程任务

中小学体育教学法的课程任务是研究体育教育专业的学生应如何面对体育与健康课程改革的新任务、迎接新挑战，如何掌握体育教材内容、改革教学方法，如何更快地转变教育思想、适应改革与发展的要求，从而不断提高教学质量和教学水平，为成为一名合格的体育教师打下扎实的基础。

教学任务具体如下。

(1)通过本课程的学习，使学生正确理解学校体育教育在教育和国民体育中的地位与作用，明确学校体育教育的目的、任务及其重要意义；贯彻体

育与健康课程标准,科学地选择教学内容和方法,合理地运用教学原则,以及提高学生对体育的认识。

（2）激励学生努力钻研体育与健康课程标准和教材内容,熟练地掌握体育与卫生保健的基础知识和基本技能,能根据不同教学对象的特点确定相应的教学重点和难点,熟悉教材的教学步骤,提出教学的基本要求,掌握和合理地运用教学技能、教学方法及组织方法,从而达成体育与健康课程的目标。

（3）培养学生语言表达、动作示范、文字表述、教学组织、自学和科研等方面的能力,并提高学生在掌握技能过程中对各种矛盾与困难的分析能力和灵活运用教法的能力,培养学生驾驭课堂的能力,使学生既熟悉教法,又具备指导中小学生选择学法的能力。

（4）指导学生学会将教学理论知识结合到体育教学的实践中去。从教育思想上、知识底蕴上、实践经验上,为今后学生在体育教学方法的改革和创新上创造条件,打下基础。

四、中小学体育教学法的研究对象

体育教学法的研究对象主要是体育教学过程中教师、学生、教材和教学手段四个要素,以及它们在教学过程中的相互关系、由这种关系引起的矛盾和解决这些矛盾的规律。

（一）体育教师（教的主体）

1. 体育教师的作用

体育教师在体育教学过程中起主导作用,主要体现在贯彻中小学体育与健康课程标准、钻研体育教材并根据学生的特点通过科学的方法把知识和技能传授给学生,教会他们自己学习,自己锻炼,促进学生身心健康全面发展,推进思想品德教育。

因此,作为一名体育教师,首先要忠诚于人民的教育事业,热爱教学工作,热爱学生并应具有广博的知识,要掌握教育学、心理学、体育学的基础理论以及与体育关系密切的边缘学科的理论,并能用来指导实践。

2. 体育教师的工作任务

体育教师工作的多样性,工作对象的复杂性,教学过程及教学手段的特殊性,决定了体育教师的工作任务繁重而复杂,包括以下几个方面。

(1)完成体育教学工作。

(2)组织课外体育活动。

(3)培养体育特长生,带领学校运动队训练。

(4)策划和组织学校运动竞赛。

(5)开发体育课程资源。

(6)建设校园体育文化。

(二)学生(学的主体)

学生在体育课堂上是学习的主体。他们不仅性别、年龄不同,生理、心理特点也是各有差异。在教学中,学生的认识过程虽然是在教师指导下进行的,但是学生学习、锻炼的主动性和积极性是学习的内因,决定着他们学习、掌握知识及技能的可能和限度。教师的教是外因,外因必须通过内因而起作用。因此,学生知识的增长,技能的形成,体质的增强,思想感情及意志品质的培养,都要通过学生自己的积极思考和实践活动才能达到。如果没有学生的主动性,教学就会失败。

(三)教材(客体)

中小学体育与健康教材是依据课程标准和本地区实际而编写,是为实现体育与健康课程目标所选择的具体教学素材的总和,是体育教学的内容,也是完成教学任务的主要依据。体育教材被习惯称作教学内容。

体育教学内容是体育教学中的要素之一,它不仅制约教师"教"的活动,也影响学生"学"的活动。体育教学内容又是联结教师与学生的"中介和媒体",是师生进行信息交流的重要"纽带"。

过去的体育教学大纲中有明确的教学内容安排,现在体育与健康课程标准根据多维健康观和体育学科的特点,借鉴国际体育课程发展的经验,仅设置了课程目标体系以及运动参与、运动技能、身体健康、心理健康与社会适应四个方面的课程内容,为各地区和学校制订课程实施方案以及教学计划提供明确的指导,保证学生更好地达成学习目标。

《普通高中体育与健康课程标准(2017年版)》规定,作为普通高中必修课程,本课程的内容包括必修必学和必修选学两个部分。必修必学包括体能和健康教育2个模块;必修选学包括球类运动、田径类运动、体操类运动、水上或冰雪类运动、武术与民族民间传统体育和新兴运动6个运动技能系列模块。每个系列包含若干运动项目,每个运动项目由若干模块组成,每个模块由某一个具体的运动项目中相对完整的若干内容组成,以便学生对所选模块进行较为系统的学练。

根据以上义务教育课程标准和高中课程标准,结合学校实情,可选择不同项目内容作为体育教材。

1. 小学体育教材

根据学生的身心发展特征,小学体育教学的基本目标是使学生打好身体、运动能力和良好品质等方面的基础,培养对体育的兴趣。低年级以发展儿童的基本活动能力为主,中、高年级则使学生既能掌握一定的基本运动技能,又能提高锻炼身体的实效性。其中包括:

(1)体育与健康常识。

这部分理论性教材,教学时通常采用通俗易懂的讲述形式,通过有趣的体育故事,使学生懂得浅显的卫生保健常识,初步形成认识自己身体的意识,帮助学生把学到的常识逐步运用到身体锻炼和生活实践中去。

(2)游戏。

游戏是小学体育教材的主要内容,它是由一定的情节、动作、规则和结果等构成的体育活动。游戏内容丰富,形式活泼,深受学生喜爱。通过游戏,可以全面锻炼学生的身体,促进生长发育,提高活动能力,且能发展学生智力,培养竞争意识和良好的思想品德与作风等。

(3)基本运动。

走、跑、跳、投、攀爬、滚翻、平衡等最基本的身体自然活动,统称为基本运动。通过基本运动的学习为学生掌握一些最基本的运动项目技术奠定基础。小学高年级,随着学生能力提高,可逐步过渡到田径、体操、球类和民族体育等一些简单动作。小学教材中的田径、体操、球类,只是项目名称与竞技体育相同,具体内容均应简化,同时应降低教学的难度要求。小学高年级应重视基础体能的发展,因为该年龄段学生的身体素质大都处于快速发展期,尤其是速度、灵巧、腰腹力量、协调和柔韧性等。掌握该年龄段特点发展体能,对全面增强体质,进一步提高运动技能十分有益。

(4)韵律活动和舞蹈。

小学的韵律活动和舞蹈包括韵律动作、舞蹈基本动作、表情歌舞、集体舞蹈等内容。这部分教材内容,既能锻炼身体,又能培养学生的协调性和活泼的性格,同时又能表达思想感情,培养表现力,发展想象力,陶冶美的情操等。通过教学,使学生初步了解简单的韵律活动和舞蹈的基本常识,学习基本动作及其组合,重点培养学生正确的身体姿态和开朗的个性。在教法上,要注意与音乐配合进行。

(5)基本体操。

基本体操主要包括队列和体操队形、徒手操和轻器械操等,是小学中高年级的重点教学内容。队列和体操队形是对身体姿态和空间知觉的基本训练,是组织集体活动,培养组织纪律性和整齐一致的重要手段。徒手操和轻器械体操,内容多样,对培养优美的身体姿势,全面锻炼身体有较好的作用。基本体操的教学应注重提高身体的基本活动能力,注意基本动作的规范化。

(6)小球类。

小球类是根据学生身心特点,采用小场地和简化规则进行的小型足球、篮球、排球等活动。小足球从三年级开始教学,小篮球和小排球则分别在四年级和五年级开始学习。小球类活动趣味性强,具有良好的综合锻炼身体的效果,能培养学生团结合作和竞争精神。这类教材,应以学习简单的基本技术、提高身体基本活动能力为主,教学形式也应灵活多样。

(7)民族民间体育。

这是我国人民在长期生活、生产实践中积累起来的养生和健身方法。这部分教学内容活泼有趣,一般应以集体练习为主。要注重基本姿势的培养和锻炼身体的效果,适时地进行爱国主义教育。

2. 中学体育教材

(1)体育基本理论知识。

体育基本理论知识是中学体育教材的重要组成部分,其主要任务是提高学生对体育的认识,使学生懂得锻炼身体的科学原理和方法,正确地把理论应用于体育实践,克服盲目性,更好地完成促进身心发展的教学目的。初中阶段,主要有体育卫生保健、运动常识、锻炼方法等内容。高中阶段是在初中阶段基础上对体育的基本理论和锻炼身体的方法提出了更高要求。初中阶段偏重实用知识,高中阶段则加强了原理的阐述。

(2)跑、跳、投掷。

这是人们最基本的活动能力,是锻炼身体和学习运动技术的基础。在跑的教材中,发展身体素质和跑的能力练习,是进行快速跑和耐久跑教学的重要内容,是掌握正确姿势、发展肌肉力量、提高心肺功能、促进新陈代谢最有效的手段之一。

(3)体操。

体操包括基本体操、技巧、支撑跳跃、单杠和双杠等,是培养身体正确姿态,增强力量,扩展胸廓,发展灵敏、柔韧和协调素质的有效手段。中学的基本体操教材内容丰富,灵活多样,技术简单,不受场地设备条件限制,部分可安排在准备活动中进行教学与练习。技巧和器械体操对发展学生灵巧、力量、协调和平衡等身体素质,以及强壮骨骼、增强肌肉具有独特作用。此外,对发扬学生刻苦顽强和勇敢坚韧精神也有重要意义。

（4）球类。

球类是学生喜爱的运动项目。它具有良好的综合健身作用，能够培养学生团结协作、积极进取和拼搏竞争的精神。球类项目技术较复杂，教学时应有重点，把基本技术、简单战术和教学比赛结合起来。初中阶段重点学习各种基本动作及其应用，高中阶段应逐步提高练习要求，强化基本技术训练，提高健身价值。

（5）韵律体操和舞蹈。

韵律体操和舞蹈是体育文化娱乐活动，它既是一种艺术形式，也是学生锻炼身体的良好手段。韵律体操的特点是以人体的动作为主要表现手段，较为灵活自由。运动时可以较缓和地做，而在改变动作结构和韵律速度时，又能成为剧烈的运动。这对促进肌肉的发展，促进新陈代谢过程，增强呼吸系统功能，发展韵律感和协调性，都具有良好的作用。舞蹈以人体动作为表现手段，表达思想感情，反映社会生活，动作健美大方，节奏鲜明，情节健康。配以音乐，可以锻炼身体、抒发感情、陶冶美的情操、培养文明行为。韵律体操和舞蹈是最受学生欢迎、最富于时代气息的一种体育活动，应大力普及和推广。

（6）民族传统体育。

民族传统体育以独特的技艺强身健体、防病治病、锻炼意志、延年益寿。学习民族传统体育，还可以加强爱国主义、民族自尊和文明礼貌的教育。体育教学中民族传统体育的内容仍以武术为主，包括武术基本动作和成套动作等。

（7）发展身体素质练习。

身体素质的练习需注意动作结构简单，与生活、生产劳动较接近，可用较少的教学时间获得较大的锻炼效果。同时，也是学习和提高运动技能的基础。

（四）教学方法（工具）

教学方法是教师和学生为了实现教学目标，完成教学任务所采用的方式与手段的总称。

教学方法应该包括教师教的方法和学生学的方法，应该说教授法必须依据学习法，否则便会因缺乏针对性和可行性而不能有效地达到预期的目标。

教学方法具有多样性、发展性、综合性和可补性的特点。教学方法受教育目的、教育内容、学生认知规律以及教学理论等因素的制约。影响教学方法发展因素的多样性决定了教学方法的多样性。不同的教学方法对于同样的教学内容和教学目标，可以取得同样的教学效果，这便是教学方法的可补性特点。

五、中小学体育教学法教学建议和要求

中小学体育教学法是理论性与实用性较强的知识体系,学习方法正确与否直接关系到学习效果,在学习过程中要做到学以致用。学习与研究中小学体育教学法,应根据本学科的性质、任务以及体育教师的特点,处理好理论与实际、知识与能力、工作与学习、继承与发展、改革与创新等关系,深入研究,拓展思路,以提高学生的创新精神和实践能力。

(一)理论联系实际

1. 教学理论密切联系实际

教学理论密切联系实际是提高学生创新精神和实践能力的主要途径。中小学体育教学法的课程教学应认真贯彻理论与实践相结合的原则,密切联系中小学生、场地、器材等客观实际,也就是把书本知识与学生实际经验相结合,从各地区中小学场地器材条件和学生的实际出发,根据师范生特点,本课程可采用以下方法。

(1)组织教学观摩、学习、交流教材教法经验。

(2)开展专题或专项教材教法。

(3)加强实际作业和实习、见习工作,探讨实验新的教学方法。

2. 学生学习联系实际

学习中小学体育教学法,主要是帮助学生学习和掌握各类体育教材的基础知识和基本技能,确定教学任务,明确教材的重点和难点,熟练地掌握基本教学步骤、保护帮助方法及易犯错误与纠正方法,并运用这些知识、方法指导工作实践。因此,要求学生能紧密联系教学实际,观察问题、分析问题和研究解决教法中的各种问题,以提高实际工作能力。

要做到理论密切联系实际,独立思考,发挥创造力,着眼于提高自己的实际能力,高度重视讨论研究、教育见习、教学实习等过程,结合自身实际,进行理论与实践教学相结合的研究。

(二)加强教法研究

(1)加强教材的学习和教法的研究,提倡讨论、座谈式的教学。在本学科的教学过程中可广泛采用讨论式和座谈式的教学方法。这样可以调动学生学习的主动性和创造性,并能集思广益,取长补短,集大家智慧和经验,丰

富教学方法,进一步认识和掌握学校体育工作的规律性,同时也能启发和提高广大学生独立思考、积极创新以及分析问题、解决问题的能力。

（2）学生要树立正确的学习态度,明确体育教学法对于体育教师职业训练、培养合格体育教师以及体育教师组织与实施学校体育工作的重要意义,使学习者能够自觉地参与学习和研究,并在学习过程中取得最佳效果。

（3）要勤于思考、善于观察、因人而异地分析学生的特点,并不断加强对各类教学方法的研究和应用,同时能够进行教材资源的开发。

第二节　中小学体育教学法的特点

一、中小学体育教学的特点

（一）身体直接参与并要承受一定的生理负荷

体育教学是以身体练习为主要内容进行的,是对运动性的认知,这就使得学生在体育课中要承受一定的生理负荷。这是体育教学所独有的特点。

（二）体育教学组织的多变与复杂

体育教学一般是在体育场馆内或室外的活动空间进行,教学空间较大,环境比较复杂,而学生又处于动态中,并且需要使用多种器材进行练习,因此,教学组织工作有一定难度。而其他学科一般是在教室内进行的,教学环境相对固定,干扰因素少,师生也处于相对稳定状态,教学组织工作相对较容易。

（三）体育教学中人际交往频繁

由于体育教学内容多是以集体活动或采用分组教学的形式来进行,而运动是以位置的变动方式来进行的,在运动技术学习、练习和比赛中人际交往极其频繁,因此体育教学与其他教学相比人际交往更为频繁。这十分有利于培养学生良好的社会行为和交际能力。另外,在体育教学中各种角色的变化也较多,这十分有利于培养学生良好的社会行为和交际能力。

（四）体育教学对空间场地的要求较强

由于有很多体育教材需要在固定的场地上进行,如篮球、沙滩排球等,换句话说,如果这些内容离开了特定的空间场地的制约,其内容就会产生质的变化,所以这使得体育教学内容对场地器材具有很大的依赖性,而且使得场地、器材、规则本身也成为体育教学内容的重要组成部分。

(五)体育教学有利于开展有针对性的思想品德教育

体育教学由于是在室外进行,学生又处于动态中,各种突发事件随时都有可能发生,这就为教师有针对性地进行思想品德教育提供了一个很好的机会。体育教师应针对突发事件及时对学生进行思想品德教育,并要求学生在活动过程中立即付诸实践,使学生的行为表现直接受到实践的检验。而其他学科的教学,学生的思想和行为不易表现,因此,不能及时对学生进行思想品德教育。

二、中小学体育教材的特点

课程标准最显著的特征是允许教师自主构建体育课程的内容体系。从某种意义来说,体育课程的教材均是可以选择、可以自主开发的。

(一)运动健身性

课程标准的核心理念就是要坚持"健康第一"的指导思想,促进学生健康成长,而体育教学内容与其他学科教学内容的最大区别在于,它主要是由体育运动的身体练习构成,与身体实践活动紧密相关,而学生在以身体实践参与体育教学的过程中,必然要承受一定的运动负荷,合理地安排身体练习的负荷大小与负荷过程,对于增强体能、增进健康的作用是其他任何一门课程内容都无法具备的。因此说,运动健身性是体育教学内容最突出的一个特点。

(二)多样丰富性

在课程标准的指导下,由于体育教材是可自主开发的,因此在实际教学中,可供开发利用的教材不仅仅局限于学校内部,它涉及的数量和领域都十分广泛。可以是社会体育、竞技运动的内容,也可以是医疗卫生、军事等方面的内容;可以是技术实践内容,也可以是理论知识内容;可以是校内的,也可以是校外的;可以是当今流行的,也可以是民族民间的,等等。另一方面,由于体育教学内容非常丰富,所以它还体现出内容之间没有明显的逻辑关系,这使得教学内容安排时无法像其他学科一样完全按照知识的难易程度循序渐进地排列教材的顺序,如体操和武术、篮球和排球,看上去好像有一定的联系,但却无法说清到底谁应该是基础教材或者是提高教材。

(三)娱乐性

体育教学内容来自各种身体活动,而大部分身体活动都是从各种游戏演变而来的,在游戏中所体现出来的团结、竞争、拼搏、挑战以及成就感,使得它具有很强的娱乐性,再加之运动学习过程中的成功与失败的体验,更加强了体育教材的娱乐性。

三、中小学体育教学方法的特点

体育教学方法是体育教学过程中完成教学任务所采取的教学途径和手段。根据体育教学所要实现的目标以及时空条件,体育教学方法具有以下特点。

(一)教师与学生共同参与的双边性

体育教学中,教学方法与教师和学生有着密切的联系,它是由教师教和学生学共同组合而成的。在体育教学方法的实施过程中,教师教的方法制约着学生学的方法,学生学的方法也影响着教师教的方法。所以,体育教学方法充分体现师生在体育教学中相互联系、相互作用和相互统一活动的特点,而不是教师教的方法与学生学的方法的简单相加。

(二)多种教学方法的相互配合性

由于体育教学的特殊实践性,其教学方法也有别于其他学科的教学方法。在教学中是通过多种教学方法的相互协调与配合来共同构成一个完整的方法体系,以此来完成教学任务、实现教学目标。教师在运用教学方法时,应该根据教学的需要,即教材、学生、场地等的特点选用不同的教学方法的组合,通过这些教学方法的相互配合来达到教学目标实现的最优化。例如,在体育教学过程中,往往是练习法和恢复法相结合。练习法是用运动刺激有机体,使其承担一定的身体负荷,产生疲劳。学生通过对运动负荷的适应,提高机体的能力,增强体质。而适应与恢复的手段有关,根据疲劳产生的不同机制,其恢复手段也不同。休息是体育教学过程中最实用、最方便的恢复手段,当然也是提高学生机能,促进学生产生适应、增强学生体质的重要手段。另外,以练习、保护、帮助为目的的各种教学方法也是相互结合使用的。保护与帮助的运用是体育教学的显著特点之一,也是教学中经常采用的一种有效手段和预防运动创伤的重要安全措施。在练习中,正确运用保护与帮助,有助于减轻学生的身体负担,消除顾虑,增强学习的信心,利于尽快建立动作概念。除此之外,在体育教学实践中,往往是讲解法与示范法相结合、分解法与完整教学法相结合等等。

(三)教学组织与教学方法的结合性

组织与教法是体育教学中的重要因素。在体育教学中,特别是体育课中的基本部分,为了尽可能给全体学生充足的练习时间,组织与教法应以追求教学班整体教学效益为目的,以最佳的组织形式与教学手段相结合。

▶▶ 课后习题

1. 简述中小学体育教学法的概念。

2. 中小学体育教学法的构成要素包括哪些?要素之间的关系应该如何理解?

3. 中小学体育教学的特点有哪些?

第二章 中小学体育教学法的理论依据

第一节 科学与人文融合的体育教学原理

中小学体育教学以研究生物学的健身原理为主,超量恢复、新陈代谢,这些都是生物学原理,是人和动物都有的,这是一个基础,也是促使其"重体轻育"的思想与行为产生的症结之一。人和动物是有区别的:人具有精神性、社会性。当代社会的中小学体育教学不仅要满足学生的生理需要,更要满足学生的更高层次的心理需要和社会需要。因此中小学体育教学要研究科学与人文融合的原理,即通过体育教材和教法教学生学会做人和学会健身。

科学与人文是有区别的。科学是揭示规律、求真。人文追求教化、求善,追求人性的关怀。通过体育教学的整体环境教育,把一个自然人,通过教化变成社会人。

一、中小学体育教学的科学原理

中小学体育教学的科学原理主要是指通过中小学体育教学使学生明确,如何通过锻炼和养护,改善自身的身体形态、身体机能和身体素质,以及提高自身体育素养的科学道理。有人曾对科学健身的有效"价值阈"提出质疑。其实,无论体育教学如何改革,都应遵循这一规律。因为医学早已证明,当人体在运动中心率达到 120~140 次/分的中等强度以上时,心输出量和肺气量都达到最高水平,此时健身效果最佳。因此,按着不同年龄段的身体锻炼"价值阈"进行健身是科学健身的基础。同时让学生明确锻炼后的身体养护和身体维护对身体的重要作用。

二、中小学体育教学的人文原理

中小学体育教学的人文原理主要是指通过中小学体育教学培养学生的人文关怀,提高学生的心理素质和社会适应能力的人文道理。其中,培养人性更有助于增加健康。英国哲学家休谟指出:"人性是一切学科的基础"。人性主要包括情感与责任感两大要素。实践证明,在运动中培养情感能使学生对他人、自然、社会及事业产生关心、理解和创新的心态,有助于增进学生心理健康,从而激发出更多的激情和动力。但是情感若没有责任感的制约,则会失去方向,失去正义,失去诚信;培养责任感能促使学生对他人、自然、社会以及事业产生使命感、压力感,关心他人,理解他人,有助于提高社会适应能力,但责任感若没有情感作支撑,将会失去生活动力和激情,最终使责任感也日渐减弱,甚至消失。体育教学是培养学生情感和责任感最好的途径之一,因此,应充分利用此环境和内容,培养学生的情感和责任感,不能偏向任何一方,否则将会适得其反。

因此,要把二者紧密结合起来,建立科学与人文相融合的体育教学原理。

第二节　科学与人文融合的体育教学规律

一、定义

规律是揭示事物之间联接和关系的本质与内涵。体育教学规律同其他事物的规律一样,是体育教学活动内部联接性的反映,是体育教学及其组成成分发展变化过程中的本质联系和必然趋势;这种内在的规律是人的感官不能把握的,而只有抽象的逻辑思维才能提炼和把握。规律不以人的认识和作用而转移,是一种纯粹的客观存在。

体育教学的规律决定着体育教学中应贯彻的教学原则。体育教学规律可分为一般教学规律和特殊教学规律,一般教学规律是指教学的普遍规律,对一切教学都起作用,也是体育教学中必须遵循的。特殊规律具有较强的专业针对性,这里主要介绍体育教学中的特殊规律。

二、体育教学规律

从中小学体育教学的整体性观点出发,中小学体育教学过程的基本规律至少应包括科学范畴的规律和人文范畴的规律。

(一)科学范畴的规律

1.人体生理机能活动能力变化规律

人体生理机能活动能力变化规律为上升、稳定、下降的动态发展趋势。人体开始运动时,机体有一种惰性,人体各器官系统的功能活动能力从相对较低水平逐渐上升,这一阶段称"逐步上升阶段"。以后在一段时间内,人体机体活动的能力稳定在较高水平,保持在一个起伏变化不大的范围内,这个阶段,称之为"稳定阶段"。人体功能活动到一定的时候产生疲劳,机体功能活动能力下降;经过休息,机体功能能力又逐渐恢复到相对安静水平,这个阶段称之为"下降和恢复阶段"。机体功能活动能力从上升到稳定再到下降恢复的过程,被认为是人体生理机能活动能力变化规律(图 2-1)。

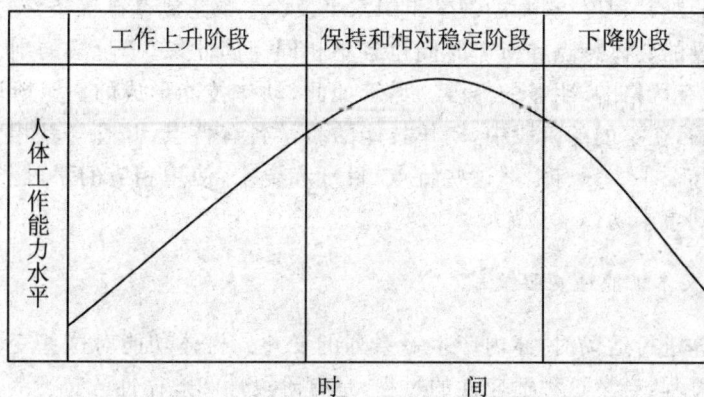

图 2-1　人体生理机能活动能力变化规律

2.动作技能形成的规律

在体育教学过程中,学生掌握动作技能要经历一个由不会到会、由不熟练到熟练、由未巩固到巩固的发展过程。动作技能形成、提高的过程,一般包括三个阶段,即粗略掌握动作阶段、改进与提高动作阶段、巩固与运用自如阶段。

(1)粗略地掌握动作阶段。

这一阶段的生理机制是,大脑皮层兴奋与抑制都呈现扩散状态,出现泛化现象,使条件反射暂时联系不稳定。因而表现出做动作很吃力、紧张而不协调,并伴随着一些多余的动作。

(2)改进和提高动作阶段。

这一阶段的生理机制是,大脑皮层运动中枢的兴奋与抑制过程逐渐集中。由于抑制过程加强,特别是分化抑制得到发展,由泛化进入分化。练习过程中的大部分错误动作得到纠正,能比较连贯却又不熟练地完成完整动作技术。初步建立的动力定型,遇到新的刺激,多余的和错误的动作可能会重新出现。

(3)动作的巩固和运用自如阶段。

这一阶段的生理机制是,大脑皮层运动中枢的兴奋过程高度集中,内抑制相当牢固,接通机制稳定,形成牢固的动力定型,因而能高度准确、熟练和省力地完成动作,并能随机应变地、灵活自如地运用。随着动作的不断重复和动作细节的不断改进,动作准确、熟练和自动化的程度还会不断地发展和提高。如果一段时期中断学习,已形成的动力定型又会逐步消退。

动作技能形成的三个阶段是有机联系的。在体育教学实践中,由于教学内容的难易程度、教师的教学组织水平及学生的运动基础等条件的不同,三个阶段的具体特点和所需时间也各不相同。因此,三个阶段的划分是相对的,没有严格的、明显的界限。尽管如此,动作技能形成的三个阶段是客观存在的,在不同的阶段中,动作技能的教学各有特点,并有与其相应的教学目标和要求。只有根据这些特点、目标和要求,使用相应的手段和方法,才能收到事半功倍的效果。

3. 人体机能适应性规律

人体进行运动时,体内产生一系列的变化。机体功能对这些变化有一个适应过程,产生这种适应性的过程,是有阶段性和规律性的。

人体机能适应性规律包括工作阶段、相对恢复阶段和超量恢复阶段、复原阶段(图 2-2)。

根据这一规律,为了使学生达到增强体质之效,后一次课应尽量安排在上一堂课后的超量恢复阶段,这样才能产生体育练习的效果积累,可以提高学生身体的功能水平,如果间隔时间过长,失去了负荷后的痕迹效应和最佳时间,机体工作能力就会降低到原来水平——"复原阶段"。

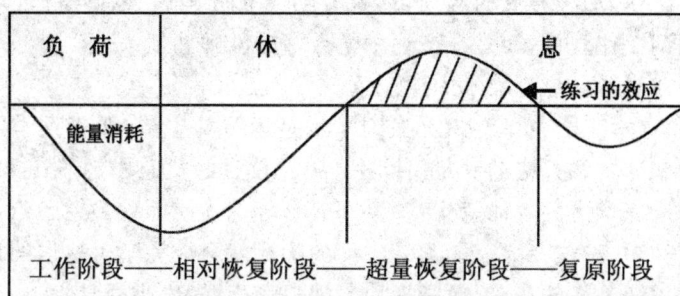

图 2-2　人体机能适应过程示意图

4. 少年儿童生理和心理的发展规律

人的生长发育以及心理的变化,有一定的规律。在体育教学中,必须遵循身心发展的规律,有计划有组织地进行教学。如果违背身心发展规律,不但不能引起学生的学习兴趣,反而会造成危害学生身心健康的不良后果。

儿童时期,由于大脑和神经系统发展较快,这对身体活动能力、灵敏、速度、柔韧等身体素质的发展,也有较大的影响。但骨骼和肌肉生长缓慢,心血管系统的生长发育还远未完成,过大的力量性和耐力性练习,超过了骨骼、肌肉、心脏功能的承受能力,不仅使骨骼受伤,甚至可能造成过早完成骨化,或骨骼畸形,影响正常的生长发育。

少年儿童大脑皮层中兴奋过程占优势,易扩散,因此容易学会动作,但也容易出现多余动作、动作准确性差;注意力集中时间短,易分散和转移;学习的情绪时而高涨,时而低落,极不稳定。

青春期是身体生长发育的高峰时期。由于身体的迅速增长,需要大量的营养,这时体育锻炼的运动负荷要适当,否则会影响身体的正常发育和健康。青春期开始后,性别差异日益显著,体育活动的内容、练习方法和要求,也应随之有所区别。

(二)人文范畴的规律

1. 交往规律

体育教学中,强调师生、生生和谐相处,平等交往与合作,教师利用体育教学环境帮助学生学会学习、学会做人、学会创造,发展学生个性,使学生轻松愉快地学习教学规律。

体育教学过程是师生、生生交往的一个过程,社会学提倡人与人之间平等交往与合作,加强心灵的沟通,体育教学应充分利用其特殊的环境,加强交往。强调交往规律,而是在交往中学会尊重教师和他人。

运用此规律在体育教学中应注意以下几点。

(1)培养学生的主体意识。强调学生是学习的主体,要尊重学生,尊重学生的情感需要和人格的满足,使学生从受教育的状态中解脱出来并负担起责任。培养学生的主体意识,师生间要平等交往使师生关系融洽,体育教师在体育知识、技能及综合能力等方面的优势就会成为学生追求的目标,再加上体育教学的特殊环境,教师即使不强迫学生,学生也会自觉。

(2)培养学生的合作意识。培养学生的合作意识有利于促进社会化进程,在体育教学中分组,会形成组内合作、组间较量的氛围,小组每个成员都为同组的其他成员负责,既要自己努力,又要帮助其他成员,战胜自我,战胜对手,合作意识就会油然而生。

(3)为学生主体性发展提供有效途径。体育教学中体现的人际关系使学生学会了正确认识自己,懂得对自己的言行负责,善待他人,尊重他人人格和为他人付出。这就需要教师提供有效的途径,一是创造和谐的氛围,使学生真正地感到师生间平等、合作、信任和包容的含义,使学生感到自身价值被充分肯定,从而焕发出巨大的进取精神和活力。二是满足学生的愿望,让学生带着各种欲望进入教学中,有求知欲、归属欲、自尊的欲望,期望归属于团体和他人,得到同伴承认,取得应有的地位和他人的尊敬,当这些欲望得到满足时,学生的主体性就会得到顺利发展。教师怎样利用课堂教学,满足学生愿望呢? 这是我们所面临的挑战。三是制造轻松愉悦的环境,交往规律体现师生关系是平等、合作的,学生应在没有任何压制下轻松愉悦地学习,怎样让学生心理放松,这也是值得我们深思的。

2. 情感规律

情感规律是在体育教学中,以培养学生良好的情感为依托,培养人文精神为准则的教学规律。情感规律和交往规律是紧密联系在一起的,师生如何在和谐、轻松、友好、愉快的氛围中达到目的,情感的交流是很关键的。《论语篇》曾记述,孔子学生问孔子:君主治理国家需要什么? 孔子说:"有三点,一是要有仁爱之心;二是要有威严;三是要有渊博的知识。"仁爱之心反映的就是情感,体育课堂形成的是一个小社会、小群体,教师对学生如能做到情感上交流、信任、关怀和爱护,真诚地对待每个学生,再加上教师渊博的知识和威严,定会赢得所有学生的信赖和拥护,实现教学目标。西方哲学思想认为"人的性格决定人的命运",由此可见,情感因素对学生起多么大的作用。

体育教学中遵循情感规律应注意:教师用人格的魅力感染学生;利用体

育教学内容激发同学间友爱之心，培养每个人的爱心；教师要用一颗爱心，以身作则；教师的爱要体现在体育教学各环节中。充分利用情感规律体现的教学模式有：快乐体育模式、成功体育模式和愉悦体育模式，成功的体验不仅仅是"快乐"的，在通往"成功"的道路上，既充满友谊和快乐，更充满艰辛和苦涩乃至挫折和失败，只有不畏艰难险阻，登上成功的顶峰，才能真正领略和体验体育的全部乐趣。

第三节　体育教学的基本原则

一、定义

体育教学原则是根据教育教学目的、教学过程的客观规律和教学实践经验而制订的教学工作必须遵循的基本要求。

体育教学原则是长期体育教学实践经验的总结和概括，是体育教学客观规律的反映，是体育教学工作必须遵循的基本要求和准则。

二、体育教学的基本原则

（一）根据科普中国百科科学词条，分为五大原则

1. 健康第一原则

体育作为一种特殊的育人方式，承载着人类对健康的永恒追求。青少年是体育教学的重要目标群体，他们的健康状况更是关系到民族的未来。当前，我国课程标准明确提出了体育与健康课程"健康第一"的指导原则，提出要将学生的身体健康放在一切教育工作的首要位置，通过体育教学和学校体育锻炼，实现学生在身体、心理和社会适应能力方面的全面提高。

2. 因材施教原则

为了实现"将一切知识教给一切人"的人文主义教育目标，必须坚持因材施教的基本原则。具体到体育教育领域，就是要根据受教育对象的身体健康状况、运动基础、运动兴趣和爱好以及现有体育基础设施等各种因素，

确立教学目标、选择教学内容和教学方法并加以实施。

3. 身心协调发展原则

体育教学过程必须坚持贯彻身心协调发展原则,培养德智体全面发展的人。要坚持身心协调,就不应将教学重点仅仅放在学生身体层面,更应当关注学生的心理层面,帮助学生形成健全的人格与良好的社会适应能力。既要促进学生身体形态的改变和运动技能的提升,又要对学生的心理、情感、意志品质等产生良好的正迁移和影响。

4. 知识技能并重原则

体育教学以学生的直接身体运动体验来获取体育知识和培养运动技能。应当将知识传授与技能培养融为一体,既不能忽略基础知识的传授与掌握,也不能仅仅停留在口头上,而应当将其内化为锻炼身体的良好技能,帮助学生培养终身体育的能力。

5. 终身体育能力原则

终身体育是法国教育家保罗·朗格朗在 20 世纪 60 年代提出的概念,指人的一生都要积极从事体育锻炼。在培养终身体育的意识与能力过程中,学校体育是最重要、最关键的环节。在系统的学校体育教学过程中,通过科学化的知识体系、系统化的课程结构、组织化的教学过程、专业化的师资队伍,可以为学生的终身体育意识和能力奠定扎实的基础。

(二)根据颜庆主编的《中学体育教材教法》,分为八大原则

1. 准备性原则

准备性原则的依据是根据人体机能活动能力的变化规律、体育教学过程对教学准备和教学条件的依存性规律的要求,认为准备性原则是上好体育课的关键。即,教学效果的好坏与教师和学生对教学的准备状态及客观提供的条件有关。

2. 学生主体性原则

学生主体性原则的依据是素质教育的要求。素质教育是弘扬学生主体精神的教育,要求在教学中尊重学生的主体地位,体现学生的主体性,是教学规律的反映,是现代教学改革的需要。

3. 身心全面发展原则

身心全面发展原则的依据是体育教学目标的要求。体育教学目标要求学生身心得到全面发展。

4. 兴趣性原则

兴趣性原则的依据是学习理论。现代学习理论认为影响学生学习的因素不仅有智力因素，还有非智力因素，如动机、兴趣、情感和态度等，在学习中起到的作用甚至超过智力因素。

5. 直观性原则

直观性原则的依据是人们认识事物的规律。感性认识是认识一切事物的基础，反映了认识活动中感知与理解、具体与概念、形象与抽象的关系。

6. 巩固提高原则

巩固提高原则的依据是遗忘规律和运动条件反射建立与消退的理论。学生学到的知识与技能如不经常复习就会遗忘或消退。

7. 个性适应性原则

个性适应性原则的依据是体育教学的目标，也是贯彻素质教育的基本要求。从教学对象的实际出发，体现因材施教。

8. 适宜运动负荷原则

适宜运动负荷原则的依据是人体机能活动能力变化的规律和人体机能适应性规律。

运动负荷是学生做练习时身体所承受的运动量和运动强度，由运动时间、数量、强度、密度等多种因素组成。

(三)根据毛振明主编的《体育教学论》，提出七大体育教学原则

1. 合理安排身体活动量原则

合理安排身体活动量原则，是指在体育教学中必须要体现体育教学的本质特点——身体活动性，还要使学生身体所承受的运动负荷有效、合理，满足学生锻炼身体和掌握运动技能的需要。

合理安排身体活动量原则是依据体育教学的本质特点和体育教学适宜的运动负荷的规律而提出的。

2. 注重体验运动乐趣原则

注重体验运动乐趣原则是指在体育教学中要让学生在掌握运动技能和进行身体锻炼的同时,体验运动的乐趣,以使学生喜爱运动并养成参加运动的习惯。

注重体验运动乐趣原则是依据游戏的特征和体育教学中运动情感变化的规律提出的。

3. 促进运动技能不断提高原则

促进运动技能不断提高原则是指在体育教学中要不断提高学生的运动技能,提高学生的运动成绩,实现有效的体育教学。

促进运动技能不断提高原则是依据如何有利于参与终身体育和如何形成体育教学条件下运动技能的规律而提出的。

4. 提高运动认知和传承运动文化原则

提高运动认知和传承运动文化原则是指在体育教学中通过运动知识和运动技术的学习,培养学生的运动认知能力,提高学生对运动与文化的理解,传承运动文化。

提高运动认知和传承运动文化原则是依据运动实践与运动认知相互促进的规律提出的。

5. 在集体活动中进行集体教育原则

在集体活动中进行集体教育原则是指在体育教学中要发挥运动集体的作用,在集体中,特别是在小群体的自主性活动中对学生进行集体教育,培养学生正确的集体意识和良好的集体行为。

在集体活动中进行集体教育原则是依据体育运动以集体活动形式为主,体育学习依赖于体育学习中集体的特点以及集体组成、发展和分化的规律。

6. 因材施教原则

因材施教原则是指在体育教学中要贯彻“面向全体学生”的精神,根据每一个学生的具体情况,实施各不相同的、有针对性的教育,使每一位学生的运动技能和身心健康都在各自的基础上得到充分的发展。

因材施教原则是依据体育教学受制约于学生身心发展的特点规律提出的。

7. 安全运动和安全教育原则

安全运动和安全教育原则是指在体育教学中要使学生安全地从事运动,并对学生进行安全运动的教育。

安全运动和安全教育原则是依据体育运动特点和安全规律提出的。

▶▶ **课后习题**

1. 中小学体育教学应遵循的一般规律有哪些?
2. 交往规律和情感规律对于指导体育教学有什么现实意义?

第三章 中小学体育健康课程与体育教学

第一节 体育课程与体育教学的关系

一、关于体育课程

(一)课程的定义

课程是指学校学生所应学习的学科总和及其进程与安排。

广义的课程是指学校为实现培养目标而选择的教育内容及其进程的总和,它包括学校所设的各门学科和有目的、有计划的教育活动。

狭义的课程是指某一门学科的各种活动总体计划,包括教学目标、教学内容、教学时限以及课内和课外活动。

(二)体育课程

体育课程是依据体育教育目的及其具体化的体育教育目标,旨在使学生获得身心全面发展所制订的一套有目的的、可执行的计划。

课程标准对于我国体育课程的性质进行了界定:体育与健康课程是以身体练习为主要手段,以学习体育与健康知识、技能和方法为主要内容,以增进学生健康,培养学生终身体育意识和能力为主要目标的课程。

(三)几种比较具有代表性的体育课程定义

课程涵义的多重性及我国体育课程研究的滞后性,导致了人们对体育课程涵义理解的不尽一致。以下是迄今为止国内六种比较具有代表性的观点。

(1)体育课程是以发展学生体能,增进学生身心健康为主的一种特殊的教育性课程,它与德育课程、智育课程、美育课程、劳动教育课程相配合,共同促进学生身心全面发展,是整个学校教育的一个方面的课程。

(2)体育课程是指为实现学校体育目标而规定的体育内容及其结构、程度和进程。它包括体育课程目标、体育课程内容、体育课时分配、课外体育锻炼等。体育课程不是一门学科的课程,而是全面发展教育的一个方面的课程。

(3)体育课程是全面发展素质教育中必不可少的一门学科,体育课程是具有综合性的文化科学基础课程。

(4)体育课程是指在学校指导下,促使学生能在身体、运动认知、运动技能、情感与社会方面和谐发展的有计划、有组织的活动。

(5)体育课程是指一门以身体练习为主要手段、以增进中小学生健康为主要目的的必修课程,是学校课程体系的组成部分,是实现素质教育和培养德智体美全面发展人才不可缺少的重要途径。它是对原有的体育课程进行深化改革,突出健康目标的一门课程。

(6)体育课程是增强学生的体能,传授体育的知识、技能,为学生终身体育奠定基础的课程,它与德育课程、智育课程、美育课程相配合,共同实现促进学生身心全面发展的目标,是学校全面发展教育必不可少的课程。

上述六种体育课程的涵义解释分别有着各自的课程理论基础,有的把体育课程归属于"学科",有的把体育课程归属于"活动",有的把体育课程归属于"体育内容",有的则直接把体育课程归属于"课程"。

(四)体育课程类型

学校课程应包括两大类,即显性课程和隐性课程。

体育显性课程是以直接的、明显的方式呈现的体育课程。目前,体育显性课程大多以学科课程的形式存在。对于学科课程,主要向学生传授看得见、摸得着的体育知识、技术和技能,它是实现体育课程目标的基础,可以比作具体的食物。

体育隐性课程是以间接的、内隐的方式呈现的体育课程。从某种程度上说相当于良好的体育教学环境及体育传统和风气。这类课程,由于没有固定形态,又无处不在,对学生的成长具有重大的影响和作用。

学生运动能力、体育品德、健康行为的形成,主要通过体育显性课程的学习来实现。但仅靠显性课程还不能圆满地实现体育课程目标,还需要体育隐性课程。隐性课程具有许多显性课程所不具有的作用。只有二者有机结合起来,才能实现学校体育的整体功能。

二、关于体育教学

(一)体育教学概述

体育教学是学校课程教学的重要组成部分,在教学的过程中是通过学校师生的共同参与,运用相关系统模式和结构体系而形成了一套系统化的工作模式和工作流程。在目前义务教育的体育教学中,通常都是采用适当、科学、合理的教学方法来促使学生掌握相关体育知识、卫生健康知识和最基本的技术和技能知识,从而增强了学生的学习自信;在普通高中体育教学中,通常都是以培养学生体育学科核心素养为基础,以实现学生综合、全面发展为主要目的。

(二)体育教学的基本要素

根据毛振明主编的《体育教学论》,体育教学由8个基本要素组成:学生、教师、教学目标、教学内容、教学过程、教学环境、教学方法、教学评价。这8个要素之间的相互联系反映出了体育教学的全景,可以通过以下体育教学的八个问题说明。

第一个问题是:"为什么要组织体育教学?"这是回答目的和目标的问题。没有目标的教学不能说是有目的、有计划的教育活动,体育教学目标是教师主导体育教学的依据。

第二个问题是:"体育教学为谁而组织?"答案是学生。没有学生就没有必要组织体育教学,学生是体育教学中的主体因素,也是最活跃的因素。

第三个问题是:"体育教学是谁组织和实施的?"答案是教师。体育教师是体育课程设计的参与者,课程的实施者,也是完成教学任务的责任者。

第四个问题是:"在体育教学中,教师教的和学生学的是什么?"答案是教学内容。体育教学内容是由内容的实体(课程)和内容的载体(教科书)共同组成,它们是体育教师根据社会要求、学科体系和学生的需要选编出来的体育教学内容。

第五个问题是:"体育教学沿着什么样的途径达到目标?"答案是教学过程。教学过程是体育教学中的时间和流程因素,也是教学的最核心要素。

第六个问题是:"体育教学是在什么环境下组织的?"答案是教学环境。没有良好的体育教学环境就会影响体育教学的质量,有时甚至会严重影响体育教学的正常进行。

第七个问题是:"怎样实现最好的体育教学?"答案是通过教学方法。教学方法与目标、教师、学生等因素有密切的关系，帮助学生理解学习内容的各种信息及其传递方式。

第八个问题是："我们看到的体育教学是怎样的？"答案是教学评价。体育教学评价与教学目标、教师有密切的关系，是教师根据目标制定的各种评价指标，这些指标有评价教师"教"的方面，也有评价学生"学"的方面。

三、体育课程与体育教学的关系

（一）体育课程与体育教学之间相互独立与依存

基于当前的研究视角，课程论与教学论应当是教育学科领域下所属的两种独立的分支学科，因为二者之间的研究对象以及理论体系是教育科学下的两个独立的分支。因此，其在工作中虽然形成了两种不同模式的研究概念和标准，但是究其本质仍是一种相互独立、相互依存的关系。前者在课程研究中是各种教学课程和专业概述，涉及课程研制、课程标准、课程管理、课程评价等核心概念，而后者则主要是教学工作中的教与学之间的关系，涉及教学目的、内容、方法、过程、组织形式及教学评价等核心概念。为此，教学论与课程论发展至今已是各自独立的学科，这已是大家公认的事实。

（二）体育课程与体育教学之间彼此制约与促进

体育课程与体育教学之间是一项彼此依赖、彼此制约且紧密相连的关系。体育课程与体育教学本身处于两个不同的领域，也是以相互影响、互补制约的形式存在，但是在目前社会发展中，随着研究实践的不断深入，使得这两个平行交叉的学科逐步形成了相互制约而又相互促进的教学模式和教学理念。

体育课程设置的好与坏直接影响着体育课程的教学效果与教学质量。在体育教学实践中，往往存在学生"喜欢体育但不喜欢体育课"的情况，究其原因主要是在体育课程的设置中内容太过死板枯燥、种类繁多，而且为了在教学中达到预设的教学目标，教师不得不在教学工作中采取一些措施来提升教学量，这就造成学生学习的枯燥而又繁琐，如此反复进行，难以保证学生学习的积极性，更何况是教学效果了。

当然，目标达成度较高的教学效果，除了合理的课程设置，也需要高质量的体育教学实践保障。知识不是简单地由教师传递给学生，而是需要由学习者主动地建构到自己的脑海里，学生不是"得到"想法，而是"产生"想法。相反，当体育课程设置得符合学生需求和兴趣，即使教师没有采取先进的教学方式,学生还是会有一定学习兴趣,同样,相同的体育课程采取不同的教学也会带来不同的效果,例如开展游戏式的体育教学会比一般灌输式的体育教学效果要好得多,而且学生对前者更感兴趣,进而更加配合体育教师,进而提高教学质量。

正确认识体育课程与体育教学之间的关系,明确它们之间是相互独立的,没有哪个能代替另一个,但它们又是紧密联系、相互影响的关系。

第二节 中小学体育健康课程基本要点

一、关于体育课程名称的改变

我国在学校自开设体育课以来,至今已有 100 多年的历史,我国近代学校体育是自清朝末年开始由日本、欧美传入。鸦片战争以来,丧权辱国,民族危亡,不尚武不足以图存,清政府不得不废科举、兴学堂,并于 1903 年拟订《奏定学堂章程》,其中规定各级学堂都设体操科,主要内容为德日的普通体操和兵式体操,从此才结束了我国 2000 多年来学校教育中没有体育课的历史。

在新文化运动和五四爱国运动的冲击下,学校体育开始发生变化,1922年公布《壬戌学制》,1923 年公布《新学制课程标准》,正式把体操科改为"体育课",教学内容也由以兵士操为主,改为游戏、田径、球类和体操等综合内容。伴随着世界范围内第八次课程改革的浪潮,我国自 2001 年以来也全面推进实施了中小学课程改革,其中体育学科的一个显性变化就是课程名称从"体育课"改为了"体育与健康课"。

无论是在旧中国时期还是新中国成立后,学校都一直开设体育课,为什么这次改为体育与健康课程,主要有以下几个原因。

(一)学校教育要贯彻"健康第一"的指导思想

新中国成立初期,毛泽东主席提出学校教育要"健康第一,学习第二"。几十年后,《中共中央国务院关于深化教育改革全面推进素质教育的决定(简称《决定》)确定学校教育要树立"健康第一"的思想,这说明党和国家一贯高度重视学生的健康成长。

"健康第一"作为整个学校教育工作的指导思想之一,其中最直接体现和贯彻这一指导思想的学科是体育学科。体育与健康课程是以身体练习为主要手段、以增进中小学生健康为主要目的的必修课程,是学校课程体系的重要组成部分,是对原有的体育课程进行深化改革,突出健康目标的一门课程,是实施素质教育和培养德、智、体、美、劳全面发展人才所不可缺少的重要途径。

(二)体育与健康结合是世界教育改革的趋势

关注人类的健康是 21 世纪国际社会的共同主题。过去,人们认为人的健康主要是身体的健康,体质好,没有疾病就是健康。随着心理学的发展,人们逐步认识到心理方面的健康同样重要,进而提出了身心健康的概念。随后又认识到健康的社会属性,如协作精神、竞争意识、集体观念、自我责任感和社会责任感、关心他人、积极的生活态度等也很重要。至此,人们认识到健康具有生理的、心理的和社会的三重属性,即世界卫生组织对健康所下的定义:"健康不仅是没有疾病,而且是生理的、心理的健康和社会适应的良好状态。"

当今,在世界主要发达国家和地区的学校开设的课程里,大多把体育课改为"健康与体育""保健体育""体育与健康",如美国、加拿大、新西兰、德国、日本,以及我国的台湾和香港地区,都把健康教育放在重要的地位,有的是单独开设健康教育课程,有的是把体育和健康合并为综合性的课程。

从发达国家和地区开设体育与健康或健康与体育课程的趋势可以看出,当今社会人们已经把培养一个健康的人作为教育的重要目标,使培养出来的人在激烈竞争的社会里能够健康地工作和生活。

在我国,随着社会的发展和人们对健康认识的逐步深入,特别是素质教育的全面推进,学校体育在很多方面都急需进一步深化改革。在贯彻"健康第一"指导思想方面,有许多工作要做,其中关键的环节就是要构建大中小学相衔接的体育与健康课程体系,这既是我国深化学校体育改革的需要,也是适应世界教育改革发展的需要。

所以说,这次课程名称的改变,不仅是把体育和健康合并起来改一个新的名字,而且是要在今后的学校体育教学中扎实地贯彻"健康第一"的指导思想,使学校体育教学从过去单纯地追求身体(体质)的发展和技术的传习,改变为在新的健康观指导下的体育教学,真正使中小学生在身体、心理和社会适应能力方面得到健康的发展。

二、什么是"体育与健康课程标准"

"体育与健康课程标准"是在"健康第一"思想的指导下,依据《国务院关于基础教育改革与发展的决定》和《基础教育课程改革纲要（试行）》制订，并由国家教育主管部门颁布的关于中小学体育与健康课程的指导性文件。它规定了中小学体育与健康课程的性质、基本理念、目标、内容标准和评价等，体现了国家体育与健康课程改革和发展的基本思路，以及对中小学学生在体育与健康课程方面的基本要求，是课程管理和评价的基础，也是教材编写和教学评价的依据。

体育新课程标准与体育原教学大纲既有一定的联系又有明显的差异，课程标准是规范体育教学的指导性文件。课程标准是原体育教学大纲在新时期的发展，两者在学科性质和功能上都是一致的。

目前最新版本的课程标准是《义务教育体育与健康课程标准（2011 年版）》《普通高中体育与健康课程标准（2017 年版）》。

三、"体育与健康"的含义

课程名称"体育与健康"应理解为"体育为健康"，也就是说，体育要为学生现在和将来的身心健康服务。体育教学是一种手段和载体，而促进学生的身心健康和培养学生的实践能力是目的，换句话说，体育的身体活动，是为促进学生的身心健康服务的，但学生的身心健康问题要依靠学校教育、家庭教育与社会教育的有机结合才能得到解决。

体育为健康服务应该实现"直接"和"间接"两个方面。"直接"的方面是指通过体育锻炼来实现学生身体结构和机体的改善，这主要是通过体育课中的身体活动和技能学习来实现；而"间接"的方面是指通过体育来保护学生的身体，这主要是通过体育课中的保健知识教学与保健能力培养来实现。这两方面的工作都与体育有着密切的关系，相对来讲，其中"直接"的方面与体育课有着更密切的关系。

体育与健康课程中的"体育"与"健康教育"是相辅相成的，但它们不能互换和互等。体育课在促进学生身体健康中，既不是不用做任何努力和改变就能很好地为健康服务，更不是将体育课直接变成健康知识的讲授就能为促进健康服务的。

总之，在实际的教学中，体育与健康课程的教学内容、教学组织形式、教学方法，都需要根据不同阶段学生的身心特点与学校课程资源的具体实际来进行。为此，体育教师必须加强学习，积极参加教学科研活动，努力提高自身的专业素质，把课程新理念真正落到实处。

四、体育与健康课程的性质

体育与健康课程是一门以身体练习为主要手段、以增进中小学生健康为主要目的的必修课程,是学校课程体系的重要组成部分,是实施素质教育和培养德智体美全面发展人才不可缺少的重要途径。它是对原有的体育课程进行深化改革,突出健康目标的一门课程。

(一)《义务教育体育与健康课程标准(2011 年版)》的课程特性

基础性——课程强调培养学生掌握必要的体育与健康知识、技能和方法,养成体育锻炼习惯和健康的生活习惯,为学生终身体育学习和健康生活奠定良好的基础。

实践性——课程强调以身体练习为主要手段,通过体育与健康学习、体育锻炼以及行为养成,提高学生的体育与健康实践能力。

健身性——课程强调在学习体育与健康知识、技能和方法的过程中,通过适宜负荷的身体练习,提高体能和运动技能水平,促进学生健康成长。

综合性——课程强调充分发挥体育的育人功能,强调以体育与健康学习为主,渗透德育教育,同时融合部分健康行为与生活方式、生长发育与青春期保健、心理健康与社会适应、疾病预防、安全应急与避险等方面的知识和技能,整合并体现课程目标、课程内容、过程与方法等多种价值。

(二)《普通高中体育与健康课程标准(2017 年版)》的课程性质

普通高中体育与健康课程是一门以身体练习为主要手段,以体育与健康知识、技能和方法为主要学习内容,以培养高中学生的体育与健康学科核心素养和增进高中学生身心健康为主要目标的课程。本课程是全日制普通高级中学课程体系的重要组成部分,是面向全体高中学生的基础教育,对实现"立德树人"根本任务和培养全面发展的人具有独特的功能和价值。本课程具有基础性、实践性、选择性和综合性:

基础性——强调在九年义务教育基础上进一步全面提高学生发展核心素养和学科核心素养,为学生终身体育锻炼和保持健康奠定坚实的基础;

实践性——强调以身体练习为主要手段,关注学生通过适宜的运动负荷和方法进行体能练习和运动技能学习,积极参加课内体育学习以及课外体育锻炼、体育社团活动和体育竞赛活动;

选择性——强调学生根据自身的特点和需求,在学校开设的若干运动项目中进行自主选择,较为系统地学习1～3个运动项目,培养运动爱好和专长,养成体育锻炼习惯;

综合性——强调关注多种内容和方法的整合,以体育教育为主,融合健康教育内容,注重学科德育,培养学生的健康意识和行为,促进学生全面发展。

五、体育与健康课程的基本理念

(一)《义务教育体育与健康课程标准(2011 年版)》的基本理念

1. 坚持"健康第一"的指导思想,促进学生健康成长

体育与健康课程以"健康第一"为指导思想,努力构建体育与健康的知识与技能、过程与方法、情感态度与价值观有机统一的课程目标和课程结构,在强调体育学科特点的同时,融合与学生健康成长相关的知识。通过体育与健康课程的教学,使学生掌握运动技能,发展体能,逐步形成健康和安全的意识以及良好的生活方式,促进学生身心协调、全面地发展。

2. 激发学生的运动兴趣,培养学生体育锻炼的意识和习惯

体育与健康课程强调在课程目标的确定、教学内容和教学方法的选择与运用方面,注重与学生的学习和生活经验相联系,引导学生体验运动乐趣,提高学生体育与健康学习动机水平;重视对学生进行正确的体育价值观和责任感的教育,培养学生刻苦锻炼的精神,促进学生主动参与体育活动,基本形成体育锻炼习惯。

3. 以学生发展为中心,帮助学生学会体育与健康学习

体育与健康课程高度重视学生的发展需要,从课程设计到学习评价,始终以促进学生的身心发展为中心。课程在充分发挥教师教学过程中主导作用的同时,十分重视学生在学习过程中的主体地位,注重培养学生自主学习、合作学习和探究学习的能力,促进学生掌握体育与健康学习的方法,并学会体育与健康学习。

4. 关注地区差异和个体差异,保证每一位学生受益

体育与健康课程强调在保证国家课程基本要求的前提下,充分关注不同地区、学校和学生之间的差异,各地区和学校要根据体育与健康课程目标及课程内容,因地制宜,合理选择和设计课程内容,有效运用教学方法和评价手段,努力使每一位学生都能接受基本的体育与健康教育,促进学生不断进步和发展。

(二)《普通高中体育与健康课程标准(2017 年版)》的基本理念

1. 落实"立德树人"根本任务和"健康第一"指导思想,促进学生健康与全面发展

普通高中体育与健康课程贯彻和落实"立德树人"根本任务,以"健康第一"为指导思想,强调健身育人功能,高度重视培养学生的学科核心素养,努力设置知识与技能、过程与方法、情感态度与价值观有机结合的课程目标和课程结构;在强调体能、运动技能和体育文化学习的同时,融合与学生成长相关的健康教育知识和方法,注重学生健康与安全意识的培养以及良好生活方式的形成,重视培养学生积极进取、不怕困难、挑战自我、顽强拼搏、追求卓越、团结合作、公平竞争和遵守规则等体育品德,促进学生身心健康、体魄强健,获得全面发展。

2. 尊重学生的学习需求,培养学生对运动的喜爱

普通高中体育与健康课程强调"以学生发展为中心",从课程设计到课程实施的各个环节,遵循高中学生的身心发展规律,充分关注学生的体育与健康学习兴趣和需求,在发挥教师主导作用的同时,突出学生的主体地位;创设师生和谐互动、形式灵活多样、气氛热烈活泼的课堂教学氛围,注重课堂教学的实际效果,充分调动学生学习的积极性,增强学生内在的学习动力,引导学生深刻体验运动的乐趣和理解运动的价值,促使学生由被动运动向主动运动转变,喜爱体育学习,乐于参与课外体育活动和体育竞赛活动,养成良好的体育锻炼习惯,使体育成为学生生活中不可或缺的重要组成部分。

3. 改革课程内容与教学方式,提高学生的综合能力和优良品格

普通高中体育与健康课程在继承优秀传统体育文化的基础上,与时俱进,开拓创新,努力体现课程的时代性。在课程内容方面,关注对学生学习

和发展有意义的传统体育项目和新兴运动项目,重视具有中华民族优秀传统文化特色的武术和民族民间传统体育活动的教学,强调与学生的生活经验紧密联系,精选适应时代要求的、有利于奠定学生终身发展基础的体育与健康知识、技能和方法;在教学方式方面,力求改变过于注重单一知识点以及把结构化的知识和技能割裂开来的灌输式教学模式,倡导多样化的教学方式,重视与信息技术的深度融合,注重学生的自主学习、合作学习和探究学习,将知识点的教学置于复杂情境之中,引导学生用结构化的知识和技能去解决体育与健康实践中的问题,促进学生把单纯追求知识和技能获得的过程转变为学科核心素养发展的过程,提高学生的创新精神、实践能力和优良品格。

4. 注重学生运动专长的培养,奠定学生终身体育的基础

普通高中体育与健康课程重视培养学生的运动爱好和专长,强调学生系统学习1~3个运动项目,积极参与日常体育锻炼、体育社团活动和形式多样的体育竞赛活动,形成锻炼习惯和学科核心素养。因此,学习目标的确定、教学内容的选择和教学方法的选用,应遵循体育教育教学规律,特别关注学生的运动基础、体育文化认知、兴趣爱好和个性发展,促使学生主动、积极地进行体育学习和锻炼,全面提高所学项目的运动水平,充分体验体育学习的成功感,树立积极的自我价值观,为形成终身体育的习惯和能力奠定良好的基础。

5. 建立多元学习评价体系,激励学生更好地学习和发展

普通高中体育与健康课程重视促进学生更好地达成课程目标和形成学科核心素养,注重评价的激励、反馈和发展功能,构建主体多元、内容全面、方法多样的评价体系。在评价主体方面,提倡在以教师评价为主的基础上,引导学生积极进行自我评价和相互评价;在评价内容方面,重视对学生的运动能力、健康行为和体育品德进行综合评价;在评价方法方面,倡导定量评价与定性评价、相对性评价与绝对性评价、形成性评价和终结性评价相结合。评价中特别要关注那些运动基础相对较差但学习态度很好的学生,真正体现评价的激励和发展功能,增强他们体育与健康学习的自信心和自尊心。多元的体育与健康学习评价体系注重与学业质量标准紧密联系,使得学业质量标准的使用更有助于学生形成学科核心素养,获得全面发展。

六、体育与健康课程的设计思路与课程结构

（一）《义务教育体育与健康课程标准（2011 年版）》的设计思路

1. 根据学生全面发展的需求确定课程目标体系和课程内容

根据多维健康观和体育学科的特点，借鉴国际体育课程发展的经验，体育与健康课程设置了课程目标体系以及运动参与、运动技能、身体健康、心理健康与社会适应四个方面的课程内容，为各地区和学校制订课程实施方案以及教学计划提供明确的指导，保证学生更好地达成学习目标。

2. 根据学生的身心发展特征划分学习水平

在义务教育阶段，体育与健康课程将学生的学习划分为四级水平，并在运动参与、运动技能、身体健康、心理健康与社会适应四个方面分别设置了相应的学习目标。水平一至水平四分别对应1～2年级、3～4年级、5～6年级和7～9年级。

3. 根据可评价的原则设置可操作和可观测的学习目标

为了确保学习目标的达成和学习评价的可操作性，体育与健康课程提出了具体的、可观测的学习目标。特别注意将运动参与、心理健康与社会适应两个方面的学习目标设置成易观测的行为表征，帮助教师更准确地对学生进行观察、指导和评价，促使学生形成良好的体育态度、心理品质和社会行为。

4. 根据三级课程管理的要求保证课程内容的可选择性

体育与健康课程在确立课程目标体系和课程内容的基础上，提出了具体教学内容的选择原则。各地区和学校制订具体的课程实施方案和教学计划时，应从师资队伍、场地与器材、学生体育基础等方面的实际出发，选编适宜的教学内容。农村学校体育基础相对比较薄弱，应特别注意开发与利用各种实用的课程资源，确保课程的正常实施。

5. 根据课程学习目标和发展性要求建立多元的学习评价体系

体育与健康课程建立了有利于学生进步与发展的多元学习评价体系，

要求对学生的体能、知识与技能、态度与参与、情意与合作进行综合评价,提倡在以教师评价为主的基础上引导学生进行自我评价和相互评价,重视形成性评价与终结性评价相结合,提高学生体育学习和锻炼的主动性、积极性及自我评价能力。

(二)《普通高中体育与健康课程标准(2017年版)》的课程结构

1. 学科核心素养

普通高中体育与健康课程落实"立德树人"的根本任务,坚持"健康第一"的指导思想,将促进学生身心健康、体魄强健、全面发展作为核心追求,高度重视培养学生的体育与健康学科核心素养。体育与健康学科核心素养是学科育人价值的集中体现,是通过体育与健康学科学习而逐步形成的关键能力、必备品格与价值观念。体育与健康学科核心素养包括运动能力、健康行为和体育品德。

运动能力,是体能、技战术能力和心理能力等在身体活动中的综合表现,是人类身体活动的基础。运动能力分为基本运动能力和专项运动能力。基本运动能力是从事生活、劳动和运动所必需的能力;专项运动能力是参与某项运动所需要的能力。高中学生运动能力发展的重点是发展体能、运用技能和提高运动认知。运动能力的具体表现形式为体能状况、运动认知与技战术运用、体育展示与比赛。

健康行为,是增进身心健康和积极适应外部环境的综合表现,是改善健康状况并逐渐形成良好生活方式的关键。健康行为包括养成良好的锻炼、饮食、作息和卫生习惯,控制体重,远离不良嗜好,预防运动损伤和疾病,消除运动疲劳,保持良好心态,适应自然和社会环境的能力等。高中学生健康行为养成的重点是锻炼习惯、情绪调控和适应能力。健康行为的具体表现形式为体育锻炼意识与习惯、健康知识掌握与运用、情绪调控、环境适应。

体育品德,是指在体育运动中应当遵循的行为规范以及形成的价值追求和精神风貌,对维护社会规范、树立良好的社会风尚具有积极作用。体育品德包括体育精神、体育道德和体育品格三个方面,体育精神包括自尊自信、勇敢顽强、积极进取、超越自我;体育道德包括遵守规则、诚信自律、公平正义等;体育品格包括文明礼貌、相互尊重、社会责任感、正确的胜负观等。高中学生体育品德培养的重点是积极进取、遵守规则、社会责任感。体育品德的具体表现形式为体育精神、体育道德和体育品格。

2. 课程结构

普通高中体育与健康课程的结构是根据学生发展核心素养的总体要求,以学科核心素养统领课程的目标、内容、方法和评价,即课程目标、课程内容、教学方法、学习评价等都紧密围绕学科核心素养来设计和实施。学科核心素养形成的途径不仅包括体育与健康课,还有课外体育锻炼、体育竞赛活动和体育社团活动等。本学科构建的是学科育人的课程结构(图 3-1)。

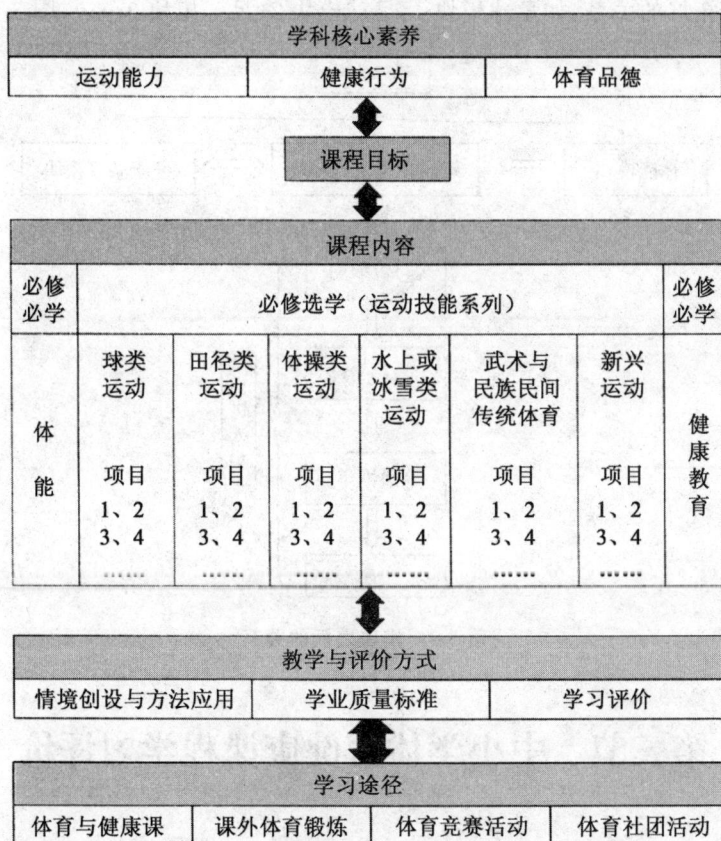

图 3-1　普通高中体育与健康课程结构

作为普通高中必修课程,本课程的内容包括必修必学和必修选学两个部分。必修必学包括体能和健康教育 2 个模块;必修选学包括球类运动、田径类运动、体操类运动、水上或冰雪类运动、武术与民族民间传统体育和新兴运动 6 个运动技能系列模块。每个系列包含若干运动项目,每个运动项目由若干模块组成,每个模块由某一个具体的运动项目(如足球、跳远、健身健美操、蛙泳、防身术、花样跳绳等)中相对完整的若干内容组成,以便学生对所选模块进行较为系统的学练。体能模块和健康教育模块包括内容标准、教学提示。运动技能系列中每个项目的教学由若干模块组成,每个模块包括内容标准、教学提示和学业要求。

模块之间的关系分为两类:一类是平行关系,一类是递进关系。整个课程内容由体能模块、健康教育模块和运动技能系列模块组成,三者是相互联系、相互促进的平行关系。运动技能系列模块之间呈递进关系,即下一个模块是上一个模块的延续和发展,它们之间是相互关联、衔接递进、螺旋上升或逐渐拓展的关系,如足球模块 1、足球模块 2、足球模块 3……(图 3-2)。

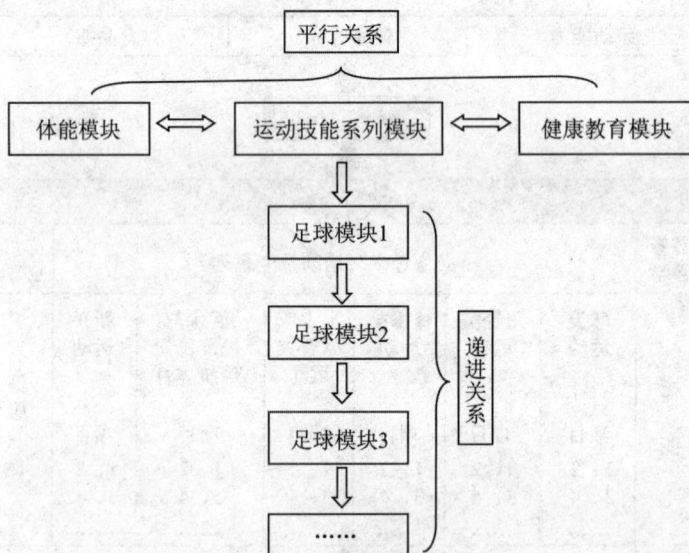

图 3-2　模块之间的关系

第三节　中小学体育健康课程学习评价

一、体育与健康课程学习评价的理念与目的

(一)体育与健康课程学习评价的理念

必须遵循以人为本、尊重学生人格、注重学生全面发展的评价理念。

1. 强调评价内容的全面性和可选择性

评价内容包括技能、情感、过程、结果等,在全面评价的基础上可以让学生选择参加自己的优势项目。

2. 要适当地考虑学生的个体差异

在统一的标准尺度的大前提下,要考虑学生个体间体能、运动基础、运动条件与天赋间的差异,注意保护"弱势"群体的体育学习积极性。

3. 注重实现评价主体的多元性

教师、学生、家长都可以参与评价,自评、他评、教师评、学生评相结合。

4. 关注学生的进步与发展

淡化体育分数和名次之争,淡化结果与技术之争,要关注学生在学习过程中的表现,以发展的眼光看待学生的进步和成果,如体质增强了,很少生病了,对体育学习感兴趣了,愿意参与体育锻炼了。

(二)体育与健康课程学习评价的目的

(1)了解学生的体育学习情况与表现。
(2)判断学生在体育学习中存在的不足与困难。
(3)为学生提供展示自我的平台。
(4)培养学生正确评价自己与他人的能力。

二、体育与健康课程学习评价的内容

强调在评价学生的体能和运动技能的同时,重视评价学生的学习态度、情意表现与合作精神、健康行为等方面的发展,真正体现评价的公平性和教育功能。

(一)体能的评价

发展体能是体育课程的首选与终极目标,这是由体育课程的本质功能所决定的,评价时,主要参照《体育与健康课程标准》《国家体育锻炼标准》《中国学生体质健康测试标准》,并结合学生的实际情况,确立符合实际的、科学合理的考核标准,以激励学生努力学习。

(二)知识与技能的评价

主要包括对体育与健康的认识、体育与健康知识和方法的应用、专项运动技能的掌握情况。具体操作时,应根据学校和学生选择的具体运动项目进行,可以采用规定的动作,也可以选择学生自己擅长的项目,可以结合平时比赛或练习时的情况,也可以辅助以理论知识的测试。

(三)学习态度的评价

(1)能否主动地参与体育活动?
(2)能否运用所学知识和技能参与体育活动?
(3)能否积极主动地思考,为达到目标而反复练习?
(4)能否积极投入健康教育活动?

(四)情意表现与合作精神的评价

1. 学生的情意表现

(1)能否战胜胆怯、自卑,充满自信地进行体育与健康活动。
(2)能否敢于迎接挑战、克服困难、持之以恒、锲而不舍地参与体育活动。
(3)能否善于运用体育活动等手段以调控自己的情绪。

2. 学生的合作表现

(1)能否理解和尊重他人,并表现出良好的人际交往能力与合作精神。
(2)能否努力承担义务和责任,如为小组竞赛策划并全力以赴。
(3)能否遵守规则、尊重裁判、尊重对手。
(4)能否在学校和社会的体育与健康活动中履行自己的权利和义务。

(五)健康行为的评价

(1)是否有不良生活习惯。
(2)是否合理作息。
(3)是否注意个人的卫生,遵守公共道德。
(4)是否为维护公共卫生而努力。

三、体育与健康课程学习评价的实施办法

(一)体育与健康课程学习评价标准

1. 采用多元评价标准

依据课程标准评定中小学生的体育学习成绩,可以将学习成绩评定标

准分为绝对性标准、相对性标准、个体内差异性标准。单一地使用任何一种评价标准都难以科学、合理地评价学生的学习情况。为了使体育与健康学习评价真正起到促进学生健康发展的效果,应将多种评价标准结合起来使用,即评价标准多元化。

体育学习评价标准的多元化,在很大程度上能很好地发挥体育学习评价的激励功能,更好地实现体育与健康课程的教育价值。体育教师应在尊重学生个体差异的基础上,根据学生的实际条件选择或制订不同的评价标准,从多种角度去评价学生,以便发现学生的优点和长处,让每个学生都能在自尊、自信、快乐地学习体育与健康课程知识与技能。

2. 提倡体育教师根据教学实际制订相应的评价标准

在新的体育与健康课程的内容标准中,只是明确规定了每一水平学生通过体育课程学习应达到的内容标准,并没有规定具体的学习内容,这实际上意味着各地、各校都可以根据内容标准,结合本地、本校的实际情况,具体选择、创编体育与健康的教学内容。因为学习内容各不相同,当然也就无法制订全国统一的评价标准。因此,应提倡体育教师根据内容标准,结合本地、本校的实际,设计和制订体育学习评价标准。这不仅有利于体育教师更客观、更全面、更准确地评价学生的学习,也有利于促进学生体育学习积极性的提高,同时还有利于发挥体育教师的主人翁地位,激发其参与体育与健康课程改革的主动性和积极性,以推动体育与健康课程的改革与发展。

(二)体育与健康课程学习评价方法

1. 定性评价与定量评价相结合

在体育课程的教学实践中,定量评价方法往往只能对能够通过计时、计量等外显性的行为进行测量与评价,比较适合于对学生的体能和运动技能作出评价,对于学生的体育学习态度、锻炼习惯、意志品质、自信心和自尊心、合作意识、健康行为等很难采用计时、计量的方法。采用定量评价不能全面反映学生的体育与健康活动情况。

体育课程将目标定位在增强学生身体、心理和社会适应等整体健康方面,采用定量的评价方法不能反映学生达成学习目标的情况。应该依据体育课程的目标与内容,制订一种定量与定性相结合的、以衡量学生健康水平为主的评价体系。定量评价与定性评价相结合主要表现在两个方面:一是在对某些可量化的因素进行量化以后再对那些不能量化的因素进行定性评价;二是对某些因素进行量化后得到的结果进行定性分析,这样就使定量评价和定性评价有机地结合在一起,以便更真实全面地评价学生的体育能力。

2. 终结性评价与过程性评价相结合

终结性评价是在体育教学活动结束时进行的一次性评价,如期末考核,目的是考查学生是否达到了相应的教学目标。终结性评价注重的是教学的结果,主要是为了判定最终的学习成果,并作出成绩评定。过程性评价则是在教学过程中,为使学习效果更好而对学生学习的各个方面不断进行的评价,它有助于及时了解学生学习的进展情况、存在的问题,以便及时反馈和有效调整教学进程,促使学生进行有效学习和不断进步。过程性评价通常在教学过程中和单元学习结束后进行。因此,评价学生的体育学习成绩应将过程性评价和终结性评价结合起来进行,即在学生学习的过程中随时对学生的体育学习进行各方面的评价,如对学生上课的表现进行及时的口头评价,围绕单元计划所预设的目标进行单元评价,给每一位学生建立成长记录袋等,然后再在学期末对学生各方面的发展作一个终结性评价。

在体育课的教学实践中,学习目标主要是在"过程"中完成的,其中许多目标,如学习态度、情意表现、合作精神、健康行为、创新能力、发现问题和解决问题的能力等,都应在"过程"中进行评价。因此,体育与健康学习评价的方法必须多元化,即诊断性评价、形成性评价和终结性评价三位一体。

3. 绝对性评价与相对性评价相结合

在体育课的教学实践中,应将绝对性评价与相对性评价结合起来,在评定学生体育学习成绩时,运用社会参照标准(即绝对标准)±1 的评定方法进行评价,即最终得分=社会参照标准±1;对学生体育学习成绩的评定也应充分考虑学生态度和行为的进步与发展,应依据每个学生的实际进步情况进行考评,而不是以统一的标准要求所有的学生。

采用个体内差异性标准评价有助于学生看到通过自己努力所取得的进步,建立学习的自信心和自尊心。体育与健康课程关注的正是学生的进步与发展,因此,体育与健康学习评价不仅要采用绝对性评价,更强调个体内差异性评价。

在进行体育与健康学习评价时要注意两个方面的问题:一是采用的个体内差异性评价要简便、易操作;二是在评价学生的体能与运动技能时,个体内差异性评价要与绝对性评价结合起来进行。

(三)体育与健康课程学习评价形式

1. 学生自评和互评

首先,在学生对自己或同伴的体育学习情况进行评价的过程中,体育教师应充分发挥学生的主观能动性,使其从中学会学习和思考,以提高学生正确认识和评价自己与他人的能力,这有利于学生主体意识的增强。其次,在体育与健康学习评价过程中,应改变以往"要学生怎样""不许学生怎样""禁止学生怎样"等禁锢学生的教学管理模式,注重培养学生的观察力、判断力、分析和解决问题的能力,以有效增强学生的创新能力。

2. 教师评价

在体育学习评价中,教师评价主要是由体育教师依据学生的学习目标达成度、行为表现和进步幅度等,参照学生自我评价和相互评价的情况,对学生的体能、知识与技能、学习态度、情意表现与合作精神、健康行为五个方面的学习成绩进行综合评价,以保证体育学习评价结果的公正性。

课程标准强调学生的自我评价和相互评价,并不意味着要否认教师的评价,而是将学生评价与教师评价结合起来,并且教师在学生自评和互评中所起的指导作用也是不容忽视的。体育教师应在体育与健康学习评价中指导和帮助学生正确地进行自我评价和相互评价,让每个学生都能通过自我评价和相互评价看到自己的进步或不足,并能激励自己更有效地学习。这实际上也是教师在体育与健康学习评价中主体地位的另一体现。

第四节　中小学体育教学目标

一、体育教学目标及其特征

体育教学目标是指在一定时间和范围内,师生经过努力后所要达到的教学结果的标准、规格或状态。它是体育教学的出发点和归宿,并决定着体育教学的方向。

体育教学目标具有两个特征。

第一,详细说明目标的内容,即说明做什么和如何做(知识、方法等)。

第二,用特定的术语描述教学后学生应能做以前所不能做的事情,即教学后所要达到结果的详细规格。

二、制订体育教学目标的依据

(一)学校体育目标与课程标准

学校体育目标体现了我国的教育、体育有关方针和政策的基本精神，以及国家、社会对学校体育的要求，是制订体育教学目标的重要依据。国家教育部颁发的课程标准，根据学校体育的总目标，制订了各个年级的教学目标和各项教材的教学目标，从而形成了体育教学目标体系，它是制订体育教学目标的指令性依据。

(二)体育教学的本质特征与功能

体育教学目标的制订，应突出其促进学生身心健康全面发展的本质功能。同时，也应全面考虑在体育教学的本质功能的规定与影响下，体育教学目标所反映的体育教学的多种功能的可能性依据。

(三)学生身心发展的特点及规律

体育教学的对象是学生，体育教学目标必须根据青少年生长发育的不同阶段、不同时期身心发展的特点及其规律，提出相应的目标。这是制订体育教学目标的生理学和心理学的科学性依据。

(四)体育教学的实际条件和可能

体育教学条件是制约体育教学目标实现的重要因素。当前，各级各类的学校、城市与乡镇的学校，甚至同一地区的不同学校，条件都千差万别，发展不平衡。为了确保体育目标具有可行性，在制订教学目标时，必须从实际出发，充分考虑学校的客观条件和可能性与可行性依据。

三、制订体育教学目标的要求

(一)反映体育教学的发展趋势，并从实际出发，考虑需要与可能

制订体育教学目标要有长远的观点，反映体育教学的发展趋势，这样制订的教学目标才具有导向和激励作用。同时，制订体育教学目标又要从实

际出发,全面准确掌握学校体育教学内部与外部条件及环境,将需要与可能结合起来,才能够制订出科学的教学目标。

(二)教学目标应具有整体性,要注意不同层次和序列教学目标的衔接

体育教学目标是一个结构严密、层次分明、排列有序的系统,不论制订总目标、大目标、中目标还是小目标,都应从整体出发,注意目标系统纵向与横向的有机联系。特别要研究各层次目标的纵向衔接,如小学体育教学目标制订得是否合理,将影响到中学乃至大学。体育教学目标只有形成一个纵横联结的网络系统,才能充分发挥教学目标的系统功能。

(三)体育教学目标必须明确、具体,尽可能量化

教学目标必须明确规定教学后所要达到的结果,必须用可观察的、可测量的、具体化的量化指标加以描述。体育教学目标明确、具体、可量化,有利于加强体育教学工作的计划性,为体育教学实施,特别是检查与评估体育教学工作奠定基础。

(四)体育教学目标应具有一定的弹性

体育教学目标受多种因素的制约,而诸多因素都在不断变化。因此,保持体育教学目标的稳定性是相对的,而体育教学目标的发展、变化是绝对的。这就要求我们在制订体育教学目标时,要保持一定的弹性,以便依据实际情况进行必要调整。

四、体育教学目标的结构和内容

(一)结构

体育教学目标是一个多层次的网络系统,这种网络系统可用"目标树"直观地反映出来。在体育教学实践中,可以根据不同情况和实际需要,从不同角度去构建体育教学目标体系,如表 3-1。

表 3-1　体育教学目标体系

总目标	大目标	中目标	小目标
学校体育的目标	各类学校体育教学的目标	各年级体育教学的目标	各年级各项教材的教学目标

根据毛振明的《体育教学论》将体育教学目标层次分为：超学段教学目标（也被称为课程目标）、学段教学目标（也被称为水平目标）、学年体育教学目标、学期体育教学目标、单元体育教学目标（也可称为内容目标）、课时体育教学目标，见图 3-3。

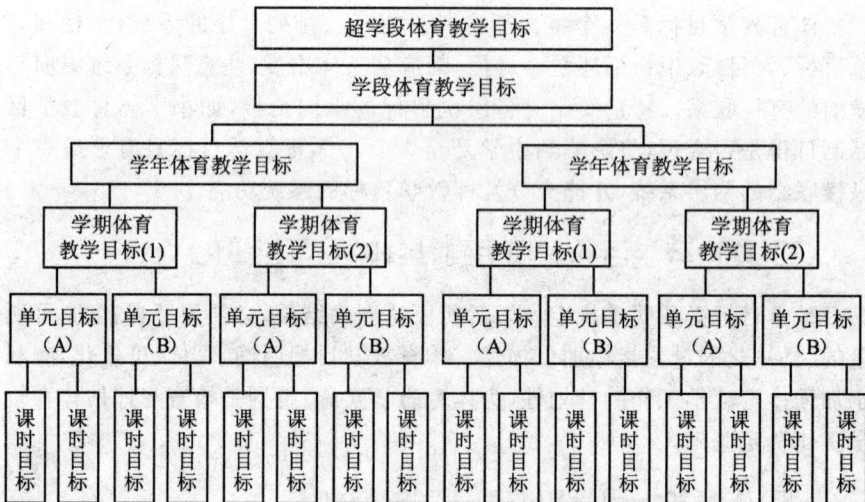

图 3-3 体育教学目标的层次

（二）内容

（1）掌握体育卫生保健知识和体育技术、技能方面的目标。

（2）锻炼身体，增强体质，促进健康方面的目标。

（3）培养良好思想品德教育方面的目标。

体育教学实践中，在不同阶段、不同时期、不同的教学内容的教学时，教学目标可有所侧重。

五、关于体育与健康课程的教学目标

（一）《义务教育体育与健康课程标准（2011 年版）》的课程目标

通过课程的学习，学生将掌握体育与健康的基础知识、基本技能与方法，增强体能；学会学习和锻炼，发展体育与健康实践和创新能力；体验运动的乐趣和成功，养成体育锻炼的习惯；发展良好的心理品质、合作与交往能力；提高自觉维护健康的意识，基本形成健康的生活方式和积极进取、乐观开朗的人生态度。

课程分为运动参与、运动技能、身体健康、心理健康与社会适应四个学习方面,各方面的说明及目标如下。

1. 运动参与

运动参与是指学生参与体育学习和锻炼的态度及行为表现,是学生习得体育知识、技能和方法,锻炼身体和提高健康水平,形成积极的体育行为和乐观开朗人生态度的实践要求和重要途径。课程强调通过丰富多彩的内容、形式多样的方法,在小学阶段注重引导学生体验运动乐趣,激发、培养学生的运动兴趣和参与意识,在初中阶段引导学生逐步形成体育锻炼的意识和习惯。

运动参与的目标:

(1)参与体育学习和锻炼。

(2)体验运动乐趣与成功。

2. 运动技能

运动技能是指学生在体育学习和锻炼中完成运动动作的能力,它反映了体育与健康课程以身体练习为主要手段的基本特征,是课程学习的重要内容和实现其他学习方面目标的主要途径。在小学阶段,要注重体育游戏学习,发展学生的基本运动能力;在初中阶段,要注重不同项目运动技术的学习和应用,鼓励学生参加多种形式的比赛,逐步增强学生的体育与健康学习能力、安全从事运动的能力,加深对体育运动的理解。无论是在小学阶段还是在初中阶段,都要重视选择武术等民族民间传统体育活动项目进行学习。

运动技能的目标:

(1)学习体育运动知识。

(2)掌握运动技能和方法。

(3)增强安全意识和防范能力。

3. 身体健康

身体健康是指人的体能良好、机能正常和精力充沛的状态,与体育锻炼、营养状况和行为习惯密切相关。本方面是课程学习的重要内容和期望的重要结果。课程强调引导学生努力学习和锻炼,全面发展体能,提高适应环境变化的能力,形成关注自身健康的意识和行为。小学阶段要注意引导学生懂得营养、行为习惯和疾病预防对身体发育和健康的影响;初中阶段应要求学生了解生活方式、疾病预防等对身体健康的影响,自觉抵制各种危害健康的不良行为,初步掌握科学锻炼的方法,提高体能水平,基本形成健康的生活方式。

身体健康的目标:

(1)掌握基本保健知识和方法。

(2)塑造良好体形和身体姿态。

(3)全面发展体能与健身能力。

(4)提高适应自然环境的能力。

4. 心理健康与社会适应

心理健康与社会适应是指个体自我感觉良好以及与社会和谐相处的状态与过程,与体育学习和锻炼、身体健康密切相关。本方面既是课程学习的重要内容,也是课程功能和价值的重要体现。课程十分重视培养学生的自信心、坚强的意志品质、良好的体育道德、合作精神与公平竞争的意识,帮助学生掌握调节情绪和与人交往的方法。小学阶段要注意培养学生自尊、自信、不怕困难、坦然面对挫折,引导学生在体育活动中学会交往;初中阶段要注意指导学生掌握调节情绪的方法,培养勇敢、顽强的意志品质和团队合作精神。

心理健康与社会适应的目标:

(1)培养坚强的意志品质。

(2)学会调控情绪的方法。

(3)形成合作意识与能力。

(4)具有良好的体育道德。

(二)《普通高中体育与健康课程标准(2017版)》的课程目标

1. 总目标

通过课程的学习,学生喜爱运动,积极主动地参与运动;学会体育与健康学习和锻炼,增强创新精神和体育实践能力;树立健康观念,形成良好的生活方式;遵守体育的道德规范和行为准则,塑造良好的体育品格,发扬体育精神。运动能力、健康行为和体育品德三方面学科核心素养协调和全面发展,培养作为公民在未来发展中应具备的体育与健康的关键能力、必备品质与价值观念,形成乐观开朗、积极进取、充满活力的人生态度。

2. 分目标

运动能力:通过本课程的学习,学生能够运用所学的运动知识、技能和方法,参加与组织体育展示和比赛活动,显著提高体能与运动技能水平,掌握和运用选学运动项目的裁判知识和规则,增强发现问题、分析问题和解决问题的能力;能够独立或合作制订和实施体能锻炼计划,并对练习效果作出合理的评价;了解和分析国内外的重大体育赛事和重大体育事件,具有运动欣赏能力。

健康行为:通过本课程的学习,学生能够积极主动地参与校内外的体育锻炼,掌握科学锻炼方法,养成良好锻炼习惯,形成基本健康技能,学会自我健康管理;情绪稳定、包容豁达、乐观开朗,善于交往与合作,适应自然环境的能力强;关注健康,珍爱生命,热爱生活,养成良好的生活方式,改善身心健康状况,提高生存和生活的能力。

体育品德:通过本课程的学习,学生能够自尊自强,主动克服内外困难,具有勇敢顽强、积极进取、挑战自我、追求卓越的精神;能够正确对待比赛的胜负,胜不骄、败不馁;胜任不同的运动角色,表现出负责任的行为;遵守规则、文明礼貌、尊重他人,具有公平竞争的意识和行为。

第五节　中小学体育教学计划

体育教学计划是根据国家颁布的课程标准,结合本校实际情况制订的,是保证学校体育教学工作顺利进行必不可少的教学文件,也是体育教师进行教学工作的主要依据。一般包括:学段(水平)体育教学计划、学年体育教学计划、学期体育教学计划(教学进度)、模块与单元体育教学计划、课时体育教学计划(教案)。

制订切实可行的体育教学计划,有助于教师全面主动地考虑和安排体育教学工作,使体育教学有明确的目标,充分发挥教师的主导作用,正确处理教材、课次之间的关系,便于经常客观地检查教学工作,及时发现问题,解决问题,提高教师的业务水平,从而不断地提高教学工作质量。因此,每个体育教师都应充分认识制订体育教学计划的重要意义,按照要求切实制订好各层次的体育教学计划。

一、学段(水平)体育教学计划

学段体育教学计划也叫水平体育教学计划,它是依据国家体育与健康课程标准、省课标实施方案和省编必学教材(通称超学段体育教学计划)以及结合学校实际情况选学的教材,针对某学段的体育教学工作而进行的总体教学设计方案。学段体育教学计划是制订下属层次教学计划的依据。

二、学年体育教学计划

学年体育教学计划是以年级为单位,根据学段体育教学计划和本学年学生的身心特点和发展需要以及两个学期的气候条件,将学段规定的本年度教学内容分配到两个学期中,同时确定每学期的考核项目与标准的教学文件。

(一)学年体育教学计划制订的基本要求

1. 教学计划的系统性

(1)学年教学计划的制订要与上下学年的教学计划有机衔接,计划的表述也应与上下学年相一致。学年教学计划不仅要注意与学段中其他学年计划的关系,还要注意本学年内两个学期教学计划之间的关系。

(2)学年教学计划的制订虽不如学段教学计划宏观,但与单元、学时教学计划相比是比较宏观的,因此,要有清楚的课程理论作指导,如在本学年内安排什么教材,安排几本教材,为什么安排这些教材,安排多少时间,安排在哪个学期,出现几次及教材之间的相互关系等都应统筹考虑。要处理好教材的纵向和横向的关系。

2. 教材安排要分门别类

在进行学年教学计划时,依然要对体育教材进行类型的划分和统筹考虑。在安排两个学期的教材时还要注意不同性质教材的合理搭配。

3. 要依据本学年学生的身心特点来设计教学

由于学年教学计划主要是根据本学年学生的身心特点来制订的,因此要求对本学年学生的身心发展特点进行有针对性的研究。

4. 教学安排要考虑季节性

教材的选择和教学安排要考虑季节性,如冬季教学安排什么教学内容,夏季教学安排什么内容。

5. 年度学习评价要全面

学年还是学生评价的重要周期,因此评价要注意终结性评价与过程性评价相结合,在评价的内容上要比较全面。

6. 与学校年度工作相配合

学校的各项工作是按年度来安排的,因此各学科的学年教学计划要与学校工作紧密配合,体育教学与学校工作(如军训、运动会、冬季长跑等)的关系极为密切,因此体育学年教学计划要注意与学校年度工作相结合。

(二)学年体育教学计划制订的基本内容

1. 制订学年体育教学目标

教学目标如何分解、教学内容如何排列、教学时数如何分配、学年与学年如何衔接等均是学年体育教学计划中应考虑的问题。要根据学段体育教学目标、本学年教材特点及学生特点、学校场地器材条件确定本学年体育教学目标。制订学年教学目标还要考虑学校年度的其他工作安排,如军训、夏令营和各种全校体育活动等。

2. 分配本学年教学时数与教学内容

全年实际授课的时数是按校历的周数分配,在选定了教学内容以后,则要根据教材排列理论将全年的教学内容合理地分配到两个学期中去,并确定各个教材的教学时数。这个工作是学年教学计划的中心工作。

3. 制订年度的考核和评价内容

根据对全年教学效果的预测,制订年度和每学期教学内容的考核方案及其他评价标准。

4. 提出相应的教学要求

计划制订后,还要根据年度体育教学目标,针对教学内容的实际情况提出相应的教学要求。

三、学期体育教学计划

学期体育教学计划又称教学进度,是根据学年体育教学计划和本学期的气候条件,将学年体育教学计划所规定的本学期的教学内容,组成规模、目标不同的教学单元,同时制订出单元评价项目的教学文件。

四、模块体育教学计划(高中)

(一)模块的概念

模块是为了实现明确的教育目标,围绕某一特定主题,通过整合学生经验和相关内容而设计的相对完整、独立的学习单元,是构成科目的基本单位。

根据《普通高中体育与健康课程标准(2017 年版)》,普通高中必修课程内容包括必修必学的体能和健康教育 2 个模块;必修选学的球类运动、田径类运动、体操类运动、水上或冰雪类运动、武术与民族民间传统体育和新兴运动 6 个运动技能系列模块。每个运动技能系列模块包含若干运动项目,每个运动项目由若干模块组成,每个模块由某一个具体的运动项目中相对完整的若干内容组成。

模块之间的关系分为两类:一类是平行关系,一类是递进关系。整个课程内容由体能模块、健康教育模块和运动技能系列模块组成,三者是相互联系、相互促进的平行关系。运动技能系列模块之间呈递进关系,即下一个模块是上一个模块的延续和发展,它们之间是相互关联、衔接递进、螺旋上升或逐渐拓展的关系,如足球模块 1、足球模块 2、足球模块 3……等等。

(二)模块的基本特点

模块具有综合性:一个模块都以一个特定的主体作为模块组织的核心,学生在模块课程中所获得的不再是一个个孤立的知识点,而是在主题下的知识框架。

模块具有独立性:模块以科目内相对独立的内容为基础,围绕特定的主题内容展开。

模块具有多样性:可以根据目标、主题、内容等作为模块分类的依据组合不同的模块。

模块具有开放性:《标准》明确指出,学校在教学中可以自行组合选修课教材。

模块具有灵活性:学生只要完成必修模块,对课程的选择具有相对的灵活性。

模块具有学习个性化:表现在学校层次的区别、学校特色的不同、学生个性的发展。

(三)模块的学分

高中学生在三年的体育与健康课程学习中需修满 12 个必修学分,共计

216 学时。平均每学年修习 4 个必修学分,一个学分一般为 18 学时左右。学生每修完一个模块,经考核和评价达到学业要求即可获得 1 个学分,修满 12 个学分并达到相应学业质量标准,准予毕业。12 个学分中包含体能模块必修必学 1 个学分,健康教育模块必修必学 1 个学分,其余为运动技能系列模块的必修选学 10 个学分。

(四)设计模块教学计划的要求

(1)确定模块教学目标。

(2)模块教学计划中的学习内容要明确、具体,内容之间要有机联系。

(3)教学策略或手段的选择要有针对性、时效性、可行性。

(4)要充分考虑体育设施的现状,尽可能多地给学生创造练习的机会。

(5)同一项目模块计划之间要很好地衔接,后一模块计划是前一个计划的延伸和发展。

(五)模块学习内容的分层要求

(1)目标的设计应逐步提高要求。

(2)学习内容的选择与编排应逐步加深。

(3)课时学习目标应为完成模块的目标而逐步递进,提高要求,最终达成本模块目标。

(4)教学策略应体现可操作性、时代性、适应性、科学性以及体育教学的特性,教学方法与手段的选择应符合学生的学习能力水平等。

附:模块学习内容的分层示例(图 3-4)。

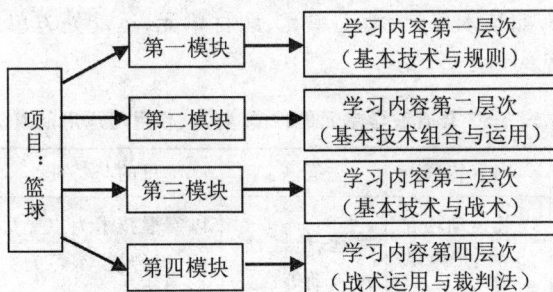

图 3-4　项目、模块与内容的关系

(六)模块设计的具体内容

(1)设计思想。

(2)教材分析。

（3）学情分析。

（4）模块教学目标。

（5）模块教学重点和教学难点。

（6）模块教学策略与手段。

（7）模块的评价构思与操作方式。

（8）课外延伸作业设计。

（9）模块的具体安排以及各单元安排。

五、单元体育教学计划

单元体育教学计划是依据学情和校情，把某项主要教材按照学期教学（或模块）计划中确定的课次顺序，合理安排出每次课的目标、要求、重点、难点以及主要教与学手段和方法的体育教学计划。单元教学计划是学期（或模块）教学工作计划的深化和具体化，它保证了学期（或模块）教材内容的教学有目的、有步骤、系统地进行，也是教师制定课时计划的直接依据。

（一）单元体育教学计划类型

单元体育计划是一个相对完整的教学阶段，是体育教学过程的实质性单位，单元最反映运动技术的"学理"过程，也是承载各种体育教学模式的教学过程。在体育教学实践中，基本上是以各项运动技术来划分单元的，教学内容安排也是以运动技术的传授顺序为参照来设计，但也有一些辅助性的其他教学单元，如技术单元、活动单元、题材单元、运动处方单元、理论单元、综合单元等，见表 3-2。

表 3-2　体育教学单元的种类、特点、作用与适用范围

	单元种类	内容构成	范例	目的与特征	适用范围
1	技术单元	以某运动项目的运动技术组成	跳远、单杠、篮球运动等	以掌握技术为主要目标，以传授、练习为主要内容	各年级各教材
2	活动单元	以某类活动或某个活动组成	跑的游戏、跨越障碍等	以娱乐、提高身体基本活动能力为主要目标，以活动和尝试为主要内容	低年级发展身体能力的教材、体验性教材

续表

	单元种类	内容构成	范例	目的与特征	适用范围
3	题材单元	以题材和情节串联组成	夏令营、远足、运动会、救护等	以情感体验和发展运动能力为主要目标，以模仿、练习为主要内容	中年级与生活和实用技能相关的教材
4	运动处方单元	以某健身原理和练习组成	发展上肢肌肉、提高耐力、发展柔韧等	以掌握健身原理和培养身体锻炼能力为主要目标，以运动处方的制订和实施为主要内容	中高年级发展身体素质的教材
5	理论单元	依据某理论及相关运动组成	人体运动力学、篮球中的犯规、运动疲劳消除等	以理论知识的掌握和有关技能的发展为主要目标，以讲授和验证为主要内容	高年级和理论密切相关的实践教材
6	……	……	……	……	……
n	综合单元	以上述两种以上形式组成的单元		根据组合情况而变	根据组合情况而变

注：引自毛振明主编的《体育教学论》。

(二)单元体育教学计划的内容与要求

1. 单元体育教学计划内容

(1)教学内容，即教材内容的教学化。例如一般动作技能类实践性教材，单元内容包含技术、体能、运用三个维度，三个维度的课时比例为 1：2：1（田径等）、1：2：3（球类等）。

(2)教学目标，包括单元教学目标和课时教学目标。

(3)教学重难点，是指为完成或达到一定的教学目的任务，突出教材重点、突破教材难点而制定的具体手段和措施，以及在实现这一目标时对出现困难情况的预判。

(4)教学策略,主要呈现解决教学重难点的方法与措施。

2. 单元体育教学计划的要求

(1)要有明确的教学指导思想,用不同的教学思想去指导,就会有不同的教学计划,也会有不同的教学效果。

(2)要依据该单元教材学习目标和学习内容,准确把握该项教材的体系和该单元教材的所处的位置以及前后衔接与联系;理清该单元教材的技术结构、教材重点和难点以及要解决的主要问题。

(3)要全面分析学生的认知水平、身体素质、相关运动技能基础和兴趣爱好等情况,做到心中有数,确保计划的安排有的放矢。

(4)教学手段的选择针对性要强,实效性要好,趣味性要浓。要充分挖掘和利用学校的场地器材设备为教学服务。根据每次课的教学目标、要求、重点、难点,结合学生特点和学校的教学条件,选择每次课主要的教与学手段。

(三)单元体育教学计划制订的基本步骤

(1)根据教学目标和教材,明确单元的性质。

(2)根据单元的性质,调整单元规模(确定教学时数)。

(3)根据某个单元教学设计原理,或者参照某个体育教学模式,设计出该单元教学过程,其具体的工作就是定出每次课的教学目标和任务。

(4)选择适当的教学方法,补充到各节课中。

(5)确定某项教材的考核方法与评价方法。

(四)单元体育教学计划设计思路与案例

1. 四种体育单元计划设计思路

(1)兴趣激发单元:创设情景——诱发兴趣——共同参与——呈现运动魅力——自我调控——拓展兴趣。

(2)心理健康单元:确立目标——调节情绪——培养意志——促进和谐的人际关系——正确认识——自我行为适度——培养合作和竞争意识。

(3)运动技能学习单元:模仿——比较——重复——运用——自动化——创造。

（4）个性化发展单元：激发动机——师生探究——优化组合——个性化设计——体验成功——个性化评价。

2. 单元体育教学计划案例

例一：高中足球单元计划

高三年级　第一学期　项目：足球　课时：8

单元目标：学生能做出所学的基本动作，并能在实际运用中不断提高动作的质量；学生能积极参与足球运动的学习和锻炼，通过学习与比赛了解足球运动的基本规则，通过学习过程中的配合协作进一步培养群体意识，增强责任感和交往能力。

学习重点：基本掌握停、传、运、射等足球基本技术动作并能在运动状态中合理运用。

第一课时：脚背正面颠球

目标：让学生熟悉球性，掌握颠球的技术动作要领。

教学法：教师讲解示范，学生自主练习

第二、三、四课时：身体素质练习、脚内侧传球、脚背正面踢球、脚背内侧踢球。

目标：培养学生的集体主义精神，使学生了解几种踢球方法的技术动作要领，基本掌握传球技术。

教学法：教师在讲解示范的基础上让学生更多地进行摸索和自我体会技术动作。

第五、六课时：几种运球方法

目标：让学生能够基本掌握几种运球方式的技术动作要领。

教学法：教师讲解示范，组织学生进行练习，纠正错误动作。学生认真看示范，积极进行练习。

第七、八课时：综合性练习

目标：巩固之前所学的几个技术动作，使大部分学生能够较熟练地掌握并能运用

教学法：教师巡回指导，学生认真练习。

例二:初中体操单元计划

(水平四:鱼跃前滚翻技术与运用单元计划)

单元目标	1. 认知目标:能说出鱼跃前滚翻与远撑前滚翻的区别,描述鱼跃前滚翻的锻炼价值 2. 技能目标:会做 3 种以上练习鱼跃前滚翻的方法,并能在各种组合动作中做出完整的鱼跃前滚翻动作,部分学生能够表现出腾空明显、动作舒展、滚翻圆滑的良好姿态,学会保护与帮助的方法,发展学生的柔韧性和协调性 3. 情感目标:在练习中表现出敢于挑战、乐于探究、善于合作的品质	单元教学重点	腾空明显,动作舒展,滚翻圆滑
		单元教学难点	身体控制,协调能力

课时		5	

课时	教学内容	教学目标	教学重点与难点	教学策略
1	鱼跃前滚翻动作方法 1 鱼跃前滚翻动作方法 2	1. 认知目标:学生初步建立完整的鱼跃前滚翻动作表象,能够说出鱼跃前滚翻与远撑前滚翻的区别 2. 技能目标:明确远撑前滚翻与鱼跃前滚翻的异同点,在合作学练中初步体会鱼跃前滚翻的技术要领,学会保护与帮助的方法 3. 情感目标:在相互合作互助中,提高学生的自信心,勇于挑战自我,体验成功的快乐	重点:远撑,团身紧 难点:蹬摆协调,滚动圆滑	1. 创设情境,引出鱼跃前滚翻 2. 在团身紧的要求下学生分组复习前滚翻 3. 远撑越过不同远度标志线,鱼跃前滚翻练习 4. 远撑越过障碍(排球、篮球)接前滚翻,体现蹬地腿伸直、领肩甩臂手远撑、屈臂缓冲身团紧 5. 教师示范讲解鱼跃前滚翻的技术要领 6. 远撑与鱼跃前滚翻的异同点分析 7. 在保护与帮助下学生分组练习 8. 根据学生的能力,分组进行越过不同标志线、障碍物的练习

课时	教学内容	教学目标	教学重点与难点	教学策略
2	鱼跃前滚翻组合练习方法1 鱼跃前滚翻组合练习方法2	1. 认知目标:通过学练,让学生知道蹬摆的重要性,明确先蹬后撑的技术要领 2. 技能目标:在环环相扣的练习中发展学生鱼跃前滚翻的蹬地腾空能力,提高学生的身体协调能力以及下肢力量 3. 情感目标:学生相互激励,克服恐惧心理,树立信心	重点:蹬摆有力,先蹬后撑 难点:腾空远撑,撑地缓冲与滚翻的衔接	1. 在先蹬后撑的要求下复习鱼跃前滚翻 2. 摆臂练习:体现蹬摆结合 3. 向前一步鱼跃前滚翻接免跳练习 4. 原地收腹抱膝跳接鱼跃前滚翻练习(越过不同远度的标志线) 5. 跳过垫子接鱼跃前滚翻练习 6. 连续跳过小垫子接鱼跃前滚翻练习 7. 连续两个鱼跃前滚翻练习 8. 分组比赛:连续两个鱼跃前滚翻比远
3	鱼跃前滚翻组合练习方法3 鱼跃前滚翻组合练习方法4	1. 认知目标:形成完整的鱼跃前滚翻动作表象,知道正确的鱼跃前滚翻会有一定的腾空高度及远度 2. 技能目标:通过学练进一步提高腾空技术,大部分学生能偶尔做出一定高度和远度的鱼跃前滚翻,发展力量、协调等体能 3. 情感目标:学生互动中,互相激励,相互指导,敢于挑战自我,体验成功的快乐	重点:鱼跃的高度及远度 难点:学生恐惧心理的克服	1. 连续两个鱼跃前滚翻练习 2. 原地纵跳接鱼跃前滚翻练习 3. 连续纵跳接两个鱼跃前滚翻练习(越过不同高度的标志物,如橡皮筋、呼啦圈) 4. 鱼跃前滚翻接挺身跳练习 5. 鱼跃过标志物接连续跳跃小垫子练习 6. 自主设计障碍物进行练习 7. 根据学生能力,分组练习鱼跃标志物(设置不同高度及远度的障碍物)接跳跃组合练习 8. 分组比赛连续鱼跃前滚翻的个数

课时	教学内容	教学目标	教学重点与难点	教学策略
4	鱼跃前滚翻组合练习方法5 鱼跃前滚翻组合练习方法6	1. 认知目标：学生明白落地是否平稳决定着组合动作的衔接是否流畅 2. 技能目标：在练习中完善鱼跃前滚翻落地动作，使得完整技术动作更为流畅，同时发展学生平衡能力及身体协调性 3. 情感目标：在练习中体验学习乐趣，培养学生的创新意识	重点：及时屈臂缓冲，团身滚翻落地稳 难点：推手，重心前移	1. 立卧撑接鱼跃前滚翻练习 2. 立卧撑接鱼跃前滚翻成各种姿势的平衡（直角坐、分腿坐、单膝跪撑等） 3. 在落地稳的要求下，自主创设立卧撑接鱼跃前滚翻某种姿势（要求臀部离垫）的平衡接一个已学的技巧动作 4. 鱼跃前滚翻——挺身跳、鱼跃前滚翻——燕式平衡等、鱼跃前滚翻——前滚翻、鱼跃前滚翻——后滚翻等 5. 小组为单位进行练习组合动作，并展示
5	鱼跃前滚翻运用方法1 鱼跃前滚翻运用方法2	1. 认知目标：了解滚翻在生活中的运用 2. 技能目标：在组合练习中巩固与提高鱼跃前滚翻技术动作，发展力量、灵敏、协调等身体素质及翻越障碍的能力 3. 情感目标：在探究组合动作过程中培养学生团队合作意识	重点：组合动作衔接流畅 难点：身体协调配合	1. 创设情境，用鱼跃前滚翻越过障碍物，让学生了解滚翻在生活中的运用 2. 设置障碍赛道，组织学生进行绕过障碍物接力比赛（其中个障碍物用鱼跃前滚翻） 3. 前滚翻——鱼跃前滚翻挺身练习、鱼跃前滚翻——后滚翻成跪撑——跪跳起练习 4. 以小组为单位自主设计技巧组合（2个以上并必须有鱼跃前滚翻），要求动作衔接流畅 5. 分组展示练习成果

注：引自《浙江省义务教育体育与健康课程指导纲要》。

六、课时体育教学计划(教案)

(一)课时体育教学计划的特点

课时计划又称教案。它是根据单元教学工作计划,针对班级具体情况编写的每次课的具体执行计划,是教师上课的直接依据。

体育教案的格式和写法多种多样,概括起来主要有文字叙述和表格式两种。文字叙述式教案一般按课的顺序书写,这种教案书写比较容易,但不如表格式教案一目了然;表格式教案是按表格填写内容,比较清楚明了,但书写比较复杂。

(二)制订实践课教案的基本内容和步骤

1. 确定课时教学目标

制订教案首先要依据单元教学目标和单元的教学设计来确定课时教学目标,确定课时教学目标是写好教案的首要问题。新课标的教学目标把三维目标区分为:知识与技能——基础目标、过程与方法——核心目标、情感态度与价值观——优先目标三个方面。

一堂课的教法与学练法手段、组织方法以及负荷等都是围绕课时目标来选择和安排的。因此,正确地确定课时教学目标是提高教学质量的重要环节。课时教学目标主要是依据单项教学目标,并针对本课教材所要解决的主要问题,以及结合大多数学生的条件与起点水平制定的。

2. 排列课的教学内容

排列课的教学内容时,应考虑基本部分的教学,如果本节课有两个以上的教学环节,应先确定其先后顺序,排列要符合运动负荷的基本要求,除特殊的教学目的和设计外,一般要先易后难、先简后繁、先小负荷后大负荷、先局部后全身,然后根据内容的重点、难点再排列练习的顺序。基本部分排列完成后,再考虑准备部分的内容和结束部分的内容。

3. 针对教学内容组织教法和学法

排列完教学内容以后,要根据各个教学内容重点、难点考虑教法,如示范讲解、提问、讨论、演示等教法和诱导性练习、辅助性练习等,教法的设计比较复杂,一般说来要考虑以下 10 个方面的问题:

(1)教法的选用与运动顺序:选用什么教法?什么教法在前?什么教法在后?

(2)教具的安排:是否需要教具?需要什么样的教具?是否需要购置和制作?如何进行演示?

(3)分组和分组轮换的方法:按什么分组?分成几组?是否需要交换场地?如何交换?

(4)学生的调动:如何在最短的时间内完成学生队伍的调动?何种队形效果最佳?

(5)如何有效地利用场地器材:有什么器材?有多少器材?用多少器材?如何使学生获得较多的练习次数?

(6)学生自主练习的时间与形式:什么时间安排自主练习?安排多少时间?以什么形式练习?个人练习还是分组练习?如何分组?在哪里练习?教师如何进行指导?出现问题如何集中?

(7)交流与反馈:如何与学生进行情感交流?如何反馈学生的学习情况?如何进行过程中的评价?用什么样的态度和语言进行评价?

(8)集体性活动安排:要不要安排比赛和游戏?规则及要求如何?组织时会有什么问题?

(9)安全措施:各个教学环节有哪些安全隐患?如何消除?万一出现意外时应采取什么措施?

(10)学生干部:是否需要学生干部的辅助?如何选择体育委员?是否应对其进行课前的培训?

4. 安排各项教学内容、时间和练习的次数

(1)先定出授课的各部分时间。一般分为 3 或 4 个部分:开始部分和准备活动部分、基本部分、结束部分。各个部分的时间分配主要根据在全课所起的作用来决定,以典型体育课(45 分钟)为例,通常分为:活动部分 8~10 分钟,基本部分 30 分钟,结束部分 3~5 分钟。

(2)定出"各项教学内容"的时间。各项内容教学时间的总和应等于或小于课的总时间。

(3)定出"练习次数"并算出时间,练习次数是指每项练习内容中一名学生的练习次数。练习次数应根据各项内容的教学时数和相应的组织时间来确定,要留有一定余地。

5. 设计课的生理负荷和练习密度

教师应以授课班上中等水平的学生为依据,根据教学内容、场地器材条

件、气候条件等,设计课的运动负荷,预测课中最高心率、全课的平均心率,还要根据教学人数和场地器材情况设计课的练习密度。

6. 计划本课所需要的场地器材和用具

安排场地时要相对集中以便于指导,要尽可能充分地利用学校现有的体育器材以增加学生的练习次数。设计后,应在"场地器材"一栏内填上本课所需的场地器材和用具的名称、数量、规格,以便课前进行准备。

7. 课后小结(评价)

课后小结虽然是每节课后教师要完成的工作,但也是教案的组成部分。体育教师应在课后及时将本次课教学目标的完成情况、主要优缺点及改进的方面等扼要地写在"课后小结"的栏目中,以便为今后总结教学经验的备课和教学检查提供参考和依据。

(三)理论课教案的要求及编写细则

详见第四章第二节、第六章第三节。

第六节　中小学体育教学模式

一、体育教学模式的概述

(一)体育教学模式概念

体育教学模式是指在一定体育教学思想或教学理论指导下,建立起来的较为稳定的体育教学活动结构和教学方法体系的教学(活动)程序。它主要体现在教学单元和课时教学的设计和实施上。

体育教学模式概念由四个基本的要素组成:即教学理论或指导思想、教学过程结构、教学方法体系以及相应的教学条件。这四者的关系是:教学过程结构是支撑教学模式的"骨架";教学方法体系是填充教学过程的"肌肉";教学条件是教学模式运作的"血液";而教学理论或指导思想则是内含在"骨骼"与"肌肉"中,并起到协调和指挥作用的"神经"。教学理论或指导思想(神经)体现了教学模式的理论性;教学过程结构(骨骼)体现了教学模式的稳定性;教学方法体系(肌肉)则体现了教学模式的直观性和可操作性;教学条件则体现了教学模式的保障性。

(二)体育教学模式的特征

体育教学模式具有以下特征。

1. 理论性

体育教学模式是教学理论及其教学思想具体转化的载体,教学模式必有其理论内核。一定的教学理论及其教学思想又通过教学模式具体而直观地加以体现,从而使得教学理论或思想和教学实践有机地结合起来。

2. 稳定性

体育教学模式在经过长期的教学实践检验而定型后,就具有相对稳定的结构。因此,一种较成熟的教学模式,在其运用的教学条件适合时,就有一定的稳定性。

3. 直观性

教学模式并不像教学理论那么抽象,它对体育理论或教学思想是以直观简略的方式来体现的。因为一个新体育教学模式的建立,都具有某种显明的特点和独特的教学效果,而这种特点和效果都体现在整个教程安排的特殊结构或某个特殊的教学环节上。这就使人们可以根据其特定的教学环节和独特的教程安排来判断是不是属于此种教学模式(直观性),这个特性还可以使人们通过设置独特的教程或特定的教学环节来重现该教学模式(可操作性)。

4. 整体性

教学模式从整体上考虑教学的基本框架,既要研究教学各要素(教师、学生、教材、场地器材等)组合的内在关系,又要分析影响教学的外在因素(时间、气候),以便综合地考虑体育教学目标的确立、教材和教学策略的选择、师生活动的规范等一系列问题,进而建构其基本的教学框架,并通过教学实践的检验调整与修正,以确立能够取得有效性教学效果的基本模式。

5. 对应性

任何一个体育教学模式都不是万能和绝对的,具有一定的特殊功能和特点,因此,一般有一个大概的适应范围,如适应什么样的教材、什么样的学生、什么样的场地设施条件等。各个体育教学模式的特点不同,其对应的范围也会有不同。

6. 可评价性

所谓可评价性是指任何一个相对成熟的教学模式确定,必然有着与其整个过程相应的评价方法体系。对体育教学模式的整体性评价,既体现教学模式的教学价值观,也体现体育教学组织过程的可行性。因此,任何一个教学模式都应可以对实施这个教学模式的教师给予明确的教学评价,这不仅仅是对该教师对教学模式理解程度的评价,也是对教师参与、认识和学习能力进行的评价。

二、体育教学模式构成要素

体育教学模式有其相对稳定的系统结构,其构成主要包括以下几个要素。

(一)体育教学理论或指导思想

教学理论或教学思想是教学模式的深层构成要素。教学模式是在一定的教学理论或教学思想指导下形成的,任何一种教学模式都有其赖以成立的理论基础或思想内核,这也是区别不同教学模式的重要依据。

(二)体育教学过程结构

教学过程结构是教学模式核心部分之一,它通常包括教学的操作程序、师生相互作用的活动方式等,是教学过程中可见的部分,不同的教学模式具有不同的教学过程结构。

(三)体育教学方法体系

教学方法体系是构成教学模式的又一核心部分。一定的教学模式具有和其教学思想相适应的教学方法体系。因此,不同教学模式的成立还有赖于一系列教学方法的开发和重组,以在教法的层面体现其特点。

(四)体育教学条件

教学模式的运用必须具备与之相适应的教学条件(教师水平、学生的学习基础、教学设施等软硬件),如果相应的教学条件不能满足的话,教学模式就难以有效地发挥作用。

三、主要体育教学模式介绍

近年来,我国体育教学不断探索创新,有关体育教学模式的研究也非常活跃。在教学实践中,出现了不少有关体育教学模式的实验性研究,形成了一批相对成熟的体育教学模式,为推进教育改革和研究提供了有益的借鉴。

(一)以发展学生运动能力为主的体育教学模式

1. 技能掌握式的体育教学模式

此模式也经常被称为"传统的体育教学模式"。因为这种模式受到苏联教育思想的影响,比较注重系统的运动技能传授,因此,也可以说是一种以系统教学理论为基础,主张遵循运动技能掌握的规律性来安排教学过程的教学思想和教学模式。

这一模式的教学过程主要遵循"泛化——分化——定型——自动化"的运动技能形成规律和"感知——理解——巩固——应用"的认知规律,通过教师的讲解、示范以及相应的直观手段,使学生对所学运动技术有一定的感性认识,并在教师的组织和辅导下经过反复的运动实践感知,和教师对学生练习效果的不断反馈评价,逐渐掌握运动技能。

2. 进行身体锻炼的体育教学模式

此模式是在重视通过体育教学进行身体锻炼,谋求学生的体质增强的教学思想下的教学模式,强调按人体活动和机能变化规律来考虑教学过程。

身体锻炼模式又叫发展身体素质的模式。这种模式主要受体质教育思想的影响,把教学目标主要指向发展学生的体适能,并按照人体生理机能活动变化和负荷与休息合理交替的规律设计其教学过程结构,将教学过程分为准备、负荷、调整、再负荷、休息等几个阶段,并运用简单易学而富有锻炼实效的练习方法(如循环法、间歇法等),在教师的指导和监控下进行体适能锻炼,通过练习密度和脉搏频率调控运动负荷及其过程。其教学的基本程序是学习准备(提出任务和准备活动)——指导组织(讲解示范和组织)——学生练习(教师指导调控)——检查评价、放松整理。

3. 运动技能传授为主、身体锻炼为辅的教学模式

该模式是以"全面教育"的体育教学思想为指导,以运动技能形成规律为主线和运动负荷规律为辅助建构教学过程结构的一种体育教学模式。

这一模式的指导思想是全面教育的体育教学观,是在全国体育教学改革思潮中逐渐发展起来的一种教学思想。它将体质教育和运动技能教育的思想结合,主张体育教学应以发展学生身体为核心,以新"三基"为手段,以思想教育为先导,以社会教育为辅助,全面完成体育教学的各项目标。

这一模式也是我国中小学体育教学中广泛应用的主导模式,它继承了传统的运动技能传授模式的一些优点,同时在此基础上改变了只注意运动技术、技能传授而忽略学生身体发展的状况,在克服身体锻炼模式教学内容比较单一枯燥的弊端方面有积极意义,尤其在当前中小学应试教育倾向严重、许多学校班大人多器材少的条件下,对保证学生在校学习期间的身体发展和维护学生身心健康方面以及克服体育教学条件限制方面有一定的现实意义。

(二)以培养学生运动兴趣为主的体育教学模式

1. 学生体验运动乐趣的体育教学模式

经常被称为"快乐体育的教学模式",是近年在国内外的快乐体育思想下形成的教学模式。其教学思想是主张让学生在掌握运动技能和进行身体锻炼的同时体验到运动的各种乐趣,并通过对运动乐趣的体验逐步形成学生终身参加体育实践的志向和习惯。该教学模式主要是遵循运动情感变化规律来设计单元和教学课的。

"快乐体育"教学模式是一种从情感教学入手,强调乐学、育体和育心结合,力图建立融认知、情感与身体发展为一体的三维立体教学结构的教学模式。

"快乐体育"模式在激发学生积极主动地学习和培养体育兴趣方面具有其独到的功效,它对我们改革传统的教学模式有积极意义。但该模式要求教师善于发掘教材中蕴涵的"乐趣",并具有较强的启发诱导和灵活机动的教学组织能力,在教学过程中还要注意把体育学习的乐趣不断引向深化。

2. 情景和模仿式的体育教学模式

经常被称为"情景教学模式""形象教学模式"等等,利用学生热衷模仿、想象力丰富、形象思维占主导的特点,进行生动活泼和富有教育意义的教学模式,主要遵循认识和情感变化的规律来考虑教学过程。

情境教学模式是教师根据教学内容和学生的实际,通过设置相关的故事情节、场地器材和情感氛围,提高学生体育学习的情趣,从而发展学生基本活动能力,发展学生体育兴趣的一种教学形式。这种教学模式通过理解、尊重、参与的作用能够有效提高学生学习的兴趣。其特点是通过情境设计使学生产生求学兴奋,获取最佳的注意力。这种教学模式多用于语文教学、外语教学、社会科学教学。在体育教学中运用这一模式,可以使学生的身体在"不知不觉中"得到发展,情操得到陶冶。这种教学模式适应的条件是:小学中低年级且有适宜的教材。其基本教学程序是:设置情境——引发运动激起——体验情节——运动乐趣——还原。

3. 学生体验成功的体育教学模式

经常被称为"成功体育教学模式",是近年来国内"成功体育"教学思想指导下开始逐步形成的教学模式。主张让每个学生都体验到运动学习的乐趣,积累小的成功为大的成功,帮助学生树立从事体育运动志向和学习自信心。

成功体育教学模式,其目的是对每一个学生负责,积极创造条件,让每一个人都获得成功的体验,都成为学习上的成功者。其实践的突破口是对教学评价的改革。传统的统一考试是强制性的,学生没有选择的余地,它对基础较差的学生尤其冷酷的。因为他们在这种考试中常常只能得低分,被认为是"差生"。他们也由此觉得低人一等,丧失自信心。实际上,所谓优秀生在这种考试中也是被动的和无奈的。因此,素质教育认为必须创造一种评价方式,这种方式是不带强迫性的,是每个学生乐于参与的,融自愿性、竞争性和激励性为一体。这种评价的方式就是在教学过程中,只要学生有积极的表现和进步,教师就即时给予奖励,而不论其在班上同学中实际所处的能力水平如何。在学期终结的时候,教师把统考分与奖励分按照一定的权重合成,给出学生的终结性评价。

(三)以培养学生运动能力为主的体育教学模式

1. 发展学生主动性的体育教学模式

主动体育模式是一种强调学生的主动学习和情感体验,依据体育学习的情感体验特点和认知规律设计建构教学过程结构的模式,使强制性的死板教学转变为生动活泼的教学,从而提高体育教学质量,培养学生学习积极性和主动性。

"主动体育观"是通过对某些僵化、被动的教学的反思而提出的一种教学改革思想。其本意是打破"教师说、学生练"的被动式教学,通过加大学生在学习过程中的学习主动性而达到如下目的:(1)增大学生在学习过程中的思维因素,使学生既懂得原理,又掌握技术,形成一种综合性的体育能力;

(2)增加学生在教学中的选择性,使学生更深刻地体验运动和学习过程的乐趣。

主动体育模式是针对传统体育教学中那种"被动学习"的具体问题而提出的,其积极意义不言而喻,这一模式要求体育教师必须具有循循善诱和激活学习主动性的教学艺术,并要求学生具有强烈探究意识和良好的思维习惯及其能力。

2. 发现式的体育教学模式

发现学习是指教师在教学生学习概念和原理时,只是给以一些事实和问题,让学生积极思考,独立探究,自行发现并掌握相应的原理和结论的一种方法。主张通过体育教学,使学生既懂又会,并使学生通过学习运动的原理,掌握灵活的运动学习方法,提高体育教学"智育"因素。这种理性的为终身体育服务的教学模式,主要是遵循在体育教学中学生认知的规律来考虑教学过程的。

发现式体育教学模式是以发展学生的创造性思维为目标,使学生在教师的鼓励与启发下,通过主动参与各种运动实践,以发现问题和解决问题为中心的体育教学模式。

发现式体育教学模式是以人对事物的本质认识规律为主要依据,其教学程序为:教师提出问题——组织提问或演示——实验性验证——得出结论或评价——在运动实践中体会练习。

发现式体育教学模式的条件是学生必须有一定的科技和体育知识、运动技能的储备。这种模式要求学生通过自我发现问题、归纳问题,最后解决问题等一系列思维活动与运动实践,以使学生不仅能知其然,而且能知其所以然,更牢固、更扎实地掌握所学内容。发现式体育教学模式适用于不同年龄学生的技能和体能的教学。

▶▶ 课外阅读

在我国当前的学校体育的教学与研究的语境之下,对于"体育教学模式""体育课程模式""体育教学风格"等词语表达的指向性似乎不那么明确,且常常在学术刊物和教研活动中混为一谈,究其本质似乎也难于给出界限分明的概念与内涵界定。根据欧美国家乃至我国学者近年来的研究探索,逐渐厘清了一条认识路径:体育课程教学模式起到了一种中介作用,向上是国家课程标准与体育与健康教学实施之间的中介,承接课程标准精神和理念的落实,向下提供体育课程教学实施的思想和方法。

当前国际上使用较为普遍的体育课程教学模式包括：运动教育课程模式（Sport Education）、游戏理解式教学模式（Teaching for Game Understanding）、游戏性练习和技战术配合教学模式（Play Practice）、拓展教育教学模式（Adventure-based Learning）、个人和社会责任感教育教学模式（Personal and Social Responsibility）、团体合作教育教学模式（Cooperative Learning）、终身体能健康教学模式（Fitness for Life）、学科融合体育教学模式（Science and Physical Education）、活动教育教学模式（Movement Education）等。值得注意的是，以前均为国外学者的研究成果，可见我国体育教育工作者在探索和厘清课程标准、课程模式和体育课程之间关系的滞后性。到目前为止，"中国健康体育课程模式"是唯一一个由我国学者独立提出的具有完整的顶层设计、关键要素和指导原则，且经过系统性实证验证的课程教学模式。

▶▶ 课后习题

1. 如何理解体育课程与体育教学的关系？
2. 体育与健康课程的基本理念包括哪四个方面？
3. 体育学科核心素养是什么？应如何理解？
4. 体育与健康课程有哪些教学目标？
5. 单元体育教学计划的内容与要求有哪些？

第四章　中小学体育与健康课的课堂教学

体育与健康课堂教学是目前我国中小学体育教学的基本形式,是整个体育教学的中心环节,是提高体育教学质量的关键所在。教育方针的贯彻,教学计划的实施和《体育与健康课程标准》规定教学任务的完成,都要通过体育与健康课堂教学。为此,体育教师必须对体育与健康课的类型和结构、体育教学的准备和进行、体育课运动负荷等有关课堂教学工作进行多层次的认真探讨和研究。

第一节　中小学体育与健康课的概念与特点

一、体育与健康课的概念

"课"是有目的、有计划、有组织的教学单位,是教学的基本形式,是课堂教学的简称。教学组织形式是教师和学生按照规定的秩序和一定的制度而实现的协调活动的外部表现形式,它规定着教师和学生的共同活动,确定着个别教学、分组教学和集体教学的相互关系,决定着学生学习的积极程度和教师给予指导、帮助的程度。

体育与健康课是学校体育教学的基本组织形式。学校体育的多种多样的任务主要是通过体育与健康课等形式来实现的,通过体育与健康课使学生获得体育和卫生保健的知识和技能,并使身心得到锻炼,为身体健康发展打下基础。体育与健康课作为体育教学的基本组织形式,它同样遵循教学的一般原理,由固定的教师对固定的学生班级,按固定的课表进行上课,掌握教学内容,实现教学目标。

二、体育与健康课的特点

(1)体育与健康课既要向学生传授体育和卫生保健方面的基本知识、技术和技能,又要促进学生身心发展,是一种教、学、练合一的课。各项体育运动的知识、技能和方法,都是要通过练才能掌握的,因而要在练中学、在练中教。所以体育与健康课是一种以练为中心的综合教学的课。

(2)体育与健康课组织教学即有全班的形式,又有分组的形式和个别的形式,是一种多种组织形式相互配合的课。由于体育与健康课是与学生的身心发展基础和水平直接联系的,而学生的身心发展基础和水平又客观地存在着个别差异,因而在体育与健康课上特别是中等学校以上,不仅要照顾到男女性别上的差异,还要照顾到不同学生的个别差异,采取不同的形式和方法区别对待,以适应和满足学生的需要。区别对待通常通过分组教学和个别指导的途径体现。

(3)体育与健康课中不仅有师生交往,而且有大量的生生交往,是一种交往多样性的课。由于体育与健康课需要从事各种身体练习和活动,学生进行身体练习即需要教师的指导、帮助,又需要学生之间的相互合作、相互帮助、相互评价,客观上要求进行多方面的交往。如果说,在其他学科的课堂教学中主要是师生交往,那么在体育课中生生交往则占了相当的地位。因此有人把体育课堂教学中的人际关系称之为"课堂小社会",即社会的微缩体。

(4)体育与健康课中学生要承受适量的运动负荷,是一种需要消耗相当体力的课。体育与健康课的一项特殊的任务是促进学生的机体活动,增进健康,提高身体活动能力。这就需要学生承受一定的运动负荷,促使机体代谢加强。

据测定,学生在体育与健康课上做完某些身体练习后,每分钟脉搏可达120～150次,呼吸频率也明显加快,这是其他课所没有的。不过这种负荷也要适量,过强或过大,过弱或过小,都不利于提高健康水平。同时要注意其节律,即运动负荷逐渐增大。

第二节　中小学体育与健康课
的类型和结构

一、体育与健康课的类型

体育与健康课的类型是指上课具体形式的种类;体育与健康课的类型是指根据教学任务、教材性质、学生特点等所划分的课的种类。研究课的类型,是为了根据不同类型课的特点,更好地运用教学原则和组织教法,以完成教学任务。由于体育教学任务、教学内容和学生特点等的不同,因而决定了课的类型的多样性。但从体育课内容的性质上分,通常分为理论课与实践课两大类。

(一)体育理论课及其教学组织

理论课是指在教室内讲授体育基础理论知识的课,应有计划、有教材安排。普通学校体育的理论课一般包括两方面:一是体育与健康理论,教师传授系统的体育理论、卫生健康和运动生理理论知识等;二是各运动项目基础知识的理论课,教师讲授各个专项运动技术理论、动作分析和裁判法等。

在体育理论课教学中,教师是讲授者,起主导作用。学生是受教育者,是学习的主体。教学质量的高低,直接影响着体育教学的成败。在理论课教学时,教师要认真组织好各项教学活动,结合教学内容启发、引导学生独立思考,积极参加教学的全过程,为学生的学习创造一个良好氛围。

1. 精心组织教学,操控课堂秩序

任何类型的课,一开始都必须做好组织工作,集中学生的注意力,把课堂秩序搞好,为课的顺利进行创造良好的气氛。在教学开始后,要注意维持良好的课堂秩序,集中学生的注意力,并以体育、健康的教材内容本身来吸引学生,使他们产生学习的动机和兴趣,积极地思考问题,认真做好笔记。如果发现注意力不集中的学生,可采取提问、注视等方法去集中他们的注意力。组织教学是一项复杂的、具有高度技巧的活动,不但要求教师根据学生在课堂学习的活动情况和反馈回的信息,及时调整课堂教学各个环节的工作,而且要求教师善于机智灵活地处理课堂上出现的各种意外问题,及时排除干扰,以保证课能按预定计划顺利进行。

2. 复习导入,加强新旧知识的联系

一般新知识的讲授,须在联系或复习旧知识的基础上进行。其意义是:①可以帮助学生再现和巩固旧知识;②可以加强新旧知识的内在联系,温故而知新,在原有知识基础上导入新知识。复习提问的内容一般是上一节课的重点,或与新授知识有联系的,目的是为新授课作准备。新授课导入的方法有多种:温故导入,演示导入,由生活中某些现象或典型事例导入,用实物、模型和挂图导入,检查分析测验、作业而导入新课等。

3. 新内容的讲授

新内容通常是课的主要组成部分。教学目标的实现,主要取决于此阶

段师生的双边活动。教师对所讲授内容是否全面深入,是否抓住重点和难点,实验或教具准备是否充分,教学方法、技巧运用是否熟练灵活,都要在这个环节中体现出来。因而,教师必须充分重视这个环节,把教材内容、教学原则、教学方法、教学技巧以及教学条件紧密结合起来,认真地、创造性地完成新授知识的教学任务。

在引导学生学习新内容时,教师应根据学生的年龄特征、已有知识水平、教材内容性质和教学要求,恰当运用教学方法和教学技巧,以促进学生自觉地、积极地感知和思考,帮助学生尽快地掌握新授知识。在讲授新内容的过程中,要求做到:

(1)注意保持教材内容的系统性,做到层次清楚、主次分明、轻重有别。每当讲一个问题时,必须围绕重点,分层剖析,步步追索,既把它讲深讲透,又不离主题,使教材内容好像被一根主线串联在一起,整体又好像一张完整的、结构严密的渔网。

(2)遵循教学认识过程的基本程序,即由已知到未知,由具体到抽象的教学的基本程序。每当讲授新知识时,要先引导学生回忆与该课内容有关的旧知识,要在直观的基础上讲授新知识。

(3)采用多种多样的教学方法。根据新教材的内容特点、学生的原有水平和心理特点,采用多种多样的方法进行教学,并灵活运用,吸引学生注意力,提高学习兴趣,更好地帮助学生迅速掌握新学的教材内容。

(4)掌握教学技巧。教师在教学中要把握教材的教学特点,灵活运用启发、诱导、提问、暗示等技巧帮助学生掌握和巩固新学的知识。

4. 及时进行新内容的巩固

(1)概括重述。教师在正文讲完后,把全部教材综合起来,用概括而简洁的语言,扼要重述,加以巩固。这种方式,是常用的系统巩固方式。但是它并不是教师简单的重复讲述,而是通过概括重述,启发学生把课堂学过的知识积极地复述出来,达到巩固知识的目的。

(2)边总结边提问。教师边进行总结,边启发提问,让学生作必要的回忆和解答。

(3)提问解答。教师编写教案时,应根据新课中学生必须掌握的知识,拟出一定数量的主要问题,到正文讲完时,用问答或谈话的方法,指定学生在原位或到讲台上指示图表答问。复习巩固时,提问的学生越多,则老师对学生掌握新知识的质量就越了解。

(4)简短测验。可检查全班学生的领会情况,还可检查教师的教学效果,这样可以调动"教"与"学"两个方面的积极性。测验题要简短明确,时间一般不要超过 10 分钟。教师要提前作好准备,扼要宣布测验要求,让学生独立完成测验。

(5)布置作业。布置作业时,首先要考虑作业的难易程度,作业过繁过难,会降低甚至丧失学生对学习的信心;太简太易,不能培养学生的思维能力和学习意志。作业题应该包括记忆的、思维的、练习技巧的内容,有助于培养发展学生思维能力和分析能力,布置作业时要正确地估计完成作业需用的时间。学生在作业上所花的时间,以不超过讲授时间的半数为宜。

(二)体育实践课及其教学组织

实践课是指在体育场、馆内进行身体练习的课。它是根据国家《体育与健康课程标准》制订的体育教学计划和进度进行的。在各级各类学校中,根据学生的不同情况、体育基础、健康状况、兴趣爱好等具体情况,开设不同类型的实践课。

1. 体育实践课分类

依据实践课每一课次的具体任务和特点,又可分为引导课、新授课、复习课、综合课和考核课五种类型,下面分别加以分析。

(1)引导课。一般每学期开始的第一次课采用,它的主要任务是结合上学期的教学情况,向学生布置本学期的教学任务和要求、教材内容与考核标准、课外体育活动的安排、运动队的组建与训练等事宜。

对新生,还应向他们介绍本校体育工作的情况和取得的成绩,学校体育工作的优良传统、课堂常规及有关体育工作制度、要求等,并向学生进行体育教育与锻炼身体重要意义的宣传与教育,动员与启发他们上好体育课和锻炼身体的积极性、自觉性。

(2)新授课。以学习新教材为主的课型,一般是在复习旧教材的基础上进行的。在新授课教学时应注意:①使学生对新教材形成正确而完整的概念,教师应正确运用讲解、示范及直观演示教具等教法措施。②使学生掌握动作技术的基本要领,抓住重点,克服难点,注意纠正普遍性错误。③教学中要精讲多练,创造条件,保证学生有足够的练习时间和适宜的重复次数。

(3)复习课。以复习旧教材为主的课。开学初、学期末、考查前以及学完某一单元教材后,通常采用这种类型。复习不是简单的重复,而是要不断进行强化练习,逐步提高动作的质量和成绩。

(4)综合课。既有新授教材又有复习教材,即新授与复习的综合,也可以是复习课与考核课的综合等。在新授课和复习课中,教材的安排一般有两种方法:一种是在课的基本部分只安排一项教材,称单一课。另一种方法是在基本部分安排两种不同性质的教材内容,称为综合课。

(5)考核课。在教学经历一个阶段后或学期末时经常采用的课型。主要目的是检查和评定学生学习效果,取得教学反馈信息,不断改进教学。在考核课以前,应预先把考核的内容和标准及办法告诉学生,使学生有预习和锻炼的准备。在考核运动强度较大的项目时,要充分做好准备活动,加强安全教育,预防伤害事故,还要做好培养助手、准备场地和器材及登记等其他准备工作。

2. 体育实践课的教学组织

体育实践课教学组织工作的内容主要包括课堂常规、队列、体操队形、编班分组和分组教学,组织学生练习和锻炼身体,安排保护、帮助和休息,队伍调换,场地器材的布置以及体育干部的培养和使用等。课程各项活动的组织工作是交错进行、互相联系的。所以,教师应根据实际情况全面考虑各项教学组织工作的具体操作,做到统筹安排,相互配合,讲究实效。

(1)体育课堂常规。体育课堂常规是为使课堂教学有一个严密的组织和正常秩序,保证体育教学工作的正常进行,对师生所提出的一系列基本要求。在课堂教学中,严格遵守课堂常规,对保持良好的课堂教学秩序,严密组织教学,培养学生良好的思想道德品质,实现课程教学目标都有十分重要的作用。课堂常规一般包括课前常规、课中常规、课后常规三个部分。

(2)教学场地器材的布置。教师做好教学场地器材的准备工作,是上好课和实现教学目标的物质保证。其作用是能充分利用场地器材,提高使用率;有利于队伍调动,合理安排课的密度,增加学生练习次数;调动学生学习积极性以便于教师指导。总之,场地器材布置应尽量合理,符合教与学的需要,有助于教学目标的实现。

(3)队形安排与队伍调动。课中合理地安排和调动各种练习队形,不仅能严密教学组织,培养学生严格的组织纪律性,有利于统一指挥,集中学生注意力,而且能丰富教学内容,创造良好课堂气氛,调动学生学习积极性,培养正确的身体姿势。由于每次课的教学目标、教学内容、学生学习基础等条件各不相同,所以每次课的队形安排与队伍调动应根据实际情况而定。

(4)教学组织形式的选用。科学、合理、易行、实用的教学组织形式是发挥教师的主导作用和学生主观能动性,提高教与学双边活动效果的组织保证。因此,教师应根据课堂教学目标、教材性质、授课对象特点及教学环境条件等因素,正确选定和合理运用教学组织的具体形式,同时,考虑多种形式的交互使用,以提高教学的效果与质量。

二、体育与健康课的结构

（一）课的结构概念

课的结构（这里主要讲体育实践课的结构）是指构成一节课的几个部分和各部分的内容安排顺序、组织教法以及时间分配等。课的内容安排顺序，不单是指课上练习的安排，还包括教师教的活动和学生学的活动，及其相互联系的合理顺序。组织教法也包括教师的"教法"与学生的"学法"，以及相应的组织措施保证。由此可见，把课的结构仅仅理解为划分段落及时间分配是不够全面的。

（二）课的结构演变

19世纪中后叶，欧洲一些国家，如德国、捷克、瑞典等体育课的结构偏重于身体练习的选择、顺序安排和时间分配。20世纪40年代苏联学者提出三部分结构，即第一部分组织学生提问；第二部分阐述新教材、巩固新教材；第三部分布置家庭作业。到20世纪50年代，苏联学者又提出了四部分结构，即开始部分、准备部分、基本部分、结束部分。到20世纪70年代、80年代苏联学者又提出了三个部分结构，即准备部分、基本部分、结束部分。

我国20世纪50年代体育课的结构受苏联体育理论影响很大，基本上把课的结构划分为四个部分，同样，进入70年代后，基本定为三部分结构和可变结构模式。所谓可变结构，就是随着课的任务、学生情况、教材性质的变化，其课的具体结构是可变的。

之后，有些专家认为，三部分课结构的教学内容、要求与时间分配规定得过于死板，束缚了教师和学生的能动性，这种课的结构过于突出了基本部分的教学，往往忽略其他部分教养与教育任务的作用。同时，基本部分的教材较多、任务偏重，难以完成教学任务。因此，随之体育教学的改革，提出了一些新的观点措施，归纳为三种模式。

1. 三部分结构

根据体育课的性质和特点，国内外绝大多数体育课是由准备部分、基本部分和结束部分组成，在体育课上，学生机体工作能力呈现出提高、稳定和下降三个有机联系的过程。体育课三个组成部分是与学生机体工作能力这种变化的一般趋势一致的。这种结构称为体育课的基本结构，具有普遍意义。

这种结构主要是把基本部分分成两个小的阶段,即技术教学和身体锻炼部分。身体锻炼可进行身体素质和运动能力的训练。正确处理技术教学与发展身体的关系,适当加大身体练习的密度与运动量。

(1)准备部分。准备部分是体育课的开始部分,是实现课堂教学目标的基础。准备部分一般占本堂课总时间的 20% 左右,进行的程序一般是明确目标、激发动机、引起兴趣、做准备活动。准备活动的任务是在有限的时间内,运用各种方法,尽快把学生的思想注意力集中到体育课堂上来,迅速地进入体育教学的身心状态中,把学生从事体育运动的积极性充分调动起来,跟上运动的节拍,精神饱满、情绪高昂地开始体育课的学习。

准备活动的内容可归纳为以下三项。

①课堂常规练习,作用是集中学生的注意力,活跃课堂气氛,激发情绪,如:队列练习、各种变化形式的慢跑、运动量较小的游戏等。

②一般性的准备活动,全身都要活动,身体的各部位都要照顾到。通常有徒手操,包括定位,行进间的,单人、双人或多人一组的体操和游戏等。

③专门性准备活动,区别于一般性准备活动,可做一些持器械或徒手模仿练习,完整技术或运动分解后某个重要环节的重复,相近技术动作的练习、辅助练习、诱导练习等。

安排好体育课的准备活动,还要考虑以下几个问题:

①针对不同的课型,准备活动应出现不同的特点。

②针对教材内容来组织安排:其一,结合教材设计一般性练习;其二,结合教材设计专项性练习;其三,结合教材所使用的场地和器材组织开展准备活动;其四,依据教材的内容合理安排好运动负荷。

③针对不同学生的身心特点组织实施。

④考虑天气的因素,天气热时,准备活动的运动量不需太大,天气冷时,则相反,要做到"因时制宜"。

(2)基本部分。基本部分是体育课的中间部分,是承上启下的中心环节,是实现教学目标的主体阶段。

基本部分一般占本堂课总时间的 60%～65% 左右,进行的程序无严格规定,一般根据课的性质、类型和任务来确定。

①新授课。这是以学习新教材为主的课,教学程序应符合人们认识客观事物的一般规律和动作技能形成的规律,首先应通过示范、讲解等方式,使学生感知教材,形成运动表象;然后组织学生参加实践(个人的、分组的或集体的;分解的或完整的练习),在多次重复练习过程中,一方面加深学生对所学教材的理解和掌握,一方面又能巩固和提高已学的教材。根据主教材

的需要,可以安排适当的有利于掌握和提高运动技能的辅助性练习、诱导性练习和转移性练习。不同性质的教材,应注意顺序合理,力求做到动作技能的积极迁移,尽量减少其他因素的干扰。

在技术教材教学以后,一般安排发展身体素质的练习,做游戏或教学比赛,使动作技能的教学与发展身体素质、陶冶情操、进行思想品德教育有机地结合起来。

②复习课。这是以复习学过教材为主的课。教学应从回忆、再现已学过的教材开始。必要时,教师可以重新讲解或示范,帮助学生复习;然后组织学生按教学要求去练习。在练习过程当中,可以分散指导,也可以集中指导,可以重复练习,也可以变换练习。重复练习几次以后,应提出新的目标,使学生不断向更高目标前进。

③考核课。这是检查学生体育成绩和教学成果的课。如果是考核动作技术技能在准备活动以后,应组织学生复习所要考核的动作(全部的或局部的),提倡看、想、练结合,测验结束应小结。如果是身体素质达标测验,在集体做准备活动之后,学生个人还可以单独做些活动,以迎接测验。正式测验前,应讲明测验项目标准、规则、要求及测验的组织安排和顺序。

(3)结束部分。结束部分是体育课的最后部分,使学生由超负荷状态逐渐过渡到正常状态。

结束部分一般占全课时间的 15%～20% 左右,安排的程序应以降低生理负荷的强度为主,使学生脉搏逐渐下降。为此,可选择强度较小的走步、做操、按摩、舞蹈、游戏等内容,还可以安排意念放松活动。在减少脉搏频率的同时,应适当活跃学生的情绪,使学生身心受到良好的影响。此外,结束部分还应有课的小结、布置课外作业、收回器材等。

总之,体育课的三个组成部分是体育课的基本结构,但其中每个部分的具体安排程序又是多变的。所以体育课的基本结构是相对固定的,又是可变的。

2. 六段教学结构

这种结构根据学生在课上身心活动变化的规律,分为六段,这种结构适于小学和初中的体育课,包括:(1)引起动机阶段;(2)满足运动愿望阶段;(3)适当降低强度、保持活跃情绪阶段;(4)发展运动技能阶段(掌握技术);(5)身心恢复、调整阶段;(6)小结和布置作业阶段。

3. 按练习顺序安排的结构

这种结构不分阶段和部分,而是根据人体机能活动规律,安排练习和休息的合理交替,使练习按一定序列、连续地进行,有游戏练习、技术教材练习以及发展身体练习等。这种结构主要是侧重学生情绪与心理活动的调节,以调动学生的主动性。

三、确定体育与健康课结构的依据

(一)机体工作能力在一节课上变化的规律

基于运动生理学的研究,揭示了一堂课人体工作能力变化的规律分为四个阶段,即练习前反应阶段、进入工作阶段、相对稳定阶段、能力下降阶段。

(二)课的类型和教材内容

不同课的类型和教材内容都会影响课的结构,如以掌握技术为主的新课和以复习巩固为主的复习课,可运用不同的课的结构;以游戏为主的集体项目教材内容和以个人练习为主的器械体操教材内容,也会影响到课的结构变化。

(三)课的组织形式

授课教师轮换还是不轮换,集中指导还是巡回指导,也对体育课的结构会产生影响。

(四)学生人数和场地器械

学生的人数和场地器材往往影响到课的组织形式,甚至影响到教材内容的选择和安排。因此,学生的人数和场地器材的物质条件也是制约课的结构的重要因素。

第三节　中小学体育与健康课的密度

一、体育与健康课密度的概念

体育与健康课的密度是指一节课中,有效利用的各项教学活动、辅助活动合理运用的时间与课的总时间的比例。有效利用的教学活动和辅助活动包括：教师的指导(如讲解、示范、纠正错误等)；学生的练习、相互帮助与观察；练习后的休息；组织措施(如整队、调动队伍)等五种，这些活动运用得合理则其所用的时间就叫合理运用时间(表4-1)。

表4-1　课的各项活动内容表

课的各项活动	各项活动内容
教师指导	讲解、示范、演示教具、提问、纠正错误、个别辅导、培养干部、帮助、保护
学生练习	准备性练习、专门性练习、辅助练习、诱导练习、整理练习、游戏、比赛
组织措施	整队、队伍调动、变换地点、场地器材布置和回收
保护与帮助	对有难度的动作、有危险性的动作、弱生、差生的保护与帮助
观察与休息	学生相互观察、练习后的休息

单项密度，指一节课教学中某项活动合理运用的时间与课的总时间的比例。

练习密度，指一节课中某单个学生的练习时间占课堂总时间的比例。

运动密度，指一节课中学生总体运动时间占课堂总时间的比例。

根据2017年版《普通高中体育与健康课程标准》的教学建议，体育课的练习密度应不低于50%，运动密度应不低于75%。教学中教师要根据教学实际条件、学生情况，采用适宜的练习方法，提高组织水平和技巧，保证充分、合理运用体育课的时间，从而有效提高体育课的练习密度与运动密度。目前，练习密度与运动密度是衡量教学质量好坏的一个重要指标。

二、体育与健康课密度的测定与分析

(一)准备与操作

首先，了解课的教学目标、内容与组织教法，明确测定者的分工，选择好测定对象，一般选择班内中等水平的学生。测定课的一般密度是从上课开始到下课为止，将各种教学活动时间全部记录下来。以电子秒表为例，上课开表，在出现换场地等练习情况时，按暂停键，报告该项活动结束时间后再返回成正常走表状态，直至下课。

以一次课实际所用的时间来计算,从教师宣布上课开始到宣布下课为止。以秒为单位,把课中测定对象的各种活动时间分别记录在登记表中的相应栏内。在测定过程中,要求测试者注意力集中,详细记录教学中的每项活动,并及时报出时间和内容,以便使记录者及时登记。记录者也要始终注视课中情况,以便能协助计时者将活动内容准确无误地记录下来。这就是说,计算的总时间不固定,可能大于或小于上课时间40分钟(45分钟)(表4-2)。

表4-2　体育课一般密度测量记录表

学校＿＿＿＿　班级＿＿＿＿　任课教师＿＿＿＿　受测者＿＿＿＿　性别＿＿＿＿
日期＿＿＿＿　气候＿＿＿＿　测 定 者＿＿＿＿　记录者＿＿＿＿

课的部分	顺序	教学活动及教学辅导活动	分类					活动结束时间(min)	该活动持续时间(min)	备注
			指导	练习	组织措施	讨论互相观察帮助	休息			
准备部分	1	整队检查人数			+			1.2	1.2	
	2	宣布课的内容	+					2.3	1.1	
	3	队列练习		+				4.2	1.5	
	4	纠正动作	+					5	0.4	
	⋮									
	⋮									
基本部分	25	布置器械			+			20.3	0.4	
	26	讲解示范	+					21.4	1.1	
	27	跳高(第一次)			+			21.5	0.1	
	28	等待练习					+	23.2	1.3	
	29	跳高(第二次)		+				23.3	0.1	
	30	观察分析讨论				+		25	1.3	
	⋮									
	⋮									
结束部分	45	放松游戏		+				42	2	
	46	自我小结评价				+		43.3	1.3	
	47	讲评	+					44.3	1	
	48	解散下课		+				45	0.3	

注意:在测定过程中,自始至终应跟定一个人,不能换人。在测定过程中,有时教师让被测者做裁判或做帮助保护,那么测试者应马上注明因什么原因被测者未活动。

(二)体育与健康课练习密度的计算原则与方法

1.计算原则

体育课的练习密度主要以直接有目的地用于学生身体练习的时间为标准。

(1)组织措施,如器材安放、队形调动等所用时间,不应计算在内。

(2)学生练习过程中的间隔休息时间,也不应计算在内,但教师为有目的地利用间隔时间而提出的附加练习,则计算为练习时间。例如,30米快速跑后,学生走着回来,不计练习时间,如果教师要求学生走跑交替返回起点,则应计算练习时间。

(3)各运动项目,应从开始姿势到结束姿势计算练习时间,而不应从出列开始计算至归队结束。保护与帮助也不应计入练习时间。

2.计算方法

体育课常见项目练习密度的计算参照标准:

(1)基本体操、技巧、艺术体操、健美操:如果是先讲解示范后练习,学生的动作算练习时间;如果是边讲边练习,整个过程算练习时间。

(2)器械体操:从开始姿势到结束姿势均算练习时间。

(3)跑:从预备姿势开始到终点缓冲结束均算练习时间。

(4)跳跃:从开始姿势到离开沙坑或垫子等均为练习时间。

(5)投掷:从开始姿势到投出器械后身体恢复正常姿势为练习时间。

(6)球类:单个动作教学,从动作开始到结束为练习时间;教学比赛原则上整个过程都为练习时间。如停止比赛教师进行讲解、示范,学生不参加活动,应扣除练习时间。

(7)武术:无论是动力性动作还是静力性动作,从动作开始到结束均算练习时间。

(8)队列练习:专门的队列练习,凡是按口令要求做动作均算练习时间;教学中,教师有目的地安排学生跑步、取送器材、变换练习场地也为练习时间。

(9)游戏和集体练习及循环练习,原则上都计为练习时间,但如果被测者消极不动,或中断练习时间则不计入。

(10)各种静力性练习项目,如体操悬垂、支撑等,均应计入练习时间。

凡是课中有目的地学习掌握、巩固提高技术、技能、发展身体素质、提高运动能力的练习时间,通常均可算作练习时间。指导、帮助、保护、调动队伍、休息等均应在练习时间内扣除。不合理的时间,凡是课中的时间、消耗在与教学和教学辅助活动无关的方面,均为浪费时间,即不合理的运用时间,在记录表备注栏里注明。

(三)体育与健康课密度的测定与分析

1. 练习密度的测定与分析

(1)测定方法。

①从上课开始到下课为止,记下学生实际练习时间,并按部分作记录。

②练习密度单位,以一个学生为准,如单个练习时,一般以开始姿势到结束姿势为一次练习时间。如果是集体练习项目,整个过程都算作练习时间。

③汇总统计,绘制图表,如图 4-1 体育课密度条形统计图。

A. 各部分练习密度

课的某部分练习时间之和÷课的某部分总时间×100％＝课的该部分的练习密度

B. 全课的练习密度

课的各部分练习时间之和÷课的总时间×100％＝课的练习密度

如准备部分共 10 分钟,练习时间为 7 分钟;基本部分共 30 分钟,练习时间为 13 分钟;结束部分共 5 分钟,练习时间为 2.5 分钟,课的练习密度为:

$(7＋13＋2.5)÷(10＋30＋5)×100％＝22.5÷45×100％＝50％$

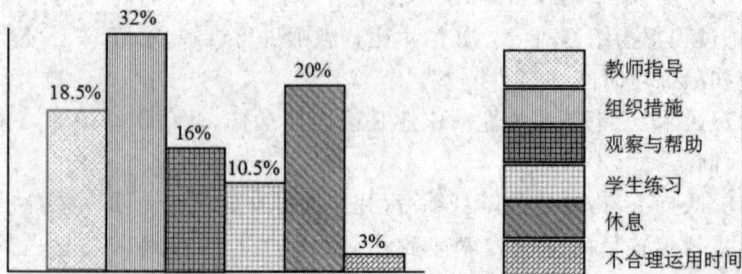

图 4-1　体育课密度条形统计图

(2)数据分析。

测定课的密度是为了运用测定的客观材料对课进行分析。在分析时应根据课的任务、教材特点、学生情况、场地器材及气候等因素,研究各部分内容所占时间的比例是否合理,分析各部分的练习密度和课的练习密度是否恰当,从中找出经验和问题,改进课的质量。分析时可采用表格等形式(表4-3)。

表4-3　体育课密度分析表

	学生练习	教师指导		组织工作		观察帮助		休息		备注
		合理	不合理	合理	不合理	合理	不合理	合理	不合理	
准备部分										
基本部分										
结束部分										
合计										
百分比										

2. 运动密度测定与分析

运动密度是全体学生总体运动时间占课堂总时间的比例,所以只要有学生在课堂上做教师安排的练习都算运动时间,测定记录可使用表4-2的密度测量记录表,然后计算运动密度,并根据运动密度与各项密度的大小进行分析。

(四)体育课密度设计的原则和提高方法

1. 相对合理的密度设计

传统体育课一般相对合理的密度比例,学生参与练习活动占30%～50%,教师指导占15%～20%,分析、保护、帮助占5%～15%,组织措施占10%～15%,休息占12%～25%,新的课程标准要求提高练习密度,减少休息、讲解等时间。在体育教学中,教学目标、内容、学生条件、教学环境、教师能力等各不相同,所以分析一节课的密度时要依据具体情况,实事求是地分析。

2. 提高体育课练习密度与运动密度的方法

(1)根据课的任务和教材性质,尽可能采用全班或分组进行讲解示范和练习。

(2)根据课的任务和教材性质,尽可能采用循环练习法。

(3)复习教材,尽可能采用游戏和竞赛教学法。

(4)凡是密度和负荷量较小的教材,尽可能安排补充练习或发展身体素质的练习。

(5)严格执行练习要求,课堂纪律,完成动作质量,练习时间、距离、次数(组数)等都要严格按照课时计划进行。

(6)贯彻精讲多练原则,让学生在课上多动多练,少站少看。

(7)器材的布置、分组的安排尽可能要合理和相对集中,以减少调动队伍的时间,体育器材最好能做到一物多用,减少移动和布置的时间。

第四节　中小学体育与健康课的运动负荷

一、体育与健康课运动负荷的基本概念

体育与健康课的运动负荷是指一次课中,学生做练习时所承受的生理负荷,包括运动量和运动强度。运动负荷过小,对身体发展作用不大,达不到体育课预期效果;运动负荷过大,超过学生生理负担能力,会引起过度疲劳,有损身体健康。因此合理安排体育课的运动负荷,对增强学生体质、掌握运动技能、对提高教学质量都有重要意义,体育教师必须科学地安排和调节课的运动负荷。

2017年版普通高中课程标准中运动负荷包括运动密度、练习密度和运动强度,与本章节介绍的运动量与运动强度的界定有重合和交叉。

二、体育与健康课运动负荷的组成要素

(一)生理负荷的量和强度

负荷量是指有效的时间和练习重复次数、距离、重量等。负荷强度是指

学生练习时用力紧张程度,如练习密度、节奏和速度等。负荷量和强度(指极限强度)的关系,一般认为是成反比关系。即强度大的练习,持续时间要短;反之,练习时间愈长,强度相应要小。例如,短跑、引体向上、俯卧撑等强度较大的练习,不能坚持太久,一定要间歇、休息;做操、慢跑、打太极拳等小强度练习,可能坚持较久,休息时间可短一些。

构成运动生理负荷大小的主要因素有五种:练习的数量、强度、密度、时间和动作质量。练习数量包括学生完成练习的次数、重量和距离的练习总量。强度是指单位时间内完成的练习对生理负荷的影响,包括速度、高度、远度、重量等。密度是指单位时间内重复练习次数,中小学体育课堂以密度作为一个因素来表示运动负荷量的大小。时间是指一次课的总时间和练习的完成时间、间隔时间等。动作质量是指完成练习是否符合动作的规格和要求。

(二)休息的量和恢复强度

休息的量是指机体能力恢复前休息时间长短。例如,体育课上跑100米×2,第一个百米跑完后休息2分钟,第二个百米跑完后休息1分钟,这种休息就有量的问题。休息时间长短对身体的影响是不同的。

恢复强度是指在休息间歇时间内,机体恢复过程的水平。例如,上述学生跑100米,第一个百米跑完后,经休息2分钟,心率从150次/分降低到130次/分。显然机体恢复水平不一,这就有个恢复强度问题。

过去体育课的运动负荷注重练习量和强度,不讲究休息的量和恢复的强度,也不讲究休息方式。实践证明,休息的量和恢复强度是组成体育课负荷过程不可忽视的主要因素。这是因为练习后不同的休息间歇对机体影响不同。原苏联运动生理学家雅可甫列夫,提出了运动和休息的三种情况,认为运动后到超量恢复期间,脉搏恢复到120次,再进行下一次锻炼,才可以增强身体机能。

(三)心理负荷的量和强度

在体育课教学中,学生不但有生理负荷,而且有心理负荷。心理负荷量一般指心理负荷的时间长短,心理负荷强度一般指心理紧张的程度。心理负荷主要包括兴趣(情绪)、意志、注意力。心理负荷同生理负荷二者有密切联系,如果学生在一次课中承受一定的运动负荷,却往往因心理负荷大小不同产生不同的生理反应。以往体育课只注重生理负荷而不重视心理负荷问题的研究是不全面的,应当引起足够重视。

目前,心理负荷测试与评价难度较大,特别是量化指标的测定与评价,常见的方法有以下几种。

1. 教育观察法

制定学生心理负荷测试指标与标准(表 4-4)。

表 4-4　体育课学生心理负荷测试标准

标准指标 ＼ 分度	3	2	1	−1	−2	−3
注意力	高度集中 全神贯注 不受干扰	注意集中 指向目标	比较集中 大致指向 目标	比较分散 短时离开 目标	明显分散 时常离开 目标	十分涣散 完全脱离 教学活动
情绪状态	十分高涨 心情振奋	较高 心情振奋	一般 心情稳定	不高 表现平淡	低落 表现冷漠	消极 表现反感
意志表现	坚强 勇于克服 困难	坚定 自觉克服 困难	较强 能够克服 困难	较弱 表现被动	消沉 表现胆怯	衰退 表现逃避

2. 客观评定法

通过测试皮电、心电和脑电等客观指标,对心理负荷进行评价的方法。由于测试仪器在体育课现场难以使用,目前只能采用皮肤电阻和心率、呼吸频率等测试方法来测定与评价学生在体育课中情绪的变化。

三、体育与健康课运动负荷与心率变化

测定与评价运动负荷是一项复杂而具体的工作,运动负荷通常以简便的心率来测定和评价,即采用安静时心率、运动过程中的心率及运动后心率的参数来分析与评价体育课的运动负荷。

(一)安静时心率的测试及影响因素

安静时心率是指完全安静时的心率,一般用早晨醒来时心率。不同性别、年龄阶段心率是不同的,反映在学生个体中,心率差异更则大,如有的人

安静时脉搏达 100 次/分左右,而有的人则是 50 次/分。

1. 身体姿势不同影响心率的变化

一般仰卧心率较低,而站立心率较高,差异较明显。

2. 训练的程度与水平

有训练经历的运动员,由于长期系统的训练而对心脏产生适应性变化,产生"心率缓慢"现象。

3. 情绪对心率的影响

人在喜怒情绪变化时,心率要增加,情绪影响比姿势影响要明显,同时不易判定。

(二)运动过程的心率

运动开始后,心率的增加及增加的速度和达到的最大心率,要受到运动项目、强度、时间、情绪、环境、自身生理机能状态等影响。一般运动开始 1 分钟,心率迅速增加,然后逐渐达到较稳定的状态。在强度较大的运动中,一般运动开始后 4~5 分钟可达到最大心率。研究证明,从事速度练习对心率影响最快,力量性的项目(举重、投掷)练习对心率影响最慢;在一定吸氧量的情况下,用上肢运动的心率比用腿运动时心率值高。

(三)运动后的心率

运动后心率迅速下降,恢复到安静时数值所需时间取决于负荷的强度、时间及受试者的身体状况。

四、体育与健康课运动负荷的检测与评价

(一)观察法

观察法,是通过观察分析,了解学生的表现,评定学生运动负荷的大小,主要是看学生的面色、排汗量、呼吸、完成动作的情况和注意力是否集中等判断,其优点是可根据情况及时调节。

(二)自我感觉法

以学生课后主观感觉来判断运动负荷的大小。自我感觉包括饮食、睡

眠、精神、对练习的兴趣。教师要经常听取学生的反映,并与观察法相结合,加以分析研究。

(三)生理测定法

这种方法较为客观,它包括心率、血压、吸氧量、呼吸频率、肺活量、体温变化等情况的检查和测量,但测试过程较为复杂,由于条件的限制,目前在体育课中便于进行的生理测定方法是测量心率(脉搏)法,因为运动负荷的变化引起人体需氧量的变化,它通过心脏的活动反映出来,运动负荷的大小直接影响心率次数的多少。因此,用心率变化的指标为评定体育课运动负荷的方法,是比较简便可靠的。需要注意的是,对人体心率变化的分析应客观科学,防止片面和盲目性,要根据体育课的任务、学生、教材特点、气候等不同情况,并结合对受测者的实际观察和受测者的自我感觉进行综合考虑,尤其在探讨体育课各个部分的负荷量时,应结合练习密度的变化情况综合加以分析。

1. 心率(脉搏)测定方法

在测定生理负荷前要了解课的任务、内容与组织教法。上课前要测好安静时的心率,一般在课前 3～5 分钟时测定。测定方法有定时测定、做练习前后测定和两者结合的测定,最好是采用做练习前、后测定的方法。全课测定次数在 20 次以上,每次测定计 10 秒钟的心率(脉搏)次数即可。测定人应按表 4-5 及时登记,并注意对象的表现和外界的影响,以便对运动心率的变化作出正确的分析。

表 4-5 运动心率测定登记表

学校_____ 班级_____ 受测者_____ 性别_____ 年龄_____
测定时间_____ 气候_____ 任课教师_____ 测定者_____

课的部分	测定时间	测定时的练习内容	脉搏次数	备注

课后要测定受测者心率恢复情况,隔 3～5 分钟各测一次,再进一步了解其自我感觉情况。

2. 心率频率变化情况的评定

将所测得的数据,制成心率测定曲线图(图 4-2),这样可直观地看到课中心率频率变化情况。

评定运动负荷要根据课的任务、人体生理机能的活动规律,还要考虑学生、教学条件等因素。

由于体育课教学内容和手段出现多样化状态,对于心率测定曲线上升、保持、下降的一般趋势和生理曲线高点出现的时间,不能以固定的模式来评价。根据当前体育课心率变化曲线情况可分为逐步上升型,即在课的教学中偏后出现最高峰,然后逐渐下降;马鞍型,即第一高峰出现在准备部分,第二高峰出现在基本部分偏后。

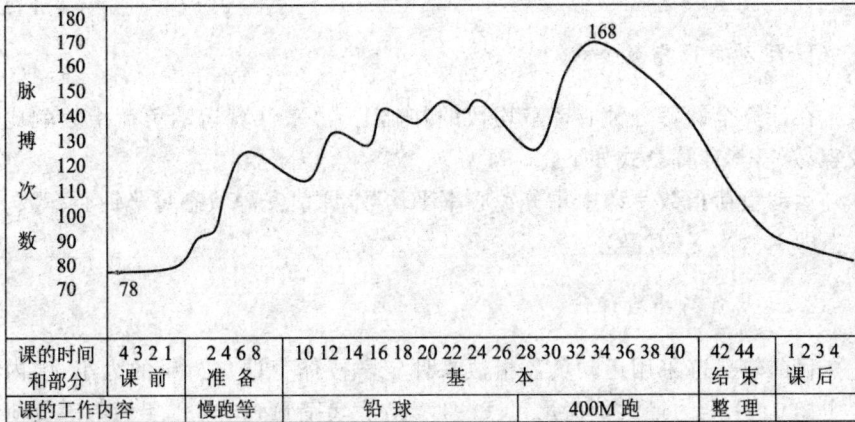

课的时间和部分	4 3 2 1 课前	2 4 6 8 准备	10 12 14 16 18 20 22 24 26 28 30 32 34 36 38 40 基　　本	42 44 结束	1 2 3 4 课后
课的工作内容	慢跑等		铅球　　　　　400M 跑	整理	

脉率变化:78、78、90、96、114、126、114、132、120、138、126、144、132、144、126、156、168、162、156、144、132、96、84、80 等。

图 4-2　心率测定曲线图

抛物线型是人们理想中的抽象负荷;但在实践中常见的是双高峰(马鞍型)负荷曲线,由于在准备运动中运动强度较大而出现第一高峰,进入基本部分运动强度较小出现负荷曲线下跌,随后在基本部分后部由于开展游戏、竞赛活动又出现第二高峰。这种类型生理曲线是常见的,也是合理的。

体育与健康课运动强度高峰,不是千篇一律都安排在基本部分后部,在实践中常出现前峰型、中峰型、后峰型,这些均是合理可行的。但应注意的是运动负荷量应有一定节奏,避免"奇峰突起",大起大落。同时注意控制与调节运动负荷量,使其维持在对增强体质最有利的价值阈限内,能持续较长一些时间,避免负荷过低或不足,收不到锻炼身体的效果。

3. 心率平均数计算方法

通常采用简便统计法,即把每一次测得的心率次数(1 分钟)加起来,除以测定的次数,(假设测定次数为 n 次,每次测定的心率次数为 a、b、c、…,则平均心率为:(a+b+c+…/n)。这种方法在测量次数较少的情况下,就能较客观地反映课的运动负荷。以此可判定出一堂课中最高心率次数出现的时间与次数是否合适;一堂课中每分钟心率平均数有多少;每个主要教学内容每分钟的平均心率数多少;每次练习前、后心率变化的范围;每次练习的间歇时间及心率频率的变化是否恰当等各方面的情况,从而更客观地控制教学过程。

(四)运动负荷的评价

1. 运动负荷指数公式

在计算全课每分钟心率平均数的基础上,再来计算运动负荷指数就比较容易了,其计算公式如下:

运动负荷指数=课中每分钟心率平均数/课前安静状态每分钟心率数

即 K=$\underline{X}$/X(安静)

2. 运动负荷指数评价

目前较普遍采用运动负荷指数来评定学校体育课负荷量的大小,国内规定 2.0～1.8 为最大负荷量;1.8～1.6 为大负荷量;1.6～1.4 为中等负荷量;1.4～1.2 为小负荷量,这种评定方法是不够确切的。因为安静心率的个体差异较大,随年龄、性别、机能状况不同而不同,有的可能每分钟 60 次,有的可能每分钟 100 次,如果不依据教学对象特点加以区分,一律以一个学生的指数来衡量不同年龄、不同性别、不同体质状况的学生负荷量就会出现误差:安静心率为每分钟 60 次的学生,平均心率如达到 120 次,运动指数即可达到 2,被评定为最大运动负荷;因而依次评价安静心率为 100 次/分的儿童时,也认为是最大运动负荷,显然是不正确的。对年龄较小、体质差、安静心率较高的学生,指数应定得低一些,而对年龄较大、体质较强、安静心率频率较低的学生,指数应定得高一些。为了避免上述问题,国内有人提出采用 D 式指数评定法。

3. D 式指数公式及评价法

具体办法:D 式指数=$\underline{X}$×(运动密度)

例如,当$\underline{X}$=122 次/分,安静心率=81 次/分,运动负荷指数=122/81=1.51(属中等)。假如运动密度近 28.69～32.78％范围内,D 式指数=122×28.69％=35.0018;

$122 \times 32.78\% = 39.9916$

查 D 式指数（表 4-6）可知，两项指数皆属中等，可以拟定 D 式指数标准。

表 4-6　D 式指数评定表

D(式)指数	运动负荷等级
45～50 以上	最大
40～45	大
35～40	中
30～35	小
30 以下	最小

4. 心率恢复率公式及评价法

为评价运动负荷大小还可在课后追踪下课后 5 分钟或 10 分钟心率恢复情况，恢复率计算公式：

$$\frac{课中的最高心率-课后5(10)分钟的心率}{课中的最高心率-安静心率（课前）} \times 100\% = 恢复率\%$$

课后恢复率一般在 5 分钟达到 70% 左右，10 分钟时达到 90% 左右，如果排除其他外界因素对心率的影响，还不能恢复并接近这一水平，其运动强度就有偏大的可能。

▶▶ 课外阅读

运动强度负荷的不同评价标准的几种观点简介

东北师大体育系、广州体育学院的同志提出中学体育课运动负荷量应在 120～140 次/分平均心率为好。大连教育学院提出体育课平均心率，中学生应在 110～150 次/分之间，心率指数在 1.2～2。2017 年版《高中体育与健康课程标准》要求每节体育与健康课学生的平均心率即运动强度应达到 140～160 次/分。

日本中小学提出心率在 130～170 次/分为宜，130 次/分以下属小运动量。苏联以百分比率的方法，提出小学生运动负荷宜增加到 100%～125%，中学宜增加到 110%～130%，最近，苏联提出中学体育课平均心率为 140～150 次/分，上限不超过 150～170 次/分。美国提出心率一般控制在极限心率的 60%～80% 为好，年龄不同，极限心率也不同。这也可用下述方法计算:用 220 减去年龄数,其差数就是极限心率值。例如,对 20 岁的学生,其极限心跳应是 220－20＝200,他最适宜的运动心率范围应是 220×60％～200×80％即每分钟心率是 132～160 次。

第五节　中小学体育与健康课堂教学

一、体育与健康课堂教学的概念

体育与健康课堂教学是指在一节课中,按照教学计划规定的内容,由教师和学生在规定的教学地点进行体育教授和学习活动的过程。

课堂是教学相关形态的构成与集合,需要有一个明确具体的活动任务目标,使之按教学次序进行特定的活动,并要求学习者和教师完成教学任务,获得学习结果。课堂教学通常被理解为由教与学的人、教的科学和教的艺术三个方面组成。

体育课堂不仅是教学"三维目标"的载体,也承担学习者的顿悟、理解与期待获得。优质的体育课堂要做好以下四个方面:(1)遵循体育教学与学生身心发展的规律;(2)善于将学生学习的负担转化为教师的教学任务;(3)践行"教师愉快教学、学生快乐学习"的理念;(4)发挥教师为主导,学生为主体的教学方式。

二、体育与健康课堂教学的设计与准备

体育与健康课的设计就是教学的策略和系统的决策,课的设计在单元教学目标的基础上,明确课堂教学的任务及具体目标,精选课的内容和身体练习,优选教学方法和手段,规划和创设一个良好的课堂内部环境,以取得最佳化的教学效果。为了提高体育课的设计水平,应预先做好准备工作:

"一学",首先要认真钻研《体育与健康课程标准》和体育与健康教材,只有熟悉和理解教材,才能更好地运用。同时,要掌握各项教材的重点与难点,这样才有助于选择最优化的教学方法,更好地完成教学任务。

"二查",就是要调查与了解学生的体质状况、思想动态与组织纪律情况,在此基础上制定出相适应的计划。另外,还要掌握场地器材及其分配和使用情况,以便从客观的物质基础条件出发更好地设计课堂教学。

"三想",就是在动笔之前首先反复思考,为上好一节课进行总体的设计与构思,对课堂上的每一个环节、每一个细节都要缜密推敲。并要预测与估计可能出现或发生的问题,教师准备采取哪些相应的对策与措施,选择哪些补救方案,加以合理而稳妥的处理。

"四练",就是教师对自己所设计的蓝图做一次实地演练,掌握各项练习的时间、次数、强度、密度及组织队形和变换方式,必要时可约请同伴协助,以便上课能有效地调控。

"五请",年青的教师要虚心求教请有经验的老教师给予指导,实行传、帮、带,不断修改、补充和完善课堂教学的设计。

三、体育与健康课堂教学的组织与实施

组织是指由诸多要素按照一定方式相互联系起来的系统,是对客观因果关系的归纳,以反映事物的某种稳定的关系。组织实施是指为了达到一定的目的,按照任务进行不同层次的分工合作的一种权责结构。体育与健康课堂教学组织与实施环节是把体育教学的设计具体通过课堂教学而展现出来,是体育课堂教学最重要的实践环节。

(一)体育课堂教学的组织形式

1. 班级教学

(1)行政班。

行政班教学组织形式是以本校原有的教学行政班为基本的教学单位来开展体育教学活动。这一组织形式比较方便,学生相互之间比较熟悉,有利于男女学生的相互了解以及学会与异性相处。

(2)男女分班。

男女分班包括男女合班分组或单班男女分组,是打破班级甚至年级界限,根据学生的性别,将男女生分开,由不同的体育教师进行教学的组织形式。

随着学生年龄的增大,中学阶段男女生的身心发展方面的差异越来越显著,如体能、技能、兴趣和爱好等,基于此,有条件的学校在高中阶段大多采取男女分班上课的形式。为了方便体育教师的教学,通常的做法是打破平行班的界限,将两个班(或将一个班)的男生由一位老师上课,女生则由另一位老师上课。这一组织形式有利于体育教师根据男女学生不同的生理和心理特点,有针对性地制订目标、选择与安排教学内容、采用教学方法与组

织形式进行教学,以提高体育教学的效果。

为了提高学生的社会适应能力,学会正确处理男女学生之间的关系,在体育教学中开始将男女生分班改变为男女生合班上课的形式。在一些具有比较激烈的对抗性,尤其在进行有身体接触的运动项目,如足球、篮球的教学过程中,由于男生和女生在体能和运动技能方面的差异较大,可以采用男女分组教学的组织形式。

(3)按兴趣爱好(选修项目)分班。

课程标准指出:"在同一个年级可打破班级界限,按篮球、有氧操、太极拳、乒乓球等项目重新编班进行选项教学。""不同年级的学生可打破年级界限,按篮球、有氧操、太极拳、乒乓球等项目重新编班进行选项教学。"按兴趣爱好(选修项目)分班,能更好地体现"以学生发展为主体"的思想,尊重学生的兴趣和爱好,让学生选择自己喜欢的运动项目,有利于激发与调动学生的学习积极性,促进他们自觉地从事体育活动,使他们获得更多的知识和技能。

(4)小班化教学。

所谓小班化教学,是指以比较少的学生人数构成的班级规模进行体育教学的组织形式。班级规模是指一位教师指导下的一个特定班级的人数。班级规模直接影响到教师的"教育关照度",影响到教学管理,也影响教育的效果。教育关照度是指在以班级为授课单位的条件下,教师对每一位学生的关心与照顾程度。

$$教育关照度 = 周上课时数 \times 上课单位时间 \div 6$$

研究表明,班级规模对课堂教学管理的影响主要表现在人际关系、情感交流和教学效果方面。班级规模越大,情感纽带力量越弱,学生之间的差异越大,体育教师对课堂的控制越难,用于维持纪律的精力越多,用于实际教学的时间越少;班级规模越大,成员之间的交往频率越低,建立集体规范和对班集体的管理越困难;班级规模越大,越容易出现违背班集体目标的非正式小群体。反之,班级规模小,成员之间的交往频率较高,学生的学习兴趣浓,学习态度端正,违纪现象少,师生关系融洽,体育教师可以给予更多的个别辅导。

2. 分组教学

分组教学是一个班分成若干小组,教师以组来进行指导的教学形式。这种教学既保留了班级教学的长处,又能在一定程度上解决区别对待的问题,即教师可以根据各个小组的不同特点进行不同的指导。

（1）同质分组。

同质分组，是为了缩小组内学生的差异，在同一小组内按统一目标、内容、进度进行学习的组织形态。例如，打破班级界限将若干班级的学生集中起来，按照学生的体能或运动技能水平将学生分成若干教学班，由不同老师分别进行教学。其优点在于能增强活动的竞争性，符合学生争强好胜的性格，能提高学生参与活动的兴趣；不足之处是易导致在学生中形成等级观念。

（2）异质分组。

所谓异质分组，是有意识地扩大组内的差异，将不同体能和运动技能水平的学生分到同一小组，小组间基本同质，实现小组内学生互帮互学的组织形态。其优点在于不同基础与水平的学生互帮互学、学会理解尊重他人，学会与人共处；不足之处是学生之间在体能、技能等方面存在较大的差异，在一定程度上给教学带来一定的困难。

在异质分组中，通常采用的方式是小组学习（小集团、小团体）。小组学习是在体育教师的指导下，让学生结合成小的群体，充分发挥小群体的自主性，促进学生主动学习。体育教师根据不同小组的特点和存在问题进行教学，指导学生学会理解与尊重他人，正确处理合作与竞争的组织形态。

（3）能力分组。

围绕新课程选项教学的出现，要求为每一个学生提供适合的体育运动方式，允许学习者按自己能力选择教学形式。基于此，初级班、中级班、高级班等分层教学形式应运而生，从而确保了每个个体在体育学习上都能获得充分发展。

（二）体育课堂教学的组织与管理

体育课堂教学组织与管理是指体育教师为了保证体育课堂教学的秩序和效益，在课中对体育教学形态、运动负荷、教学秩序、教学信息及运动体验等方面进行的设计与控制工作。

体育课堂教学组织与管理涉及许多方面，包括教学秩序、教学信息、教学环境等等。

1. 教学秩序的组织与管理

一节好的体育课，既要有约束又要有自主，要做到约束合理，自主适当，就需要靠教学的组织与管理进行调控。因此，处理好体育课堂教学中的约束和自主与体育课堂教学效果关系密切,也是进行体育课堂教学组织与管理时必须处理好的一对矛盾(表4-7)。

表 4-7 体育课堂教学组织与管理时的约束与自主

体育课堂教学中应该强调约束的情景	体育课堂教学中应该强调自主的情景
1. 在课堂常规活动时	1. 自主学习活动时
2. 在队列练习时	2. 分层学习时
3. 学习新教材时	3. 探究活动时
4. 集中讲解示范时	4. 互帮互学练习时
5. 集体练习时	5. 合作学习活动时
6. 集体纠错时	6. 个人或成果展示时
7. 教学比赛时	
8. 必要的教育时	
9. 集体放松练习时	
10. 教师总结时等	

2. 教学信息的组织与管理

在体育教学中有许多信息,对信息的科学管理也是提高教学质量的重要保障。

(1)在不同教学目标下的不同课型中讲解和练习的比例。

①在新授课中,教学任务以学习新技术为主,教学的组织应以讲解和示范为主。

②在复习课中,教学任务以熟练技能为主,教学的组织应以练习和素质锻炼为主。

③在探究课中,教学任务是发现和探究问题,明白道理,因此围绕发现问题的引导性讲解是很重要的;学生练习则是尝试性的、验证性的、体验性的,练习量不能很大。

④在活动和锻炼课中,教学任务是身体的发展,讲解只是提醒性和指导性,而练习的量是最重要的因素,因此要有较大的练习量。

(2)在不同任务的不同课堂教学阶段中讲解和练习的比例。

①在课的开始部分,教师的讲解相对较少,而准备活动则需要有必要的练习量。

②在课的基本部分,前半段一般是技术学习,讲解比较重要,而练习是模仿性的、尝试性的,练习量不大;后半段一般是技术的熟练,练习比较重

要,而讲解是针对性的,讲解量不大。

③在课的结束部分,在身心放松阶段以放松性身体活动为主,总结阶段则以教师的讲评为主。

(3)在学习不同的教学内容时讲解和练习的比例。

有的体育教学内容技术性不强,但活动性强,如长跑;有的体育教学内容活动性不强,但技术性强,如体操与武术。因此在从事不同的教学内容要根据教学内容的特点,很好地处理讲解和练习的关系。

3. 教学环境的组织与管理

教学过程只有与教学环境密切配合,互相适应,才能使教学处于和谐状态,充分提高教学质量。无视或忽视教学环境的教学活动无法开展或难以取得良好的效果。

所谓教学环境是指与教学有关、影响教学并通过教学影响人(教师和学生)的因素总体。教学环境包括:教学自然环境、教学物质环境、教学人文环境等。前两者属物理环境——硬环境,后者属人文环境——软环境。由此,教学环境是多因素组成的综合环境,校园的自然环境与物质环境是学校育人的硬环境;班级环境、课堂环境是教师及学生交流的软环境。

教学物理环境包括场地环境、教学设备、教学工具等,可体现出美的欣赏性、教育性。因此,场地、器材、场馆的不同造型、颜色以及室内外的各种装饰、布置,都会对师生的精神面貌、教学情绪产生潜移默化的影响。教学人文环境包括师生之间的关系、同学之间的关系、班风、学风等。教学人文环境是隐性的、潜移默化的,它反映了师生对教学的态度以及对周围条件的态度,反映了课堂教学情景与学生集体之间的关系。它影响着学生对教师所教学科的兴趣,影响学生的学习情绪和学习效率,影响学生的思想品德,同时也影响学生对教师的情感。

四、体育与健康课堂教学的检查与总结

能否取得教学的反馈信息,是对课堂教学控制与失控的分水岭,通过反馈信息,教师要及时掌握学生实际的演练和课堂教学目标的差距,以采取相应的对策、方法和手段,缩小"目标差",以实现课堂教学的最佳控制。控制依赖于信息的传递与反馈,而反馈需经师生双方的努力,进行自我调节,来实现预期的教学目标。

教师的自我调节,就是检查自己所采取的教学措施、方法、手段与所取得的教学效果进行比较,寻求其成败的原因;学生的自我调节也是检查自己

学习与锻炼的努力程度与所获得的效果关系,以寻求其成败原因。

上述师生双方的自我调节,实质上是形成性评价,形成性评价应贯穿于整个课堂教学之中,既包括对教师"教"的评价,也包含对学生"学"的评价。当然,教师应依据教学的三项任务,预先制定出检查和评价学生学习效果的细则标准,有利于及时控制、检查与调节。

教师进行课后自我总结性评价也是不可忽视的环节,为了及时获取反馈信息,可以采取多种途径与方法,向学生征求意见,以便教师进行全面总结,并把成功的经验与失败的教训,填入教案总结栏内。这样,有助于提高教师自我评价能力,不断提高教学质量。

▶▶ 课后习题

1. 体育与健康实践课有哪些分类?
2. 什么是体育与健康的运动密度和练习密度? 应如何计算?
3. 体育与健康课的运动负荷如何评价?

第五章 中小学体育教学方法

第一节 体育教学方法概述

一、体育教学方法的概念

(一)体育教学方法

教学方法是教学理论中一个重要组成部分。经过千百年的教学实践，教育工作者们创造了许多教学方法。有关教学方法的内涵和概念，也有许多不同的解释：

如，大百科全书称："教学方法是为了完成一定的教学任务，师生共同活动中采用的手段。既包括教师教的方法，也包括学生学的方法"。《教育辞典》(江西教育出版社)："为了达到教学目的而组织的、有秩序的教师工作方式和学生学习活动方式"。《教学论》(王策三著)："为达到教学目的，实现教学内容。运用科学手段而进行的、由教学原则指导的、一整套方式组成的、师生相互作用的活动"。苏联把教学方法定义为："旨在达到学生的教养、教育和发展的目的，对师生相互联系的活动进行调整的方法"。

综合上述各种解释，对体育教学方法可理解为：教师和学生为完成教学任务，实现体育教学目的所采用的工作方式。所以体育教学方法是实现体育教学任务或目标的方式、途径、手段的总称。

体育教学方法和体育教学法的概念也是不同的，教学法的含义比教学方法更为广泛。

体育教学法研究的对象包括整个体育教学的理论和实践，有关教学过程、教学原则、教学内容、教学组织、教学方法、教学评价等，又称体育教材教法。因此，体育教学法在某种意义上讲就是体育教学论。体育教学论是关于体育教与学的理论，研究的是体育教学中的教与学的关系、教与学的条件、教与学的操作等问题。研究对象是体育教学原理和体育教学要素。

教学方法包括教学方式和教学手段,但不能把教学方法与教学方式、教学手段等同起来,它们之间是有区别的。

(二)体育教学方式

教学方法和教学方式也是不同的。教学方式是教学方法的活动细节或者构成部分,如语言法中的讲述、口令、口头评价等,演示法中各种操作都只能称为教学方式;教学方式是个小概念,而教学方法是个大概念,教学方法是由许多教学方式所组成的,是一连串的教学活动,它能单独完成某项教学任务,而教学方式本身不能独立完成某项教学任务,这就是它们的区别。

(三)教学手段

教学手段是指为提高教学方法效果而采用的各种器具和设备,是指体育教学传递信息和情感的媒介以及发展体能和运动技能的操作物。

体育教学方法与教学手段既有区别也有联系,其联系性是教学方法的运用,离不开某种物体、工具或器材与设备(教具);其区别性在于教学手段是指师生在教学过程中相互传递信息的工具、媒体或器材设施。

二、体育教学方法的作用

体育教学方法在实现体育教学任务和目标中起着桥梁和中介的作用。体育教学方法是体育教学过程整体结构中的一个重要组成部分,是体育教学的基本要素之一。它直接关系着体育教学的成败。任何体育教学活动都离不开体育教学方法。不同教学方法对学生的体育学习会产生很大的影响。适宜、正确、丰富、多样的教学方法能够激发学生积极的学习动机,产生良好的教学效果。反之,枯燥、乏味、不正确的教学方法会极大地影响学生的学习,甚至会产生反作用。

三、体育教学方法的特点

体育教学方法的特点受体育教学目标和特点的制约。它在具有一般教学方法特点的同时,还具有自身的特点。

(一)教学的组织与教法相结合

组织与教法是体育教学中的重要因素。在体育教学中,特别是体育课中的基本部分,为了尽可能给全体学生充足的练习时间,组织与教法应以追求教学班整体教学效益为目的,以最佳的组织形式与教学方法相结合。

(二)练习法与恢复法相结合

练习法是学生在教师指导下,对所学技术进行反复练习,多次重复以巩固、掌握技术,提高身体素质和运动能力的方法。通常有固定条件、变换条件和循环练习等多种形式。通常练习法要与恢复法相结合。

恢复法是指利用适宜性休息,使学生消除身体疲劳的方法。

练习与休息是一对矛盾的两个方面。练习法是用运动刺激有机体,使其产生疲劳;休息法是用相对静止的活动使有机体恢复。练习法与休息法交替合理使用对实现体育教学目标有重要意义。

(三)练习与保护和帮助相结合

保护是指教师在学生练习时为了使其不受伤害而施加的安全措施。帮助是教师在学生做练习时施加的适时、适量的助力或阻力。

保护与帮助的运用是体育教学的显著特点之一,也是教学中经常采用的一种有效手段和预防运动创伤的重要安全措施。在练习中正确运用保护与帮助,有助于减轻学生的身体负担,消除顾虑,增强学习的信心,有利于尽快建立动作概念。

四、体育教学方法的制约因素

(一)体育教学方法受到世界观和方法论的制约

科学的世界观和方法论反映在教育学和体育教学论方面主要集中在"教师观"和"学生观"问题上。传统的教学观与现代教学观形成了鲜明的对立。传统的教学观强调以"教师为中心、教材为中心、课堂为中心"的教育理论体系。传统的学生观认为,学生是消极、被动接受"三基"的容器,反映在教学方法上是重视教师的"教",忽视学生的"学"的"填鸭式""注入式"。

与传统的教学论相对的是人本主义、实用主义,强调人的本性、尊严、理想和兴趣,过分夸大学生的兴趣,贬低教师的主导作用,因而形成了以"儿童为中心、活动为中心"的教学观。在教学方法上强调学生的兴趣,把学生的生动性限定为主观自生、随心所欲的活动性,倡导"从做中学""从经验中学习"的方法。

随着科学技术的发展,上述两个极端的教学观的弊端愈来愈暴露出来。为了适应社会发展和科技进步的需求,20世纪60年代美国认知心理学派代表人物之一的布鲁纳,在教学方法上提出了"发现法",并十分重视和强调学生在学习中的主观能动作用。反映在我国体育界,在这种新的哲学观点和方法论的影响下,逐步形成了以"教师为主导,学生为主体,发展为重心,锻炼为主线"来取代"教师为中心,教材为中心,课堂为中心,学习技术为主线"的教学观,在教学方法上批判灌输法和单纯重复练习的陈旧方法,力图培养学生独立工作和独立获取"三基"的自我锻炼能力和习惯,从而产生了诸如"发现教学法""学导式教学法"等,特别重视学生"学法"的研究与探讨。

(二)体育教学方法受到教学目的、任务的制约

教学方法的概念反映出教学方法是以完成体育教学的教养、发展、教育目的与任务的一种有序的工作方式。因此,检验教学方法运用的实效性也必然从某种教学方法对完成教学任务的作用上加以检测与评估。如,在体育教学中,为了发展体能、锻炼身体,除了运用和选择传授知识、技能、技术的方法外,主要还要选择锻炼身体的方法,或者选择比赛方法和游戏方法。教学方法受到教学目的、任务的制约是显而易见的。

(三)教学方法受到教学内容要素与结构的制约

体育教学内容是多种多样的,但不论什么内容和教材,其基本要素是身体练习。由于身体练习的动作技术及其结构的复杂性,为了掌握这些动作技术,必然要运用与其动作技术相适应的教学方法。如,动作技术比较简单又不易分解的动作,常常采用完整教学法来教授;比较复杂又可采用分解方法掌握的动作技术,如"背越式跳高",可先学习落地技术,然后再学习过杆技术;等等。

(四)体育教学方法受到体育教学原则的制约

教学原则是教学工作必须遵循的基本要求,整个教学过程、教学的各个环节都要以教学原则为指导,教学方法也是如此。如,各种教学方法的运用,首先要贯彻自觉积极性原则。教学工作是师生双边活动,只有教师的积极主导性,而没有调动学生主体的能动性,再好的教学方法也不会取得好的效益。其次,教师在运用讲解和示范方法时,也要时时、处处考虑贯彻直观性原则。再次,要取得增强体质,锻炼身体之效,教师与学生都要以适宜的运动负荷原则为指导。因此教学方法应该体现教学原则的基本要求。

（五）体育教学方法受到教学对象心理与生理条件的制约

由于学生的生理与心理条件在不同的年龄和学龄的不同阶段有其不同的特点，因而深刻掌握这些特征，才能更好地确定合乎他们需要的教学方法，如小学生活泼好动，注意力不宜集中，多宜采用生动的直观方法，并常用游戏方法来进行教学，这样效果会更好。中学生好胜争强，群体意识和集体主义荣誉感强，可采用集体分组比赛的方法。

（六）体育教学方法受社会的物质、生产条件的制约

因为体育教学方法离不开具体的场地、设备与器材，离开了这些最基本的物质条件做保证，很难采用科学的方法完成体育教学目的与任务。特别是现代化的教学手段，如摄像、电视等引入体育教学，对加强直观教学、活跃课堂气氛、改进教学方法、提高教学质量起到非常重要的作用。

通过上述分析可以看出：教学目的、任务、教学内容、教学对象等对选定教学方法有制约作用。但教学方法对教学目的、任务、教学内容、教学对象也具有反作用。即教学方法对完成教学过程中教养、教育、发展任务产生重要影响，具有不可低估的意义。

五、体育教学方法的分类

分类就是根据各种方法具有的共同特点划分归属，建立教学方法的秩序和系统。即把众多的体育教学方法，按照一定的标准归属到一起；又按照某些不同特点，把它们区分开来。分类有助于从教学方法中分清一般的和具体的、理论和实际、本质和次要的东西，从而有助于在实践中更有效地运用教学方法；运用分类为教师学习教学内容选用适当方法，正确理解自己工作中的优点和缺点，并为改进工作创造条件；分类有助于教师理解教学理论原则，提高教学实践自觉性，增强教育素养。因此，对体育教学方法进行合理的分类，是十分必要的。

（一）根据体育教学师生双边活动分类

教授法：教师为完成体育教育目标，所采用的一系列教育、教养、发展的教法。

学习法：学生为完成体育学习的目标，所采用的一系列学法和练法。

（二）根据体育教学目的任务分类

体育教学方法：包括语言法、示范法、整体法、分解法、练习法、游戏法、比赛法等。

身体锻炼方法：包括负荷锻炼法、重复锻炼法、间歇锻炼法、变换锻炼法、巡回锻炼法等。

（三）以教学活动中获得信息的来源进行分类

语言法：通过教师的语言获得教学信息的方法，包括口令、指示、讲授、音像教学等方法。

直观法：通过学生自己感官、直接观察和体验教学的信息而获得知识、技能和技术的方法，如教师的示范动作，展示直观教具，挂图等。

练习法：通过各种身体练习来掌握"三基"的信息方法，如重复练习法、变换练习法等。

（四）以教学方法的来源进行分类

体育传统的教学方法：包括语言法、直观法、完整与分解法、练习法、比赛法、预防纠错法等。

学科引进的教学方法：包括掌握法、发现法、程序法、学导式教学法、问题法、范例教学法、自学辅导法等。

实践创造的教学方法：包括成功教学法、快乐教学法、情景教学法、小群体学习教学法、领会教学法、重点教学法和游戏教学法等等。

（五）根据体育特殊教学方法进行分类

一般教学方法：讲授法、谈话法、读书指导法、参观法、实验法、演示法、练习法等。

运动训练方法：分解法和完整法、重复训练法、变换练习法、循环训练法、比赛与游戏法。

心理训练方法：集中注意力的方法、念动的方法、放松的方法，等等。

（六）根据《体育与健康课程标准》的目标进行分类

传授体育知识的方法：讲解法、谈话法、问答法、讨论法、比较归纳法等。

掌握运动技能的方法：讲解法、直观法、完整与分解法、模拟法、练习法、预防与纠正错误法、比赛法、强化法等。

发展体能的方法：不同负荷法、持续法、间歇法、游戏法、综合法、比赛法。

评价与教育的方法：评价法、激励法、评比法、成功教学法、说服法、榜样法、表扬与批评法等。

发展个性的方法：发现法、启发法、学导法、个性培养法、差别教学法、合作学习法、分层教学法、小群体教学法等。

体育教学方法分类要求从整体上去认识和把握各种教学方法的本质与内在联系。各类方法都有其主要特点，其功能是多方面的，往往是相互渗透，且从各方面发挥作用，同时每种方法都有所长，也有局限，实际运用时必须取长补短，互相配合。

第二节 体育教授方法

在体育教学中，学生能否掌握基础知识、基本技能与方法，养成良好的锻炼习惯，与教师运用的教法有密切的关系。教师的教法起着组织、启发、教育等多种作用。根据体育教学规律、原则及教学目标，可将体育教学教授方法分为五大类型，即传授体育知识的方法、掌握运动技能的方法、发展体能的方法、评价与教育的方法和发展个性的方法（表5-1）。

表5-1 体育教学教授方法

传授体育知识的方法			掌握运动技能的方法					发展体能的方法					评价与教育的方法					发展个性的方法		
讲授法	谈话法	演示法	讲解法	直观法	完整法与分解法	预防与纠正错误法	领会教学法	固定负荷练习法	变化负荷练习法	综合练习法	游戏法与比赛法	巡回锻炼法	评价法	竞赛与评比激励法	说服疏导法	榜样示范法	表扬与批评法	发现教学法	启发式教学法	学导式教学法	小群体教学法

一、传授体育知识的方法

（一）讲授法

讲授法是教师以学生所能接受的简明语言，系统地讲述教学大纲所规定的体育基础理论教材。由于理论知识内容和学生的年龄特征不同,在实践中又可把讲授法区分为讲述法、讲解法、讲演法。

讲述法是教师以讲故事的方式向学生叙述事实材料或描绘学习的对象,分析它的发生和发展过程及其结果。这种方法适用于讲授体育教学知识、运动项目的产生与发展、有关奥运会与亚运会知识、体育明星故事等等。

讲解法偏重于叙述事实、现象、定理、定律,常常运用这种方法加以分析、讲解和论证。

讲解法与讲述法的主要区别在于:讲述法偏重叙述与描绘,而讲解则主要对某些事实、现象、定理、定律等加以分析、解释和论证。如,在理论课教学中,讲解某项教材的动作要领、原理和方法。

讲演法是教师在较长的时间里持续地讲授教材,不仅向学生描述事实,而且深入分析和讨论事实,并在此基础上作出科学的结论。它以演说、报告的形式出现,通常采取专题讲座的形式,如"女子健美与体育运动""生命的意义在于运动""体育锻炼与智力开发"等。

讲授的内容是注意逻辑程序,使学生不断产生"是什么""为什么"的心理定向反射。其讲授程序可以从具体到抽象,也可以从抽象到具体,但要注意由浅入深、深入浅出的讲授技巧。

(二)谈话法(问答法)

谈话法是教师提出问题,引导学生运用已有的经验、知识进行积极思考,并回答教师提出的问题,从而获得知识的一种方法,亦称问答法。

谈话法能激发学生的思维,锻炼学生的记忆力和语言的表达能力、引起学生的注意和兴趣。通过对这种方法教师可以了解学生掌握知识的情况,及时获得反馈信息。由于教学任务不同,谈话法又可分为:

(1)传授知识谈话。首先由教师提出问题,让学生运用已有的知识和运动经验,进行回答问题。

(2)巩固与检查知识的谈话。这种谈话是教师根据学生过去已经学过或掌握的教材内容提出问题,让学生回答,以达到了解学生、掌握知识的情况和巩固知识的目的。

(3)指导或总结谈话。这种谈话常常用于讲课之后,教师回答学生提出的问题,最后进行概括与总结的一种方法。

提出的问题要切合学生的实际水平,要考虑学生已知的实际水平,避免提出比较复杂的怪题、偏题,使学生无所适从。提出的问题应具有启发性,能激发学生的思维。多运用思考题,少用事实题。要引导学生通过比较分析来说明原理、指明关系、判断正误。

(三)演示法

演示法是教师把模型、图表、实物等直观教具或幻灯、投影、录像加以演示,引导学生从观察中获得知识的方法。由于电化教育日益发展,视听工具不断更新,演示内容与范围不断扩展,使这种方法在教学中的作用越来越大。

演示法使学生获得生动直观的感性认识,加深理解体育运动的原理与方法。有助于提高学生的注意力,激发学生的兴趣,发展学生的观察力和思维能力。

演示法的基本要求:(1)教师依据教学的目的与任务、教材的性质和学生的需要,有计划、有目的地运用直观教具。(2)要预先做好演示教具的准备,使用前应检查和试用。(3)直观教具应选择适宜的时机演示,不要在上课前陈列出来,以免分散学生的注意力,演示完毕,要收管好。(4)教具要注意大小适当,如挂图、模型等以让全班每个学生都能看到为原则。(5)如果运用录像、投影等电化教具,事前教师应做一简单的说明,要求学生重点观察什么;在演示过程中,可插话和适当讲解;在演示后,要给予全面分析与概括性的总结。

二、掌握运动技能的方法

(一)讲解法

讲解法是指在教学中,运用各种形式的语言指导学生掌握体育知识、技能、技术的一种方法。正确运用讲解法,对顺利地完成教学任务具有重要意义。

其作用有:(1)运用讲解法进行体育知识教学,(2)指导学生进行身体练习活动;(3)分析与评价学生的练习活动;(4)进行思想品德教育。

语言是人们表达思想、交流感情、交换意见、相互了解的工具,是人类社会第二信号系统,人们通过语言作用于大脑而感知事物。词语所形成的无数刺激物,能使人们离开直接刺激物而抽象概括思考问题、认识事物。作为肩负"传导、授业、解惑"任务的体育教师,他的语言在课堂上更是引导学生掌握"三基"、发展体能和品德教育的必不可少的重要手段。

运用讲解法应注意的事项:(1)讲解时要有明确的目的性,对于"讲什么""怎样讲""讲多少"要做到心中有数;(2)讲解时要符合学生年龄特征;(3)讲解是要通俗易懂,用词得当,生动形象,富于启发性;(4)要注意讲解的时机和效果,要贯彻精讲多练的精神,突出重点、难点。

（二）直观法

直观法是指在体育教学中，借助视觉、听觉、动觉等感觉器官感知动作的教学方法。直观法包括视觉法，听觉法，动觉法三种方法。

1. 视觉法

通过学生视觉器官直接观察学习知识技术的方法。视觉对评估和校正动作的空间特征具有重要作用，而对动作的时间与动态感知则较差。

在体育教学中，通常在动作示范、直观教具和模型的演示、定向标记直观等情况下运用方法。

（1）动作示范。动作示范是体育教学中最常用的一种方法，它是教师（或指定学生）以具体动作为范例，使学生了解所要学习的动作要领与方法，以建立动作的正确表象。动作示范应注意：①示范要有明确的目的性。每次示范时应明确"示范什么""如何示范？"教师依据教学任务、学生的特点、教材等情况进行安排。依据需要，示范时可进行常速示范、慢速示范或重点示范。②示范要正确，注意示范的位置和方向。要求教师示范应做到准确、熟练、轻松、优美，同时要善于运用不同的速度、方位来进行示范。即要慢则慢，要停则停，如同录像机一样。示范的位置应根据学生的队形、动作的性质及安全要求，充分考虑动作不同的方位。如正面示范、侧面示范、背面示范和镜面示范。③示范与讲解相结合。教师示范动作之前，应向学生提出观察动作示范时"先看什么""后看什么""重点看什么"。

（2）直观教具和模型的演示。是一种运用图像、图表、照片、幻灯及人体动作模型等间接直观的方法。这种方法有助于学生掌握技术和战术，特别是当示范动作难于展示动作结构、技术细节和关键时（如动作结构复杂，动作速度过快，动作处于动态而难于停顿或放慢），这种方法是比较好的。

（3）定向标记直观。是以具体的形象的标志物给学生规定与指示动作的时间与空间的方法。如，在跳箱的双手撑处划上白线，以帮助学生远撑；跳起摸高触动悬挂的球体以及拉上一定高度的横线标志物，限定投掷的高度等。

2. 听觉法

这是运用声波为信号，迫使学生准确地掌握动作空间与时间特征的一种方法。如，在跑的教学中，以击掌声和节拍器的节奏，来控制跑的速度，按口令、口笛或按乐曲节奏练习广播操、韵律操等活动。利用各种音响，事先应有所准备，要掌握好动作的瞬息因素，依据动作反应时间，给予相适应的超前信号。

3. 动觉法

是借助外部力量帮助学生通过触觉的肌肉本体感受器,直接体验动作的要领,辨别动作的空间与时间的关系和对身体及身体某部位影响的一种方法。这种方法是一种引导辅助的练习,在改进与提高动作技术教学中运用广泛。这种方法可以运用一定的教具,也可以徒手进行。如在体操教学中,学生练习双杠挂臂摆动屈身上,当学生向前上方蹬起时,教师适时地托举,强化了"蹬"的时间体验。学生在练习技巧肩肘倒立时,教师提拉双腿和触动腰背部以帮助建立正确的倒立姿势。

为了提高动觉的感受性,还可以运用正误比较法,对正确与不正确动作进行比较与体验,同时应适时强化正确动作的体验。运用这种方法的注意事项:

(1)不应该采取过分依赖外部力量,而应加强学习者的自我体验。

(2)避免长期采用这种方法,养成不良的习惯。

(三)完整法与分解法

1. 完整法

就是从动作的开始到结束不分部分和段落,完整地进行教学。它的优点是便于学生完整地掌握动作,不致破坏动作的结构和割裂动作各部分或动作之间的内在联系。不足之处是不易很快地掌握动作中较为困难的要素和环节。

完整法一般是在动作比较简单,或者动作结构虽然比较复杂,但如分成几个部分会破坏动作结构时采用。对于不同的动作,运用完整法时,可采用以下方法:

(1)在教简单的、容易掌握的动作时,教师在讲解示范后,就可让学生完整地学习整个动作。

(2)在教复杂和较难的动作时,在学习完整动作过程中应突出重点。如,重点先注意技术的基础部分,然后再逐渐掌握细节部分;或者先要求动作的方向、路线等要素,然后再要求幅度、节奏等要素。至于应先着重掌握什么,则应根据动作的特点和学生掌握动作的情况来决定。

(3)简化动作的要求。如跑,可缩短跑的距离或速度;跳高,可降低高度;投,可减轻器械的重量等。

(4)广泛采用各种辅助性或诱导性练习,发展相应的肌肉群及其协调配合的能力,体会动作的关键。

2. 分解法

是把完整的动作合理地分成几个部分,按部分逐次进行,最后达到全部掌握。分解法的优点是可简化教学过程,缩短教学时间,并能提高学习的信心,有利于更快地掌握动作。但运用不当,容易使动作割裂,破坏动作的结构,因而影响动作的正确形成。分解法有:

(1)纯粹分段法:先将各段一一学习后再综合练习,如学掷标枪。可分为三段,先学持枪跑,再学掷步点以内的步法,然后学掷出动作。最后综合三段学习。

(2)递进分段法:即先学第一段,再学第二段,然后一二段联合练习,学会后再学第三段,三段都学会后,再联合一、二、三各段。如此递进式的学习,直至全部学完为止。

(3)直进分段法:即先学第一段,再加学第二段,然后再加学第三段,如此直接前进。直至全部动作学完为止。此法为由已知联络未知。如,掷标枪先学会持枪跑,再加学掷步点以内的步法,最后再加学掷枪动作。

(4)逆进分段法:此法乃直进分段法的相反的学习,即由最后一段学至最前一段。此法为由未知联络已知。如学标枪,先学立定掷标枪动作,再学掷步点步法,最后再学持枪跑法。

分解法一般是在动作较复杂、可分解,而用完整法学习又不易掌握动作的情况下,或动作的某部分需要较细致地学习时采用。

运用分解法的注意事项如下。

(1)划分动作各部分时,应考虑到它们之间的有机联系,使部分的划分不改变动作的结构。

(2)使学生明确所划分的部分在完整动作中的位置。

(3)要与完整法结合运用。运用分解法是为了完整地掌握动作,因此教学时间不宜过长,应与完整法结合运用。

在体育教学中,往往有些动作用完整法学习感到困难,而又不宜于分解教学,如体操的腾越动作等。在这种情况下,可采用诱导练习,逐步引导学生完整地掌握动作。

完整法与分解法,在实际应用中是互相紧密配合的。运用分解法时,应积极创造条件,以使学生完整地掌握动作。在以完整法为主练习时,也可对动作的某些环节进行分解学习,但要根据教材特点和教学的需要而定。

(四)预防和纠正错误法

预防和纠正错误是指教师针对学生练习中产生错误动作的原因,选择最有效的手段,及时地预防和纠正错误动作的一种方法。在体育教学中,要正确掌握身体练习的技术,必须注意防止和纠正可能产生的某些错误。如若不及时纠正,就会形成错误技术定型,不仅会影响技术的掌握和提高,而且还易产生伤害事故。

运用预防纠正错误法,首先应以预防为主,分析产生错误的原因,针对产生错误原因,采取预防措施。学生产生错误的原因,一般有练习目的不明确、练习不积极、怕伤怕累;动作技术观念不明确或者受旧的技能干扰;学生身体素质欠佳,技术基础差;教学内容安排不当,教法运用不当等。

如果错误动作已产生,应及时分析研究,找出错误原因,抓住主要错误对症下药。纠正方法是及时加强思想教育;加强基本技术教学、发展运动素质;加强备课,认真钻研教材,科学运用教法;注意创造良好的教学环境和条件。

(五)领会教学法

领会教学法是一种不同于传统的动作技能传授方法,是强调学生认知能力和兴趣的教学方法,是体育教学指导思想的一项重大改革。领会教学法包括六个部分:①项目介绍;②比赛概述;③战术意识培养;④瞬时决断能力训练;⑤技巧演示;⑥动作完成。

领会教学法是以项目介绍和比赛概述作为运动的开始,让学生了解该项目特点和比赛规则,从而使学生一开始就对该运动项目有一个全面的了解。领会教学法与传统的技能教学不同的是:教师不是从基本的动作教起,而是首先对学生进行"战术意识培养"。教师在战术介绍以后,结合实战向学生演示一些临场复杂的情况和应付方法,对学生进行瞬间决断能力的训练,培养学生全面观察情况、把握和判断时机的应变能力,使学生最终可以根据所学的技术和战术,判断应该做什么和选择最佳的行动方案"如何去做"。

领会教学法的教学模式有如下特点。

(1)从项目整体特征入手,然后回到技能学习,再回到整体的认识和训练中。

(2)强调从战术意识入手,把战术意识贯穿在各个教学环节中,以整体意识和战术作为主导。

(3)突出主要的运动技术,而忽略一些枝节性运动技术。

(4)注重比赛的形式,并在比赛和实战中培养学生对项目的理解,教学往往从"尝试性比赛"开始,以"总结性比赛"结束。

三、发展体能的方法

(一)固定负荷练习法(重复练习法)

固定负荷法是指不改变运动负荷表面(外部)数据,以连续的形式反复练习的方法。如,长距离的匀速跑、划船、游泳。这种反复练习方法可以同样的负荷,并经过一定间歇进行练习。如,以最大的速度跑过一段距离,并安排充分的间歇。固定负荷练习法又可分为连续重复练习法和间歇重复练习法。

1. 连续重复练习法

连续重复练习法是指没有间歇,连续不断地重复练习。通常采用的是跑步等周期性项目,主要是以发展耐力素质的练习。非周期的练习也可连续重复。如连续进行前滚翻的练习,乒乓球的连续挥拍抽杀等。

2. 间歇重复练习法

间歇重复练习法是指重复练习之间有相互固定的间歇。如,让学生做10次俯卧撑,休息1分钟后再做10次俯卧撑。

(二)变化负荷练习法

变化负荷练习是指在变化负荷的条件下进行练习的方法,如连续变速跑等,这种方法的特点是不断改变负荷与休息的因素。常用的方法有:

1. 不断增大运动负荷的间歇练习方法

进行举杠铃练习时,每次举起的重量要逐步增加,而每次练习后安排充分时间休息。

2. 逐步减小运动负荷的间歇练习方法

在不断减小运动负荷和缩短间歇时间的情况下跑 800 米、400 米、200 米、100 米。

3. 采用不同负荷的间歇练习法

每次举起杠铃重量不断变化,一次增加,而另一次则减小。

（三）综合练习法

上述各种练习法在教学中往往是相互结合起来运行的，并且在实践中得到了广泛的运用。因为综合练习法能更加灵活地控制与调节负荷与休息这两个基本的要求，同时可以组合成多种练习的方案，更好地为教学服务。如，采用两种不同负荷进行重复变换练习，用 200 米快速跑加 100 米中速跑，这种方法对有机体的适应能力提出了更高的要求。运用综合练习方法应注意以下事项。

（1）要从教学任务出发，运用不同的综合练习方法，每次练习应有明确的目的性。

（2）采用综合练习方法时，对练习的负荷（量、强度）和间隔时间及其休息方式均应提出不同的要求和规定。

（四）游戏法与比赛法

体育教学游戏法和比赛法是体育教学方法。游戏法是教师组织学生，运用做游戏的方式，在规则许可的范围内，充分发挥学生的主动性和创造性，以达到规定目标的一种练习方法。游戏内容应具有一定的情节和形象，如老鹰捉小鸡、大鱼网、猎人打鸭子等。通过游戏活动，发展学生跑、跳、投等基本活动能力。在游戏活动过程中，教师要注意观察学生各方面的反应，并根据现场情况，随时对游戏的规则、时间、方式加以调整，以充分发挥游戏的练习效果和教育作用。

正确地选择和安排游戏是提高游戏教学质量的首要条件，必须结合教学任务、教材内容，选择那些思想性好，具有良好教育作用、针对性强，且符合学生个性和卫生健康原则的游戏。因此，应根据不同阶段的任务和游戏教材的特点进行有计划的安排，并且要和其他教材紧密地配合起来。

比赛法是指按规定的人数和已经掌握的体育技术、技能进行互相竞争，以决定胜负的一种方法。运用时，要注意控制比赛的强度、时间和次数。可根据教学任务，采用不同的比赛，如复习课可采用教学比赛法；检查教学效果和学生情况可采用测验比赛法等。比赛内容应是学生掌握得比较熟练的动作，并要有严格的规则要求。进行集体比赛时，分组的实力水平应比较一致，避免发生伤害事故。

游戏法一般有一定的情节和一定的竞赛成分。比赛法则主要是竞争、分胜负，对机体机能能力要求更高，因此心理的紧张比游戏法更为突出。

（五）巡回锻炼法

巡回锻炼是体育方法的一种，即用简单易行的身体练习动作组成一定时间固定不变的锻炼"程序"，按负荷方式的因变关系巡回锻炼。每个"程序"都用巡回锻炼程序示意图表示。

一般以下肢锻炼开始，按顺时针或逆时针方向进行，否则要稍做准备活动。循序渐进是按每个人的身体条件递增负荷。负荷是以"极限体能"测验为依据的，如极限体能为 100%，锻炼时的负荷则按不同的目的可定为 50% 或 70%。使多数学生同时完成因人而异的运动量，既可在规定的一定时间内隔一定的间歇来完成，也可以全体在单位时间内较快地重复每一个动作，或通过一个程序或若干个程序。

巡回锻炼法的具体方法是：学生尽量重复做一种规定的练习。在适当的休息间隙之后开始做下一个规定的练习。当把整个巡回锻炼内容都做过之后，计算每人每种练习的最大能力，这样在下一次课时，教师在设计这些项目的巡回锻炼时，学生可根据自己的条件去按照最大能力的 50% 进行练习。将一次课的巡回次数乘以每个学生每个练习次数就是该课的总练习次数和能力的初试。以后每隔一次都要进行一次最大能力的检测后，再进行目标性的和固定不变的巡回锻炼次数和时间，即可在渐进中明确学生经过一般的锻炼后身体素质的提高幅度。巡回锻炼的具体组织形式会在规定的练习时间之后轮换，在规定的练习次数之后轮换两种。

四、评价与教育的方法

（一）评价法

评价是指对一件事或人物进行判断、分析后的结论。其基本思想是将多个指标转化为一个能够反映综合情况的指标来进行评价。

教学评价是以教学目标为依据，按照科学的标准，运用一切有效的技术手段，对教学过程及结果进行测量，并给予价值判断的过程。

学生评价指在一定教育价值观指导下，根据一定的标准，运用现代教育评价的一系列方法和技术，对学生的思想品德、学业成绩、身心素质、情感态度等的发展过程和状况进行价值判断的活动。它是教育评价的重要领域之一，也是学校教育中每一位教师都必须实际操作的一项重要内容。学生评价不仅包括教育者对学生的评价，也包括学生的自我评价。

构成评价的要素有：①评价者；②被评价对象；③评价指标；④权重系数。

（二）竞赛与评比激励法

所谓竞赛与评比激励法，是指通过组织开展正确的竞赛与评比活动，以增加学生不甘落后的压力感和奋发向上的竞争心的激励方法。在教学中，通过竞赛、检查、评定和比较学生在体育教学中思想行为等方面的表现，对学生进行教育。青少年朝气蓬勃，进取心、好胜心强，根据他们这一特点，有目的、有计划地组织评比、竞赛，有利于培养学生的进取、竞争精神。

运用评比方法应注意以下几点：

（1）评比要有明确的目的性。

（2）评比要有严格的制度和规则。

（3）评比必须有总结评定。

（三）说服疏导法

说服疏导法是进行道德教育时普遍使用的一种方法，是指在道德教育中广开言路、循循善诱、说服教育，引导谈话对象不断提高自己的道德觉悟的教育方法。运用说服疏导法，首先，要坚持以理服人的原则，这是说服疏导的前提；其次，要讲究针对性的原则。教育者要根据具体情况，因人、因事、因时地进行说理引导；再次，要相互尊重、平等交流；最后，要学会说服疏导的艺术。教育者的语言应该深入浅出，富有感染力和说服力。

运用说服疏导法要注意以下几点：

（1）要以理服人，不能压服。

（2）说服要耐心，要以表扬为主。

（3）要动之以情才能晓之以理、导之以行。

（四）榜样示范法

榜样示范法，是指在开展公共关系活动中，通过活生生的典型人物和事件来积极影响公众心理，争取公众与组织的良好合作，从而达到公众目标。在教学中，是指以英雄事迹和模范行为对学生进行教育的方法。榜样的力量是无穷的，它能激励学生，使其赶有目标，学有样板。青少年儿童善模仿，常以英雄人物及自己最佩服的人的光辉形象、言谈举止为榜样，所以先进人物、优秀运动员的事迹和行为对青少年具有很大的感染力，对提高学生的思想认识、熏陶他们的感情、培养他们的意志、形成优秀的品质具有特殊的作用。此外，教师能以身作则，为人师表，也具有榜样的教育作用。

(五)表扬与批评法

表扬与批评法是指对学生的思想行为做出肯定或否定评价的教育方法。其意义在于巩固和发扬他们的优良思想行为,克服和改进他们的错误思想行为。对学生的思想行为给予肯定或否定的评价,可使学生分清是非,认识自己的优、缺点,并产生一定的荣誉感,从而激励他们更好地扬长避短,形成优良的思想品德。表扬有口头表扬和书面表扬两种形式。而批评也有个别批评和当众批评两种形式。在表扬、批评时,教师应注意学生的个别特点,区别对待。掌握好分寸,采用不同的方式进行,如口头的、个别的或当众的等。

五、发展个性的方法

(一)发现教学法

发现教学法,指教师在学生学习概念和原理时,不是将学习的内容直接提供给学生,而是向学生提供一种问题情境,给学生一些事实和问题,让学生积极思考,独立探究,自行发现并掌握相应的原理和结论的一种方法。

发现教学法亦称假设法和探究法,这是一种基于问题学习的教学方法。它的指导思想是以学生为主体,独立实现认识过程。即在教师的启发下,使学生自觉地、主动地探索科学知识和解决问题的方法及步骤;研究客观事物的属性;发现事物发展的起因和事物的内部联系,从中找出规律,形成自己的概念。教师扮演学习促进者的角色,引导学生对这种情境发问并自己收集证据,让学生从中有所发现。发现教学方法的优越性表现如下。

(1)有利于激发学生的智力潜力。

(2)有利于培养学生的自我激励的内在动机。

(3)有利于学生获得解决问题的能力、探索的技巧。

(4)有利于增强学生的责任心。

(5)有利于学生对学习结果记忆的保持。

(二)启发式教学法

启发式教学法,是根据教学目的、内容、学生的知识水平和知识规律,运用各种教学手段,采用启发诱导办法传授知识、培养能力,使学生积极主动地学习,以促进身心发展的一种方法。是指老师在教学过程中根据教学任务和学习的客观规律,从学生的实际出发,采用多种方式,以启发学生的思维为核心,调动学生的学习主动性和积极性,促使他们生动活泼地学习的一种教学指导思想,更是老师在教学工作中依据学习过程的客观规律,引导学生主动、积极、自觉地掌握知识的一种有效教学方法。

启发式教学的特点在于强调学生是学习的主体,老师要调动学生的学习积极性,实现老师主导作用与学生积极性相结合;强调学生智力的充分发展,实现系统知识的学习与智力的充分发展相结合;强调激发学生内在的学习动力,实现内在动力与学习的责任感相结合;强调理论与实践联系,实现书本知识与直接经验相结合。启发式教学的关键在于设置问题情境,有效的设疑则能创设问题情境,打开学生心扉,促使他们开动脑筋,独立思考,求得问题的解决。

启发式教学的实质在于正确处理教与学的相互关系,它反映了教学的客观规律。随着现代科学技术的进步和教学经验的积累,启发式教学将不断得到丰富和发展。其基本要求:

(1)调动学生的主动性。

(2)启发学生独立思考,发展学生的逻辑思维能力。

(3)让学生动手,培养独立解决问题的能力。

(4)发扬教学民主。

(三)学导式教学法

学导式教学法,是在充分发挥学生主动性的基础上,教师采用各种教学手段创造条件、积极引导,使学生主动探索,开发智力,发展体能,成为学习的真正主人的一种方法,是在教师指导下,学生进行自学、自练。它把学生在教学过程中的认知活动视为教学活动的主体,让学生用自己的智慧主动地去获取知识,发展各自的智能,从而达到在充分发挥学生主动性的基础上,渗入教师的正确引导,使教学双方各尽其能、各得其所。

学导式教学法既是一种教学法,同时也体现一种教学组织模式,是一种充分重视教学过程中"学"的因素的教学。

学导式教学法没有固定的模式,不能生搬硬套,而应根据学科教学任务、课程性质、学习对象和学生自学能力等不同情况,采用不同的方式。其方法特点:

(1)先学后导,问题先行。

(2)学生为主,教师为辅。

(3)学导结合,符合认知。

(4)以导利学,学导相长。

(5)及时评价,注重效益。

(6)开发智能,适应性强。

(四)小群体教学法

小群体教学法是通过体育教学中的集体因素和学生间交流的社会性作用和学生互帮互学来提高学生学习的主动性,提高学习的质量,并达到对学生社会性培养的一种教学方法。

小群体教学法也称为"小集团教学模式"等,其基本思想是试图通过体育教学中的集体因素和学生间的交流的社会性作用,通过学生互帮互学来提高学生的学习主动性,提高学习的质量,并达到对学生社会性培养的作用。要指出的是小群体学习的模式与以往为提高教学效率和进行区别对待的分组教学是有根本的区别的。前者充分考虑了体育教学中的集体形成和人际交流的规律性来设计教学过程。

小群体教学模式虽也形式多样,但一般在单元的开始都有一个分组和集体形成的过程。在这个过程中,重要的是使小组具有一定的凝聚力和各自的学习目标;在单元的前半,一般是以教师指导性较强的小组学习为主;在单元的后半,一般则以学生主体性较强的小组学习形式为主,此时教师主要起指导和参谋的作用;单元的前半以学习活动为主,单元的后半则以练习和交流活动为主;在单元结束时,一般有小组间比赛、小组总结、发表和全班总结等步骤。使用小群体教学法有以下要求:

(1)依据教材特点和学生实际,确定探究发现的课题和过程。

(2)严密组织教学,积极引导学生的发现活动。

(3)努力创设一个有利于学生进行探究发现的良好情境。

第三节 体育学习方法

体育学习方法种类很多,根据学法的基本特征与内在结构,可分为自学法、自练法两种。而每一种方法又可分为若干具体方法(表 5-2)。

表 5-2 体育学习方法

自学法				自练法				
观察法	阅读法	比较法	讨论法	模仿练习法	适应练习法	强化练习法	反馈练习法	自我定向法

一、自学法

自学法是指学生自己学习有关体育基础知识,领会、掌握动作要领、技术环节与特征的一种方法。它主要包括阅读法、观察法、比较法、讨论法、互助法等。通过这些具体方法,可以加深对动作的感知和理解,培养学生认知、观察与分析能力,为学习与掌握体育基础知识和学习动作技术奠定良好的基础。

(一)观察法

观察法是学生通过感官对学习的教材内容,进行有目的、有计划的感知动作,初步建立动作概念和表象的过程。

观察法可以获得直接动作形象(教师和学生的示范)和间接动作形象(图像、直观教具),但要求学生加强有意注意,集中注意力,建立大脑优势的兴奋中心。采用观察法还要求学生要全面、周密而系统的观察,并要求应有足够的观察次数;观察的对象应该是标准化、规范化的动作模式。

但是单纯凭观察法,还不能亲自体验动作,只能是形成初步的印象和建立动作的初步概念,因此还需多种学习方法的配合。

采用观察法应注意:

(1)观察的对象应该是标准化、规范化的动作模式,以利于形成正确动作概念;

(2)要提示学生全面、系统地观察动作顺序和方法,并有足够的观察次数;

(3)结合其他学习方法,都能更好地掌握动作。

(二)阅读法

学生通过阅读体育教材课本、体育动作图解和其他体育、保健知识,来感知与理解体育基本知识和动作技术原理的一种方法。阅读法常遇到的是学习图解,如学习广播操、韵律体操、器械体操等。

采用阅读法时,应提示学生注意:

(1)阅读要掌握基本原理,抓住重点;

(2)加强领会动作的方法、动作要领、掌握动作方向、路线、时间、空间、用力的程序;

(3)要使学生在阅读时学会和掌握动作的保护帮助方法和自我保护的方法。

(三)比较法

学生就体育知识的某一问题集中有关学习资料,进行对照学习,兼取各家之长的一种分析综合的方法。比较法的运用,可使学生直观了解动作方法,加强对动作的理解,使学生的思维活动参与技术学习。如,教师在教授羽毛球技术时,引导学生想象排球的扣球动作,综合其共同点和区别,运用动作技术迁移的特点加快动作技术的掌握。

(四)讨论法

学生依据教师所提出的问题,在集体研讨中相互交流个人看法、相互启发、相互学习的一种方法。讨论法可以通过学生间的相互诱导,启发学生思维参与学习,从而进一步感知动作技术。如,武术操教学中,教师提出是否可以改变动作顺序,可不可以再加几个动作,应配什么音乐,然后,让学生讨论,培养他们独立思维、相互合作、创造力等。

二、自练法

自练法是以学生自身的独立活动为主,有目的地反复进行某一运动动作的一种方法,它是学生掌握体育知识技术与技能最基础的实践操作活动和方法。自练法改变了学生在教学中被动地接受学习内容的形式,从自身实际出发,对掌握和巩固体育知识、技术和技能,发展智力和体力,掌握锻炼的方法具有积极的作用。常用的自练法有模仿练习法、适应练习法、强化练习法、反馈练习法、自我定向法等等。

(一)模仿练习法

模仿练习是指以别人提供与演示的动作模式为样板进行模仿,从而形成动作技术与技能的方法,是人们不可缺少的学习方法。模仿练习是学习体育运动技术、技能的简便有效方法,如学生学习广播操、武术等,运动用模仿法学习效果显著。

对模仿练习可初步得出这样概念,即模仿是作为人的某种行为和动作的直接反应而作出的行动。学生通过模仿,尝试各种动作,依据动作的标准模式,通过对动作的各种程序的尝试,采取有效的方法,完成对动作的适当反应。

（二）适应练习法

适应性练习法是通过再现性练习,即反复多次的重复练习,使人体在生理与心理上产生适应性变化,创造有利的条件,掌握动作知识、技能的一种方法。

俗话说"熟能生巧"。人们不管学习什么动作和技能,都要通过无数次的反复实践,通过这些实践使学者不仅有深刻的动作体验,更重要的是形成良好的生理与心理定势。

为了加速这种适应练习,不仅要反复多次重复练习某种教材,而且还要自我选择一些辅助练习、诱导练习等手段来提高学习者自身的体力和素质,以适应学习的要求,这也是自治组织、适应学习规律的方法。

（三）强化练习法

通过自我强化手段,创造一个复杂多变的练习条件和外部环境,运用"超短反馈"——自我反馈的方法,进行高难度、高强度的学习和练习方法。强化练习的目的,在于使已掌握的技术与技能,形成动力定型和动作技巧。

（四）反馈练习法

反馈练习法是指为了了解与掌握动作模式与实际演练的目标差,不断获取反馈信息,以加强自我诊断与自我纠正,不断改进与提高动作技术的方法。

（五）自我定向法

每个学生由于个体差异,在总体中应该找到自我的位置,并根据自己的实际,确立体格、体能和身体素质等方面的努力,进而完成或达到学校体育教学的标准。自我定向目标包括近期目标、中期目标和长期目标,并根据目标,制订出实现这些目标的计划、安排、步骤和方法。采用自我定向法时,教师应提示学生注意以下问题:

(1)目标的制订从近期着手,向远期目标着眼。近期目标的制订要具体。

(2)制订计划时,要有具体的方法,以确保目标的实现。

第四节　合理运用体育教学方法的原则

体育教学是有目的、有组织的教育、教养、身体发展过程。在运用教学方法过程中,也必然遵循一定的原则与要求,这样就形成了体育教学方法的运用原则。体育教学方法的运用原则是教学原则指导下,综合运用一系列教学方法的经验和总结,也是教学过程的一种客观规律。

一、教法与学法协调统一的原则

教师的"教法"必然制约与规定学生的"学法";反之,学生的"学法"也必然影响与作用于"教法",这种教法与学法的双边及其辩证统一关系,必然使教师的"教"和学生的"学"成为相互适应、协调、配合的双边活动。

二、学习方法与学习任务相适应的原则

学习方法是为完成学习任务服务的,因此,用什么样的方法,应服从学习任务的要求,使学习方法与学习任务相适应。学习方法是具体的,每一种方法,总有它的特点,既有长处,也有短处,有它的适用范围。

三、综合运用看、听、想、练的直观性原则

在体育教育过程中,教师实施各种教学方法时,不仅让学生观察,更重要的是综合运用视觉、听觉、肌肉本体感觉的直观作用,使看、听、想、练相结合。

看、听是学习的前提,想、练是学习的深入,它们之间相互联系,相互促进。只有综合运用看、听、想、练,即发挥视觉、听觉、动觉的直观作用,才能发挥其整体效果,这也是提高教学质量的关键。

四、统一要求和因材施教相结合原则

统一要求充分考虑学生年龄、性别、健康水平、训练程度及不同体力与心理能力来确定方法,大多数学生都可接受。教师在教授新动作时,要考虑

难度,也要考虑可能性。教师运用教学方法时要安排好练习连续的时间和强度,并考虑好外部的手段及体育设备与器材等合理搭配。如果困难性超出学生的实际可能,学生力不胜任,必然会造成过度紧张和导致伤害事故。当然,过于降低要求,会使学生失掉练习的兴趣,影响练习效果。另外,统一要求应做到计划和设计,拟定一定的评价标准。

因材施教反映了教学的差异性,在面向大多数学生的基础上应兼顾"两头",既要择优施教,也要做好差生的转化,热情关怀与帮助他们,通过适宜的方法,掌握"三基",发展体力。因此,要处理好教材的重点和突破难点的关系。

身体练习是由动作的力量、速度、轨迹、节奏、身体姿势等要素组成,从身体练习的结构来看,包括运动技术、技术基础和技术细节。技术基础是按一定顺序和节奏组成的运动技术的各个部分,而技术基础是由技术环节所组成。所谓难点是指学生在练习技术动作中,对某一技术环节掌握相对的困难性,这种难点又分为共性和个性。共性的难点是指带有普遍性难以掌握的环节,如跳高中不会快速而有制动地踏跳、步点不准确,缺乏节奏感等。修改的难点是指在练习跳高时,由于每个人体力、智力、心理素质的差异,表现各不相同的难点,如有的腿部力量差,有的心情紧张而导致步点节奏感差等。教学中应注意的事项如下。

(1)要正确分析和判断教材的重点、难点,教师必须熟悉教材,认真备课,研究和掌握学生体力、智力、心理条件,采取行之有效的教学手段与教学方法。要抓重点,突破难点,在教学实践中,它是优选和创新教学方法的动力之源,也是提高体育教学质量的关键。

(2)要处理好知识、技能、技术与发展体能、锻炼身体的关系。

(3)要有的放矢,既要达到教学的基本要求,又要发展学生个性特长和各自的爱好,解决好教学中"吃不饱""吃不了"的问题。要在研究学生性别、年龄特征的基础上,加强组织措施和个别对待,首先要调查分析,分类编组,再进行分组辅导。

总之,只有贯彻统一要求和因材施教相结合的原则,才能更好地促进教学方法运用时的针对性、实效性,不断提高教学质量。

五、多样化原则

从系统论观点分析教学方法,可把教学方法理解为教师调节"教"与"学"活动的一种控制方式。教学方法作为调节"教"与"学"活动的控制方式,它要受到实体因素与非实体因素的制约与影响。这种影响因素的复杂性、多样性、动态性,决定了教学方法的多样性。正如苏联教育家巴班斯基所说:现代教学的一个鲜明特点,乃是教学方法的丰富多彩。那么,如何理解教学方法多样化原则这一特点呢? 可以从以下几个方面加以探讨。

(一)教学方法不是单一的

任何单一的教学方法是不能完成体育教学多维的功能和教学目标的,在实践中必然需要多种教学方法的最优组合相辅相成,取得整体的效能。

(二)教学方法不是凝固的

教学认识过程是一个历史进程,随着学科教育学、体育教学论等理论的发展,人们的认识不断深化,不断创新,教学方法也不是一成不变的。教学方法这种动态性,必然对教师的课上应变能力提出更高的要求。因此,教师教学方法的设计不是一套方案,而是几套方案,以加强适应性和以备不时之需。

(三)教学方法的继承性

传统的教学方法在体育教学中起到了重要作用,至今仍有值得学习与借鉴之处,人们不能割断历史,应对传统的教学方法加以批判的继承,在继承的基础上加以创新和发展。

(四)教学方法的时代性

教学方法具有鲜明的时代性,它不仅受教学思想、教学目的、教材内容和学生等因素的制约,而且受生产力和科学技术发展的制约。随着体育教学器材设备的更新和电化教学技术手段引入课堂,对体育教学方法提出了更高的要求。

(五)教学方法不是万能的

一定的教学方法是在一定教学思想指导下,受培养目标、教学内容、教学对象、场地器材等因素所制约而产生的,都有一定的适用对象和范围,任何一种方法,如果撇开一定的时间、空间和具体条件这个前提,那么这种教学方法就没有什么价值和功能可言。一定的场地、器材与设备使教学方法获得了利用多媒体的前提,在对传统教学方法的继承与创新中,在纵比与横比的实践中,促进了教学方法的发展。

(六)教学方法不是随意的

教学过程涉及多因素并处于动态变化的控制系统之中。教学方法不是随意的,它是为完成一定的教学目标,始终处于最优化的永不停息的组合之中。

六、"教书育人"原则

在体育教学中,教学方法的实施过程,也是学生知、情、意、行的体验和锻炼,无论是学习"三基",还是锻炼身体,都需要学生勤奋思考,刻苦锻炼,反复练习,克服来自内部和外部的各种困难。所以,要求学生不仅要发挥积极性、主动性,而且要具备良好的道德和意志品质。

认知是形成思想品德的基础,情感是内部的动力,意志是精神的支持。认知和情感是转化为行动的重要环节,而行为则是知、情、意的综合表现。知、情、意、行四个因素互相联系、互相制约、互相促进。

因此,在实施教学方法的过程中,应加强教育,重视"教书育人",要做好这项工作,贯彻"教书育人"应注意以下事项。

(1)努力挖掘教材的教育因素,把教育寓于教材的内容之中。

(2)遇到困难与挫折时,正是"教书育人"的好时机,应坚持动之以情、晓之以理、导之以行,培养学生克服困难的勇气和信心,引导坚持练习,磨炼意志,而成为"苦学"的人。

(3)对学生的刻苦精神和点滴进步之处,应及时给予表扬,因势利导,鼓励他们积极向上、拼搏进取,对后进生应耐心说服、正面诱导,满腔热情地关怀和帮助。

(4)体育教师要严格要求,抓典型,树立样板,坚持正面教育,而教师自己应注意培养做到言传身教,为人师表,身先士卒。

因此,实施教学方法的过程,是教、导、学、练的过程,是知、情、意、行的循环升华,学生独立自主学习,沿着"爱学—好学—苦学—会学"这一条治学炼身之路前进。

总之,这六项原则是统一的、相辅相成的,运用优化教育方法必须依据教学规律和教学原则,以系统的观点,从整体出发,充分发挥教与学两个方面的积极性。全面考虑教学的目的任务、教材的内容、学生的特征、教师的能力、场地、器材、时间与空间等条件;采取多样化的手段与方法,加强因材施教、区别对待;同时在实施教学方法过程中,要重视"教书育人",强化管理,更好地完成体育教学任务。

▶▶ 课后习题

1. 体育教学方法、体育教学方式、体育教学手段三者是什么关系？

2. 体育教学方法有哪些分类类型？介绍其中一种分类具体包括哪些教学方法？

3. 对于掌握运动技能的教学有哪些教学方法？

4. 体育学习方法的自练法中，有哪些具体方法类型？

第二篇 中小学体育教师职业技能

第六章 中小学体育教学设计技能

第一节 中小学体育教学设计概述

一、体育教学设计及其特点

(一)体育教学过程

教学过程是教学的实施过程,是由教师的"知"转化为学生的"知",由"知"转化为"能",并发展其"能",转化为一定信念和道德品质的过程。教学过程是教学系统的各个部分推动其实现目标的全部行动及其效能。这里的各个部分主要包括:教学目标、教学要素、教学规律与原则以及教学方法等。因此,我们可以认为教学过程是一个复杂的、有机、综合的运行过程。

体育教学过程是为实现体育教学目标而计划、实施的,使学生掌握体育知识和运动机能并接受各种体育道德和行为教育的教学程序。这个程序具有学段、学年、学期、单元和课时等不同的时间概念。

(二)体育教学设计

体育教学设计是依据学习需要、学习内容、学习者的分析以及实施的教学目的和教学条件等,对某一门课程的单元教学计划和课时教学计划,进行教学内容、教学组织、教学负荷的科学设计,旨在减少该门课程在课堂教学活动中的盲目性与随意性,促进有效教学与有效学习的实现。

体育教学设计是对单元和课时体育教学过程中的各个要素(教学内容、教学组织、教学负荷等)进行全面分析,科学地制订体育教学策略。这其中包括许多工作内容,如制订合理的达成目标、选用适当的教材和适宜的场地器材、设计适当的传递媒体、设计合乎学理的教程、设计有特点的教学模式、运用合理的教学技术与手段、设置优良的教学环境、组织团结友助的学习集体、制订适当的评价方法等,换句话说,体育教学设计的是一系列有序的、可组织的、有目标的设计活动,它反映了从单元教学计划到课时教学计划的过渡是一个由粗到精、由模糊到清晰、由抽象到具体的不断进化的过程(图 6-1)。

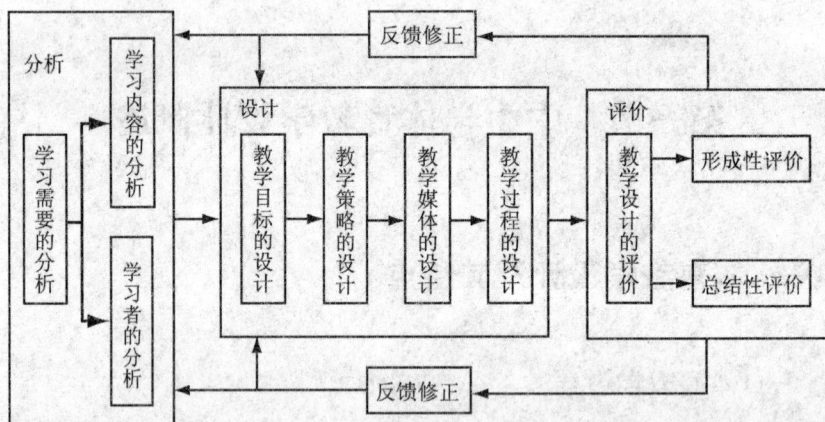

图 6-1　教学设计的各种工作和流程

教师作为教学的负责人,必须将多方面的问题列入计划之中。例如提供什么样的学习内容(新异刺激),如何对学习内容进行编排,决定哪种教学模式最有效等。

(三)体育教学设计的特点

了解体育教学设计的特点,有助于我们有效地进行教学设计。

1. 系统方法

体育教学设计的基本方法是系统方法。系统方法是把对象放在系统当中,从系统与要素、要素与要素之间相互联系和相互作用的关系中综合精确地考察对象,以达到最优化处理问题的一种方法。体育教学设计不是一种形式化的拟定教案的过程,或是简单地排定教学内容,而是一种系统设计,它需要遵循一些必需的程序，运用科学的方法，使教学设计理性化、科学化。体育教学设计的系统方法，包括从学生需求与教学目标分析到成功达到预期目标的教学评价等一系列步骤。在前一步骤中所做的决策是下一步骤的起点，整个过程成为合乎逻辑的、理性的和系统的过程。

2.理论与实践统一

体育教学设计不是一种直觉冲动，而是理论与实践的统一。既有一定的理论色彩，同时明确指向体育教学实践。经过设计，无论是教学目标的分解、手段和方法的运用、时间的分配，还是环境的调适，都作出了明确具体的规定和安排。这一系列的安排带有很强的可操作性，抽象的理论转化为具体的操作规范和身体练习。体育教学设计是一个学习过程，在进行教学设计时，设计者将发现自己对问题和解决方案知道什么，不知道什么，填补这一缺陷的正是学习过程。就某种意义而言，每一个教学决策都针对一个教学问题的答案，并促使下一个问题的提出。在这一学习过程中，设计者从关注"教"转向关注"学"，着眼于学生的实际、特点，并为学生的身心发展创造有利条件。

3.创造性

创造性是体育教学设计的一个基本特点，也是它的最高表现。体育教学设计是一项极富创造性的工作。设计者在独特情境中阐明需要、确定潜在策略，对体育教学设计的因素进行归并或简化，该过程是自觉的、创造性的。一个创造性的过程就不可能自始至终顺利进行，一个有经验的设计者能很快"悟到"自己的思路正确与否。思想的丰富性、问题解决方案的新颖性和独特性，都来自设计者的创造性。

二、体育教学设计环节

体育教学设计是一项系统设计，它必须依照一定的程序和步骤进行。完整的体育教学设计主要包括教学内容分析、学习者分析、目标设计、方法设计、组织设计、环境设计、评价设计以及体育与健康课程教案设计等几个环节。

（一）体育教学内容的分析（教材分析）

体育教学内容是指为了实现体育教学目标，要求学习者系统学习的体育知识、技术、技能和行为的总和。分析体育教学内容是为了规定体育教学内容的范围、深度和揭示体育教学内容各组成部分的联系,以达到教学最优化的内容效果。由于体育教学的内容主要来自包括运动游戏、竞技运动和健身手段等身体练习活动,而这些身体活动又非常庞杂,彼此间没有严格意义上内在的逻辑联系。因此,体育教学内容的分析比较困难。

(二)体育学习者的分析(学情分析)

任何一种教学设计的基本前提都是为学习者而设计的,因此,学习者分析在教学设计中非常重要。体育学习者的分析通常包括两个方面:学习者当前的状态(知识、技能、态度等)和学习者的特征。学习者的当前状态与目标状态的差异构成了学习的需要,从学习需要出发设计体育教学过程。体育学习者特征分析是确定教学起点的一个基本依据。

(三)体育教学目标的设计

科学合理地确定体育教学目标是进行体育教学设计必须正确处理的首要问题。体育教学目标是教学双方积极活动的准绳,是衡量教学质量的尺度。明确具体的体育教学目标对教与学的方式起着决定和制约的作用。体育教学目标的设计在体育教学设计中处于核心地位,它决定着方法设计、组织设计、环境设计、评价设计、体育与健康课程教案的设计。

(四)体育教学方法的设计

体育教学方法是为完成体育教学任务,达成体育教学目标而采用的方法。它包括教的方法和学的方法,是体育教师引导学习者掌握体育知识技能,获得全面发展而共同活动的方法。体育教学方法的设计应有利于知识的传播,能力、情感、态度等的培养。在教法上,既要考虑如何教给学习者理论、技术、技能,又要考虑教给学习者怎样有效学习的方法。在学法的设计上,既要考虑怎样去指导学习者应用已有知识和经验,又要考虑怎样指导学习者建构知识,怎样更新自身的知识结构,不断调控自己的学习状况。

(五)体育教学组织的设计

体育教学组织是指体育教师在教学的过程中,根据体育教学的特点、内容、任务、实际情况等,对学生和场地器材进行合理安排时所采取的一系列措施的总称。由于体育教学的特点,它的组织和实施主要是在操场、体育馆等开放性场所进行的,学生的活动范围比较大,人际交往比较频繁,场地器材比较复杂,外界环境变化大。因此,体育教学组织是一件比较复杂和细致的工作。体育教学组织的设计是实现体育教学任务的一个重要环节,它是体育教师教学经验、教学技巧和教学智慧的综合体现,也是衡量体育教师教学水平的重要方面。

(六)体育教学环境的设计

体育教学环境设计是为了创造或改善教学条件,对学校体育教学环境进行整体或局部的规划、组织、协调和安排。体育教学环境是一个复杂的系统,由多种要素构成,这些要素既有物质的,也有心理的;既有制度的,也有非制度的;既有有形的,也有无形的;既有动态的,也有静态的;既有室内的,也有室外的。体育教学的实践表明,体育教学环境在体育教学活动中具有重要意义,它是体育教学活动必不可少的物质基础。较之学校其他学科的教学,体育教学环境对教学产生的影响更直接、更适时、更显性。体育教学环境的核心问题则是它的设计问题,体育教学环境的设计直接影响教学活动的进行。

(七)体育教学评价的设计

体育教学评价的实质是以体育教学为对象,按照一定的教学目标,运用科学可行的评价方法,依据相应的评价标准,对体育教学过程和教学成果给予价值上的判断,为改进教学、提高教学质量提供可靠信息和科学依据,最终促进学生的全面发展。在体育教学评价的设计中,除了改进评价手段以外,还要注意适时性,把握好评价的实际;注意全面性,把握教学的各个层次;注意多样性,把握好体育教学评价的不同形式。

(八)体育与健康课程教案的设计

教案也称课时计划,它是根据教学进度和单项教学计划以及教学的实际情况编写的,是上课的依据。一份教案往往能够反映一名体育教师的思想和业务水平,体现着教师的教学观念学、教学方法和组织策略等。教案设计的成功与否,直接影响着课堂教学效果的好坏,同时也反映了教师的业务水平、教学技巧和创新思维的能力。编写教案应是在了解学生情况、钻研教材教法和掌握教学条件的基础上进行的创造性活动。

三、体育教学设计案例分析

（一）案例1：初二年级——体育与健康理论课设计方案

体育与人的身心发展

设计理念：1)通过提出一些与学生生活相关的问题，激发学生的兴趣，引发学生的好奇心，激发学生主动学习、探究的热情。2)通过在教师引导下的学生之间的讨论，增强学生对体育与身心发展相互关系的理解，消除学生对体育运动的一些误解，使学生能够深切地体会到体育与健康生活密不可分。

学习内容的分析：课程内容涉及解剖学、生理学、社会学等方面的知识，但同时实用性很强，与学生的生活紧密结合。鉴于学生的基础以及强调教学的实用性，教师决定突出内容的生活性，弱化其专业性。

学生情况分析：学生都是初二年级的，只具有较为粗浅的解剖学、生理学和社会学知识。学生对理论性太强的内容普遍不感兴趣，更希望接受一些与自己生活相关的实用性比较强的知识。

体育教学目标的设计：通过对体育与人身心健康发展的关系阐述，使学生了解体育在人身、心、社会适应能力方面所发挥的积极作用，帮助学生建立锻炼身体、健康身心的终身体育思想。

体育教学方法的设计：利用多媒体教学，加强学习内容的生动性。同时采用小组讨论法，激发学生主动学习探究的热情。

体育教学组织的设计：首先通过多媒体展示一则关于当前青少年体质状况的报道，吸引学生的注意力，激发学生的兴趣。然后教师因势利导，通过提问逐渐将学生的思路引到课堂内容中来。通过一个一个问题的解决，使本堂课的主题逐渐明朗化。最后通过布置课后作业，使学生主动去查阅资料、观察生活，更加真切地理解体育与健康生活的密切关系，从而帮助学生建立终身体育思想。

体育教学环境的设计：由于是一堂理论课，教学环境的设计主要在于教学中良好的学习气氛的营造。充分利用多媒体和教师的积极引导，使学生的思维始终处于活跃的状态，尽量保持较高的学习热情。特别是要把握好讨论的"热度"，过高过低都会直接影响本堂课的教学效果。

体育教学评价的设计：对学生的评价主要根据学生在课堂上参与讨论的积极性、观点阐述的质量、课后作业的完成质量来综合评价其本堂课的学习效果。

体育与健康课程教案的设计：(略)

（二）案例2:高一年级——女生体育与健康实践课设计方案

学习健美操的步伐组合

设计理念:1)通过教师的引导,采用富有动感的音乐与动作相配合,激发学生学习健美操的兴趣与热情,进而热爱这项运动。2)采用合作探究式的教学模式,在教学中积极创设有利于学生主动参与、敢于探究、善于合作的良好教学氛围,培养学生分析问题、解决问题和交流合作的能力。

学习内容的分析:这节课的内容是健美操。健美操是一项深受学生特别是女学生喜爱的运动项目。健美操不仅有强劲有力富有朝气的动作,同时也有旋律优美的伴奏音乐。教师应充分利用健美操的这两大优点,激发学生学习的兴趣和激情。同时,本节课还是健美操步伐的组合学习。健美操的步伐组合可以多样化,并没有统一的套路。因此教师可以考虑让学生发挥聪明才智,自己进行健美操步伐组合的创编。

学生情况分析:高一年级的女学生正处在青春期。她们非常关注自己的身材、气质,对美的东西很敏感。同时她们也具有一定的逻辑分析能力和形象思维的能力,可以进行一些简单的创造性的活动。

体育教学目标的设计:90%的学生能在音乐的伴奏下进行健美操基本步伐的练习;60%的学生能在教师的帮助下进行健美操基本步伐的创编。通过学习,发展身体的协调能力和模仿学习的能力,锻炼心肺功能,提高分析问题、解决问题和交流合作的能力。

体育教学方法的设计:采用以学习小组为单位的合作探究式的学习模式。在教学用动感的音乐伴奏和教师优美的动作示范激发学生的学习热情。

体育教学组织的设计:在上课之前,教师先简单介绍健美操的特点和作用,特别强调健美操在女学生生理、心理方面的独特作用。然后教师在动感的音乐伴奏下带领学生复习已学过的健美操的基本步伐,同时热身。当大部分学生已掌握基本步伐之后,教师在介绍创编的要求后,以每一横队为单位组成合作小组进行步伐组合的创编。教师巡视、鼓励、指导。最后展示各组创编的组合并进行评价。

体育教学环境的设计:由于是室外课,所以教师应尽量选择在相对安静而且有电源的一块空地上进行。在教学中,教师要积极创设有利于学生主动参与、敢于探究、善于合作的良好教学氛围。

体育教学评价的设计:本堂课采用多种评价形式。首先是学生自评,然后是组间互评,最后是教师评价。

体育与健康课程教案的设计:(略)

第二节 中小学体育与健康课程教案概述

一、体育与健康课程教案的概念

体育与健康课程教案是对一堂体育课的教学设计。它是一节体育课的教学设计成果的提炼和升华,是教学设计的书面表达形式,是体育教学的基本依据,也是检查与评价一节体育课质量的依据之一。编写教案是上好体育课的重要保证。写好教案是对每一个教师的基本要求。编写体育课教案就是运用一定的格式和要求,把一节体育课的教学设计用书面语言形式表达出来,将体育教学设计中考虑的多种教学活动设想,经过进一步的推敲,使之条理化、科学化,明确地体现于教案文字之中。

由于体育教学主要是在室外进行的,不仅过程复杂,而且还要受到季节、气候、场地、器材等客观环境的影响,这就对每一堂体育课的教学组织提出了较高的要求。任何一个环节的疏忽,都有可能导致一堂课的失败,甚至发生伤害事故。因此,课前进行充分的准备,写好教案,是十分重要的。此外,编写教案,也是提高教师的思想、业务水平和教学技巧的一项有效措施。

二、体育与健康课程教案的形式

体育与健康课教案的形式是表示其教学内容和过程的结构和方式,其内容是构成事物一切要素的总和。体育教学的要素包括教师、学生学习的内容、教学的方式、组织形式、体育场地与器材、运动负荷、运动密度、思想品德教育和个性培养等。在体育教学中,这些要素均在一节课的教学过程中综合、交替开展。形式是把内容诸要素统一起来的结构和表现内容的方式。体育课教案就是根据教学任务的需要和教学内容,由任课教师设计出的教学基本结构和过程的书面表达形式。

体育与健康课教案的形式又分为外在形式与内在形式。内在形式与教学内容和过程密切相关,它是用文字表达的教学内容与过程。外在形式与教学的内容和过程不直接相关,它是指体育与健康课教案的格式。因此,体育与健康课教案的外在形式(格式)是多种多样的。但并不是说体育与健康课的格式可以随意书写。原则上,一种内容是可以有多种形式的,但是,教案形式必须有利于教学任务的完成,它与教学内容是统一的,它是完整的、讲实效的。

三、体育与健康课程教案的分类

从体育与健康课类型的角度出发,体育与健康课教案可以分为体育理论课教案和实践课教案。

从体育与健康课教案的形式进行分类,可以把体育与健康课教案分为表格式教案、顺序式教案、详细式教案和简要式教案,表格式教案又可分为双栏式和多栏式教案。

表格式教案是以特制的有专门栏目的表格为结构形式的教案类型,有特定的栏目及结构,在每个栏目之中设计和安排相关内容。它的主要特点是具有提示特性,适合新教师使用。

顺序式教案是以顺序排序的条目为结构形式的教案类型,有大致固定的条目及结构顺序,在每一个条目之下设计和安排相关内容。它的主要特点是,每一个条目的容量具有伸缩性,可因人、因材、因校制宜,是一种常用的教案。

详细式教案篇幅比较大,一个教案常常数千字甚至上万字,对教案的每一个条目和教学活动过程的每一个细节均进行详细的思考研究并编写出计划,对教学活动过程的每一个细节的计划均包括内容、教的活动、学的活动、教学组织、场地、设施和媒体使用、教与学的统一方式以及时间分配。详细式教案是新教师和年轻教师,以及老教师在进行新课题教学时,需要编制和使用的。

简要式教案篇幅较小,一个教案常常只有几百字甚至几十字,一般只要规划出教学过程中关键的内容、使用的新颖手段和媒体等,不需要将细节设计描述出来。简要式教案一般为经验丰富的老教师所使用。

四、体育与健康课程教案的研制过程

(一)备课

备课是教学工作中十分重要的一个环节。备课应包括学期备课、单元备课、课时备课。通常所讲的备课,主要是课时备课,即编写教案或课时计划。

1. 备教材

教师要向学生传授知识技术、培养技能，首选要对所授教材进行研究，弄清所选教材的教学目的，教材的重点、难点。因此要按所分配的年级、班级、教学进度等，尽快熟悉教材，并初步确定教学实施框架，明确教学理念。

备课时，主要应围绕教材进行，同时也应参阅一些相关的书籍等资料，选择适当的内容，把教材转化为教学内容。

教材内容与教学内容的联系和区别：

（1）教材内容与教学内容的联系。从依据上看，教学内容和教材内容都要根据课程标准的相关规定选择相关内容。因此，教材内容和教学内容无论怎样千变万化，都离不开课程标准这一法定的根本依据，都必须以课程标准为基本导向。

（2）教材内容与教学内容的区别。教材内容实际上说的就是"用什么教"的问题，它包括一切有效的传递、体现课程内容和承载课程价值的文字与非文字材料。教材内容是师生教学活动的中介。教学内容就是教师在教学过程中根据具体的教学目标和教学情境对教材内容进行方法化处理，形成具体有效的教学设计。也就是说，教材内容进入教师的教学过程，经由教师的加工处理和"教学化"过程转变成为教学内容。

教师不必拘泥于教材内容，而应对教材内容进行加工改造，形成教学方案并付诸实施，在教学过程中动态生成教学内容。从既定的教材内容到通过教学设计形成教学方案，再到实施过程，其间经历层层变革，最终形成了教学内容，因此，教学内容是在教学过程中创造的。

分析教材是备好课的基础。在搞清教材内容和教学内容的基本上，还要分析教材的重点、难点。有些教材的重点是难点，有些教材的重点则不是难点，有些教材的难点又不是重点，这就需要我们在熟悉教材的基础上，通过教研活动把教材内容分析透彻。

2. 备学生

学生是教学活动的主体。体育教学有着区别于其他学科的多种因素，如生长发育因素、身体素质因素、心理素质因素、运动能力因素等。体育教学所面对的学生的差异性，与其他学科相比要大得多。体育教学中，学生智力因素的作用显得不那么重要，而生理因素、心理因素，以及其他一些非智力因素，则会对体育教学产生极大的影响。

备课时，要充分考虑学生的这种差异性，通过走访学生干部、体育骨干和观察等方法，尽可能多地掌握学生的情况。根据学生年龄、性别差异、体质状况、运动能力、生理心理特点、班风、学风、纪律等综合考虑,选择有针对性的教学方法、教学手段和教学组织形式。

如:本课授课对象为高一年级(8)班男生,共 40 人。其年龄在 15～16 周岁,正处于青春发育期,身体各方面机能日趋完善,精力旺盛,运动能力接近成人。具备一定的身体灵敏素质及弹跳能力,且学习能力较强,学习积极性较高。该班整体身体素质较好,对教学内容有较浓厚的学习兴趣,班级纪律好,集体荣誉感强,体育委员与几名体育特长生有较高的威望,能起到很好的骨干带头作用。

3.备场地器材

在教学过程中,合理使用场地器材,会使教学起到事半功倍的效果。

每个学校的客观条件差别很大。城市学校与农村学校相比,城市学校场地偏小,农村学校场地面积较大;但城市学校器材种类多,数量充足,而农村学校大都器材较少,不能满足教学要求。中学与小学相比,无论城市或农村,中学的场地器材大都好于小学。教师要根据学校的实际,用好场地器材,对场地器材进行合理的调配使用。

体育教师可根据学校场地的大小、每节课同时上课班级的多少、班级的学生数、教学的内容、采用的教学手段、所要达到的教学目标,合理安排使用场地。

(二)教案的设计撰写

教案的设计撰写是在认真备课的基础上,按照教案的结构内容进行精心设计,并用规范的结构和简练的语言表达出来,形成一份书面教案。

(三)教案的实施检验

这是要在教学活动中进行的,一方面是按教案实施教学,另一方面则是对预先编写的教案进行实际检验。重点突出检验,如教学目标设计是否准确、全面、合乎实际,教材教具准备是否充分,教学过程设计是否全面,各环节安排是否合适,时间分配是否恰当,学生的学习积极性是否充分调动起来了,临场有什么新发挥等。

(四)教案的评价与修改

在教案实施以后,及时对教案进行评价与修改。评价要以实施检验为基础,从而确定对教案的修改目标;修改应以及时、完善和简练为基本原则,在评价的基础上,对教案进行修改,撰写出教案修改稿。

五、编写教学设计(教案)的基本要求

书写教学设计有一些基本要求,归纳如下:

教学任务要明确;教学要求要具体;教学内容要实际;教学重点要突出;教学难点要克服;教学组织要严密;教学方法要科学;教学手段要多样;运动负荷要适当;场地布置要合理;文字表达要简练;教学理念要新颖。

第三节　中小学体育与健康理论课教案编写

一、体育与健康理论课教案编写概述

(一)体育与健康理论课教案包含的内容

体育与健康理论课是体育与健康课程中一种重要的教学形式,这种教学形式与一般文化课教学一样,必须有教案,但又同体育与健康实践课不同。体育与健康理论课的教案是教、学、思、讨以及教学内容等方面在时间上有序展开过程的书面形式。

理论课教案的内容,有经验的教师可以写简案,新教师要写详案。一般说来,教案包括以下几个方面:(1)教学课题;(2)教学目标;(3)教学重点与难点;(4)教学内容及过程(详略、观点、时间、教法、教学手段、教具等);(5)板书和板画的设计;(6)课后分析及教学参考资料等几个方面。

1. 教学课题是预先给确定对象准备的主题

教学课题以《体育与健康课程标准》为依据,可根据学年教学计划,结合学生情况有针对性地选择教学主题。

2. 确定课时教学目标

理论课的教学目标主要包括知识技能目标和思想品德教育目标两方面。

3. 找准教学重点和难点

教学重点是教学内容中实现教学目标的关键之处。学习难点是指学生

在学习过程中普遍感到较难掌握的内容。在书写教案时首先要根据教学目标的要求,确定本课的重点。然后再找出难点,只有解决了难点,方能更好地领会重点,进而较好地实现教学目标。

4.精心设计与编写教学内容和过程

(1)有详有略、主次分明。设计与编写教案要注意区别教材的重点与非重点,不能面面俱到,平铺直叙。对于重点内容可详细些、透彻些,而对一些次要的且学生比较容易理解的内容,能简则简,能略则略。资料的选择也应围绕教学重点精选,举一反三,能说明问题即可。切忌堆砌资料,主次难辨。

(2)科学正确、针对性强。编写教案时,无论是思想观点或是知识内容都应当是准确无误,合乎科学。这就要求教师对要传授的知识必须理解正确,切忌一知半解就照抄照搬。对于补充的资料更应当查实,以免造成失误。此外,教师还应将消化理解的教材内容,针对学生的知识水平,做到深入浅出,便于学生接受。

(3)教法得当、结构合理。在构思教案时,教师应针对教材的特点和学生的水平选择教学方法。尽可能采用启发式教学,避免满堂灌。使整堂课有讲有问,有探讨性地提出问题,允许学生讨论并发表见解,以提高学生的学习兴趣。在提出问题时,教师应紧扣教材重点选择,难易度要适中,并要在讨论后给予明确答案,以加深学生对教材的理解和知识的巩固。在构思教案时,还应对整堂课的结构全面考虑,如什么内容先讲,什么内容后讲,各环节时间如何分配,如何提问,如何复习等,都必须考虑周到。这样才能使整个教案思路清晰,结构合理,收到预期的效果。

(4)合理分配时间。可分为导入部分、展开部分(强调互动:讨论与回答)、结束部分。

5.设计板书

板书是课堂教学内容的高度概括,也是教学意图的体现。因此,必须精心设计,反复推敲。达到强化教学内容,加深学生印象,增强学习效果的作用。

6.课后小结(评价)

课后小结的要求与实践课基本相同。

(二)理论课教案的基本格式

体育与健康理论课是体育与健康课程的一种重要教学形式。这种教学形式与一般的学科教学课一样,有教学的过程(导入部分、展开部分、结束部分),是教、学、思、讨以及教学内容在时间上有序展开过程的书面形式,其格式也有不同的形式。表 6-1 是一种使用比较普遍的理论课教案格式。

表 6-1　体育与健康理论课教案的基本格式示例

讲授课题:

教学目标:

教学重点:

教学难点:

教学时间	教学内容与过程	教法与板书(主、副)
导入部分		
展开部分		
结束部分		
教具		
课后小结		

(三)理论课教案的设计要求

教案的编写要从教育教学目的、任务着眼,从学生的身心特点出发。编写教案时要求做到环节完整、结构合理、思路清晰、繁简得当、时间分配科学,使教案能对课堂教学活动真正起到指导作用。另外特别要处理好教与学的关系。教学过程是在教师指导下,学生将所学内容纳入自己的认知结构的过程,因而编写教案并不是知识的罗列,而是设计好教法与学法、处理好教与学的关系。首先,教师要创造良好的情境,使师生共同置身于情境之中,从探索中提出问题、总结规律、解决问题;其次,教师要研究如何设计启发和点拨学生的思维程序及要点。在编写教案的过程中,不能仅重视传授教学大纲规定的基础知识和基本技能、技巧,对于开发学生智力、培养学生灵活运用所学知识去解决实际问题的能力及思想教育也应给予相应的重视,在教案编写过程中,要有计划地寓思想教育、能力培养于知识传授之中。在教学设计中还应该尽量地采用一些现代化多媒体的教学技术。

(四)编写、执行教案中要注意的几个问题

(1)整个教案编写应内容全面、环节完整、具体明确、层次清楚,各部分的过渡衔接应自然顺畅,以确保教案在教学中的指导作用。若书写杂乱,不分层次,则在课堂上教师就无法及时准确地按教案的内容安排教学,这将造

成教学准备的充分程度下降,直接影响教学质量的提高。

(2)教案的重点应是教学过程和教学方法的设计。在实际教学中应避免两种倾向,一种是教案写得过于简单,只写成提纲形式,这样不利于教师的课前准备和具体教学过程的实施;另一种是将教案写成烦琐的讲稿,造成上课时照本宣科,不利于灵活地把握教学进程。

(3)编写的教案是组织教学的依据,但在具体教学实施中,教案也不是绝对不可改变的,根据课堂上的实际情况,可随时做些必要的修改和调整,以适应情况的变化,更好地完成教学任务。

(4)不能忽视教学后记的资料作用。教学后记是教案的一个组成部分,因此要认真填写教学计划的执行情况、效果如何、有什么经验教训、原因是什么、应如何改进等,以便不断积累和总结教学经验,提高教学水平。

(五)体育与健康理论课上课中要注意的问题

1. 导语

导语是理论课教学中必不可少的一个环节。导语设计的好坏直接影响教学的整体质量,同时关系到一个教师的威信。导语设计有不同的形式,常用的有交代背景式、讲述故事式、介绍名人式、以旧带新式、音像图示式、巧解题目式等。体育与健康基础知识课的导语要求有鲜明的目的性、内容的准确性、强烈的情感性和方式的灵活性。

2. 板书的设计

板书是指在黑板或投影上写的字。在体育理论课中,它是指教学主要条目与图表等在黑板上有序的排列组合。板书有主板书与副板书之分。主板书是指教学的主要条目,一般写在黑板的左侧。副板书一般指对主板书的说明或有关图表,一般写在黑板的右侧。

板书不仅能简明扼要地反映教学的内容和程序,引导学生理解和掌握知识,而且能活跃课堂气氛,激发学生兴趣,启迪学生思维,起到画龙点睛的作用。所以理论课一定要设计好板书。

板书的设计有不同的类型。常用的有提纲式、词语式、表格式、图解式、对比式、问题式等等。板书的设计应有鲜明的目的性、较强的针对性、高度的概括性、清晰的条理性、周密的计划性和适当的灵活性。

(1)提纲式。

提纲式板书是指按教学内容,用课文中的重点词语编排出书写的提纲。它的特点是:能紧扣教学内容、突出教学重点,能直观地为学生呈现出完整的内容体系,启迪学生的思维,便于学生掌握要领,而且还能培养其分析概括的能力。

(2)词语式。

词语式板书是根据教学内容,提炼精髓,把握重点词语,运用几个有代表性、存在内在联系的关键词,有逻辑地进行排列组合。它能简明概括主要的教学内容,能促进学生对学习内容的理解和记忆,有利于减少学生认知负荷,培养思维能力。

(3)表格式。

表格式板书一般用于知识性强并可以明显进行分类的内容。教师设计出表格,可以要求学生用自己的语言填写。表格式板书比其他形式的板书更利于学生参与,更有助于调动学生的学习积极性,激发学生的创造性,使其进行高层次的认知加工,更深刻地理解教学内容。

(4)图解式。

图解式板书是指教师运用图形、线条、箭头、符号等并配合必要的文字来组织教学内容的板书方法。在所有的板书形式中图解式最具直观形象性,这种板书能一目了然地把教学内容呈现在学生面前,很容易引起学生的注意,使其饶有兴致地探求学习内容,理解内容中的逻辑关系和深层含义。此类型板书特别适用于有一定难度的教学内容和低年龄段的学生。

图解式板书有条幅式、辐射式、扇形式、金字塔式、简笔画式等形式。

(5)对比式。

对比式板书是指教师把教学内容相互对立或对应的部分集中在一起呈现出来的板书形式。这种板书能突出教学内容之间的联系和区别,使之形成鲜明的对照,特别能启迪学生的思维,使其思考为什么会产生如此对立或对应的现象,有利于学生进行探究性的学习。

(6)问题式。

问题式板书不同于其他类型的板书,其他类型板书是由词语、语句组成的,而它主要是具有启发性问题,给学生留有思考的空间。可以说这种板书更能激发学生学习的动机,使他们自主参与学习,探索未知问题。

板书设计的基本要求如下。

①板书布局要合理。

②板书的文字要精炼,要提纲挈领。

③板书要有助于突出重点、突破难点。

④板书字迹要工整、清晰。

⑤板书要与口述紧密结合。

⑥板书要有计划性。

二、体育与健康理论课教案案例

(一)案例1(文字型)

高一体育理论课——体育锻炼的作用

一、教学目标

从实际出发,通过体育教学,激发学生对体育的兴趣,为学生自我锻炼提供科学的依据。培养独立锻炼的态度、能力和习惯。

二、教学重点

(1)影响人寿命的因素。

(2)体育锻炼的作用有哪些?

三、教学步骤

体育锻炼的作用详述如下:

(一)体育可使人体健壮,增强体质

1. 人的寿命应是多少

《内经》指出"尽其天年,度百岁乃去。"就是说,人的正常寿命应过一百岁,凡不足百岁者,古人认为未尽其天年天折。近代科学研究,哺乳动物的寿命是生长发育期的五到七倍,那么人的生长发育期为 20 至 25 岁,所以,人应该活到 100 至 170 岁。

1996 年,世界卫生组织公布:1995 年,世界平均寿命超过 65 岁,发达国家的平均寿命超过 75 岁,发展中国家为 64 岁,不发达国家为 62 岁。平均寿命最长的国家是日本,为 79.7 岁;其次是希腊,为 79.2 岁。现在全世界妇女的平均寿命为 67.2 岁,男人为 63 岁。我国现在的平均寿命是 71.2 岁。现在按世界卫生组织的划分:65 岁以前为中年人,65~74 岁为年青老年人,75~90 岁为老年人,90~120 岁以上为高龄老人。

那么,为什么大多数人只能活到自己寿命的一半呢? 对于人类,这不能不说是悲剧。这个正常年龄的展示,对探索延年益寿的课题提供了广阔的前景。

2. 影响人类生命的主要因素

1)遗传因素

遗传对寿命的影响,在长寿者身上体现得比较突出。一般来说,父母寿命高的,其子女寿命也长。广东省对百岁老人的调查结果发现,有家庭长寿史者占 84.6%。一些资料表明,在年龄越高的人群中,其家族的长寿率越高,如在 80~84 岁的老年人群中,其家族长寿率为 52%;而在 105 岁的人群中,其家族长寿率为71%。1992年,世界卫生组织宣布,影响每个人的健康与寿命的诸多因素中,15%取决于遗传因素。例如:

儿子的身高=(父亲的身高+母亲的身高)×1.08÷2

女儿的身高=(父亲的身高×0.923+母亲的身高)÷2

2)环境因素

优美的自然环境不仅有益于身体健康,而且可以美化人的生活和心灵,为家庭、个人提供了舒适、安静、优美的居住环境,是健康、幸福、长寿的摇篮。例如世界著名的五大长寿地区——苏联高加索、巴基斯坦罕萨、厄瓜多尔卡理、中国新疆的南疆和广西的巴马,都是环境优美、温度适宜、青山绿水、空气清新、水源洁净的地区。从城乡分布来看,农村高寿老年人多于城区,山区高于平原地区,这都与自然环境有关。一般来说,农村无污染,空气新鲜,而城市特别是工矿区排放的工业废水、废气和废渣使环境被污染,导致疾病的发生。

人类寿命除与外部环境有关外,还与人体内部环境有密切的关系,内部环境通过损伤、负荷、疾病等方式影响寿命。在我国,长期威胁人民健康的疾病,如呼吸系统疾病,在人口的死亡原因中占据着较高的序位,其他一些疾病,如传染病、新生儿疾病、结核病、风湿性心脏病等,在我国人口十大死因中也占据较前的位置,这也反映出我国人民的生活条件、医疗卫生条件还处于改善之中。

3)饮食因素

饮食、营养与长寿密切相关。我国内地长寿地区百岁老人的饮食结构大都为低热量、低脂肪、低动物蛋白、多蔬菜类型。新疆长寿老人的饮食虽然以奶类、奶制品及羊、牛肉蛋白质为主要来源,但他们常吃粗粮,没有其他不良嗜好。四川百岁寿星超过千人,多数老人吃素,常吃蔬菜、豆制品。我国广西巴马瑶族自治县的百岁老人多喜饮一种米酒。随着社会的进步,人的寿命不断得到延长,也与营养科学与技术提供了多方面的贡献是分不开的,即与食品营养、食品安全与质量以及平衡饮食有很大的关系。近年来,随着经济的发展,我国居民饮食结构发生了很大的变化,90年代初与80年代相比,肉类消费量增加了80%以上,肉、蛋、脂肪消费量较高的地区,癌症、心脑血管病和糖尿病等死亡率明显偏高,这从另一侧面说明饮食结构的变化给寿命带来的影响。要养成健康的饮食方式,多食一些消除自由基的食物,即含维生素E、维生素C高的食物,如茄子、韭菜、胡萝卜等。

4)心理、家庭、职业等因素

人的心理、情绪与健康长寿有着密切的关系。经常处于心理紧张状态下的人,往往容易罹患疾病;相反,乐观、豁达和坚毅无畏的精神,则能增强人体的抗病能力。因为过度紧张会使心跳加速、血压升高、呼吸急促、胃肠等脏器供血不足等，时间一长，就容易引起身体机能发生病变，如出现脑血管破裂或造成致命性的心肌梗死，有的可出现消化道痉挛、疼痛等。过于忧愁，也会罹患疾病，导致短命。

一个人一生中大部分时间在家庭中度过，家庭环境的优劣直接关系到人体的心理和生理健康，进而影响寿命。从医学上来说，紧张的家庭成员关系、不良的心理状态都很容易导致众多身心疾病而有损于寿命。因此，保持一个和谐、友好、愉快的家庭群体关系，以乐观、开朗、笑口常开、宽宏大度的心境对待一切，这对人们的身心健康和家庭的幸福美满十分重要。

寿命与从事的职业也有关。从事危险性职业的人死亡率高，寿命短，如飞机驾驶员死亡率高；从事放射线研究工作人员寿命短等。

5)动与不动是影响人寿命的主要因素

北京一项调查表明，小学生、中学生中甚至已经出现了高血压、动脉硬化病症。为什么经济发展了，物质水平提高了，人们的生命质量却下降了？这都是因为健康知识缺乏而导致的。

生命在于运动。这说明运动对生命的重要意义。古人讲"一身动，则一身强"。华佗也说："动则生，静则死。"这也揭示了在体育锻炼中求得强力健体的深刻道理。世界卫生组织 1992 年宣布：每个人的健康与寿命，60％取决于自己，15％取决于遗传因素，10％取决于社会因素，8％取决于医疗条件，7％取决于气候(如酷暑或严寒)。因此，健康长寿主要取决于自己，生命掌握在你自己手中。

对我们中学生来讲，必须坚持文明健康的生活方式：合理膳食，适量运动，戒烟限酒，心理平衡。这四句话，十六个字，能使高血压减少 55％，冠心病减少 75％，糖尿病减少 50％，肿瘤减少 33％，平均寿命延长 10 年以上。

(二)有利于掌握知识，增长技能

经常参加体育锻炼，可使中学生们掌握体育基本知识，懂得锻炼身体的方法及比赛的规则，同时有利于中学生提高技术技能，为将来走上工作岗位，养成自我锻炼的习惯打下良好的基础。

(三)有利于培养坚毅、勇敢、协作的思想品质

坚持体育运动，能够培养中学生勇于坚持、不放弃、懂得团队合作的精神。就爬山来说，运动员需要坚强的信心、勇敢及不怕死的精神等。我国登山运动员同心协作，战胜无数困难，于 1975 年 5 月 27 日第一次登上世界最高峰——珠穆朗玛峰，为国争光。

(四)可增强各国人民之间的友谊

随着我国经济、文化的发展，我国现在大概有近 5 亿人经常参与体育活

动,通过城市、乡村,将逐步扩展到每个人的家庭生活中去。

综上所述,科学地、经常地坚持体育锻炼,对促进中学生的生长发育,提高身体器官系统的机能,全面发展身体素质,提高基本能力和适应能力,影响心理,培养精神,增强体质等方面,都有重要的作用。所以,同学们要积极参加体育锻炼,为提高中华民族的体质水平做出贡献。

(二)案例2(表格型)

五年级体育理论课——迈入青春期

年级	五年级	班级	2班	日期	
教材内容	迈入青春期				
教学目标	1. 知识:知道青春期男女学生的生长发育的主要特点 2. 技能:认识男女两性青春期发育方面的差异 3. 态度:能够积极面对青春期的各种生理变化				
教学重点	青春期男女两性生长发育的特点				
教学难点	正确面对男女两性差异,尊重和理解异性				

知识内容要点

(一)什么是青春期

一般从生理上说,人在10~20岁的年龄阶段为青春期,女生青春期开始和结束年龄通常比男生早1~2岁,这一时期的身体形态、机能、第二性特征、心理与行为都会发生巨大变化。

(二)生长发育突增

青春期显著变化是身高的快速增长,称之为生长突增。出现生长突增现象预示了青春期的到来,女生9~10岁身高突增开始,每年平均可长高5~7厘米,高峰年龄在11~13岁时,一年可长高达到9~12厘米,到14~16岁突增结束,整个青春期大约长32厘米。

男生11~13岁突增开始,每年长高7~9厘米,高峰年龄在13~15岁时,年长高10~14厘米,约到16~18岁突增结束,整个青春期身高增长约33厘米。

(三)第二性特征发育特点

男女两性生殖器官的差异为第一性特征;进入青春期后,男女之间还会出现在外表体形上的一系列差别,称为第二性特征。表现为男生喉结开始突出,肌肉结实,声音较粗,胡须生长,体格高大等。女生表现为脂肪丰满,乳房开始隆起,音调高,骨盆变宽,皮下脂肪增厚等。

教学过程

（一）课的导入（时间分配：建议 5 分钟）

1. 教师（导语设计 1）：上节课给同学们布置了作业，请大家上课时带几幅自己小时候的照片，比较一下婴幼儿时期男孩、女孩外表上有什么区别？再看看现在我们班里的男女生在身高上有什么区别？

2. 学生自由回答。

3. 教师（导语设计 2）：婴幼儿时期的男孩和女孩从外表看没有太大差别。但随着年龄的增长，男女生之间的差异越来越明显。今天这堂课，我们就来谈谈男女生青春期的变化的话题。

教学提示：

导入时，采用互动形式，增加师生、学生之间的交流，激发学生学习兴趣，加深对自己成长中变化的体会与感受。

（二）教学活动

活动一：合作与探究——分析比较生长突增现象（时间分配：建议 25 分钟）

1. 教师：请同学们说出自己的身高，并分别计算班里男生和女生的平均身高。

2. 教师：请同学们回忆并计算自己身高比去年增长了几厘米，统计身高比去年增长超过 5 厘米的男女生各有多少人。

3. 分析比较中让学生总结出特点。

教学提示：

采用合作与探究方法，分别统计出小组男女生的相关数据，个人或小组形式总结一些特点，培养学生归纳和分析问题的能力。教师根据学生总结情况，进行小结。

教师小结：青春期在身体形态方面的一个显著变化就是身高的快速增长，生长突增的出现通常预示青春期的到来。由于女生的生长突增开始年龄比男生早，所以班上女生的平均身高会暂时超过男生。

活动二：观察与反思——第二性特征发育特点（时间分配：建议 18 分钟）

1. 教师：请大家想一想，如果男生和女生比赛掰手腕，谁能赢得胜利？

2. 学生回答。

3. 教师小结：通过刚才的讨论，我们来思考下面的问题：

为什么男生比女生力气大？随着年龄的增长，这种力量悬殊还会更明显，为什么？（学生回答）

4. 教师：除了力量的变化，青春期的男女生在形体、声音等方面还有哪些不一样的地方？

请学生回答。由学生或教师在黑板上写出或画出。

教师引导学生正确认识青春期男女生发生的变化，除了生长突增，还有第二性特征发育，男女生的形体、肌肉力量、声音等均出现了特征性的差异。

教学过程

教学提示：

由于男女生的变化不同，教师要引导学生认识男女生存在性别差异是正常现象。上课过程中要注意消除学生的害羞心理，鼓励他们自然、坦诚地表达自己的想法。可能会有一些比较调皮的学生说一些引起大家注意的词语，教师要适时引导，进行正面教育。也可以采取教师讲解的方法，并结合学生提出的问题进行互动答疑，帮助他们学会正确面对青春期发育时身体的变化，使他们能够快乐、轻松、自信地迈入青春期。

教师小结：进入青春期后，在我们身上会发生许多变化，这是每个人成长过程中的自然规律，我们要大方、自然地接受身体发育过程中发生的变化，坦然面对，让自己更加阳光、快乐地成长。

（三）结束总结（1～2分钟）

教师总结：本节课，我们一起了解了青春期的一些生长发育特点，知道了男女生在身体形态和第二性特征发育的不同表现和差异；同学们要科学、坦然地面对男女生生长发育的一些差异，学会欣赏自己和同伴，尊重和理解异性，与同学共同健康、快乐地成长。

拓展延伸——请你来分工

新学期开学了，班里要完成这些工作任务：搬运新教材、整理教室（擦玻璃、搬桌椅、整理图书、洒水扫地等），如果你是班长，你如何对人员分工呢？并请运用今天学到的知识说一说你分工的理由。

学习评价与教学建议

（一）学习评价

1. 能够比较顺畅地表达自己生长发育的特点。

2. 能够做到欣赏、尊重、理解异性，共同健康、快乐地成长。

（二）教学建议

1. 本课教学中，可以插入介绍一些青春期进行体育锻炼的小知识，让学生明白青春期的体育活动锻炼对身体的正常发育和健康成长是非常有益的。

2. 可以演示教学法，让学生观察图片、视频等方法，结合教师的讲解，更直观地学习青春期第二性特征发育特点，引导学生对自己有一个全面、正确的了解。

3. 如果有学生希望更深入地了解青春期第二性特征的问题，教师可以在课下再予以辅导。

（摘自耿培新主编，人民教育出版社出版的《体育与健康》教师用书）

第四节　中小学体育与健康实践课教案编写

一、体育与健康实践课教学设计内容

教师在编写教案之前一般应有课的设计。体育与健康课的设计是通过系统科学的方法,按照一般课的设计的要求,确定体育教学的目标、策略、教学方法和步骤,并对教学结果做出评价的计划过程。体育课设计的三个基本要素为:设定明确而具体的教学目标;选择达到教学目标的教学策略;选择获得教学效果的信息的方法。在备课过程中,应明确本节课的指导思想和教学主题,对整个教学过程及其各个环节、各个步骤及教法进行认真的研究,拟定出比较详细的课的实施构想。

根据课的设计的基本思想和模式、结合体育教学的特点,体育课教学设计的基本内容主要包括以下几个方面。

(一)设计的理念或指导思想

可从以下基本理念中选择与本课教学内容直接相关的几个作为本课的指导思想。

立德树人;健康第一;终身体育;以人为本;学生为主体;身体练习为内容;体力与智力相结合;承受一定生理负荷;发展个性,培养兴趣;注重心理健康与社会适应能力;培养学生的体育与健康学科核心素养和增进学生身心健康;等等。

(二)分析教材的重点、难点

在详细分析教材特征的基础上,注意区分教材的重点、难点,与本次课教学内容的重点、难点。

(三)分析学生的具体情况

学情包括该年龄段学生的共性(生理、心理等)与授课对象的个性(纪律班风、体质技能等)两个方面。

(四)确定课的教学目标

教学目标的编写应尽可能采用可观察、可测量和可操作的行为动词来表述。

(五)设计教学导入

教学导入的目的是在课开始时教师利用导入技能为学生创造一个良好的学习情境,尤其是创造出学生学习的良好的心理状态和环境氛围,唤起学生的学习动机。当学生学习的心理环境发生改变时,教师在教学中所采取的教学策略、教学方法和行为、组织形式等才能产生积极的作用。

(六)合理安排教学步骤

在安排教学步骤时,首先要确定学生的起点状态,包括学生的原有知识、技能水平和学习动机强度等。在此基础上,分析学生从起点状态过渡到终点状态(达到教学目标)的知识技能传授应分为几步来完成,每一个教学步骤对实现教学目标的作用是什么、它们之间的逻辑关系是什么。教学步骤安排是否合理,应以是否能够帮助学生达到教学目标为依据。

(七)选择适当的教学方式和教学手段(教具等)

教师的教学方式和教学手段的选择,应根据课的类型和教学内容的特点,采用便于学生理解和熟悉掌握的形式进行教学。

(八)教学评价

教学评价是课后分析教学的第一手资料。教师应在教学步骤最后给学生提供一个表述教学目标是否实现和实现程度的机会。教学评价可以通过时间、距离、远度、高度、次数、百分比、失误率、回答问题、阐述问题等形式来进行。教学评价的主要目的就是检查教学目标设定得是否合理、教学步骤安排是否超出了学生的实际接受能力、传授或呈现教材的方法是否便于学生的理解和记忆等,找出教学中存在问题的根源,确定纠正和改进的方法。教学评价不仅为教师提供教学技能和教学水平提供了可能性,同时也促进了教师间的相互学习和师生之间的教与学的交流反馈。

二、编写体育与健康实践课教案的基本术语

设计和书写体育与健康课教案一般都需要运用一系列术语。这些术语对正确表达课程的设计思想,正确表达体育教学的概念、简化教案的书写具有重要意义。下面对主要术语的概念及其表达的要求进行初步讨论。

(一)体育课时目标(教学目标)

体育与健康课程教学目标是体育与健康教学指导思想的具体体现,是体育与健康教师组织和进行体育与健康教学活动的指南,也是评价体育与健康教学质量标准的依据。体育与健康教学目标,是由学科教学目标,学段、学年教学目标,单元教学目标和课时教学目标组成的。教学目标呈系统性和层次性,在教学目标系统中,下位目标都是其上位目标的具体化。课时教学目标是其最基本单位,体育与健康教学目标基本是靠课时教学目标来实现的。

目前,体育与健康课程教学设计五花八门,在教学目标的表述上也有几种类型,大致可分为以下四类:(1)新课程标准的三维目标:知识与技能——基础目标、过程与方法——核心目标、情感态度与价值观——优先目标;(2)美国教育心理学家布卢姆的教学目标分类:认知目标、技能目标、情感目标;(3)体育与健康课程标准的教学目标:运动参与、运动技能、身体健康、心理健康和社会适应,(高中:运动能力、健康行为、体育品德);(4)直接把目标以 1、2、3 点列出来。

1. 课时目标制定的直接依据

(1)根据单元教学目的,梳理出本课时的知识点以及要完成的技术技能的要求。

(2)根据本课时的教学内容及学生运动技能的起点和适应水平,确定本次课时的技能目标。

(3)根据学生的运动能力、身体素质以及学校场地器材等实际情况,确定本课时的运动负荷目标。该目标应是绝大多数学生能完成的,同时也照顾到学有余力和体弱学生的不同要求。

2. 课时目标制定的要求与常用术语

体育与健康课的目标是指一节体育课要达到的具体目标。体育课的目

标一般在教案的开头部分书写,它是指导一节体育课的基本思想。体育课目标的制定应做到全面、具体、恰当和可行。

(1)全面。全面一般指围绕《体育与健康课程标准》的运动参与、运动技能、身体健康、心理健康和社会适应四个领域的教学目标,以及高中体育与健康学科核心素养之运动能力、健康行为和体育品德的教学目标。这几个目标反映了体育与健康课程教学的总目标,必须贯彻落实到每一节体育课中去。作为具体的一节课,由于课的不同类型,虽不一定面面俱到,但应尽可能地全面,要有主次之分,如重点目标和基本目标,这里的重点是一节体育课完成的主要目标,这里的基本目标是指体现体育教学特点的目标,即增强体质的目标。

(2)具体。具体是指本次课要实现的教学目标应通过明确的手段去实现,是指教学目标定得不抽象、不笼统、不繁琐,重点突出、一目了然。既对学生的学习有具体的数量和质量标准,又对学生的行为有明确的要求,文字表达上也力求简洁。例如:通过仰卧起坐增强学生腹部肌肉的力量;通过老鹰抓小鸡的游戏培养学生团结友爱的精神;通过助跑与踏跳的练习使学生初步掌握助跑与踏跳衔接的技术。

要注意太过笼统、空洞的表述。例如,在制定技能目标时,有些教师这样写:初步掌握××技术;进一步掌握××技术。这种说法很不具体,让人摸不清楚要掌握到什么程度。再者,一项技术一般要分成几个环节。是把几个环节全部掌握,还是要掌握某个环节呢?在一节课中,时间有限,很难一次解决很多的问题。所以,提法一定要具体,说到点子上。比如说,排球正面双手上手传球(第一次课)的技能目标就可以这样制定:学习排球正面双手上手传球技术,80%的同学能掌握传球的手型和手指触球的部位。

在制定情感目标时,有的教师是这样写的:"培养学生自主意识,促进其个性发展。"这句话是没错。但是,这只是我们在课中要贯彻的教学思想,是每一节课的情感目标。具体到某一节课上,就要有具体的情感目标。又比如排球正面双手传球(第一次课)的情感目标可以这样写:培养学生爱国热情,面对任何困难都不要轻言放弃,勇于向前,顽强、果断的优良品质。且在不断的尝试中找出最佳的方法与快捷方式,建立与培养学生的自信心。

(3)恰当。这里的恰当是指对实现不同的教学目标的程度的描述应使用的一系列术语。例如:对学习新教材的描述一般使用"学习……初步掌握……建立……概念"这样的术语。这里的"学习""初步掌握"的涵义是指学生基本完成了对技术学习的泛化期的过渡。对复习旧教材的描述一般使用"复习……改进……提高……进一步提高"这样的术语。这里的"复习""改进"的基本涵义是指学生初步完成了技术学习的分化期的过渡。"提高""进一步提高"的基本涵义是指学生基本完成了对技术学习向熟练掌握的过渡。对发展学生身体素质和提高身体机能方面的描述一般使用"发展……增强……提高……促进……"这样的术语。对思想品德方面的描述一般使用"培养……加强……发扬……调动……"这样的术语。

（4）可行。可行是指课时教学目标要定得符合教学进度的要求和学生的实际水平，使大多数学生经过努力能够完成。应避免目标定得偏高或偏低，脱离实际而收不到良好的效果。

（二）动作要领

动作要领指身体练习的技术基础。它包括身体练习的主要环节及其动作顺序。在体育课教案中，对新教材的描述用动作要领的概念。这种描述是比较细致的。

与动作要领比较接近的概念是动作要点（或称技术要点）。它是指对动作要领的简洁描述。在体育课的教案中，对复习教材的技术描述多用动作要点的概念，这种描述比较简单，它常常用技术口诀的形式表达。

（三）重点

体育课教案中有两个重点。

1. 教材重点

教材重点是指身体练习的主要部分，即某一个身体练习的技术关键或技术环节的重要连接部分，即某一个身体练习的技术关键或技术环节的重要连接部分。教材的重点是客观的，它不以学习对象的不同而改变。例如：跳远教材的重点就是助跑与起跳的结合。

2. 体育课的重点

体育课的重点是指一节课通过学习主要教材而达成的主要目标。一般而言，短短的一节体育课不可能面面俱到地完成所有的体育教学任务，它仅是学期或单元教学计划的有机组成部分之一。因此，一节体育课应该有一个重点。在中小学体育教学中，体育课的重点一般是指新、难、险的教材及其要达到的目标。

（四）难点

教材的难点是指学生对某教材在技术上不易掌握的部分。教材的难点具有主观性，它不仅与教材有关，更与教学对象的学习能力、身体素质等有关。例如，跳远教材从难点的角度出发，有些人可能是起跳与助跑的结合（从这一点上看，教材的重点和难点是一致的）掌握不好，从而影响了整体技术的提高，也有些人可能是助跑步点不准确、腾空时不平衡甚至前倾，落地时小腿不能前伸等等。总之，教材的难点是因人、因时而异的。

（五）一般性练习

一般性练习是指为了全面发展学生的身体或充分调动学生各器官系统机能的能力，使之进入良好的工作状态而进行的准备活动和课课练的教学活动。

（六）专门性练习

专门性练习是指为了学习某项基本技术而选用的身体练习。它包括诱导性练习、辅助性练习。专门性练习多用于专门性准备活动。诱导性练习是指为了帮助学生掌握较难动作而采取的技术结构与所学身体练习相似、技术又简单的练习。这种练习是通过调整身体练习的要素，降低所学身体练习的难度，从而有利于学生较快、较顺利地学习运动技术。辅助性练习是指为了帮助学生掌握动作而采取的相关身体素质练习。学习进行这种练习多是因为他们专门的身体素质储备不足，从而影响顺利学习某项技术。辅助性练习应该在学习某项技术以前一段时间进行，不一定临时安排，因为人的某方面的身体素质的储备需要一定的时间。

（七）教学组织

教学组织是指教学分组和分组教学、基本练习队形及调动、体育器材的摆放以及教师指挥与示范的位置（与学生的距离与角度）等。在体育教学的教案中，教学组织可以用图或者符号表示，这样可以使教案简明一些。

（八）教法步骤

教法步骤在教科书中没有明确定义。它实际上是教学方法和教学步骤的复合词，是指教、学练的有机结合及其有序过程。例如，学习肩肘倒立，首先是讲解内容，包括动作要领（直腿坐开始、后倒同时向上举腿伸髋，两臂用力压垫，在上伸接近最高点时，两手撑腰背，同时两肘内夹）和重点（举腿伸髋压垫)、难点(展髋夹肘)以及保护与帮助(保护者站在学生侧后方,在其后倒举腿时,轻扶两腿顺势上提)。其次是示范。对于初为人师的教师,应注明示范的面和方向。最后是练习。练习的步骤是直腿坐——后倒举腿、翻臂、两臂压垫——稍停,稳定重心并向上伸腿、展髋——撑腰夹肘——在帮助下直接练习。

(九)要求

体育课教案中的要求是指教师对学生提出的基本愿望和条件。它包括教学过程中教师对技术(节奏)规格(标准)、教学组织(包括思想品德和个性培养)以及保护和帮助(站位、部位、用力、时机)等的要求。在教案中,一般在教法之后提出要求,有时也可以分别对每一次练习或组织提出要求。对比赛和游戏,教师习惯用"规则"一词代替"要求"一词进行描述。

三、表格式教案的基本格式

教案是教师备课的重要形式之一,是对体育课设计的详细描述,是教师备课的落脚点和上课的出发点,是上好一堂课的重要保证。有部分体育教师编写教案的水平不能很快地适应学校体育的教学要求,存在着一些问题。其原因之一是教案格式本身不够完善。我国传统式教案格式不能达到全面贯彻和落实学校体育教学的任务,过于笼统,填写内容不明确,导致部分体育教师的教案编写达不到要求。尤其对于没有教学经验的年轻教师来说,教案格式没有起到引导的作用,影响了备课质量。因此,对传统的教案格式进行一些必要的修改并加以完善,是势在必行的一项工作。根据目前多数体育教师较通用的共性表格式教案格式见表 6-2、表 6-3。

表 6-2 中小学体育与健康课表格式教案格式一

教师: 班级: 人数: 课次: 时间:

教材内容		水平: 年级:	重点: 难点:	类型	
教学目标	知识与技能;过程与方法;情感态度与价值观; 认知目标;情感目标;技能目标; 运动参与;运动技能;身体健康;心理健康和社会适应; 新授课:初步(了解、体验、领会、掌握)…… 复习课:进一步(提高、%学生能掌握、学会)……通过教学,培养………,形成…………,具备…………				

续表

课的结构	教学内容	教学活动方式与组织措施 （教师活动、学生活动/组织措施）		负荷		各项内容时间
				次数	时间	
开始与准备部分	1. 上课常规 2. 徒手体操	1. 整队、师生问好，安排见习生 2. 教师导入（教学内容、教学目标、教学要求） 3. 热身跑、徒手操	图示： XXXXXXXXXX XXXXXXXXXX XXXXXXXXXX XXXXXXXXXX △			
基本部分 （学习提高部分）	教学内容： ×××（若为游戏内容，应写出游戏方法与规则，若为教材，应写出动作要领） 练习内容 1、2、3……	1. 教师讲解与示范（教学重点与难点） 2. 组织学生练习（教与学的方法、步骤、要求、保护与帮助、安全措施等）	1. 学生按教师指定队形听讲并看示范 2. 学生练习与教师辅导（学生练习效果的反馈与评价、动作技术与技能掌握情况评价、教学重点与难点掌握情况分析等）			
结束部分 （恢复整理）	1. 整理运动 2. 讲评	1. 成做操队形做整理活动 2. 教师总结本节课教学，并布置课外作业 3. 师生道别，收拾器材				
场地器材						
预计运动负荷	练习密度： 运动负荷：	课后反思				

表 6-3　中小学体育与健康课表格式教案格式二

教师		年级班级		上课时间		课次		学生数	
教学内容	1. 项目：××的动作（技术）、练习、运用（综合活动）方法 2. 项目或体能：××的练习、运用（综合活动）方法，或××体能练习方法								
教学目标	1. 能用自己语言（术语）说出（描述）××。 2. 在××环境条件（独立、帮助、小组、全体、组合、比赛、游戏等）中能（做出、展示、表演、高度、远度、准确度等）××；发展××体能。 3. 表现出乐于（尝试、助人……）或体验成功、敢于展示自己等								
重难点	重点：技术结构方面 难点：程度（协调好、快慢、准确等）								

教学过程	学练内容	学练标准	组织形式与安全措施	练习次数	练习时间
准备部分 n′	1. 常规 2. 队列练习 具体内容 3. 准备活动：名称 3.1 内容 3.2 内容	1. 静齐快 2. 精神饱满，跟上节奏 3.1 跟住口令节奏、成功率达××%以上…… 3.2	1.（四列横队、扇形、凹形等） 2.（一路、二列等） 3.（体操队形、其他等） 安全提示：	≥n	n′n″
基本部分 n′	1. 项目：某某的动作（技术）、练习、运用（综合活动）方法 1.1 单一身体练习 1.1.1 单一身体练习拓展 1 1.1.2 单一身体练习拓展 2 1.2 组合练习 1.2.1 组合练习拓展 1 1.2.2 组合练习拓展 2 1.3 游戏或比赛 具体内容 2. 项目或体能：某某的练习、运用（综合活动）方法，或某某体能练习方法 2.1 单一或组合或游戏（比赛） 2.2 单一或组合或游戏（比赛）拓展 1 2.3 单一或组合或游戏（比赛）拓展 2	1.1. 个人（小组）完成率、成功率、整齐…… 1.1.1 1.1.2 1.2. 1.2.1 1.2.2 1.3 2.1 2.2 2.3	1.1 示意图＋文字 安全提示：组织和学习内容两方面的具体指向 1.2 示意图＋文字 安全提示： 1.3 示意图＋文字 安全提示： 2.1 示意图＋文字 安全提示：	≥n	n′n″

教学过程	学练内容	学练标准	组织形式与安全措施	练习次数	练习时间
结束部分 n'	1. 放松操:名称 2. 小结、养成教育	1. 调整呼吸充分放松 2. 学生积极收还器材	1(体操队形,其他等)	$\geqslant n$	$n'n''$
场地器材		预计运动负荷	练习密度: 运动负荷:		

四、表格式教案的基本要求

(一)表格式实践课教案的主要内容

表格式实践课教案的主要内容包括:课时教学目标、教学内容、组织教法和学法设计、课的各部分实践内容及学练标准、各项活动的教学时间预算、场地器材、教育与教养措施、课后小节等几个方面。编写教案有一些基本要求如下:

体育课的教学目标要明确、具体,教材选择要符合学生的实际情况和教学的具体条件,教学重点要突出,教学组织要合理,教学方法要与学生的学习方法相结合,教学手段要多样,运动负荷要适当,场地布置要合理,教案的文字表达要简练,教学思想要符合时代的发展。

(二)表格式实践课教案的基本要求

实践课教案有多种多样形式,但是,在实践中用得较多的形式还是表格式教案。在表格式教案中要处理好的几个关系和基本要求:

1. 左右关系

表格式教案一般分左右两部分。

表格式教案的左边是教学内容,主要写学生学习什么或教师教什么的问题。在准备部分,教师应依次填写课堂常规、一般性准备活动和专门性准备活动的内容。在课的基本部分,教师应依次填写动作名称、动作要领、重点、难点、保护与帮助等。在结束部分,教师应依次填写放松整理的内容、小结的内容等。如果安排游戏和比赛的教学内容,应写明游戏和比赛的方法。

表格式右边是组织与教法。教师在这一栏主要填写学生怎样学习或教师怎样教的问题。在教案的右边,一般应对应左边学习的内容,分别依次填写教学组织、教法步骤、要求、易犯错误及纠正方法等。对于游戏和比赛,应写明规则和要求。

在三栏式或四栏式教案中,常常把双栏式教案中的学法和教法和教学要求等单独列出栏目。

2. 上下关系

在表格式教案中,上下关系指对内容的书写应有一个顺序。一般的顺序为:表头、目标、重点、开始部分、准备部分、基本部分、结束部分、课后小结、场地器材布置、密度负荷预计。对于左侧基本部分的教学内容,一般是按顺序书写身体练习的名称、动作要领、重点、难点、保护与帮助;对于右侧基本部分的组织教法,一般应按顺序书写组织、教法步骤、要求等内容。

3. 对应关系

在表格式教案中,左右两栏填写的内容有一种对应关系,即右边的内容总是对应左边的内容。以基本部分为例,左边有一个学习教材,右边就有组织、教法步骤和要求与其对应,并且右边"组织"一词与左边"动作要领"一词书写的高度一致。表示这个"组织"仅是对左边一个教材而言的。如果基本部分的"组织"是分组轮换,这个"组织"就应写在比第一个教材要高的位置上,表示这个"组织"是对两个教材而言的。

4. 粗细关系

教师写教案的内容应处理好粗与细的关系。对于不同类型的课,对粗与细有不同的要求。新授课的教案一般写得较细致(对新学动作应写明动作要领),复习课的教案书写相对较粗(例如,推铅球的最后用力可以写动作要点,即蹬、转、撑、送、挺、推、拨 7 个字)。

对于新教师,尽可能把教案写得细一些。在练习时间与次数一栏,应该分别写明讲解的次数、示范的次数与示范的面、教法步骤中每一步的练习次数与组数等。

五、体育与健康实践课教案案例

(一)案例 1

三年级体育与健康教学设计——支撑跳跃(跳上成跪撑—向前跳下)
(部级教学设计)

一、教材依据

(1)人教版 2011 义务教育课程标准实验教师用书体育 3 至 4 年级内容:支撑跳跃(跳上成跪撑—向前跳下)

(2)《义务教育体育与健康课程标准(2011 年版)》

二、设计思想

本课根据新课程标准要求,以"健康第一"为指导思想,以学生发展为中心,体现学生的主体地位,关注学生的不同要求,在教学中启发引导学生自学、自练、探讨合作学习方式结合信息技术方法手段,激发学生的学习的兴趣。发展学生的协调性、灵敏性和柔韧性等身体素质,培养学生的拓展能力,养成积极主动地参与体育活动习惯和克服困难的优良品质。

三、教材分析

本单元的教学内容:跳上成跪撑—向前跳下,是水平二器械体操的教材,属于体育教学大纲规定的必修教材,是对体操学习内容的延续与拓展,支撑跳跃与技巧动作的组合选择,本单元教材进行三个课时的教学设计,对发展学生体操技能,提高灵敏、协调、柔韧、跳跃和平衡能力等多项身体素质具有良好的促进作用,它对控制学生的身体姿势,在活动中展示自我,同伴间互相协作和配合都有很好的培养,同时学会从高处跳下时如何自我保护,培养勇敢、果断、克服困难等精神都具有积极的作用。

本节课是单元学习内容第二课时,使大部分学生能够掌握跳上成跪撑—向前跳下的完整动作方法,在动作内容上要能够连贯的完成练习,进一步发展身体协调、平衡等身体素质,提高跳跃能力和腰腹肌肉的力量。但是由于跳上成跪撑—向前跳下难度大,存在着一定的危险因素,所以在练习时要注意保护方法与练习秩序的培养。同时,通过对学练过程的引导,来启发学生正确面对成功与失败的态度,培养沉着果断、勇敢自信的品质,增强学生团队意识,提高合作能力。

四、学情分析

我校是一所农村九年一贯制学校,本班上课学生为小学三年级,学生活泼好动,思维活跃,耐力性较强,对跳跃活动和游戏有着浓厚兴趣。班级女生对于有一定危险或挑战的学习内容还存在畏难害怕的情绪思想,但是稳重认真、动作做出来漂亮,而男生对于一些有难度的学习内容,敢于尝试与挑战。学生自控能力、肌肉力量较差,动作协调性还是不错的,在信息技术学习上有一定的基础。所以在教学中采用男女同学混组的形式,发挥各自不同的特点进行差异教学。在教学内容技术动作的方法中采用多媒体视频进行讲解教学,使学生更直观地掌握技术的要点。因此,在课前让学生在网络上收集学习本课的学习内容,建立形象思维印象,初步了解学习动作的方法。在教学中采用创设情境、语言激励、争当小冠军、多媒体循环播放与练习内容录制等手段进行教学,抓住学生对运动项目的好奇心和模仿能力强的特点,在教学中给学生创建展示自我的舞台,体验不同的练习方法,在不断的体验、挑战、对抗中感觉成功,享受体育运动的快乐。

五、教学(学习)目标与重难点

教学(学习)目标:

(1)进一步学习跳上成跪撑—向前跳下的动作,懂得动作方法要领,建立正确的动作概念。90%学生能够连贯地完成动作。

(2)发展身体协调、平衡等身体素质,提高跳跃能力和腰腹肌肉的力量。

(3)培养学生挑战自我、克服困难和勇敢顽强的精神,养成互帮互助学习的好习惯,建立和谐的伙伴关系。

重点:摆臂下压,屈膝缓冲。

难点:弹性屈伸与下压提膝配合,控制平衡。

六、教学方法和手段

本课根据新课程标准要求,以"健康第一"为指导思想,以学生发展为中心,体现学生的主体地位,关注学生的不同要求,把握信息技术与体育课堂教学的有机融合原则。在教学中采用多种练习形式提高学习兴趣,在教学过程中使用自主、探讨、合作方式进行学习,结合讲解示范、启发、多媒体视频、游戏竞赛等教学方法激发学生学习的兴趣。通过小组合作学习方式,发挥学生间的互助精神,通过个人展示与信息技术相结合,运用多媒体视频循环播放与练习内容录制等教学方法,解决所发现的问题,互相学习改正。关注个体差异,在难度上设计了可进可退的练习方式,利用分层、分解练习,从易到难,让每个学生都能进步。循序渐进地引导学生进行练习,逐步加大练习难度让学生从容掌握动作。充分挖掘每个学生的潜在能力,发挥学生的主动性,以促进学生努力达到学习目标。

七、活动过程

(一)准备部分:激发兴趣

1. 开课常规

生:体育委员整队报告人数,师生问好。

师:导入本节课的内容。

2. 慢跑活动

师:音乐伴奏,教师指挥引导。

生:精神饱满,集中精神。

3. 垫上韵律操

师:音乐伴奏,语言引领提示。

生:随音乐认真练习。

要求:积极参与,节奏感强。

设计意图:

准备部分利用垫子做多种跑的练习,结合动感强劲的垫上律动操,动作简单新颖,充分激发学习兴趣,使学生精神振奋、快速地进入学练状态,起到热身效果,为基础部分利用垫子进行主教材的学习做好充分准备。

(二)基本部分1:掌握技能

1. 师:引导辅助性练习。生:认真练习。

(1)师:合作游戏:俯撑屈膝踢实心球射门。生:合作练习。

(2)师:引导指挥跪跳起练习。生:认真完成,改进动作。

2. 师:垫上组合练习:支撑跪行→支撑跪跳上低垫子→跪跳下。

生:明确任务,分组练习。

3. 师:引导学习支撑跪跳上两节跳箱—向前跳下。

生:观察学习、记住动作要领,分组练习。

(1)师:教师讲解视频。生:观看视频学习。

(2)师:教师讲解保护方法,学生示范动作。生:大胆尝试体验动作。

(3)师:引导分组活动巡回指导、纠正。

练习①支撑跪跳上低垫子→跪跳下练习。②支撑跪跳上两节跳箱→向前跳下练习。

生:分组练习动作,体验方法。

①认真完成,提高能力。②交流研讨动作。

4. 师:指导复习3~5步跳上成跪撑。生:认真复习动作。

5. 师:教师引导、示范、组织练习。

生:观察学习、记住动作要领,分组练习。

（1）师：观看视频，讲解动作。生：学习动作要领。

（2）师：教师巡回指导，纠正。生：保护下完整动作练习。

（3）师：组织学生展示、评价。生：小组推荐展示、观察评价、交流。

（4）师：组织无保护练习，巡回指导。生：总结方法，尝试独立完成。

6.师：小结讲评。生：认真听讲，总结。

要求：勇敢顽强、相互鼓励，保护同伴。

设计意图：

课的主体教学过程，从学生的实际出发，利用分解，分层的教学方法，使用自主、合作的教学方式，发挥小组长作用，培养学生互信互帮的学习态度，创设良好的学习情境，同时将目标分解逐步完成。由原地双人配合的小游戏俯撑提臀屈膝"踢实心球"射门，到垫上组合练习，在用两节跳箱与低垫子结合练习，最后过渡到高跳箱上完整动作练习，掌握由低到高的原则，体验不同高度的练习方法。教师运用讲解与示范结合利用展板与多媒体方法来解决教学中的重难点，使学生掌握正确的动作要领与方法，提高练习效率。将主教材与游戏有机结合，在教学过程中遵守循序渐进，从趣味练习过渡到技术练习，从模仿到提高，使学生了解并掌握正确的动作方法。同时教学中教师反复强调安全性，加强了学生的安全意识，进行了安全教育，避免伤害事故发生。

（三）基本部分 2：拓展能力

游戏活动：《爬行接力》

师：组织讲解游戏：生：认真听讲，积极动脑。

1.师：提示规则。生：分组练习、比赛，互相鼓励。

2.师：讲评游戏。生：总结比赛经验。

要求：注意力集中、积极勇敢、相互鼓励。

设计意图：

在身体练习中结合本节课主教材，以发展学生上下肢与全身协调能力为主，同时利用器材创编游戏《爬行接力》，将枯燥的练习游戏化，使学生在游戏中身体素质得到发展，学生团队意识得到加强，同时在"玩"的过程中促进学生去判断、去领悟、去感受，力争做到体能与技能同步发展，也为完成下一节课运动技能奠定了基础。

（四）结束部分：恢复身心

（1）师：组织放松活动，音乐伴奏。

生：认真放松，调节身体机能。

（2）师：小结本课。

生：认真听讲。

(3)师：布置作业、收还器材，宣布下课，师生再见。

生：老师再见，回收器材。

要求：充分放松、总结经验。

设计意图：

采用瑜伽音乐引导学生进行放松，使学生在轻松柔和的乐曲中身心得到调节，身体的柔美动作和呼吸相结合，并且采用垫上仰卧举腿抖动与拍击方法，从而消除疲劳，恢复身心。

总结中对在活动中积极参与合作、大胆尝试练习的学生给予表扬，对于学生团结友爱、相互帮助的优良品质给予肯定，同时对学困生提出希望要求，鼓励提高练习。最后针对下一节课练习内容布置课后作业，让学生充分利用课外时间加强锻炼。

八、教学资源与工具设计

教学器材包括：

跳箱 4 个；踏板 4 块；体操垫子 8 块；跆拳道垫子 60 块；音响 1 台；视频一体机 1 台；平板电脑 5 台；实心球 16 个；跳上成跪撑—向前跳下分解挂图 2 副。

（二）案例 2

八年级体育实践课教学设计——跨越式跳高"过杆与落地技术 2/5"
（第六届全国中小学体育教学比赛精品教案）

一、指导思想

本课依据体育与健康课程的性质，以运动技能的学练为主线，发挥运动技能的载体作用，挖掘教材本身的教育、健身等功能，根据体育教学的相关规律，选择适当的教学方法和策略进行体育运动知识和技能的教学，在获得体育运动知识和技能的同时，感受收获与成功的快乐，体会合作交流等，确保学习目标的达成与实现。

二、教材分析

本节课教材为跨越式跳高，教材选自 2011 年版课程标准颁布后人民体育出版社出版的八年级体育与健康教材中的田径部分。它包括助跑、起跳、过杆、落地四个环节。按照《课程标准》的相关要求，以掌握跨越式跳高的助跑、助跑起跳结合技术及过杆技术为重点。跨越式跳高的学习能培养学生快速起跳意识和果断品质，提高学生的弹跳力、灵敏性，培养学生积极进取、胜不骄、败不馁的顽强品质。本单元为 5 课时，本节课为第二节课，主要学习过杆和落地技术，这将为完整技术的学习打下基础。

　　本节课的教学内容是跨越式跳高的过杆和落地技术,过杆动作的关键环节是快速移髋,要做到快速移髋摆动腿的内旋下压、起跳腿的外旋上抬、上体的内转前倾与手臂上挥的协调配合。

　　三、学情分析

　　学生为八年级男生 40 人,学生们容易接受新事物,表现欲与求胜欲较强,在跳高的练习中总想展示自己的能力,突破自己成绩。对于跨越式跳高有一定了解,也基本能够完成跨越式的动作。但是,动作技术的规范性、合理性还比较欠缺,学生的跳跃能力有待于提高。第一次课进行了助跑起跳技术的学习,学生基本掌握了助跑起跳的方法,为本节课的学习打下了良好的基础。由于学生对跨越横杆的渴望会分散学生的注意力,对于过杆和落地技术的学习可能会产生影响。练习时只关注是否越过横杆,不关注技术动作,教学中应对这种情况加以关注与引导。

　　四、教学过程

　　(一)教学目标

　　教学目标明确具体、可操作、可评价才能有效地指导教学。根据行为目标的要求,用学生表现出的具体的、可观察的、可评价的外显行为表述教学目标能够达到明确具体、可操作性、可评价的要求。根据对教材和学情的分析对本节课的教学目标设计如下:

　　(1)认知目标:学生能够说出过杆的动作要领要点,知道最佳的过杆点在什么位置。

　　(2)技能目标:在 3～5 步助跑跨越式跳高过杆时 80% 的同学能完成杆上移髋动作,20% 的同学有明显快速过杆移髋动作。通过本课适宜运动负荷的练习,提高学生的弹跳能力,促进学生跑跳及协调性的提高。

　　(3)情感目标:在不断的跨越横杆的练习中引导学生形成积极进取的态度和胜不骄、败不馁的顽强意志品质。

　　(二)教法与学法

　　依据运动技能形成的规律,本课为新授课。处在运动机能的泛化阶段,结合学情的分析,本节课主要采用示范法、语言法(讲解、口令和提示)、分解法、预防与纠正错误法、反馈教学法以及语言激励、榜样、表扬等方法。

　　主要采用的学法:观察法、模仿练习法、重复练习法、合作学习。

　　(三)教学流程

　　(1)开始环节 2 分钟,教师直接用语言导入本课,并利用学生对跨越横杆的渴望,调动学生的情绪状态,激发学生的学习兴趣,并使学生明确教学目标和教学要求。

(2)准备环节9分钟,进行队列练习、热身跑、徒手操以及专门性练习等。在热身跑的练习过程中利用"听信号变向跑"的方法活跃练习气氛集中学生注意力,通过徒手操活动全身各个关节,为主教材的学习作好准备。专门性练习采用三步起跳,强调助跑的节奏,起跳有力,为后面的学习做好铺垫。

(3)主体环节(31分钟)。

①5步助跑起跳复习,主要目的是进一步巩固助跑起跳技术,教师主要用击掌和语言提示的方法改进学生助跑的节奏,用语言提示和个别纠正的方法强化起跳的动作要领,为过杆和落地技术的学习打好基础。

②过杆和落地技术的学习。通过教师的示范讲解使学生形成正确的概念,示范之前教师向学生提出明确的观察要求,然后引导学生共同归纳出动作要领。并提出教学中注重教学反馈,同时教师应教会学生进行教学反馈的反方法。跨越式跳高过杆动作的关键是过杆时快速移髋,如果移髋动作快速明显,那么上体向起跳腿方向旋转前倾幅度就大,而且落地时能够看到横杆。动作就像是向横杆"鞠躬"。学生之间的相互反馈以是否有向横杆"鞠躬"动作为判断标准进行。学生的自我反馈以落地后是否能看到横杆为判断标准。并使学生清楚没有移髋动作的改进方法。

运用原地或上一步起跳过低杆练习并通过利用"双皮筋"的方法加大移髋距离,在上侧皮筋挂一个铃铛用以反馈学生是否越过双皮筋的方法让学生掌握教学重点与难点;5步助跑过竿练习进一步巩固过杆和落地技术,并通过每一位同学的展示了解目标达成情况。练习中教师引导学生正确运作教学反馈,要求每一位学生都要参与对同学的反馈。对于学习效果不明显的同学及时进行个别指导,对于学习有突破的同学及时给予表扬。

挑战不同高度的练习,通过皮筋高度的上升,激发学生练习的热情,并适时向学生进行"胜不骄、败不馁"的思想教育。

③体能练习、双人单脚跳、多人单脚跳、游戏(赛龙舟)都是单脚跳跃的练习。通过练习进一步发展学生的跳跃能力,为今后提高学生的跳跃高度打下基础。同时用两人合作和游戏的方式提高学生参与的兴趣,体前屈练习既可以改善柔韧性,对于跳高加大摆动腿的幅度有帮助,还可以对腿部肌肉起到牵拉放松的目的。

(4)结束部分(3分钟),进行放松与课后评价小结,通过小结使学生了解本节课教学目标的达成情况,提出今后的学习期望。

(四)预计学习效果

学生能积极参与教学反馈、积极交流,平均心率为120~140次/分,练习密度达50%~60%。

（五）安全措施

（1）充分做好准备活动，做好腰、腹和腿等部位的活动。

（2）练习有序，一位同学完成练习后，下一位同学开始练习。

（3）合理布置场地器材。

（4）练习中提示安全的重要性，提示学生注意力要集中、态度认真。

五、本课特点

（一）有效教学为反馈的运用

教学反馈是否及时准确是决定教学效果的关键。本节课教学中运用了教师反馈、学生之间相互反馈、学生自我反馈的方法。对于学生的相互反馈和自我反馈最关键的是方法，有清楚的参照标准。跨越式跳高过杆动作的关键是过杆时快速移髋。如果移髋动作快速明显，那么上体向起跳腿方向旋转前倾幅度就大，而且落地时能够看到横杆，动作就像是向横杆"鞠躬"。学生之间的相互反馈以是否有向横杆"鞠躬"的动作为判断标准进行。学生的自我反馈以落地后是否能看到横杆为判断标准。直观的判断标准为有效教学反馈提供了保障。

（二）教具运用

自制的双皮筋教具运作简单、皮筋稳定，加大移髋距离对于解决教学重难点有很大帮助。外侧皮筋上挂铃铛对于学生是否越过双皮筋起到了很好的反馈作用。

附表：跨越式跳高"过杆与落地技术"表格式教案

教材 内容	1. 跨越式跳高，过杆与落地 2. 体能练习	课的 类型	新授课
教学 目标	（1）认知目标：学生能够说出过杆的动作要领要点，知道最佳的过杆点在什么位置 （2）技能目标：在3～5步助跑跨越式跳高过杆时80％的同学能完成杆上移髋动作，20％的同学有明显快速过杆移髋动作。通过本课适宜运动负荷的练习，提高学生的弹跳能力，促进学生跑跳及协调性的提高 （3）情感目标：在不断跨越横杆的练习中引导学生形成积极进取的态度和胜不骄、败不馁的顽强意志品质		
重点 难点	重点：过杆时摆动腿内旋下压，起跳腿外旋快提 难点：过杆时快速移髋		

顺序	时间	教学内容	组织、教法、学法与要求	
			教师指导	学生活动
开始部分	2′	1. 体委带队，报告人数 2. 师生问好，检查服装 3. 报告本课任务，进行安全教育 4. 安排见习生	组织： ********** ********** △	要求：精神饱满，集合做到快、静、齐
准备部分	9′	1. 队列队形练习： 原地转法练习 齐步走——立定 2. 热身活动： 慢跑，听口令变向跑，跑跳步 3. 徒手操： 体侧运动，体转运动 踢腿运动，侧压腿 弓箭步压腿 膝关节绕环 踝关节绕环 4. 专门性练习 三步助跑起跳练习	组织：二列横队变四列横队 教法： 1. 教师讲解练习方法，提出要求 2. 教师组织学生进行练习，口令指挥 组织：一路纵队绕场行进 教法：教师讲解基本方法后组织学生练习 组织：四列横队体操队形 教法： 1. 教师示范每个动作讲解要求 2. 教师进行领做提示动作要求 组织：四列横队体操队形 教法：教师示范每个动作讲解要求，教师进行领做提示动作要求	学法： 1. 学生听教师讲解 2. 学生集体做练习 要求：精神集中，动作规范，整齐有力 学法：学生按要求在教师的组织下进行练习 要求：速度适中 学法： 1. 观察教师示范 2. 随教师领做练习 要求：动作到位有力 学法： 1. 观察教师示范 2. 随教师领做练习 要求：助跑有节奏、踏跳有力

顺序	时间	教学内容	组织、教法、学法与要求	
			教师指导	学生活动
基本部分	31′	1.5 步助跑起跳复习 2. 过杆和落地动作 (1)原地或上一步起跳过低杆练习(杆高90厘米) (2)原地或上一步起跳过双杆练习，杆的高度同上 (3)3 步助跑过中杆练习及不同宽度双杆练习(杆高95厘米) (4)5 步助跑过杆练习(杆高100厘米) (5)挑战不同高度的练习(杆高105厘米、110厘米) 3. 体能练习 双人单脚跳 多人单脚跳 游戏：赛龙舟 体前屈练习	组织： 教法：1. 教师强调5 步助跑起跳动作要点与要求 2. 指导学生进行 3～5 步助跑起跳的复习 组织：同前一练习 教法：1. 教师示范完整的过杆动作，并讲解过杆动作的要领，以及反馈的方法要求 2. 教师示范原地或上一步起跳过低杆的动作方法 3. 教师指导学生进行原地或上一步起跳过低杆练习及时反馈学生练习情况，并引导学生相互反馈 4. 教师讲解过双杆的动作方法，然后指导学生进行原地或上一步、3 步助跑起跳过双杆练习及时反馈学生练习情况，并引导学生相互反馈 5. 教师讲解5 步助跑过横杆的练习要求，然后指导学生练习 6. 教师讲解5 步助跑挑战不同高度的练习要求，然后组织指导学生进行练习 组织：四列横队体操队形 教法： 教师讲解练习的方法要求，然后指导学生练习	学法：1. 清楚教师关于5 步助跑起跳的要求 2. 学生进行 5 步助跑起跳练习 要求：助跑有节奏、踏跳有力，明显腾空 学法：1. 观察教师跨越式跳高过杆动作的示范，听要领要求的讲解、清楚过杆动作要领，知道如何进行反馈 2. 观察教师原地或上一步过低杆动作示范，清楚练习的方法 3. 学生进行原地或上一步的过低杆的练习、学生之间相互反馈 4. 观察教师原地或上一步过双杆动作示范，清楚练习的方法然后进行原地或上一步、3 步助跑起跳过双杆的练习学生之间相互反馈 5. 学生进行 5 步助跑过横杆的练习 6. 学生按要求进行 5 步助跑挑战不同高度的练习 要求：过杆时摆动腿内旋下压，起跳腿快速上提外展，上体向起跳腿一侧转体前倾 学法： 学生按要求进行素质练习和游戏 要求：遵守规则注意安全

续表

顺序	时间	教学内容	组织、教法、学法与要求	
			教师指导	学生活动
结束部分	3′	1. 整理放松 (1)抖动与拍打四肢 (2)腿部肌肉的拉伸 (3)调整呼吸 2. 集合小结 3. 宣布下课 4. 收拾器材	组织：四列横队 教法：教师领做放松，然后进行小结	学法：随教师领做进行放松 要求：放松充分，集合迅速，听讲认真，态度积极
教具准备	跳高架4副，皮筋8条，垫子8块，铃铛4个，踏跳垫4块，双皮筋支架4副		预计生理负荷	预计平均脉搏：120～140/分 预计练习密度：50%～60%

（三）案例3

高中体育与健康实践课教学设计——挺身式跳远

一、指导思想

根据《普通高中体育与健康课程标准（2017年版）》，本课以运动技能传授为主要教学模式，以提高学生运动技术水平和增强运用能力为发展目标。落实"立德树人"根本任务和"健康第一"指导思想，促进学生健康与全面发展。在传统教学模式的基础上，充分体现教师主导、学生主体的作用，激发学生的学习兴趣，使学生积极主动地参与学习和运动。学生在合作、探究、交流过程中，快乐轻松地学会跳远技术动作，掌握跳远相关运动技能，增强体能，增进身心健康。

二、教材分析

本课教材内容是挺身式跳远中的腾空技术。挺身式跳远是《普通高中体育与健康课程》规定的必修选学田径类运动模块之跳跃模块内容。这个学期在跳远单元计划中需要学习助跑、起跳、腾空和落地四个技术动作，共6个课时，本次课学习的腾空技术是第3个课时，在之前的教学中已学过助跑和起跳技术，为腾空技术的学习提供了帮助。腾空步是起跳与空中动作的衔接的关键，也是维持平衡和完成空中动作的基础，为落地做好准备。

三、学情分析

本节课的授课对象是高一(1)男生，40人。这个学段的男生身体处于青春发育期，具备一定的身体灵敏素质及弹跳能力，且学习能力较强，学习积极性较高，学生自身也有一定的自我组织、管理能力，好奇心、模仿能力较强。同时，学生对体育活动也存在广泛的兴趣，喜欢学习运动技能、技巧。

在初中阶段,大部分学生已经掌握了蹲踞式跳远的基本动作要领,对学习挺身式跳远教学有着较大的兴趣。

班级纪律较好,集体荣誉感强,体育委员与几名体育特长生有较高的威望,能起到很好的骨干带头作用。

四、教学目标

(1)认知目标:通过跳远腾空技术的学习,进一步理解腾空在跳远中作用,激发学生对跳远项目的兴趣。

(2)技能目标:通过学与练,80%的同学基本掌握腾空技术的动作要领,50%的同学能做出空中"挺身"姿势;同时锻炼了学生的身体灵敏性和提高了身体协调能力。

(3)情感目标:通过接力游戏及跳远中的起跳与腾空练习,培养学生勇敢坚强、胜不骄、败不馁的优良品质和团结一致、密切配合的集体主义精神。

五、教学重点与难点

重点:腾空技术中的"放""摆""挺""展"四个动作。

难点:空中动作的协调与身体平衡。

六、教学策略

(一)教学方法

(1)讲解法与直观法:通过准确的语言、优美的动作示范来感染学生,提高学生学习的兴趣。

(2)纠正错误法:由于学生间的个体差异,完成练习的情况各有不同,通过纠正获得正确动作,提高学习的信心。

(3)循序渐进法:在教学过程中,做到由浅入深、由易到难,学生逐步掌握动作。

(4)重复练习法:学生根据技术特征与教师的不同要求,重复练习起跳与腾空步动作。

(5)比赛法:通过比赛,在轻松愉快的课堂气氛中学会跳远的腾空技术。

(二)组织措施

运用集体分步慢速模仿练习与分组实跳练习,同时加强个别指导。

(三)教学过程

1. 开始部分:2'

课堂常规:

(1)集合整队

(2)师生问好

(3)检查服装,安排见习生

(4)宣布本课的内容与要求

2. 准备部分:7'

健美热身操;下肢关节辅助活动

3. 基本部分:31′

学习挺身式跳远之腾空技术

动作要领:

"腾空步"后展髋放下摆动腿,同时两腿继续向后摆动,在空中形成挺身姿势,而后收腹举腿,两臂向上向前、向下向后摆动,准备落地。

复习与学习过程:

(1)复习上节课的助跑起跳技术练习

(2)建立挺身放腿感觉练习

练习一:原地屈膝提摆动腿摆臂跳起,空中放腿落下

练习二:原地提摆动腿摆臂跳起,空中迅速后伸成起跳脚单腿支撑

练习三:连续2步节奏跳摆臂配合,空中放摆动腿与起跳腿并腿着地

(3)跑6步助跳板上起跳的挺身式完整动作练习

练习一:做起跳后放摆动腿落沙坑跑过

练习二:6步助跑挺身越过橡皮筋,收腿举腿落沙坑

(4)单腿跳接力比赛

4. 结束部分:5′

(1)音乐放松操3′

(2)小结2′

(3)收器材下课

七、场地器材

场地:田径场跳远沙坑

器材:踏跳板两块,录音机一台,橡皮筋一条

八、预计课的密度与负荷

平均心率:120~130 次/分;最高心率:约150 次/分;运动负荷:中上

练习密度:35%左右

附表:挺身式跳远——腾空技术表格式教案

年级:高一(1)班　　人数:40 名男生　　时间:20＊＊年＊月＊＊日　　教师:

教材内容	挺身式跳远——腾空技术	课的类型	新授课
教学目标	1. 认知目标:通过跳远腾空技术的学习,进一步理解腾空在跳远中的作用,激发学生对跳远项目的兴趣。 2. 技能目标:通过学与练,80%的同学基本掌握腾空技术的动作要领,50%的同学能做出空中"挺身"姿势;同时锻炼了学生的身体灵敏性和提高了身体协调能力。 3. 情感目标:通过接力游戏及跳远中的起跳与腾空练习,培养学生勇敢坚强、胜不骄、败不馁的优良品质和团结一致、密切配合的集体主义精神。		
重点难点	重点:腾空技术中的"放""摆""挺""展"四个动作 难点:掌握空中动作的协调与身体平衡		

续表

课序	教学内容	教师活动	教学组织	学生活动	负荷	
					时间	次数
开始部分 2′	课堂常规：集合整队问好宣布课的任务安全提示与服装检查安排见习生	1. 教态自然 2. 声音洪亮 3. 精神饱满	成四列横队集合 ********** ********** ********** ********** ★	1. 快、静、齐 2. 背风、背阳光		
准备部分 7′	慢跑 音乐热身操 下肢关节辅助活动	教师带领学生慢跑一圈。 教师讲解示范与学生一起做热身操	* ⬭ 热身操成体操队形排列。 ********** ********** ********** ********** ★	学生统一听老师的指挥，跟教师慢跑，并认真做练习。 要求学生做练习时动作要准确、到位、力度大。	1′ 2′ 1′	1 4*8
基本部分 31′	跳远腾空技术："腾空步"后展髋放下摆动腿，同时两腿继续向后摆动，在空中形成挺身姿势，而后收腹举腿，两臂向上向前、向下向后摆动，准备落地。 1. 复习上节课的助跑起跳技术练习 2. 建立挺身放腿感觉 练习一：原地屈膝提摆动腿摆臂跳起，空中放腿落下。	教师完整动作讲解示范 要求：语言标准，动作优美 教师先示范讲解，提出要求，及时纠错，引导，强化动作要领。 教师讲解示范练，巡回观察，及时帮助学生鼓励学生	********** ********** ★ ********** ********** 1. 在跑道上四路纵队进行。 2. 组织可以较随意，以学生体会动作为主。 成体操队形排列，********** ********** ********** ********** ★	学生认真观察示范学生的动作，思考问题，尝试练习；再认真观摩老师的示范动作，建立正确的动作表象。 学生认真练习，克服自身动作不足，思考如何才能做出最正确的动作。 学生对教师示范认真看、听、记；积极练习	1′ 1′	5 5

续表

课序	教学内容	教师活动	教学组织	学生活动	负荷	
					时间	次数
基本部分 31′	练习二：原地提摆动腿摆臂跳起，空中迅速后伸成起跳脚单腿支撑。		先集体练习，后分组练习		2′	5
	练习三：连续 2 步节奏跳摆臂配合，空中放摆动腿与起跳腿并腿着地。		********** → ********** ********** → **********		2′	5
	3. 跑 6 步助跳板上起跳的挺身式完整动作	教师先示范讲解，提出要求，及时纠错，引导，强化动作要领。负责学生的安全问题。	安排四个练习小组，交换练习 ********** ********** ★ 分两组在沙坑场地进行	学生认真听讲，知道动作练习的内容和要求。注意安全。	2′ 2′	5 5
	练习一：做起跳后放摆动腿落沙坑跑过					
	练习二：6 步助跑挺身越过橡皮筋，收腿举腿落沙坑	教法同上				
	4. 单腿跳接力比赛	讲解规则，组织队伍比赛	***** ***** → ← ***** *****	积极参与，遵守比赛规则，注意安全	1′	2
结束部分 5′	1. 放松操 ——音乐放松	通过放松运动，用平缓的语气引导学生放松身心。	成体操队形排列 * ★	跟着老师的节奏，充分放松身心。逐步恢复到安静状态。	2′	
	2. 课程小结	进行小结，找出不足，对今后提出更高的要求。表扬为主，充分肯定学生参加与活动的积极性。	集合成密集队形 ********** ********** ********** ********** ★	进行自我评价并协助老师收器材下课		
	3. 下课与收器械	布置课外作业。				

课序	教学内容	教师活动	教学组织	学生活动	负荷	
					时间	次数
场地器材	田径场、跳远沙坑 踏跳板 4 个、插杆加橡皮筋 4 付 录音机一台		课的预计	平均心率:120～130 次/分; 最高心率:约 150 次/分; 练习密度:50% 左右		
课后反思						

▶▶ 课后习题

1. 完整的体育教学设计包括哪些环节?

2. 体育与健康课程的备课,主要涉及哪些方面内容?

3. 体育与健康实践课教学设计包括哪些基本内容?

4. 体育与健康理论课与实践教案撰写的区别主要体现在哪些方面?

第七章 中小学体育与健康课堂施教技能

第一节 中小学体育与健康课堂常规和礼仪

一、课堂常规

所谓体育与健康课课堂常规，就是体育课上老师和学生每节课都要共同遵守的一种"行为规范和教学模式"；是为了保证体育教学工作的正常进行，对师生提出一系列的基本要求，是学校体育教学管理的一项重要工作。实施课堂常规，不仅有助于建立正常的教学秩序，严密课的组织，而且对加强学生的思想品德教育，建设精神文明都有十分重要的作用。

体育课堂常规，应根据各校的实际情况制定，虽然无需强求一律，但常规条文的规定，应明确具体。课堂常规一般包括课前、课中、课后三个部分，以及教师、学生两个方面内容，主要有以下几条。

（一）课前常规

1. 教师课前的常规

（1）教师课前的备课和编写教案：课前教师应按学年、学期、单元教学计划的基本要求，认真制定课时计划，编写教案。备课时，要备课程目标；备教材重点、难点；备教学对象；备场地器材；备教学方法。体育教师要备好一周前课，并编写好一周前课教案。

（2）了解学生的课前情况：教师及时了解所上体育课班级的学生情况，主动与体育干部约定，由体育干部向教师及时通知。

（3）场地、器械的准备和清洁卫生工作：体育教师应组织指导学生或亲自动手，及时布置和检查场地，准备教具，为学生的积极参与奠定基础，一切准备工作应在课前准备就绪。

（4）教师服装的准备：体育教师要穿运动服、运动鞋。不准穿西服、牛仔裤大衣、不准穿皮鞋、高跟鞋、拖鞋等有碍于运动的服装。

2. 学生课前的常规

（1）学生课前的各种情况：学生因病、伤，女生例假不能正常上课，课前由体育干部或学生自己主动地向教师说明，教师应根据不同情况，分别妥善安排。

（2）学生服装的准备：学生除了要穿运动服、运动鞋。不准穿西服、牛仔裤大衣、不准穿皮鞋、高跟鞋、拖鞋等有碍于运动的服装。还要注意安全，衣袋里不装有碍活动和可能导致身体不安全的物品，如：剪刀、小刀、钥匙、笔等硬质物品。

3. 师生共同准备

教师和学生在检查和整理好自己的服装仪表后，应按约定的课前几分钟到达规定的集合地点，等候上课。

（二）课中常规

1. 教师课中的常规

（1）教师待体育干部报告后，检查出勤情况，检查学生服装，宣布课堂教学的目标、内容与要求，安置见习生等教学程序。加强课中安全卫生教育措施，指出这节课的易出现的安全问题，然后逐步按计划进入教学状态。

（2）教师按教学计划进行教学，在无特殊情况下，不得随意更改。教师授课时要做好准备活动、教学的讲解和示范、练习的帮助与保护、整理活动等各项内容；要以身作则，言传身教，严格要求学生；要了解课中学生思想动态，调控教学过程及学生的生理、心理负荷，及时纠正错误和改进教学；要关心爱护学生，循循善诱，对学生进行适时鼓励，与学生共同创建和乐的教学气氛。

（3）注意安全卫生：检查见习生执行规定的目标、要求等情况的规定。

（4）课结束时，进行小结和讲评，让学生及时知道课中的表现。提出课后学习的要求，畅述下节课的内容，布置学生课后归还器械和场地整理工作，有始有终地结束一堂课。

2. 学生课中的常规

（1）学生准时到指定地点集合上课。上课铃响后，体育干部进行整队，向教师报告班级情况。

（2）学生上课时，要专心听讲，仔细观看教师动作示范和启发引导，并积极思考,分析理解动作要领,有疑难问题及时提出,把大脑思维与动作练习结合起来。

(3)学生须自觉遵守课堂纪律,爱护场地、器械,在教师的引导下,与教师共同学习努力完成课的各项目标。

(4)课结束时,学生进行自我评价和对他人评价。并协助体育教师归还器械和场地整理工作。

(三)课后常规

(1)教师每次课后都应总结经验和教训,写好课后小结。

(2)下课后教师应检查学生整理场地和归还或移交器材的情况,以保证下节课教学的正常进行。

(3)教师对缺课的学生做进一步了解,必要时给予补课或辅导。

(4)学生应按老师布置的课外作业,认真复习练习,以达到巩固课中学习的内容,保证身体得到合理活动。

二、体育课礼仪及整队口令

(一)礼仪

1. 队伍朝向——远离干扰

(1)如果体育课时间内有太阳,则老师面向太阳而学生背对太阳。

(2)如果体育课时间内有风,则是老师迎风而学生背风。

2. 上下课

(1)整队站好后,老师说"同学们好",同学们则说"老师好"。

(2)下课集合后,老师说"下课",同学们成立正姿势后说"老师再见",并鼓掌两次,老师说"解散",然后自行解散。

(二)整队口令

(1)上课后,体育委员喊"集合"或"全体集合",并摆好手势,学生站好后,手臂自然放下(不能有拍腿声)。

(2)开始整队,先喊"立正"(不是喊"稍息"),然后是"向右看——齐""向前——看""第一排(或各排)报数"、再"稍息"。

(3)向老师报告整队结果,先转体面向老师,然后跑步过去,喊"报告老师,本班应到♯♯人,实到♯♯人,集合完毕,请指示。"教师:"请入列"或"归队"。然后体育委员跑到队伍前面喊"立正",再转体面向前排排尾,跑步回去转身站在排尾。

(4)教师喊"立正""同学们好!"同学们则说"老师好!"教师喊"请稍息!"然后教师宣布课的任务及安排见习生。

第二节　中小学体育与健康课口令

一、口令概述

(一)什么是口令

在现代教学中,体育口令源于军事口令,是体育教学中的一种特有的语言。口令是有一定的形式与顺序,有确定的内容,并以命令的方式指导学生活动的语言方式。

作为教学方法而言,口令法是指学生按教师下达的口头命令与指示完成规定动作。作为我们体育教师的一项专业技能而言,体育口令是指教师在体育教学中运用一定的语言或信号,按一定的程序下达指示,以此进行队伍的调动、集体动作的组织与练习等,以达到教学目标,完成教学任务的一种教学语言。口令是体育教师所特有的专业性语言,它带有教师命令、威信和意志的信息,使学生做到有令即行。教师在运用口令时清晰、洪亮、富有激情,可以使学生精神焕发,调动其积极性,因此,口令又是一门语言艺术。

(二)口令的特征

口令既具有一般语言所具有的特点,在教学中它又有自己所特有的特征。

1. 口令的准确性

口令本身具有准确性,只有教师准确地下达命令,学生们才能准确地完成动作。体育口令源于军事口令,内容明确。教师在下达口令时,要保证时机准确、口令清晰、音正意准。含混不清、非规定、错误口令,是体育老师运用口令的大忌。

例如,看似简单的"立——定"口令的下达,下达时,"立"应落在哪只脚上,"立——定"应该用怎样的节奏喊,这都是要体育教师必须准确掌握的;再比如,一些行进动作,动令应当是"走",跑步后接向后转继续跑步,应当下达"向后转——走"而不能喊"向后转——跑",还有踏步时"原地踏步——走",就不可以下达为"原地踏步——踏"。这些口令语言都应该严格地准确运用。

2.口令的简洁性

体育口令语言精练。教师一般利用简短的口语或数字,指示学生所要完成的动作。下达口令的时候,只需说明"是什么""怎么办",无须解释"为什么"。简而言之,中心突出、没有废话,是口令的鲜明特点。要简洁明了,口令要坚决果断不容迟疑,稍有迟疑或不够果断的口令,都将导致学生无法圆满地完成规定动作。一些特定的简洁指令,不仅使学生明了,更能节约教师组织的时间。

3.口令的节奏性

口令声有长短、高低之分,教师在下达口令时一般都是清晰、洪亮、抑扬顿挫的,在我们平时生活中,一般是不会用具有节奏性的语气来说话交往的,所以节奏性是口令所特有的特点。

体育课中口令的节奏性一般体现在:口令的分解,如"预备——起""一二、三四、五六、七八",这样既可有利于听者有准备时间,动作节奏清晰,整齐划一,又可保证教师喊口令时的换气;在预动令一体化的口令中,下达口令更要清晰,短而快,特别是只有动令的系列口令中,如"稍息、立正、集合、报数、坐下、起立"等,口令切忌无力或速度慢,只有有力准确的口令,才能使学生感受到教师的威严,才能精神集中、动作迅速。

口令的节奏较具体,一般与动作性质相吻合,准确把握口令的节奏,注意音量的高低、主音的突出,在何时何处发生用力或停顿,都是需要教师在实践中多加练习的。

4.口令的针对性

口令是指示,故一定有针对性,它是教师在一定的目的下发出的信号和指令。教师对所发出的每一个口令都应具有一定的预见性和实质性,即:学生的准备情况,执行口令的效果等。口令的针对性就是要具体准确,具体就是针对性的体现,如集合整队、队列操练、体育比赛及集体游戏等都有特定的口令。特别是在许多体育比赛上,就得针对性地发出该项比赛的有关口令及术语,同时还要注意所发口令的时间和空间。口令针对性强,可使我们的口令精练,使学生精神饱满、精力集中,完成口令所发出的每一个指示高质量化,同时可增强教师的组织力度,减轻教师的工作负荷。

5. 口令的程序性

口令要具有一定的程序性,如学生还未集合就不能喊稍息、立正,还未踏步就不能喊立定。预动令结合的口令就必须先喊预令再喊动令等。

(三)口令的要素

口令技能包括以下五个要素(图7-1)。

图7-1　口令的构成要素

1. 口令结构

口令的结构一般包括预令、中间停顿、动令三个部分(无预令口令即短促口令只有动令,如"立正""稍息"等等)。

预令是指动作的性质,即说明要做什么动作,预令的长短一般视队伍大小、练习场地、外部环境和学生年龄情况等情况决定。

中间停顿是指在下达动令前停顿合适的时间,下达口令时有一定的停顿,可以使学生对所发出的口令得以思索、了解并作出准备。

动令是命令动作的开始,它不决定动作的性质。动令要短促有力,洪亮干脆,要注意学生的情绪变化,不能使他们感觉仓促紧张,以致举动失措。

例如,在队伍行进中的向后转,口令是"向后转——走",因为预令"向后转"指明了改变行进的性质,动力"走"只起到命令向后转的开始作用,所以转向新方向后,仍按原步伐行进。在预令"向后转——"与动令"走"之间要有合适的停顿,以使学生能对动作提前作出反应,在动令下达时可以做到整齐划一。

2. 口令用语

体育教师一定要注意教学中口令的规范与术语正确,做到不下达无目的、无效的口令。口令的内容及下达方式都已经有所规定,教师应该统一使用体育专业术语下达口令,不用日常口语替代教学口令,以确保口令的权威性和严肃性。

3. 口令发声

要恰当地运用口令教学,首先要掌握正确的口令发声部位。发声部位主要是口腔、胸腔、腹腔。口令发声要求吸气有深度,胸腔和肺部全面扩大,但无僵硬感。呼气后微微保持原状,喊时气流顺畅、均匀有节奏,有明显的呼吸支持点。声门闭合,声带随着声音的高低强弱而变更其长度、厚度和张力;口适度张开,舌根、下颚及脸部不紧张,喉头稳定,但不用力;上颚稍向上抬,并会感到上部共鸣的作用。当口令这样发出时,才能感觉到全部发声器官的协调动作。

口令学习者应该了解发声器官的构造与发声的原理,正确认识这些器官在口令发声中的地位和作用,掌握口令发声器官的运动规律,以便在口令发出时能够有意识地组织这些器官的活动,运用自如。

4. 口令节奏

呼喊口令的过程是展示口令语义的过程,口令的发音节奏不同,其运用效果也就明显不同,在下达口令的时候,教师要注意预令和动令要有明显的节奏,做到不疾不徐有适当间歇,使学生可以在听到预令后有时间准备动作。口令的节奏变化,使口令成为振奋学生精神、鼓舞士气的重要手段。

掌握口令的节奏,与换气又密切相关,换气的方法主要有大换气、小换气和偷换气三者。

大换气:即在休止的地方从容换气。有预令的应在预令和动令之间换气,如"向右——转";无预令的口令应在口令下达后换气,如"立正""坐下"等;走(跑)步时,喊"一二一"在休止时换气。

小换气:在顿挫的地方换气,也叫补气。如数字间的换气,即走或跑时喊的口号"1——2——3——4""123——4"等。

偷换气:用极短时间偷偷地、不明显地换气,但换气时注意要快、要稳。如广播体操前一节至后一节间的换气或者8拍中间的换气。

5. 口令音量

口令的音量大小应以能使全体学生听清为宜,一般取决于队伍的纵深长度和人数的多少。下达口令时,教师不仅要注意音量的大小,还要注意音量的强度变化,一般有预令和动令的口令,起音相对要低,然后由低到高,音调逐渐升高,音量逐渐加大。另外,教师在下达口令时,还要突出并恰当地运用主音,重点字音量要加大、加重,拖音也要恰当加长。例如"向后——转"口令就突出在"后"字上。这样强调主音,加大其音量,可以强调口令的意图,引起学生的注意和重视,提高教学效果。

二、口令的类型

体育教学中的口令有很多,作为将来从事教师工作的体育师范生来说,喊好口令至关重要。为了便于师范学生更好地掌握口令技能,本教材重点介绍两种划分口令技能类型的方法。

(一)按照口令下达方法的不同划分

1. 短促口令

短促口令的特点是只有动令,发音短促有力,无论几个字,中间不拖音,不停顿,按字数平均时间,有时最后一个音稍长。如"立正""稍息""报数""踏步""起立""坐下"等。

练习口令的时候,对于这种只有动令没有预令的短促口令,发音时无论几个字都要连续喊出,但应注意轻重强弱之分。如"立正"的"正"字、"稍息"的"息"字、"起立"的"立"字,应重而强。

2. 连续口令

连续口令的特点是预令的拖音与动令相连,动令短促有力。有时预令与动令之间稍有间歇,预令拖音稍长,其长短根据队伍的大小或者动作结构性质而定,如"向右看——齐""向前——看""向后——转"等。在行进间队列练习时,预令和动令之间的拖音应符合行进间的节奏,如"立——定""向右转——走"。

3. 断续口令

断续口令其特点是预令和动令之间有停顿,如"第 X 名,出列""成体操队形,散开"。

4. 复合口令

复合口令兼有连续口令和断续口令的特点,如"以 XX 同学为基准,向中看齐""成二路纵队,向左转——走"。

（二）按照内容表达方式的不同划分

1. 常规口令

常规口令是借助于简洁、规范的语言，用口令的形式指导教学，常规口令统一规范，具有针对性，教师不可以自己添加个人语言。如"跑步——走"，绝对不可以喊成"跑步——跑"；常规口令直观性强，语言生动简练，重点突出，节奏明显。如"向右看齐""原地踏步走"。

在体育教学中，运用常规口令最多体现在队列队形练习中，即运用口令来调动队伍。体育课堂教学，会有很多学生队伍的调动与组织，这都需要教师下达正确的口令进行指挥，所以一个体育教师如果不会使用规范正确的口令，要想上好一堂规范的体育课几乎是不可能的。

2. 数字口令

数字口令是通过数字的形式来表达，调整动作的节奏与整齐度的口令。数字口令具有调整性。教学中教师常用简单的数字"1、2、3""1、2、3、4"来调整学生动作的节奏，增强动作的整齐性。

如跨栏的栏间三步练习，在教师做动作时，教师可以按节奏喊"1、2、3"，以此来调整动作的节奏。

队列练习中的"1——2——1"是最常用的数字口令，还有跑步中，教师领喊口令"123——4"，学生也随教师喊出"123——4"，这样不仅可以培养学生的节奏感、协调性，还有助于振奋情绪，并使动作达到整齐一致。

数字口令一般在教学中常用于带操口令，如做操时要使用的节拍（4X8拍或者 2X8 拍）。带操口令一般用八呼，喊每个八拍的第八拍时应用平调（ba）。带操口令随着动作性质的不同，速度上有快慢变化，声调上应抑扬顿挫。在教学中，有节奏地喊数字口令，也可以使数字口令的节拍与学生的动作建立联系，促进学生对动作的理解，以此帮助学生感觉肌肉紧张的准确性。

数字口令可作为提示口令，如在体育舞蹈"华尔兹"教学中，常用三拍子音乐伴奏，所以教学时喊口令也用三拍"一——二——三——"。用简洁的语言，恰当地运用口令和节拍提示动作要领，既简单明了，又便于学生接受并较快地掌握动作。

数字口令可以辅助调节动作的节奏。例如：跨栏的栏间步伐，很多学生往往采用大步或者倒碎步。教师为了调整栏间距离，教好过栏技术，就可以采用有节奏的数字口令来调节学生栏间步节奏，即在学生每过一个栏后，起跨腿刚一触地的瞬间就开始喊"1、2、3"的口令,让学生们随着口令的节奏练习三步过栏,这样的练习可以帮助学生形成正确的快速栏间步伐节奏。

3. 信号口令

信号口令是运用哨声、掌声或呼声等提示性的声响代替语言的口令,给练习者示意用力时机、动作节奏和动作提要。信号口令主要做提示作用。我们主要介绍哨声与呼声中单字口令。

(1)哨声、掌声

一些外界媒介,如哨声、掌声、音乐可针对口令节奏性的特点而代替教师自身发出的口令。

(2)单字口令

单字口令是指在教学中,学生在学习动作技能的关键部分,教师用单个字音的形式,通过口令来提示学生该如何做或者该注意什么。主要是通过单字的呼声给学生提示零散的、关键的知识点。

三、口令的运用

(一)运用口令的基本要求

1. 常规口令的运用

(1)下达短促口令时,要简洁明确,教师在下达短促口令"立正"的时候,要先吸气后吐气,用适当高亢的音量发出口令,"正"字音饱满,不能低,是否拖音要看队伍、场面大小而定。

(2)队列口令中,预令与动令组成的口令较多,如原地转法的口令,喊口令时,要求学生听到预令就应准备做动作,听到动令立即做出动作。发口令时要注意咬字、吐字清楚,预令与动力之间有适宜的间歇。

(3)行进间的口令,行进间的口令也是预令和动令组成的口令,喊这种口令时要按照预令和动令组成的口令进行,但是要掌握时机,行进间的口令一般动令落于右脚,但也有例外,"向左转——走"时,动令就应落于左脚。

2. 数字口令的运用

(1)要因人而异。不同的学生有自己不同的节奏,因此要因人而异地运用数字口令,控制好节奏的快慢、强弱和时间间隔等,免得适得其反。

(2)数字口令提示动作时间的设定。数字口令在动作教学或者练习中,一般由教师自己规定,这就需要教师掌握口令的强度和频率的适宜度,以及在下达口令前提前让学生熟知你所运用的数字口令要传达的意思。

(3)数字口令运用的时机。数字口令在动作掌握方面做提示调节作用的时候,一般在学生粗略掌握动作后使用,当学生已基本形成自己的动作节奏,既可以尝试去掉数字口令这一刺激,以便让学生按自己已形成的动作去完成动作技术。

3. 信号口令的运用

(1)哨声的运用可以减少教师用嗓量,保护教师的身体。

(2)哨声音质响亮、清脆,在教学中丰富了教学语言。课堂中多种多样的哨声,可以有效地传递教师的命令与指示,组织学生进行各种练习。

(3)哨声的短促、清脆与其特有的音响和音频可以迅速刺激学生的条件反射,适合在体育教学的教学环境中运用,可以有效地进行教学指导,从而加大课的密度和强度,从而提高教学效率。

(4)运用哨声时要注意切忌使哨音变成噪音,尤其针对低年级儿童使用时,由于儿童对声音反应敏感,所以要视实际情况而用,或者采用其他的音响代替哨音。

(5)在教学中掌声运用得当,也能收到一定的效果。击掌方便,节奏易于调整,并且具有亲切感,更能使学生受到鼓舞。

(6)掌声不仅可以培养学生的节奏感,提示帮助学生体会动作要领,而且掌声可以集中学生的注意力,又不会引起学生的反感。

(二)运用口令的注意事项

1. 发声部位要准确

口令练习时正确的发声部位应该是:胸腔、口腔、头腔三个部位产生共鸣。

一般在发口令前要吸气,吸气的深度根据口令的类别和要求而定。如下达短促口令"立正""稍息""报数"等,一般向下压气,以胸腔共鸣。下达连续口令时,要带拖音,如"齐步——走""向右——转"等吸气要深一些,一般要吸到丹田,达到发声洪亮、宽厚、有气势的目的。

2. 掌握好口令的节奏

各种口令的下达都要注意节奏,预令、动令和间歇都要有明显的节奏,一是为了学生能听清楚,二是让学生能有所准备。在体育教学中,下达口令时,要注意字与字之间不可平均发音,要有所侧重。

下达预令时,无论字多字少也不能断开,要一气呵成。如"向右看——齐",不能喊成"向右——看齐",也不能喊成"向——右——看——齐"。

喊动令的时候一定要短促有力,前面的预令要有所间隔,要断开。体现其果断、威严和强化作用。

在喊无预令口令时,两个字不得平均发声,应做到前一个字轻,后一个字重;前一个字短,后一个字稍长。如"稍息""立正"等。

口令的节奏也要视实际教学内容而定。如,准备操的口令应根据活动关节及肌群的不同,而采取不同的口令下达。若活动较灵活的关节,如肩关节、腕关节、膝关节和踝关节时,口令的节奏可以明快一些;而活动那些活动范围较小的关节时,如颈关节、腰关节,口令的节奏就应慢一些,以免造成不必要的损伤。

3. 合理地运用呼吸

"善口令者,必先调其气。"这也说明了"呼吸"与"口令"的关系,正确的呼吸是掌握好喊口令的基本技能,在喊口令的时候,要把发声器官协调一致地动员起来,才能加大呼气量,获得正确的发声,达到良好的效果。

因此,呼喊口令的时候,要根据口令的性质来决定吸气的深度,如喊长而大的口令,就应吸得深一些,吸气深肺部空气多,肺部发出的气流就强,声带振动的频率就高,振幅大,发出的声音也强。在这种情况下发出的口令,自然就能做到底气足、声音洪亮、有气势。

下达口令时要注意音量的强弱变化,突出主音。

声音的大小主要取决于队伍的纵深、长度和人数的多少。一般都是把重音放在最后一个字,并且音调要好一些。如"齐步——走""向右——转"。

体育教师根据这一下达方法,在熟知不同的情况和场景下,灵活地加以运用。如根据班级人数的多少来决定口令下达,班级人数较多时,下达口令拖音就应要大些,并相应地长些;队伍小,声音可小些、短些。

在突出主音的时候,重点字要喊清楚,音量稍大,拖音也要适当地延长,这样才能让学生很快地明白口令的意图,整齐准确地做出动作。

第三节　中小学体育与健康课口哨

口哨虽说是一件小而不起眼的体育用品,但它在体育教学和体育竞赛中与体育教师形影不离、联系密切,可谓是体育教师的得力助手。体育教师可以通过哨子发号施令进行指挥,对提高教学质量、培养学生技术动作的节奏、帮助学生体会和掌握动作要领、控制竞赛节奏和减轻体育教师的工作负担等都能起到很好的辅助作用。因此,正确、熟练地使用哨子是体育教师应具备的一项基本技能,同时也是体育院系学生的必修内容。

一、口哨的种类

(一)哨子种类

哨子的种类多种多样,不同的划分标准其种类也不相同:按哨子有无核分为有核哨、无核哨;按哨音所包含的单音数目分为单音哨、双音哨和三音哨;按哨子的制做材料分为金属哨、塑料哨和焦木哨;还可以按哨子的样式等分类。

(二)口哨声音的种类

在口哨使用过程中,一般在一口气中有强弱、长短的变化,但基本规律是哨音由低到高,或由平到升,尾音不能运用降调,否则,口哨音将失去吸引学生注意力的作用,使人听起来不舒服。

1. 一声哨音

一声哨音有短音与长音之分,短音发音要有冲力,收尾干脆;长音发音首先要将气吸足,然后尽情吐出,根据需要戛然而止。

2. 二声哨音

二声哨音有两短声与一短声一长声之分。两短声之间有稍微间隙,吐气猛,干净利落;一短声一长声,短音可稍轻,长音调子要高、饱满,尾音可运用平调或升调。

3. 三声哨音

三声哨音主要用于队列练习的齐步走和跑步走。三声哨音一般不易连续,特别是第一声和第二声之间,要有短暂的间隙,第二声带拖音,有时与第三声相连,这时尾音采取升调,以示两声的区别。

4. 多声哨音

多声哨音是体育教师在长期从事的体育教学实践中,不断探索总结出来的一种口哨吹法。它主要队列练习的齐步走和跑步走中,一口气有七个节拍。

5. 滑音

为了加强艺术渲染,进一步引起学生注意,有时在一声长音中,音量有起伏变化。其方法是,用大拇指与食指的第一指腹靠在哨眼两侧,通过两手指的合、开使音量发生变化。

二、口哨的吹法

同样一只口哨,不同的人可吹出不同的效果,关键在于吹法不同。正确的吹法是,首先将哨嘴放入口中,用上、下切牙咬住哨嘴上下凸缘的内侧,松紧度以鸣哨时哨子不被气流从上下牙齿间吹脱为宜,舌尖稍用力堵住哨口,上下嘴唇包紧哨的颈部,谨防漏气,胸腹部肌肉用力收缩,使胸腔内的压力增大,同时,鼻腔闭气,口腔两侧的肌肉紧收,形成向外吹气之势;然后,舌尖突然后缩打开哨口,使气流进入哨中,吹响哨子,音量的大小、强弱由吹气力量而定。如要终止鸣哨时,舌尖再次堵住哨口;如要间断性鸣哨,吹气时舌尖只要反复堵住和打开哨口即可。

三、哨子的用途

(1)代替体育教师的口令,丰富体育教学语言。体育课上,体育教师清脆、响亮、肯定、有力的哨声,不仅能有效地代替教师的口令把信息传递给学生,还能有效地组织学生进行各种练习,使体育课充满生机活力。因此,体育教学中教师的哨声就是命令,学生闻哨便会开始或停止练习。

(2)哨声洪亮,号召力强,有利于提高教学效果。通过哨声对某些动作技术给予指令性信号时,使大脑皮层由于受到哨声的刺激,会形成一种复杂的、连锁的、本体感受性的运动条件反射,有利于加深学生对动作结构与节奏的理解和记忆。如针对学生跳远接近踏板时降低助跑速度的毛病,教师可先于学生起跳前的一瞬间,"嘟——!"的一声哨响给其指令性信号刺激,以强化学生起跳的意识,对改进这一毛病会有明显效果。哨声的短促、清脆、响亮与特有地音响和音频迅速发布出来,加大了条件反射的作用,赢得了教学指导时机,从而加大了体育课的密度与强度,有利于提高体育教学的教学效率。

(3)体育课多数情况下是在室外场地进行的,其教学场面大,容易受天气、气温、周边环境等因素的影响,分散学生的注意力,从而降低教学效果。在长距离投掷、指挥跑步、分组轮换以及教师的位置处于逆风位置发令时,若采用哨声提醒和指挥,不仅能够保护教师的咽喉与口腔卫生,减轻教师的工作负担,节省了时间,而且还能更好地集中学生的注意力,召唤学生,促使学生认真进行练习,以提高指挥效果。

(4)体育课堂上,同学们按照教师安排的练习内容尽情地活动,充分展现自我,发展个性。难免会有个别学生违反课堂纪律、扰乱课堂秩序或出现不利于同学间团结的言行发生。这时教师通过哨声及时地加以制止、警告或指正,不仅可以确保教学秩序的正常进行,而且还有利于使学生逐步养成团结友爱、互相协作、遵纪守法的良好思想品德。

四、口哨的声音变化与运用技巧

体育教师运用哨子应做到哨声振动灵活、控制自如、有节奏感,哨音悦耳动听、声中有情,以增添哨子的艺术感染力。这就要求教师必须经常勤于练习、善于总结,并不断向有经验的教师学习、请教,以丰富和提高自己对哨子的运用能力和运用技巧。

(一)口哨在队列队形练习中的运用

"嘟嘟——!"短音转长音,表示召集分散相对较远的学生集中。

"嘟——嘟!"第一长音转短音,表示立定。

"嘟——嘟——嘟!"声音由高到低再到高,表示口令"1—2—1"。

"嘟——嘟——嘟——嘟!",平缓短促四声,第一声高,第二声低,第三、四声较平缓,表示节拍"1—2—3—4"。

"嘟嘟——嘟!"声音由低到高,第一声短音,第二声长音,第三声短而响亮声音,表示向左(右)——转。

"嘟嘟——嘟——!"声音由快速转长音,表示要求整个队伍迅速集合。

(二)体育课堂上常用的哨声组合技巧

"嘟——!",尖长一声,表示某动作或片断的开始。

"嘟嘟!",短促两声,表示提醒或引起学生注意。

"嘟——!"(声音由高到低),悠缓一声,表示动作的片断结束或暂停。

"嘟嘟——!"(声音由低到高),表示对违反课堂纪律的学生给予警告、制止或指正。

"嘟嘟嘟——嘟!",表示紧急集合。

"嘟嘟!"(声音由低到高再转低),表示小组的练习进行轮换等。

"嘟——嘟"(转换声),表示徒手操、广播操转换节数。

第四节　中小学体育与健康课肢体语言

长期以来广大体育教师都认为在体育课上只要能正确地使用口令、哨子就能够上好体育课。真的是这样吗?通过在平时的体育教学工作中总结、积累的经验来看,其实大家都忽略了另外一个非常重要的方面,那就是体育教师在上课时的肢体语言。如头势:点头、摇头;手势:握拳、摆手、竖拇指或 V 字形;情感:耸肩、拍肩、摸头;又如集合队伍时纵队、横队的手势,集合、解散的手势等等。

一、肢体语言的作用

我们在平时的交往、交流中都会不同程度、自觉或不自觉地使用很多的肢体语言,来引起对方的注意,起到强调或是渲染自己要表达的意思的作用,使对方很容易就能领会自己的想法。有时在某种不方便语言表达的时候,肢体语言能够达到事半功倍的效果。所以在日常教学中,体育教师如果能够适时、恰当、正确、合理地运用好自己的肢体语言,不但能更好地表达自己的意思,使学生能更容易理解和掌握所学的知识,同时也能拉近自己和学生之间的距离,起到画龙点睛、提高教学效果的作用。

(一)维持课堂纪律

在维持课堂纪律方面,某些时候肢体语言比口令、哨子发挥的效果要好得多。口令和哨子在面对大面积的学生时会起到它们的作用,但是在面对个别学生时,就会显得大材小用了。

例如:教师在讲解动作要领或是组织学生进行练习和游戏时,发现某位学生注意力不集中,东张西望,做小动作,影响其他同学听课。教师如果在这个时候使用哨子或是直呼其名,当着全班同学的面批评他,容易使这位同学的自尊心受到伤害,而使其产生抵触情绪。虽然,当时表面上迫于压力服从批评了,但是实际上并没有真正地接受教育。同时,教师的讲课也不得不中断,既影响了教师的教学思路,也使其他学生的学习思路不连续,影响整个课堂的学习气氛。如果这个时候教师慢慢地走到这个学生的跟前,采用合理的肢体语言,如:轻轻拍拍他的肩膀,或是师生视线接触时,皱皱眉或摇摇头给予一定的提醒,这样既能使该学生引起注意,改正错误,又保护了其自尊心。同时,也能保证教师的教学顺利进行,保持良好的课堂气氛,使教学井然有序。所以,在这种时候肢体语言要比口令或哨子更合适一些。

在站队集合或是队列练习的时候,同样可以用肢体语言省去很多麻烦。例如:有个别学生没有对齐,这时,教师可以站在队列的排头前,抬起一只手臂做参照物,让学生自己观察是不是对齐了,如果学生还没有发现自己站歪了,这时可以摆一摆手提示一下该学生。这样无声的提醒,既保证了队伍能够迅速地集合完毕又能保证队列的质量,同时也能照顾到个别学生的情绪。

(二)有利于学生对动作技术的感知和理解

结合练习内容辅助恰当的肢体语言,有利于加深学生对动作技术的感知和理解。在讲解、示范动作要领的时候,教师的示范动作一定要做到准确、简练、轻松、清晰、优美。这样既能使学生感知动作的全貌,又能减轻学生的心理压力,增强完成动作的信心。在初步学习阶段和动作简单时运用正常速度,为了使学生比较清楚地看到动作的各个环节可以采用慢速的示范。对于重点、关键的动作,可以采用慢速的重点反复示范加深学生对动作技术关键的认识。还可以利用正误技术动作对比示范,更有助于突出正确动作印象和对错误动作的认识。让学生经过思考、分析和对比,发现自己存在的问题并改正错误。尤其在给低年级学生讲解技术动作或做诱导练习时,辅助适当的手势,更会引起学生的联想,起到强化作用。

例如:教师为突出技术动作的某一个特性时,对难于做静止示范的技术难点、重点之处,教师可以用手来指点动作的用力方向,用手臂的摆动代替动作幅度与速率,用手比划高度、长度等,使学生加快对动作技术的理解和领会。在组织学生练习时,对能够圆满地完成好技术动作的学生,教师可以用竖拇指或 V 字形的手势进行表扬,如果学生的技术动作完成得不是很好,或是没有完成,可以用鼓掌的手势进行鼓励,使学生减轻心理压力,增强自信心,能够积极主动地进行练习,熟练掌握技术动作的要领。

(三)促进教师与学生的互相沟通

在教学时合理地运用肢体语言,能够促进教师与学生的互相沟通。教师对学生有着一定的感染力,教师的情感往往是通过一定的场合和一定的形式表现出来,而教师正是通过自己一举一动的肢体语言流露出来的情感信息渲染着课堂气氛,使教师与学生之间的距离逐渐缩小,促进情感信息的交流。教师在教学中就像一个指挥官一样调动着学生的情绪和兴趣。所以,教师在课堂上的情绪直接影响到学生的情绪,教师在整个教学过程中表现出高涨的情绪、饱满的精神、丰富的感情、自若的神态都能对学生产生潜移默化的影响,使之形成积极的心理状态,激发学生的练习热情。

二、肢体语言的分类与运用

教师的体态语言根据位置和功能的不同可以划分为面部表情、眼神、手势、身体姿势、仪表五类。各类的功能和作用各不相同,但又相互联系,结合成有机完整的形象教学表达系统。

(一)面部表情

人的面部是提供最多人体语言的场所,心理学家指出,一个人的面部能做出大约两万多种不同的表情。人们通过面部肌肉的变化、五官在一定限度上的相对位移和面部色彩的变化,展示出满足、兴奋、关切、害怕、气愤、沮丧、不满、鄙夷等各种情感。凡有丰富经验的教师,都善于利用面部表情的变化在教学中表达自己的情感。

学生在练习技术动作时,教师面带和蔼热情的微笑,投以鼓励信赖的目光,能一下子拉近师生间的距离,会使学生信心百倍,干劲十足。

教师面部表情中最基本的一点是微笑,它具有神奇的力量。微笑教育是一种现代教育思想,以人为本,创造师生互动良好的课堂教学氛围,为教师的教与学生的学架起了一座情感交流的桥梁。教师的微笑传达的信息包括:心境良好、充满自信、真诚友善、乐业敬业。

此外,热情开朗、和蔼亲切也是教师在教学中较稳定的面部表情模式,它贯穿于教学的始终。同时,面部表情又要随着教学内容、教学情景的变化而变化,从而使学生从其表情中获得鼓舞性的信息,甚至能窥探出其所要教学的内容。

(二)眼神

眼睛是心灵的"窗口"。从一个人眼睛瞳孔的大小、亮度的明暗、视角的俯仰、注视的时间与变化的快慢等,都可以看出他内心的疑问、好恶,及态度的赞成与否。师生间眼神的交流,是师生间最能传神的心灵沟通。所以体育教师在课堂上艺术而又科学地用好眼睛,对于辅助教学语言、提高教学效果至关重要。另外,人与人之间交往的默契程度,与相互注视的时间长短有很大关系,若要对方喜欢听你的谈话,应有 60%~70% 的时间注视对方。这一点对体育教师教学中掌握眼神的运用技能是很有启发的。从视线交流的角度变化看主要表现为:环视、正视、仰视、俯视、斜视、点视;从视线距离和强度变化看主要表现为:直视、注视(视线放长,眼神力度加大)、蔑视、虚视(视线放长,眼神力度和饱和度削弱)、逼视(视线切近,眼睛放亮)、探视(视线切近,眼神柔和)。

在体育教学中可以采用以下方法。

1. 环视法

环视指视线在较大范围内做有意识地环状扫描,一般在讲授前、讲完部分内容后或者提问之后使用。当体育教师讲解或示范时环视所有学生,能使大家感受到是讲给大家听的;而当学生做练习时,体育教师环视所有练习者,可以使学生感受到教师正注意他的练习,并通过眼神表明他对学生动作的态度;对于有一定危险的器械上的练习,教师的环视也可以体现教师对学生的关心,增强学生的安全感。

2. 注视法

注视指目光较长时间固定于某人或某物,教师注视包括授课注视、亲密注视和严肃注视。授课注视(一般是俯视)可用于激发学生思考,促进学生认真听讲;亲密注视则表达一种亲近的情感,而严肃注视多用于组织教学和制止不良行为等。当讲解时或语言停顿时的瞬间,注视个别同学,表明了一种提问的含义:"听懂了吗?"学生能感受到一种关怀,学生通常会给以积极的反应,比如以点头或锁眉表示听懂或不懂;当个别学生违反纪律或练习不认真时,为了不影响体育课的课堂气氛和正常的教学进程,教师可能用注视将批评、不赞赏的信息传递给这些同学,学生能领会到:"教师提醒我,不能再这样了。"和语言训斥相比,人体语言保证了教学或练习的连续性,这种方式更体现了教师对学生的尊重、爱护和严格要求,因此更有实效性。

3. 虚视法

这是一种似看非看的方法,教师不时地把视线对准某一个学生,或者对某一部分学生;或者对某个学生仅仅一瞥,以提醒个别轻度走神或违反纪律的学生——他们的行为已经引起了教师的注意。这样既能起到唤起学生注意的效果,又不会伤害他们的自尊心,可以调动学生学习和练习的积极性。

4. 点视法

顾名思义,就是将目光短时间地停留在某一点上,尤其是停留在学生身上,这种方法既可以对表现好的同学传达一种鼓励、支持的信息,还可以消除和制止某些学生的不规范行为。

5. 锁视法

这是教师紧锁眉头,并注视个别学生的方法。当某个学生违反纪律或练习错误,或经反复的提醒仍然无效时,锁视能加强学生对错误的认识或启发学生积极思考。

其实在教学中教师要善于运用眼神交流手段,一方面能透过学生的眼睛,洞察其内心世界,了解学生是在认真思考还是心不在焉;另一方面,教师还要会利用自己的眼睛,对学生进行课堂控制。

(三)手势

手势是教师的"第二语言",是指手指、手掌、拳头、胳膊的综合运用。它以众多的不同造型,描摹事物的复杂状貌,传递着教师的潜在心声,展示了教师心灵深处的微妙情感。较之眼神语言,手势是更有力、更直接地表达人的情感和欲望的手段。适时适度地应用手势,能使学生引起注意、提高兴趣、振奋精神,有提示和辅助讲解的作用。体育是一个"动教"大于"说教"的学科,教师用手势辅助教学,可将抽象的事物具体化、形象化,达到事半功倍的教学效果。

体育教学中,在调动队伍、传授技术时,正确合理地应用手势来配合口令,对完成好教学有着良好的促进作用。队列队形练习时,教师左手举起、右臂平伸,就是在示意学生以右翼排头为基准按身高排列向右看齐;竖起左手的手指可以告诉学生是几列横队。教师运用手势应多采用掌心向上,它是一种表示诚意、谦逊和屈从的手势,会使学生感到心情舒畅;要尽量避免使用带强制性的、镇压性的掌心向下,紧握拳头的手势;教师在做示范时,动作技术难点和关键之处可以用手势指点动作用力方向、比画高度、长度等,用手臂的摆动来代替动作的幅度和速率,使学生对动作技术建立时间、空间的概念。

(四)身体姿势

身体姿势是指教师在教学活动中通过自己躯干和四肢的动作来传递或辅助传递教学信息的活动。主要包括站立姿势和身体走动。站立姿势虽然在教学中并没有特殊的意义。但在教学活动中,教师不同的站立姿势会给学生不同的感受。如果教师举止得体、高雅大方,不仅能表现自己的修养、气质、风度、能力水平,而且还可以增强教学的感染力,吸引和稳定学生的注意力。教师自然大方的姿势给学生以轻松和美的感受;而拘谨、单调的姿势则易使学生厌烦。课堂教学中,新任教师容易紧张,站着不知手脚该怎么放,时常会将学生的注意力吸引到教师身上而忽略讲课的内容,影响教学效果。教师的体态应使学生感觉到既端庄严肃,又亲切自然。

身体走动是指教师在教学活动中身体位置的变化。教学过程中,教师的身体位置处于不断的动态变化之中。教师应不断改变自己的身体位置,使自己的位置始终处于便于观察学生学习情况,这样也便于学生观察教师的位置。这样可以更好地促进师生之间的信息和情感交流,使教学活动变得更富有生气,同时,也可使学生的练习活动变得更积极主动。

教师良好的站立姿态不仅可以有效地起到相应的辅助教学之功效,也会使学生在从教师的教学中获取一定知识的同时得到一种形象美的熏陶。一般来说教师站立时应两脚平行,距离与双肩同宽,身体直而不硬,神态自然,呈挺胸收腹之势。这样显得情绪高昂,充满信心,庄重尊严。

(五)仪表

仪表指的是一个人的整体外表。它构成人的具体形象。仪表反映一个人的气质和性格特点,教师给学生的第一印象就是仪表。虽然在大多数的教学情景中,它不直接传达与教学内容相关的信息,但它却是影响教学活动和教学效果的一个潜在的、不可忽视的因素。

教师的仪表从某种意义上反映教师的个性,体育教师的仪表尤其会引起学生的注意,且能潜移默化地影响着学生学习积极性,它是无声的教育,直接影响着学生的情绪和教学效果。因此,教师要注意仪表美,穿着整洁、大方,体现个人特色,不过于花哨,不追赶时髦。

作为一名体育教师,大多数要在户外进行实践课,为了工作方便,教师一般都穿着轻便的运动服和运动鞋。即使条件不允许,所穿服装也要以轻便、舒适、整洁为宜,西装革履或者牛仔裤之类的服装绝对是禁止的。因为一方面自己规定学生的衣着,另一方面自己却在违规,时而久之,对学生也有了负面影响,体育教师的威信会在学生的心目中逐渐减弱,甚至影响到正常的体育教学。

综上所述,肢体语言在体育教学中是一门艺术。在体育教学中,教师每一个合理的手势,一道充满某种情感的目光,一个恰当的表情,都会对教学起着重要的作用。由此可见,良好的肢体语言素养也是一个体育教师必须具备的基本能力之一。这不是一朝一夕就能形成的,而是在长期的教育教学工作中逐步总结、积累的财富。

第五节　中小学体育与健康课队列队形

一、队列队形练习的意义

　　队列队形练习是体育教学的重要组成部分。在教学中运用队列队形练习,能合理地组织学生活动、集中学生的注意力,培养节奏感、协调性和审美观念,有助于完成教学任务和提高教学质量。通过队列队形练习,可以培养学生的组织性、纪律性,增强学生的集体主义观念,使学生养成"团结、紧张、严肃、活泼"的优良作风。站立,是发展人体美的基础;行走,则是人体运动美的起点。青年正处在长身体的时期,可塑性很强,体育教学中必须重视这些基本技能的训练。通过队列队形练习,帮助学生形成正确的身体姿势,从而促进身体的正常发育。

二、队列队形练习的基本术语

　　列:学生在一条直线上,左右排列成的队形,几排即为几列。前排为第一列,以此类推。二列横队,第一列称前列,第二列称后列。
　　路:学生在一条直线上,前后排列成的队形,几行即为几路。左边第一行为第一路(也称左路),以此类推。
　　横队:按列排成的队形称为横队,其正面(宽度)大于纵深。
　　纵队:按路排成的队形称为纵队。通常,其纵深大于正面(宽度)。
　　方队:横宽和纵深大体相等的队形叫方队。
　　翼:队列的两端。左端为左翼,右端为右翼。
　　排头:位于纵队之首或横队右翼的学生(一个或数个)叫排头。
　　排尾:位于纵队之尾或横队左翼的学生(一个或数个)叫排尾。
　　基准:指定作为看齐目标的学生叫基准学生。如以右翼排头为基准向右看齐;以某某为基准向中看齐。
　　正面:队列中学生所面向的一面叫正面。
　　后面:与正面相反的一面叫后面。
　　间隔:学生彼此之间左右相距的间隙叫间隔。
　　距离:学生彼此之间前后相距的间隙叫距离。
　　队形宽度:两翼之间的横宽叫队形宽度。

队形纵深:从第一列(站在最前面的学生)到最后一列(站在最后面的学生)的纵长叫队形纵深。

伍:成二列或数列横队时,前后排列的学生称为伍。各伍人数与列数相等时叫满伍,人数少于列数的叫缺伍。

三、队列队形动作

(一)常用动作

1. 集合

口令:"成一(二、三……)列横队——集合!"或(按教师指定的队形)——"集合"。

要领:教师在下达口令后,面向站队的方向成立正姿势,学生听到口令后,按口令所指示的队形,迅速地依次排列于教师的左方,全部脚尖站在一条线上,如多列集合,各列分别站在一条线上。

此外,如果教师下达:"面向我成一(二、三)列横队——集合!"或"面向我(按教师所指定的队形)——集合!"的口令,右翼的排头学生在教师前约4~6步处成立正姿势,其余学生迅速跟着在排头的左方站在指定的横队,一队或各队脚尖站在一条线上。

站队之前,教师应迅速站到横队中央的前面,面向队列,监督站队,如需要站成纵队,教师应指示清楚。

2. 解散

口令:"解散!"
要领:听到"解散"口令后,迅速离开原位。

3. 立正

立正是基本姿势,是队列动作的基础。
口令:"立正!"
要领:两脚跟靠拢并立,两脚尖向外分开约一脚之长;两腿站直;小腹微收,自然挺胸;上体正直,微向前倾;两肩要平,稍向后张;两臂自然下垂,手指并拢自然微屈,中指接于裤缝;头要正,颈要直,口要闭,下颚微收,两眼向前平视。

教学要求:做到"三直、一挺、三要,眼有神"。

4. 稍息

口令:"稍息!"

要领:左脚顺脚尖方向伸出大半脚,两腿自然伸直,上体保持立正姿势。稍息过久,可自行换脚,但应先恢复立正姿势,再换脚。稍息时,精神仍不能涣散,也不能随意相互说话。

教学要求:稍息时,上体应保持立正姿势。

5. 整齐

口令 1:"向右(左)看——齐!"

要领:基准学生不动,其余学生向右(左)转头,眼睛看右(左)邻同学腮部,并通视全线,后列人员对正,看齐。

看齐时,身体姿势仍应保持正直。如发现自己的位置与基准同学不在一条线上,要立即以碎步调整。如是二列横队向右看齐时,第二列的基准学生,应取一臂之长的距离,向第一列基准学生对正,第二列其余学生动作同第一列。

一般应是向右看齐整理队伍,除必要时才用向左看齐。

口令 2:"以××为准向中看——齐!"

要领:基准学生不动,其余学生按照向右(左)看齐规定实施。基准学生听到"以某人为准",左手握拳高举听到"向中看——齐"后,将手放下。

口令 3:"向前——看!"

要领:基准学生不动,其余学生立即收头转止,恢复原来姿势。

6. 报数

口令:"报数!"

要领:从右至左依次以短促洪亮的声音转头报数(最后一名不转),后列最后一名报"满伍"或缺×名。

在体育课中,为上课的需要,往往用指定数字的报数,或几列同时报数。方法同上,但教师应事先说明:如"1 至 3——报数!"、"各列——报数!"等。

7. 踏步

口令 1:"踏步——走!"

要领:两脚在原地上下起落,抬起时,脚尖自然下垂,离地面约 15 厘米,上体保持正直,两臂按齐步走摆臂要领摆动。听到"立——定!"口令,左右脚各踏一步成立正姿势。

口令2:"踏步!(行进间)"

要领:先进间听到"踏步"的口令后,停止前进,两脚按原步速在原地上下起落。如再听到"前进"口令,继续踏两步,再前进。

(二)原地转法

1. 向右(左)转

口令:"向右(左)——转!"

要领:以右(左)脚跟为轴,右(左)脚跟和左(右)脚掌前部同时用力向右(左)转90°,体重落在右(左)脚,左(右)脚靠拢右(左)脚。转时,两腿绷直,上体保持立正姿势。

2. 向后转

口令:"向后——转!"

要领:按向右转的要领向后转180°。

(三)行进间动作

1. 齐步走

口令:"齐步——走!"

要领:左脚迈出约75厘米处着地,体重前移,右脚照此法行进;上体正直,微向前倾;手指轻轻握拢;两臂前后自然摆动,向前摆时,小臂稍向里合,手约与第五衣扣同高并不超过衣扣线,行进速度每分钟约120步。

教学要求:①上体正直,精神饱满。②摆臂自然,步幅与步速准确。

2. 正步走

口令:"正步——走!"

要领:左脚踢出(脚掌离地面约20厘米并与地面平行,腿要绷直)约75厘米处适当用力着地,体重前移,右脚照此法行进;上体正直,微向前倾;手指轻轻握拢;摆臂时,向前摆肘部弯曲,小臂略平,手腕摆到第三、四衣扣之间,离身体约15厘米,手心向内稍向下,向后摆到不能自然摆动为止,行走速度每分钟约116步。

教学要求:腿要踢直,着地用力;重心前移,上体正直;臂腿协调,雄壮有力。

3. 跑步走

口令："跑步——走!"

要领:听到预令(跑步),两手迅速握拳提到腰际,拳心向内,肘部微向里合。听到动令(走),上体微向前倾,两腿微屈;同时左脚利用右脚掌的弹力向前跃出约 80 厘米,前脚掌先着地,重心前移,两臂自然摆动;向前摆不露肘,小臂略平,稍向里合,两拳不超过衣扣线,向后摆不露手,拳贴于腰际。行进速度为每分钟 170～180 步。

4. 便步走

口令："便步——走!"

要领:较轻快地用适当步伐进行,两臂自然摆动,上体保持良好姿势。保持好一定队形。

5. 立定

口令："立——定!"

要领:齐步和正步都是左脚向前大半步,右脚靠拢左脚,成立正姿势,跑步时,继续跑两步,然后左脚向前大半步,右脚靠拢左脚,同时将手放下,成立正姿势,踏步后原地立定。

6. 步法变换(步法变换以左脚开始)

(1)齐步变换跑步
口令："跑步——走!"
要领:听到预令,两手迅速握拳提到腰际,两臂自然摆动。听到动令,即换跑步行进。

(2)跑步换齐步
口令："齐步——走!"
要领:听到口令,继续跑两步,再换齐步行进。

7. 向右(左)转走

口令："向右(左)转——走!"(齐步)

要领:齐步行进间听到动令后,左(右)脚向前半步,脚尖稍向右(左),身体向右(左)转 90 度,同时出右(左)脚,向新方向行进。

8. 向后转走

口令："向后转——走!"(齐步、跑步)

要领:左脚向前半步(跑步时继续跑两步),脚尖稍向右,以两脚掌为轴,从右向后转 180 度,出左脚向新方向行进。转时,两臂自然摆,不得外张。

(四)行进间队列变换

1. 横队方向变换

停止间的口令:"左(右)转弯齐步——走!"

行进间的口令:"左(右)转弯——走!"

要领:以左(右)翼第一名为准,内翼用小步,外翼用大步标齐,成"关门式"转到 90°后踏步,后列各学生对正,取齐,然后按口令立定或前进。

2. 纵队方向变换

停止间的口令:"左(右)转弯齐步——走!";"左(右)后转弯变齐步——走!"

行进间的口令:"左(右)转弯——走!";"左(右)后转弯——走!"

要领:基准学生(列)用小步边行进边变方向,转到 90°后,照直前进,其他学生(列)逐次进到基准(列)的转弯处,转向新的方向跟进。转弯,各列应对齐。

(五)队形变换

1. 原地和行进间的队形变换

(1)原地一(二)列横队变为二(一)列横队

口令:"成二列横队——走!"

要领:听到口令后,双数学生左脚向后退一步,右脚不靠拢左脚而是向右跨一步,站在单数学生的后面,左脚向右脚靠拢。

口令:"成一列横队——走!"

原地要使二列横队变为一列横队时,各学生要先离开一步的间隔,然后再下达口令。

要领:双数(第二列)学生左脚先向左跨一步,右脚不靠拢左脚而是向前跨一步,站在单数学生的左方,左脚向右脚靠拢。

(2)行进间一(二)列横队变(二)一列横队

口令:"成二列横队——走!"(口令落在左脚)

要领:听到口令后,单数学生继续前进,双数学生原地踏脚两步,第三步则进到单数学生的后面,并随之继续前进。

口令:"成一列横队——走!"(动令落于右脚)

行进间要使二列横队变为一列横队时,先使各学生离开一步的间隔,然后下口令。

要领:听到口令后,单数学生原地踏步两步,双数学生向左跨一步,右脚不靠拢左脚而是向前跨一步,进到单数学生的左边,并随之继续行进。

2. 原地和行进间的一(二)路纵队变为二(一)路纵队

(1)原地一路纵队变为二路纵队

口令:"成二路纵队齐步——走!"

要领:听到口令后,双数学生右脚向右跨一步,左脚不经右脚至单数右方,右脚向左脚靠拢。或双数右脚向前方跨一步,左脚向右脚靠拢。

(2)原地二路纵队变为一路纵队

口令:"成一路纵队齐步——走!"

要领:做动作前每个学生前后要有一步距离,听到口令后,右路的学生右脚后退一步,左脚不经右脚至左路后面,右脚向左脚靠拢。或右路学生左脚向左后方跨一步,右脚向左脚靠拢。

(3)行进间一路纵队变为二路纵队

口令:"成二路纵队——走!"

要领:听到口令后,基准(排头)学生以小步行进;双数学生即进到单数学生的右方,各学生并取规定间隔和距离,仍以小步行进;直到听"照直前进"或"立——定"的口令为止。

(4)行进间二路纵队变为一路纵队

口令:"成一路纵队——走!"

要领:听到口令后,左边一路的基准(排头)学生照直前进,其余学生则以小步行进,待留出双数学生的空隙后,双数学生向左插入单数学生的后面,并取规定的距离,然后继续以原步幅行进。

四、体育与健康课队形安排与队伍调动

体育课合理地安排队形和调动各种练习队伍,不仅能严密教学组织,培养学生严格的组织纪律性,有利于统一指挥,集中学生注意力,而且能丰富教学内容,创造良好课堂气氛,调动学生学习积极性,培养正确的身体姿势。由于每次课的教学目标、教学内容、学生学习基础等条件各不相同,所以每次课的队伍安排与调动应根据实际情况而定。

(一)队形安排的基本要求

1. 安排队形要使学生能看清教师的示范动作

安排队形时,必须根据场地器材、教材的动作结构和学生的人数多少来考虑,必须使学生最大限度地看清教师的示范动作,以便给学生建立一个完整、正确的动作概念。

2. 安排队形要便于教师的观察和指导

如果队形安排不合理,就很难照顾全面,对学生的练习也不便于全面观察。这样不利于发挥教师在教学中的主导作用。

3. 安排队形要便于学生间的相互观察与帮助

例如在尝试过障碍的练习中,老师安排的队形是前后重叠的队伍,那就不便于后面同学观察,这样很容易造成队形的混乱,如果教师把它安排成扇形的话,那情况就不同了,因为学生既能参与练习,又能看到其他同学的练习动作,从而进一步强化动作意识。

4. 安排队形要确保安全,互不妨碍

体育教学最终的目的是强身健体,而保证安全是最重要也是最基本的。所以在安排队形时一定要把安全放在第一位,对容易造成事故的练习内容特别注意,如投掷教学时,我们要尽量避免对投的队形。

(二)队伍调动的原则与要求

1. 安全性原则

安全保障是重中之重。无论任何形式的队伍调动模式都需要以安全为前提。如小学阶段学生年龄小,生理和心理发育都未完善,存在着对难度高的调动方式不易理解、对自我情绪无法控制、易激动等特征。教师在追求高效、优质的队伍调动时,必须首先充分考虑到这一点。比如在调动前严肃强调安全纪律和注意事项,事先设计好学生的行进路线,控制好行进速度等来确保他们的活动安全。

2. 简约性原则

体育课队伍调动要强调简约性原则。以"身体练习"为主要手段的课程

性质决定了体育课对"练习密度"与"强度"的要求,因此,队伍调动时要充分考虑课堂练习密度的需要,尽可能准确而及时到达指定位置。为达到快速的目的,需要从时间、空间两个方面去考虑。移动队伍时,时间、距离要采用最短的形式来进行。要强调路线短、时间短的"有效调动",杜绝指挥不清、路线不明的"无效调动"。

所以,在进行练习时,场地的选择和利用,队伍的变化与调动,都要通盘考虑,做前一个练习时要为下一个练习作准备。调动时应减少不必要调动,能够一次调动好,就不要进行第二次调动。

3. 多样性原则

体育教师在队伍调动时,针对不同年龄层的学生,应迎合他们不同的生理和心理特征,或活泼好动、或循规蹈矩、亦或争强好胜等,要充分考虑其接受能力,力求做到手段百变、灵活多样,口令多样,针对性强,富有趣味,使队形组织严而不死,活而不乱。如对高段学生,采用军人般的队列式调动,能使他们瞬间集中精神,自觉进行协调一致的动作;而如果对方向感都不强的学生,一味使用专业术语,那只会落得个"对牛弹琴"的被动下场。因此,在队伍调动中也必须关注学生差异,区别对待,手段多样,从而实现"有效调动"。

4. 灵活性原则

队伍的调动要考虑不同的教学内容和学生特点。要有针对性,充分考虑教材、器械、学生实际,本着有利于学生听讲、观察教师示范和互相借鉴学习的原则,来进行队伍的调动。

(1)从学生健康需要出发:尽可能做到背干扰源、背风、背光(冬季多采用侧面的形式)。

(2)从学生观察需要出发:队形调动要有利于学生的听讲和观察教师的示范动作,要考虑教学技术的动作结构特点。

如跳远、体操的支撑跳跃等带有助跑、路线较长的项目,学生要两边分开,站在教师左右两侧分别面对教具,教师在中间面对教具进行讲解示范。这样学生能清楚地听教师讲解和看教师示范。

(3)从学生练习需要出发:队形调动要有利于学生之间互相观察与学习借鉴,学生练习时,要考虑安全因素。

如滑步推铅球等技术结构较复杂的项目,为便于学生从各个角度去观察,尽可能地用圆形或扇形;武术套路等方向性较强的项目,教师(或学生)领做时,多采用几列横队的形式,方向变化时,用"向后转"过渡。

▶▶ **课后习题**

1. 体育教学的口令包含哪些类型？具体代表着什么涵义？

2. 体育教学中，口哨的使用有哪些强弱和长短的变化？代表着什么涵义？

3. 体育教学中涉及哪些肢体语言？请举例介绍其中一种肢体语言的特点及其应用。

4. 体育教学中有哪些基本的队形变换方式？队伍调动过程中应遵循什么原则？

第八章 中小学体育与健康课评课技能

第一节 中小学体育与健康课评课概述

一、什么是评课

评课是一项常规的教学研究活动，一般是指在课堂听课活动结束之后的教学延伸，对该堂课授课者的课堂教学成败得失及其原因作中肯的分析和评估，并且能够从教育理论高度对课堂上的教育行为作出正确的解释。具体来说：评课就是评课者对照课堂教学目标，对教师和学生在课堂教学中的活动以及由此所引起的变化进行价值的判断。

评课作为一种特殊形式的教学交流与评价活动，是提高教师从教能力，促进教学反思，提高课程教学质量的有效途径，也是衡量教师教学水平的重要方式。所以科学化、系统性、客观性、公平性的评课，可以促进教师对课程教学更深入的认识，使教师对课堂教学的悟性增强，课堂教学能力也进一步提高，为学生创设良好的学习情境。因此，评课技能是每一位体育教师必须掌握的基本技能。

二、评课的功能

评课作为一种特殊形式的教学交流与评价活动，是为了更好地改进教师的课堂教学，使之能更好地顺应当今学生的学习需求和教师的个人专业发展需求。它具有以下功能：

（一）鉴定功能

评课能鉴定课堂教学的效果，对授课者的教学行为、学习行为和教学结果进行价值判断。通过评课来比较、区分授课者的教学能力和学生的学习效果，为改进课堂教学提供决策性的依据，优化教师队伍，以便制订周密的计划,有利于今后的指导和培养。

(二)导向功能

保证教学目标的落实,纠正或防止那些只顾认知目标而忽视情感、技能目标的错误做法,以确保课堂教学朝着科学、有效的方向发展。

(三)发现功能

实践证明,依靠教师自身发现课堂教学中的问题并判断其原因是比较困难的。很多教师难以明确自己教学中的问题所在。更多的教师即使了解了问题所在却苦于没有解决它的有效办法。而通过评课,可以使教师发现教学过程中存在的各种问题或缺陷及其原因,并找出改进的途径和方法。

(四)调节功能

运用评课获得的信息,可以调节影响课堂教学的各种因素,使之恰当地互相配合,优化教学过程。

(五)激励功能

评课是对教师的课堂教学水平进行客观公正的评定。它既能给教师带来满足与自信,也会让教师产生压力和动力,从而提高教师的热情,激励教师以更多的精力投入教学活动中。

(六)促进功能

评课活动对课堂教学的价值判断和价值取向,能够促进教师遵从教学要求、规范的自觉性和学习大纲、钻研教材的积极性,增强教师了解学生、进行教改的主动性;能够促进教师加强对多媒体教学以及各种现代化教学手段的学习和运用。

(七)交流功能

评课的过程是一个交换意见、互相学习的过程,有利于教学经验的交流和推广。

(八)创新功能

通过评课,进行质量分析、检查教学效果、总结成功经验、吸取失败教训、提出改进意见,是一种积累经验、开拓创新的有效手段。它能促使教师不断提高教育理论修养和教学基本功,认真落实素质教育的各项要求,活跃教研气氛;能促进教学方法的改革和教学思路的探索。

总之,评课是基础教育实践中一项最常规的活动,授课者与评课者在教学活动结束后,共同对教师在钻研教材、处理教材、了解学生、选择教法、教学程序设计诸方面进行透视,分析产生问题的原因,最后提出具体改进的意见。评课是一个"诊——断——治"的过程,通过评课,可以加深教师对课堂教学的认识和增强对课堂教学的悟性,从而提升教师的课堂教学能力。

三、评课的要素

评课是以一节体育课作为研究的对象,依据一定的评课指标体系及方法,对教与学两个方面进行科学的评价,从而得出一定结论。它主要由以下五个要素构成(图 8-1)。

图 8-1　评课要素

(1)评课人。评课人是随着课的类型不同而定的,日常课的评课人只有体育教师;检查课的评课人主要是领导;研究课的评课人有专家、体育教师、学者等;公开课的评课人有领导、各学科教师、学者等,人数最多。

(2)评课对象。评课对象是针对一节体育课(有时也可以是几节课)的教学状况、过程、结果等进行评价。

(3)评课指标体系。评课指标体系是根据教育测量与评价的理论要求,结合授课的基本内容、教学模式及应该遵循的一般原则,确定评课指标及其权重的集合。评课指标是评课对象内在本质的外在表现,通常分为一级指标(评课项目)和二级指标(评课要点)。二级指标是一级指标的分解,权重是指各评课指标所占的分数比例。

(4)评课方法。评课方法有定性、定量、定性与定量相结合等,一般采用融权重与评分为一体、定性与定量相结合的"等级分数制"。

(5)评课结果。通常用等级、分数、评语等形式来表述和解释教学效果。

第二节　中小学体育与健康课评课类型

评课的类型很多,依据评课的目的,可分为对教学经验丰富的优秀教师所展示的示范性课堂教学进行的观摩性评课;旨在诊断课堂教学存在的问题和不足,提高教师教学水平的提高性评课;旨在发挥集体优势,取长补短,共同提高教师的教研水平的研究性评课;旨在衡量课堂教学水平,评价教师教学素质的检测性评课。

一、观摩性评课

观摩性评课通常是指选择教学经验丰富的优秀教师进行授课,因为这类教师经历了多年的探索与实践,积累了大量宝贵的教学经验,有各自的教学风格。在授课者结束教学活动后,组织专家或其他教师对授课教师的示范性课堂教学作点评,交流、总结其教学经验,使授课者和听课者明确这堂课好在哪里,哪里需要完善,引导教师关注闪光点,以介绍新思想、新思路为主,优点讲够,缺点讲透,引领教师从源头去认识、理解问题,真正推动教师的专业发展。

二、提高性评课

提高性评课一般是以年级组或教研组为单位,因为同年龄段学生的年龄特征、知识结构、教材内容基本相同,所遇到的问题也就比较相近,由骨干教师与青年教师共同参与评课活动。在随堂听课的基础上,可先由授课教师自我评课,再由青年教师充分评课,最后由骨干教师进行有针对性的总结评课。提高性评课旨在诊断课堂教学存在的问题和不足,提高授课教师和青年教师的教学和评课水平。

三、研究性评课

研究性评课一般是在有一个确定的主题的前提下开设的课,要带着明确的研究课题去听课和评课,以课题组或学科组为单位。通常采取集体备课的形式,相互切磋,共同探讨,写出教案,然后指定几位教师分别授课,课后逐一进行集体评课,不断完善教学方案。在评议时要允许有不同见解,但在方向性、关键性问题上要达成共识,不断完善教学方案。研究性评课的目的不是去判定课的好、中、差,而是旨在发挥集体优势,取长补短,帮助教师改进教学实践,共同提高教师的教研水平。其实,在教学改革的尝试阶段通常也采用这种评课形式。

四、检测性评课

检测性评课一般由学校行政领导牵头,组成评课专家组,在随堂听课的基础上,对授课教师的课堂教学行为和结果作出一系列综合性评价,侧重对授课教师的教学质量进行专项测评。检测性评课旨在衡量授课教学水平,评价授课教师的教学素质。促进教师课堂教学的科学化、规范化,帮助提高教师的教学业务水平。对这一类型的评议,一定要实事求是,尽可能将优点说够,缺点说透。

五、指导性评课

指导性评课主要是针对新教师。骨干教师听这一类型的课,不仅要了解新教师课前的准备情况,还要注意对授课者在课堂上的知识、能力落实是否到位,学习方法、习惯是否养成,教学策略是否得当,教师与学生的关系处理是否妥帖,作业布置是否到位等方面进行全面摸底了解。交流时,先听听他们说课,了解他们的教学目标、教学思路,然后对照他们的授课过程提出意见或建议,主要是从他们原有的教学现状出发,肯定优点,指出发展方向。

第三节　中小学体育与健康课
评课内容与指标

一、评课的内容

评课包括全面评议(分析)和专题评议(分析)两种,全面评议是对课的质量进行全面的分析评定。专题评议是为了深入研究课中的某些问题,有针对性地选定一两个专题,在课中进行专门的观察和记录,在课后加以评议和分析。

(一)全面评议

全面评议是对课的质量进行全面的分析评定,是围绕教学目标对体育课的各个组成因素进行分析,通常是从课前准备工作、课的内容与组织教法、教师的教学和教育素养、学生的学习态度和情绪、师生关系、全面完成教学任务的实效等方面来分析。

全面评议,基本上是按课的结构逐次进行评价,它要求围绕教学目的、教师教授情况、学生学习情况、结合教学条件、教学对象的具体情况,全面地评价一节课的质量。

在进行全面评议时,可以从教师备课情况和教学任务的制定;课中教授情况(包括课的组织、教学、教法措施、练习密度、运动负荷、工作能力和教态);课中发展学生体能的效果;学生学习体育知识、技术、技能的效果;课中学生的学习行为的情况;运动负荷的调节,心理负荷的调动情况等方面来进行。

根据课的结构进行评议,具体可以从以下几个方面着手。

1. 课前准备和教学任务的制定

(1)教师是否了解学生的情况。

(2)教材安排得如何。

(3)场地器材布置如何。

(4)教案写得怎样。

(5)任务制定是否符合要求。

(6)课的任务能否在课堂上完成。

2. 课的进行

(1)开始部分

①开始上课时的组织工作如何。

②值日生报告如何。

③学生准备工作:服装、鞋子等是否便于练习。

④教师是否注意检查学生携带物品。

⑤迟到学生如何教育。

⑥见习生如何安排。

⑦教师对本课任务是否讲得简明扼要。

⑧队形操练是否整齐。

⑨学生注意力是否集中。

(2)准备部分

①准备活动是否达到了暖体的目的,动作是否灵活。

②准备活动是否全面。

③一般性准备活动后,教师是否安排专门性的准备活动。

(3)基本部分

①教材安排是否合理,教师讲解是否扼要,示范动作是否正确。

②队形排列是否便于教学。

③分组轮换教学形式是否符合教材、学生人数、体育器材的具体情况。

④学生活动与等待的时间比例。

⑤课中有无不必要的讲解、示范和队形调动。

⑥课中有无现画场地、搬器材的情况。

⑦采取安全措施如何,是否注意了教育工作。

⑧教师是否善于及时发现学生技术上和情绪上存在的问题,并重点改进和引导。

⑨教师的站位是否照顾到全面。

⑩运动负荷的曲线波动是否合理(逐渐上升,高峰在课的中后部),有无过大或过小的现象。

⑪学生的积极性、主动性调动如何。

⑫教学目标达成情况。

(4)结束部分

①课的任务完成如何,学生是否基本掌握新教材。

②是否有计划、有组织地结束了教学活动。

③学生是否恢复到相对平静状态。

④教师总结性讲话如何,对课的评价是否合理。

(二)专题评议

进行专题分析与评议,要在一系列课中针对选定的问题进行系统的观察和分析,最后将所取得的材料归纳整理,作出适当的评议。如专门分析体育课的目标、运动负荷、心理负荷等问题。专题评议的题目可根据需要来进行拟定,如:

1. 课的目标

(1)是否体现出学生参与体育学习和锻炼的积极性以及从中体验到运动的乐趣与成功,即运动参与的目标制定如何。

(2)是否能够让学生主动学习体育运动知识,较好地掌握运动技能和方法,以及增强学生的安全意识和防范能力,即运动技能的目标制定如何。

(3)是否能够让学生掌握基本保健知识和方法、塑造良好体形和身体姿态、全面发展体能与健身能力以及提高适应自然环境的能力,即身体健康的目标制定如何。

(4)是否能够让学生培养坚强的意志品质、学会调控情绪的方法、形成合作意识与能力、具有良好的体育道德,即心理健康与社会适应的目标制定如何。

2. 课的内容

(1)是否符合学生心理特点、生理特点及场地设备、气候等具体条件。

(2)教材与练习手段的安排是否符合学生全面锻炼身体的要求。

(3)课的各部分之间衔接如何,准备部分能否为基本部分做好充分准备。

(4)结束部分的内容是否正确。

3.学生的学习行为

(1)学生的学习态度:学生参与课堂学习活动的积极性如何,是否认真接受教师的指导。

(2)学生的情意表现和合作精神:学生是否乐于助人;是否敢于展示和挑战自我,克服困难;是否坚持不懈,能为团队的胜利积极配合同伴。

(3)学生的健康行为:学生是否穿合适的服装、鞋子;是否积极参与准备活动、放松活动。

4.教学方法

(1)课的各部分分配是否正确,各部分之间的联系是否密切。

(2)教师在教学过程中是否善于运用各种教学方法。

(3)讲解示范的水平如何,调动学生队形的能力如何。

(4)教法措施是否符合学生年龄特征和不同水平的特点。

(5)教师纠正学生错误动作的能力如何。

(6)教学中对学生提出要求和运用教法时是否注意区别对待。

5.体育与健康课的密度

体育与健康课的密度是指课中各项活动合理使用的时间的总和与课的总时间的比例,又称为一般密度。一堂体育课中有各种活动,包括教师的指导(如讲解、示范、纠正错误动作等);学生做练习;学生相互帮助与观察;练习间的等待和休息;组织措施(如整队、调动队伍)五种。

这几种活动中,某项活动合理运用的时间与课的总时间的比,算该项活动的密度。如讲解密度、练习密度等。由于练习密度的测定方法简单易行,又最能反映体育课的特点,对提高体育课的质量影响较大,所以,目前大多用练习密度来评定和检查体育课的教学质量。

为了提高练习密度,教师应积极采取各种教学手段,缩短练习的间隔时间,严密课的组织工作,尽可能地提高体育教学中合理运用的时间,减少不合理运用的时间。

测定、分析课的密度是为了运用测定的客观材料对课进行分析。在分析时应根据课的任务、教材特点、学生情况、场地器材以及气候等因素,研究各部分内容所占时间的比例是否合理,直接练习时间有多少,浪费的时间有多少,原因在哪里,分析各部分的练习密度和课的练习密度是否恰当,从中找出经验和问题,改进课的质量。一般一节体育课的练习密度应在 30％～50％(2017 年版高中课程标准要求 50％以上),有些课的练习密度会超过50％,有些课会低于 30％。这由教材性质来决定。例如,篮球课练习的密度比田径项目的投掷课高,体操项目器械练习的密度低于其他教材内容的要求,但运动负荷强度高于其他项目。通过对课的练习密度的统计,分析一节课各部分的练习密度是否适当,以此作为提出改进教学方法和组织形式的依据之一。

6. 体育与健康课的运动负荷

体育与健康课的运动负荷是指一次课中,学生做练习时所承受的生理负荷量。

(1)体育与健康课运动负荷的安排,应根据人体生理机能活动变换的规律,循序渐进,从小到大,有节奏地逐步加大运动负荷。对低年级学生,在教学开始阶段,运动负荷要适当小些,以后随体质的增强和训练水平的提高再逐步加大。在一次课中,合理的运动负荷曲线(即脉搏变化曲线)应由低到高逐渐上升,到基本部分后半部达到最高峰,然后逐渐下降,到课结束时恢复到接近课前水平。对整个教学过程来说,要根据适应—提高—再适应—再提高的规律,波浪式地增大运动负荷。

(2)体育与健康课运动负荷的检查和评定。一堂体育与健康课运动负荷的安排是否合适,要通过实践来检验和评定。通常采用观察法、自我感觉法、生理测定法来检验。

(3)体育与健康课生理负荷的分析与评价。分析与评价一节课的生理负荷安排是否合理,主要是从课的平均心率和生理负荷变化过程两个方面进行的,据我国学者研究,不同学段学生体育课平均心率参照标准为:小学(125±5)次/分,初中(130±10)次/分,高中女生(135±5)次/分,高中男生(140±10)次/分,2017 年版高中课程标准要求 140～160 次/分。最理想的是在基本部分的后半部分出现高峰。

对体育课生理负荷进行分析与评价时,一般从下面几方面来进行:整堂课心率变化的趋势是否合理;生理负荷的一般水平和最高点出现的时间和次数是否合理;每分钟平均心率是多少;各部分每分钟平均心率及每个主教材每分钟的平均心率是否合理;每次练习前后心率变化范围的大小,每次练习的间歇时间以及心率的变化是否合理;课后心率恢复情况如何;对课的生理负荷安排总的看法、评价和建议等等。

二、评课指标与分值

为了检查学校体育课质量,评定优秀课和教师,以及进行教学竞赛,专家们提出在教学观察时,在定性分析的基础上,对各项指标用数学打分进行定量评定,从而按照预定的计划进行完整的教学分析与全面评定。

(一)评课方案一

根据课的结果,评课指标包括教师教学能力、学生掌握三基的程度、学生表现、各项生理心理负荷 4 个方面(表 8-1)。

表 8-1　评课指标和分值分配

教师教学能力（35 分）						学生掌握三基的程度（20 分）		学生表现（25 分）			各项生理心理负荷（20 分）		
教学准备 6分	教学方法 8分	教学组织 6分	教态仪表 5分	辅导帮助 5分	思想教育 5分	新授教材 10分	复习教材 10分	学习态度 15分	意志情绪 5分	师生关系 5分	生理负荷 7分	心理负荷 6分	课的密度 7分

1. 教师教学能力(35 分)

(1)教学准备(6 分)。

目标明确具体,切合实际;教学重点突出、教学步骤与时间安排恰当;场地器材分布合理。

(2)教学方法(8 分)。

讲解简明扼要、术语准确,口令响亮清楚;示范动作正确、站位适合;培养学生兴趣和能力措施有效。

(3)教学组织(6 分)。

课的结构严密紧凑;教学组织形式合理;队伍的安排与调动得当;安全措施落实到位。

(4)教态仪表(5 分)。

着装整齐、端庄;教态和蔼可亲、严慈相济;对学生具有良好的影响。

(5)辅导帮助(5 分)。

保护帮助得法,纠正错误得当有效,辅导方法合理有效,对学生耐心细致。

(6)思想教育(5分)。

结合课的内容,从学生实际出发进行思想教育;注重发展学生的个性,激发学生的积极性;能抓住偶发事件进行正确的教育引导。

2. 学生掌握三基的程度(20分)

(1)新授教材(10分)。

完成动作35%～45%。

(2)复习教材(10分)。

完成动作55%～65%。

3. 学生表现(25分)

(1)学习态度(15分)。

注意集中,主动积极,自觉锻炼,遵守纪律,听从指挥。

(2)意志情绪(5分)。

具有进取精神,勇于克服困难,努力完成任务,情绪饱满。

(3)师生关系、学生间关系(5分)。

师生关系融洽,同学间关系互相协作。

4. 各项生理心理负荷(20分)

(1)生理负荷(7分)。
生理负荷的量度与生理负荷过程合理。

(2)心理负荷(6分)。
心理负荷变化曲线合理。

(3)课的密度(7分)。

课的一般密度总体合理,练习密度30%～50%(2017年高中课程标准要求50%以上)。

(二)评课方案二

根据课的实施流程,评课指标包括教学准备、教学过程、教学效果、课后调查4个方面,以及作最后的定量与定性总结评价(表8-2)。

1. 教学准备(15分)

包括教学理念、课前准备、教案编写3个二级指标,8项评课内容。

2. 教学过程(60分)

包括教师活动、学生活动2个二级指标,15项评课内容。

3. 教学效果(20 分)

包括运动参与、运动技能、身体健康、心理健康与社会适应 4 个二级指标 4 项评课内容。

高中体育课可设定运动能力、健康行为、体育品德 3 个二级指标,及相关的评课内容。

4. 课后调查(5 分)

包括学生评价 1 个二级指标,1 项评课内容。

5. 总评

包括定量与定性 2 个二级指标。

表 8-2　听评课标准

执教人:　　任课年级:　　课题名称:　　日期:　　地点:　　评课人:

| 评课指标 | | 评课内容 | 分值 | 评课分记录 | | 得分 |
一级指标	二级指标			记分	扣分点	
教学准备	教学理念	1. 立德树人,符合学生核心素养发展要求,符合课程标准的基本要求 2. 以学生为主体,加强技能训练,促进学生体质健康发展 3. 教学过程中渗透健康第一、以人为本的思想,培养学生自觉锻炼身体的好习惯	15	5		
	课前准备	4. 师生共同参与场地器材布置,现有条件利用率高,场地布置合理 5. 学生预先进入活动状态		5		
	教案编写	6. 教材符合体育与健康课程标准和素质教育要求,选配合理 7. 目标明确、全面、合理、有层次性,结构合理,条理分明 8. 重点突出,关注学生,设计有新意		5		

续表

评课指标		评课内容	分值	评课分记录		得分
一级指标	二级指标			记分	扣分点	
教学过程	教师活动	1. 教师仪表端庄,教态自然亲切,富有感染力;教学基本功扎实,讲解简明,口令清晰,示范动作规范		3		
		2. 教学方法有效,激发学生思维,学生在良好的学习情境中积极主动地学习		3		
		3. 保护与帮助得当,方法灵活多样,时机恰当 4. 处理突发事件有艺术性,调控、应变能力强,课外作业布置合理	15	6		
		5. 学生在教师的引导下能及时反思调整学习过程,能熟练而有效地运用各种教学技术(媒体等)		3		
		6. 学习过程围绕目标展开,突出重点,化解难题,有新意		3		
		7. 教学课各环节组织科学,安全有序,合理;教学过程有效,体现民主、主动、互动、开放		3		
		8. 因材施教,充分发挥体育骨干作用,器材使用和利用率满足学生需要 9. 体现出安全、卫生、环保等意识	15	6		
		10. 教学流程科学合理,应变能力强,有创新意识		3		
	学生活动	11. 学生不间断练习时间不低于 30 分钟,注意安排 10 分钟左右的身体素质"补偿性"练习 12. 促进学生各项身体和技能同步提高	30	6 6		
		13. 学生技能学习融于活动情境教学和比赛情境之中		6		
		14. 课堂气氛积极向上,师生和谐,情绪饱满高昂,活动热烈		6		
		15. 有安全意识,能正确、合理、安全地使用器材		6		

评课指标		评课内容	分值	评课分记录		得分
一级指标	二级指标			记分	扣分点	
教学效果	运动参与 运动技能 身体健康 心理健康 与 社会适应 （运动能力 健康行为 体育品德）	1. 学生在知识与技能的掌握上符合目标要求，练习密度、运动负荷等符合课的类型，教材特点切合学生实际	10	5		
		2. 健身效果好，有利于终身锻炼习惯的形成		5		
		3. 学生情绪高昂，自觉锻炼，学生对体育的兴趣、爱好等得到培养，有竞争意识和良好的体育道德行为。积极参与，心态乐观，心理平衡	10	5		
		4. 学生的相关能力得到发展，团队协作意识增强，个性得到发展		5		
课后调查	学生评价	学生对本次课的兴趣，对教师（课）的意见和建议	5	5		
总评	定量评价	合计得分	总计（100分）：			
	定性评价	特色与亮点： 问题与建议：				

第四节　中小学体育与健康课
　评课程序与方法

一、准备阶段

（一）熟悉课标，掌握教材

在评课中获得发言权，关键在于精通业务，掌握课标精神，熟悉教材。因此，我们平时要善于学习，使自己具有较厚实的教学理论，了解教学改革的最新形势，吃透课标精神，这是其一。其二，还应在听课前认真阅读教材，了解这一课的教学目的、教学重点、难点、练习内容等，同时自己设想一下，假如让我教这样的课,准备怎样教,以便听课时有个对比。如果听课不作准备,匆忙走进教室,不理解上课教师的教学意图,不熟悉教材,就不会有较大的收获。只有做到听课前有准备,才能在听课中看到教师的经验并找出闪光点,才能在评课中意见提得准确且具有指导意义。

(二)了解执教者的基本情况

上好一节课的决定因素在于教师,教师的教学水平取决于教师的素养、能力。我们应对授课者的基本情况有所了解,这样才能根据教师的具体情况进行具体分析,对不同层次的教师的课作出有针对性的评价。如:对教学能力差的教师,如果用骨干教师评课标准去评议他,对其要求过高,这会挫伤他的积极性和自尊心;对教学能力较强的教师,你用低水平的标准评议,会发现没问题,但对其教学质量的提高没有帮助。

(三)确定听课重点

教学评价的内容广泛,如果要对课堂教学的方方面面进行观察和评价,不仅对评课者而言不太现实,而且容易使评价流于宽泛,缺乏针对性,无论是对听课者还是对授课者而言,帮助都不大。因此,教师在听课前必须确定观察的重点,以便听课时能有目的、有重点地观察记录,而不是不分主次地观察所有的教学活动。只有这样,评课时才能以详尽的事实作为依据,有重点地进行评价。一般每次听课最多确定两到三个听课重点,因为无论评价者的经验有多丰富,要求他注意太多的听课重点都是不现实的。例如,可以侧重于听组织教法,或对课的重难点授课者是采取什么教学方法,或在教学中是否体现出教学目标,等等。

(四)设计观察记录表和评价表

听课前如果能够根据听课重点设计一份记录表,会提醒自己观察的方向、注意的要点,并能防止记录不全或记录混乱。一般的课堂记录表的表头包括学校、班级、教师姓名、课题、听课时间等。如以下表格(表 8-3、表 8-4以及第四章的表 4-3、表 4-5)在听课前是必须准备好的,也要对其熟悉,便于听课时的使用。

课后将测得的数据资料进行整理,分项登记在体育与健康课密度分析表(表 4-3),运动心率测定登记表(表 4-5)。

表8-3 听课的记录表

课题：_____ 年级：_____ 班级：_____ 人数：_____ 任课教师：_____ 时间：_____

时间	课的内容	课的进行	教师活动	学生练习及表现	队形

表8-4 教学活动内容和时间使用情况记录表

顺序	教学活动内容	测定五项内容					活动结束时间	不合理使用时间	合理使用时间	备注
		指导	练习	互助	休息	组织措施				
1	整队、清点报告人数					√	2分50秒	50秒	2分	16:00上课
2	宣布课的教学目标	√					3分50秒	30秒	30分	
⋮										
57	讲评、下课	√					46分	3分5秒	42分55秒	16:46下课

二、听课阶段

（一）听课的内容、方法和步骤

听课过程中应边听边记录，既全面又突出重点，按课堂教学过程顺序记下个人所听到的每一项活动，重点的内容详细记录；边记、边想、边分析归纳；课后及时同授课者交换意见，为评议交流做好准备，养成虚心好学和深思慎取的听课习惯。

（二）体育课密度与运动负荷的测定与计算

详见第四章第三、四节。

（三）听课的要求与注意事项

（1）听课应按计划、有组织地进行。

（2）听课之前应仔细研究教案，根据评议的要求和专题有目的、有重点地听课。

（3）听课时要注意选择好位置，室外课既不要坐着不动，也不要频繁走动而影响课堂秩序，不要离练习场地过近或过远，要避免影响学生练习，分散师生的注意力。

（4）上课过程中不要交头接耳，不要当学生的面评头品足、随便议论。切忌指手画脚，影响师生上课的情绪。

（5）听课时边看、边听、边记、边分析、边归纳，记重点、要点，不要记成流水账或只言片语。

三、课后调研、整理阶段

（一）搜集学生意见

课堂教学效果如何，学生是最有发言权的。因此要评价一节课，除了听取教师讲课的过程和观察学生在课堂上的反应外，最好还要搜集学生的意见，特别是在诊断性评价或研究性评价中。听课教师在课后可选择几名不同层次的学生进行调研，了解他们的体验和感受，这样，教师在评课时就会更加客观、科学。一是在课后发放问卷和调查表让学生填写，也可以借助于测试手段，也就是当上完课时，评课者出题对学生的知识掌握情况当场做测试，而后通过统计分析，对课堂效果做出评价。在大样本的比较研究中用这种方法的比较多。二是课后与一些学生个别交谈，了解他们对所教内容的掌握程度，以及对教师教学方法的意见，例如可以用教师所教的内容问学生，或者针对学生课堂上的练习内容进行反问：你觉得今天所学的动作会难吗？你觉得老师这样安排练习，是否能让你更好地掌握技术动作呢？等等。

（二）整理听课记录

整理听课记录的主要任务有两个：一是理清课堂教学的结构和思路。听课记录也是评价者领会教师的设计思路和教学活动安排的过程，听课结束后，虽然作为评价人员，说出课堂教学的基本结构和基本思路不成问题，但是重新看一遍课堂记录，对课堂教学的过程和思路进行再次梳理仍然是必要的，有利于对教师的教学设计和结构安排作出统筹考虑和评价。二是把重要的细节补充完整。听课时,由于来不及把细节记录下来,只是大概地记一两个提示性的关键词,所以听课结束后要及时整理,时间一长就回忆不起来了,就会损失很多有意义的内容。三是针对听课重点对课堂记录表进行整理分类统计,得出结论。例如教师的队伍安排是否合理,听课者可以把听课过程中对授课教师所有画的组织队形进行整理、归纳,看授课教师在某练习阶段,对队伍的调动是否合理,等等。

(三)拟好提纲,确定评价重点

写提纲之前,应先对所听的课进行较全面的回顾,再看看教材,翻翻听课笔记,在认真分析的基础上,拟出评课的提纲,如本节课的优点或经验、主要特点、不足和需要探讨的问题、建议等。

四、评课阶段

在评课阶段有全面评议和专题评议,可根据评课的目的进行选择。

(一)全面评议

全面评议的主要方法有以下两种。

1. 自我评议法

对自己的听课记录或讲课通过自我分析归纳,进行评议的方法,主要找出成功与失败之处、优缺点及原因,讲出自我看法及收获和体会。

2. 他人评议法

听课人通过听课观察记录,对授课情况进行分析归纳并加以评议的方法。

全面评议的步骤如下。

第一,做好评课前准备和人员分工,各自做好记录和统计。

第二,整理好听课记录和评议提纲。

第三,在全面分析基础上对授课情况作出总的评价。

总结出本次课总的优缺点及原因等,并提出改进意见和建议,同评课者一起写好评议小结、课后小结或教学后记,妥善处理有关问题。参加评议者整理好听课和评议记录与汇报材料。

（二）专题评议

专题评议的方法步骤如下。

第一，授课教师先介绍自己课的准备和实施情况。

第二，专家提出有关问题。

第三，介绍测定情况（测定统计表格可参见有关教材）。

第四，听课人深入进行专题分析评议。

第五，主持人总结。

第六，整理专题评议的总结材料。

此外，也可根据需要，将全面评议和专题评议综合使用，这样既全面又有重点，能更好地提高教学质量。

五、评课稿范文

范例：

****体育课评课稿

授课内容：****　授课对象：****　授课老师：***

一、教材把握

目标要求：是否符合课程标准要求；是否切合学生实际；是否明确具体。

重难点：是否恰当；

　　　　讲解是否简明扼要；

　　　　是否突出重点、难点及使用方法。

二、教学过程

教学步骤：时间分配及控制是否合理；

　　　　　各环节过渡及转换是否自然、合理；

　　　　　教学常规是否规范；

　　　　　形式和内容是否完整统一。

教法选择：是否与教材内容和教师实际相结合；

　　　　　是否符合学生认知特点，体现思维训练；

　　　　　是否具有启发性、探究性、创造性；

　　　　　是否从实际出发，运用现代化教学手段。

双边活动设计：讲解和示范是否精炼准确；

　　　　　　　教学活动设计是否科学，环节齐全，衔接自然，讲练结合；

　　　　　　　是否体现主体地位，主导作用发挥如何；

　　　　　　　练习及活动是否具有层次感，参与面及活动量是否广大。

教学原则：是否体现教学民主，师生平等；是否重视学生动机、兴趣、习惯、信心的培养。

三、教学效果

课堂气氛：是否和谐，兴趣是否浓厚，是否有利于教学；

场地布置是否合理；

器材运动是否多样、直观。

信息反馈：反馈及时，矫正奏效，评价中肯。

完成任务：运动负荷适宜性；

是否完成各项任务；

教学目标是否达成。

四、教师素质

教态：亲切、自然、大方、有个性特点。

语言：准确、清晰、流畅、形成教学风格。

应变能力：有效处理突发事件。

五、思考或建议

（略）

▶▶ 课后习题

1. 体育与健康评课的组成要素有哪些？

2. 体育与健康评课有哪些基本类型？

3. 一般而言如何分配体育与健康评课指标的分值？

4. 体育与健康评课应遵循什么样的步骤或程序？

第九章 中小学体育与健康 说课与模课技能

第一节 中小学体育与健康说课概述

一、什么是说课

说课是一种在中小学各学科教研中受到普遍运用的教学研究形式。说课是教师在精心备课的基础上,以教育教学理论为指导,以口头表述为主,运用有关辅助手段向领导、同行或评委阐述某一具体课题的教学设计,并与听课者共同就课程目标的达成、教学程序的安排、重点难点的把握及教学效果与教学质量的评价等方面进行预测或反思,共同研究探讨如何进一步改进和优化教学设计的教学研究活动。说课不仅是督促教师业务文化学习和进行课堂教学研究、提高业务水平的重要途径,还是评估教学水平的有效手段。

说课重在说理,主要阐述的是"教什么?""怎么教?""为什么这么教?"。

近年来,各高等师范院校将这一形式运用到师范生教育实习的准备环节之中,找到了教育理论与教育实践的结合点,感受到了教育理论的有效性和教育价值。说课这种源自于基层、具有中国特色、原创性的教学研究活动,不仅推动了基础教育研究的发展,同时,也成为促进教师素质提高的重要教学技能研究形式。

说课作为一种特有的教学活动方式,目前还常用于中小学教师职称评审和教师招聘考核中。因此,说课是师范专业学生必须掌握的一项基本技能。

二、说课的特点

(一)机动灵活

说课不受时间、地点、教学设备的限制,可随时随地进行,也不受教学对象和参加人数的制约,只要两个人以上即可进行。

(二)短时高效

单纯的说课一般时间较短,10～15 分即可完成,但内容却十分丰富,既包括教师对教材的理解掌握和分析处理,又包括教法设计;既要说清怎么教,又要讲出为什么。

(三)运用广泛

说课的运用很广,领导检查教师备课、教师间研究教学、评价教师的教学水平、开展教学技能竞赛、职称评定、教师招聘等均可采用说课的方法。

(四)理论性强

说课的理论因素很浓,能充分体现教师的教育教学思想。如果教师没有一定的理论水平,是说不好课的。

三、说课的功能

(一)有效地提高课堂教学效率

说课可以说未上过的课,也可以说已上过的课。即可以是"说课—上课—评课",也可以是"上课—说课—评课"。无论是课前说课还是课后说课,说课者都要接受听课者的集体评议,这种评议可以直接地帮助说课教师发现其教学设计中存在的问题,及时对教学方案进行修改,进一步明确教学的重点、难点,理清教学的思路,从而使课堂教学更加科学、合理、有效,提高课堂教学效率。

(二)有效地提高教师的教学能力

说课要求说教学目标、说教学内容、说教法、说学法、说教程、说练习设计、说理论依据等,这要求说课者除了要熟练掌握本学科的课程性质、课程理念、设计思路、课程目标和课程内容等外,还必须认真、系统地钻研教材,提出合理可行的教学方法、组织形式、场地器材,通过经常性说课,必然能促进教师教育教学能力的提高。

(三)有利于促进教师教学理论水平的提高

教师说课不仅要说"怎样教",还要说明"为什么这样教"的理论依据和实践需求。把课说清、说透需要教师积极主动地学习教育教学理论,认真反思教学实践活动,确立运用理论指导教学实践的意识,将教学理论和教学实践有机结合,这必将促进教师不断地提高自身的教育教学理论水平。

(四)有助于促进教师教学交流与合作

说课是教师相互交流教学经验、共同提高教学水平的一种有效的教研活动。说课活动不是说课教师个人的独立表演,而是听者与说者共同参与的、内容具体的、贴近教学实际的教研活动。说课活动把"说"与"评"紧紧结合起来,让说课教师把静态的个人备课转化为一定范围内动态的集体讨论,形成一种教学研讨的气氛,促进教学与研究结合、理论与实践结合。通过"说",发挥了说课教师的作用;通过"评",又使教师群体的智慧得以充分发挥。"说"与"评"双方围绕着同一课题,各抒己见、交流互动、相互启发、形成共识,达到取长补短、优势互补的效果,营造了较好的教研氛围,起到以"虚"带"实",共同提高的作用。说课所阐述的教学设计往往带有创新的研究成果,可供其他教师参考借鉴。说课为教师提供了教育教学交流的平台,使教师之间能进行充分的信息交流、相互切磋,形成资源共享的教风学风。

四、说课的类型

(一)依据上课前后关系划分

1. 课前说课

课前说课是一次预测性和预设性说课活动。课前说课是教师在认真研读教材、领会编写意图、分析教学资源、初步完成教学设计基础上的一种说课形式,是实习教师个体深层次备课后的一种教学预演活动。从其对课堂教学的影响来看,通过课前说课活动,可以借助集体的智慧来预测课堂教学的实际效果,最终达到改进和优化教学设计的目的,因而,课前说课也是一次预测性和预设性说课活动。课前说课是教师较常接触到的一种说课形式。

2. 课后说课

课后说课被认为是一种反思性和检验性的说课。它是教师按照既定的教学设计进行上课,并在上课后向所有听课教师或指导教师阐述自己教学得失的一种说课形式。课后说课是建立在教师个体教学活动基础上的一种集体反思与研讨活动。正是在这种集体的反思与研讨中,使说课者个体和参与研讨的教师对教学的成败得失有了更加清醒的认识,也为进一步改进和优化教学设计提供了可能,因而课后说课也可被认为是一种反思性和验证性说课活动。

(二)依据说课活动的目的划分

1. 评比型说课

评比型说课是把说课作为教师教学业务评比的内容或一个项目,对教师运用教育教学理论的能力、理解课程标准和教材的实际水平、教学流程设计的科学性和合理性等做出客观公正的评判的活动方式。评比型说课可以发现优秀教师,是带动教师队伍建设、促进教师专业发展的有效途径;也常用于职称评定和教师招聘考核。

2. 主题型说课

主题型说课是教师在教学实践的基础上,把实践工作中遇到的重点、难点或热点问题作为研究主题进行探索,以说课的形式向同行、专家和领导汇报研究成果的教育教学研究活动。主题型说课是一种更深入的问题研究活动,更有助于教育教学重点、难点的解决,有利于新的教学模式、教学理念等在教学中的应用。

3. 示范型说课

示范型说课是在教学能手和学科带头人等优秀教师做示范说课的基础上,按照说课内容进行上课,然后组织教师对该课进行评议的教学研究方式。示范型说课也是培养教学骨干的有效方式和重要途径。听课教师在这种形式的教研活动中,可以从听说课、看上课、参评课中增长见识,开阔视野,不断提高自己的教学实践能力。

五、说课与备课、授课的关系

(一)说课与备课的关系

说课与备课都是教学前的准备工作,其最终目的都是为体育课堂教学服务。从所涉及的内容来看,由于说课是一种深层次备课后的展示活动,所以二者的主要内容基本相同;从活动的过程来看,二者都需要教师深入研究体育与健康课程标准、分析具体教材内容、选择教法和学法、设计教学程序等,都要接受体育课堂教学实践的检验。

说课与备课的不同之处在于以下几个方面。

内涵不同——说课属于教研活动,要比备课研究问题更深入;备课是教学任务如何完成的方法步骤,是知识结构如何转化为学生认知结构的实施方案,属于教学活动。

目的不同——说课的目的在于帮助教师认识备课规律,提高备课能力,实现教学资源在教师间的共享共用。而备课则是以面向学生为目的,它促进教师搞好教学设计,优化教学过程,提高课堂教与学的效益。

对象不同——备课是要把结果展示给学生,在备课过程中,教师一般独立进行教学设计,不直接面对学生或教师,而说课是说课者直接面对其他教师,说明自己备课及备课的依据。

要求不同——说课教师不仅要说出每一具体内容的教学设计、做什么、怎么做,而且还要说出为什么要这样做,即说出设计的依据是什么;备课的特点在于实用,强调教学活动的安排,只需要写出做什么、怎么做就行了。

(二)说课与授课的关系

说课与授课既有相同点,又有不同处,其相同点在于二者都是围绕同一节课的教材内容,其不同之处在于以下几个方面。

目的不同——授课的目的是传授给学生体育知识、运动技能,培养能力,进行思想教育;说课的目的则是向听者介绍一节课的教学设想,使听者听懂。

内容不同——授课的主要内容在于教哪些知识,怎么教;说课则不仅要讲清上述的主要内容,而且要讲清为什么这样做。

对象不同——授课的对象是学生;说课的对象则是领导、同行或专家、评委。

方法不同——授课是教师与学生的双边活动,在教师的指导下,通过身体练习等形式完成;说课则是以教师自己的解说为主。

六、说课的基本要求

(一)突出"说"字,把握"说"的方法

说课不等于备课,不能照教案读;说课不等于讲课,不能视听课对象为学生去说;说课不等于背课,不能按教案只字不漏地背;说课不等于读课,不能拿事先写好的说课稿去读。说课时,要抓住一节课的基本环节去说,说思路、说内容、说学生、说目标、说方法、说过程,紧紧围绕一个"说"字,突出说课特点,完成说课进程,且语言的表述要有感染力。

(二)突出理论性,说理要精辟

说课的核心在于说理,在于说清"为什么这样教"。因为没有理论指导的教学实践,只知道做什么,不了解为什么这样做,永远是经验型的教学,只能是高耗低效的。因此,说课者必须认真学习教育教学理论,主动接受教育教学改革的新信息、新成果,并应用到课堂教学之中,说课的内容和理念要有超前性。

(三)突出重点,主次分明

说课的重点应放在实施教学过程、完成教学任务、反馈信息、提高教学效率上。用极有限的时间完成说课内容不容易,必须做到详略得当、简繁适宜、准确把握说课的"度"。说得太详太繁,时间不允许,也没必要;说得过略过简,说不出基本内容,听众无法明白。说课应注意避免重技能轻健康、重生理轻心理、重教法轻学法指导的倾向。

要做到说主不说次,说大不说小,说精不说粗,说难不说易;要坚持有话则长、无话则短、不拘形式、自由研讨的原则,防止囿于成规的教条式的倾向。同时,在说课中要体现教学设计的特色,展示自己的教学特长,善于发现和挖掘闪光点。

(四)客观再现,具有可操作性

说课的内容必须客观真实,科学合理,不能故弄玄虚,故作艰深,生搬硬套一些教育教学理论的专业术语。要真实地反映自己是怎样做的,为什么这样做。哪怕是并非科学、完整的做法和想法,也要如实地说出来,引起听者的思考,通过相互切磋,形成共识,进而完善说者的教学设计。说课是为课堂教学实践服务的,说课中的一招一式、每一环节都应具有可操作性,如

果说课仅仅是为说而说,不能在实际的教学中落实,那就成了纸上谈兵、夸夸其谈的"花架子",使说课流于形式。

说课者应针对体育教学目标和内容,将体育课各个部分的教学时间安排、组织形式、教学手段、课的运动负荷安排、教学用具和场地布置及本课教学中的实践性和可操作性的特点表述清楚。

(五)语气得体,冷静应对提问

听说课的对象是同行、是评委、是领导,都是成年人,不仅说的语气、称呼要得体,而且要有表演力。虽然听课者是成年人,但他们会努力站在学生的角度去听说课,去审视说课者的一字一句、一举一动,包括组织过程、参与过程、教法的采用。因此说课时既要真实体现教学设计的理性思路、教学的过程、方法的选择,又要注意说课时的语气、称呼、表情,面对同行、评委或领导的提问时,要有自信心、沉着冷静,在弄清所提问题的确切含义后,在较短的时间内作出反应,以简练的语言把自己的想法讲述出来。

第二节　中小学体育与健康说课内容

一、说教学理念或指导思想

理念是行为的先导,是活动的灵魂。课程与教学理念是教学经验的升华,是教学行为的先导与灵魂,是教学实践和教学价值观的体现,也是教学活动所能达到的状态与水平的精神前提。因此,说课不可忽视述说教学理念。

新一轮基础教育课程改革同以往课程与教学改革的不同就在于课程教学理念的改革,并在新的课程与教学理念的统领、指导下,对课程与教学进行全方位的改革。新的课程与教学理念内容丰富,说课者必须重视这些理念:坚持"健康第一"的指导思想,促进学生健康成长理念;激发运动兴趣,培养学生体育锻炼的意识和习惯的理念;以学生发展为中心,帮助学生学会体育与健康学习的理念;关注地区差异和个体差异,保证每个学生受益的理念等。

二、说教材

教材是实施课堂教学的最基本依据。说教材,就是说课者在认真研读课程标准和教材的基础上，系统地阐述所选定课题的教学内容在教学单元乃至整个教材中的地位和作用。对体育教材的分析有利于最大限度地发挥体育教材内容在实现体育教学目标中的载体作用；有利于体育教学资源的充分挖掘和利用；有利于激发和保存学生的体育学习兴趣和满足学生的发展需要；有利于提高体育教师根据实践选择、改进和创编体育教材内容的能力；有利于体育教学效率和教学质量的提高。一般说课者对体育教材的分析应包括以下几个方面。

（1）简介教材地位、作用，说出教材的"来源"及其教材的前后联系，即所说课的内容是哪个年级什么单元的第几节课，在教材中处何地位，有何作用，说清教材的性质与特点。如果是两个教材内容，同时还需要说明这两个内容安排的依据。

（2）教材处理的指导思想和方法。

（3）说出本节课教材的"技术特征"、重点、难点及确定的依据。

三、说学情

所谓学情，是指学生的年龄特征、认知规律、学习方法以及已有知识和技能基础等的总和。它是教师组织教学活动的依据，是学生学习新知识的基础。教学总是从一定的起点上开始进行的。不同的学生学习起点不一样，学习个性、风格也不尽相同。说学情，就是要全面客观地阐述学生已有的学业情况和已经掌握的学习方法等，预先判断学生对学习新知识的关注和接受程度，为优化教学设计提供参考。说学情应重点关注以下两方面的内容：

（1）要分析学生的一般特征，即对学生的生理特点、心理特点以及社会特点的分析（共性：该年龄段特征）。

（2）要分析学生的体育学习起点能力，即学生在从事体育与健康课程的学习前已具备的相关知识，体能、技能的基础，健康状况以及对体育学习内容的认识和态度（个性：该班级特征）。

四、说目标

分析教材和学情后，就可以确定教学目标。教学目标是教学设计的出发点和归宿，也是检查教学效果的标准和尺度，它对教学活动具有很好的导向和监控作用。因此，说课者在描述教学目标时应从以下三个方面着手（目标的表述方法与内容可参照课时教学设计目标）。

（1）目标的完整性。说明本次课目标与课程目标及单元目标的关系,体现说课者对教学目标的理解程度。

（2）目标的可操作性。即目标要求要明确、具体,能直接用来指导、评价和检查该课的教学工作。

（3）目标的可行性。即教学目标要符合课程标准的要求,符合学生实际和教学条件。

五、说教学方法

说教学方法主要是说明"怎样教"和"为什么这样教"的道理。在确定教学目标与要求后,恰当地选择先进的教学方法是至关重要的。具体地说教学方法要做到以下几个方面:

（1）根据教材(学科特点、教学内容)的特点、教学目标、学生的情况以及施教的条件,说出所要选用的教学方法和教学手段,以及选用这些教学方法的理论依据;

（2）说清选用哪些媒体作为教学的辅助手段;

（3）说清运用哪些教学方法解决教学重点、突破难点以及采用哪些途径创设课堂情景、加强课堂练习氛围、激发兴趣、启发思维、调动学生主动参与学习的积极性。

六、说教学流程（过程）

说教学流程是说课的中心环节,能否说清楚教学流程是能否说好课的关键。教学流程是教学活动的系统展开过程,它表现为教学随时间推移的活动序列,描述了教学活动是如何发起,怎样展开,最终又是怎样结束的;包括组织教学,时间安排,重、难点的突破,各种练习内容的作用、意义,以及隐含在各教学过程中的方法的作用及意义,这部分是说课的主要部分。

说教学流程要求具体如下。

（1）说清如何进行教学内容编排、导入新课方法、教学组织形式、教学主要环节及媒体运用等实践性环节的设计。

（2）说清如何处理教师主导与学生主体的互动作用,如何处理教师的讲解与学生的练习比例问题。

（3）说清如何引导学生将所学知识应用于实践、转化为能力,如何精心设计好课内外练习作业与课堂效果反馈方法等课堂教学的各环节程序。

七、说场地器材

说课时,所需要的场地和器材是在理想状态下进行的。因此,教师可以在理想状态下构思课的安排。

八、说教学效果的评价

包括预计教学中教师、学生的教学活动效果,教学目标的完成情况、练习密度、心率指数以及最高心率出现的时间等。

第三节　中小学体育与健康说课案例

说课是对说课者语言和表演要求较强的一项教研或评比活动。初学者需要逐渐领会,逐步模仿,根据说课者学习和掌握的层次不同,下面由浅入深列举三个说课案例。

一、案例一

跨栏跑(高中)

一、教材分析

跨栏跑是一项技术比较复杂的非对称性、周期性运动项目,它要求在短时间内、保持快速跑动的情况下连续跨越栏架。跨栏跑不仅是一个竞技项目,也是一种有效锻炼身体、增强体质的手段,经常练习跨栏能使速度、灵敏、柔韧等身体素质得到全面的发展,可改善中枢神经系统对各肌肉群的调控和支配能力,能提高呼吸和心血管系统功能以及培养勇敢、顽强、坚定、果断等意志品质和竞争意识。跨栏步是跨栏跑的技术环节之一,学好该技术能使身体迅速越过栏架,为栏间跑创造有利条件。本堂课是跨栏跑单元教学(共 6 课时)的第三次课,新授课,主要学习跨栏步。

二、学情分析

授课对象:高一男生。

(1)不利因素:学生此前大部分没学过跨栏步,加之学生对跨栏有恐惧心理,因此教师要采用多样的辅助练习和降低难度等方法进行教学,以消除学生的负面情绪。

学生的身体素质、接受能力和技能基础等存在差异,因此教师要采用分层教学法,让好的"吃得好"、差的"吃得饱",让每一个学生都能体会到成功的快乐。

(2)有利因素:部分身体素质好的学生跃跃欲试,教师在注意安全的同时,可让他们做体育骨干,带领同学克服困难。

学生在学习起跨腿和摆动腿后(前两次课),具备了一定的身体素质、心理素质和技术基础,这为跨栏跑的学习做好了铺垫。

三、教学目标

(1)认知目标:通过讲解示范,学生能建立正确的跨栏步动作概念,了解跨栏跑的有关知识。

(2)技能目标:通过教学,50%的学生在慢跑跨低栏时能初步体验"跨栏步"动作。50%的学生在慢跑跨折叠的垫子时能做出"跨栏步"动作。通过学习,发展学生的速度、力量、弹跳、柔韧等身体素质。

(3)情感目标:在两人一组的练习中,能相互反馈和鼓励,练习后能与同伴交流成功与失败的感受。

四、教学重点与难点

重点:栏上的剪绞动作。

难点:跨栏时攻栏要猛。

突出重点:通过讲解、示范明确重点,再通过原地分解练习、慢跑中分解练习、走动中跨栏步等进行突破。

解决难点办法:通过语言提示,如"快""压",提示学生攻栏猛;通过划标志(起跨点),让学生踏着标志起跨等方法突破难点。

五、教法与学法

为了达成教学目标、突出重点、突破难点,结合学生的心理特点,教师的教学风格等方面,本课主要采用的教法有:分解法。在不破坏技术动作结构的情况下,把要学的动作合理地分成几个部分,分别进行教学,然后再连起来进行完整的教学,使学生更容易接受;分层教学法。根据学生掌握技术的程度,安排不同难度的学习内容,让学生进行选择。另外还采用对比纠错、讲解、示范、鼓励法等。目的是掌握要领,突破难点。

学生选择的学法有:自主学习法,让学生根据自己的能力,结合实际情况,选择适合自己的学习方法和手段;另外还运用观察法、练习法等。

六、教学流程

(一)开始部分(2分钟)

规范执行教学常规,教师运用激励语言进行导入。

（二）准备部分（8分钟）

1. 通过放垫子、慢跑热身，调动学生的积极性，让学生做好身心准备。

2. 专项练习：直腿跳、车轮跑、起跨腿动作模仿跳跃、成"跨栏坐"姿势。（模仿刘翔跨栏图，结合摆臂示范讲解跨栏坐动作，教师巡回，个别纠错）

（三）基本部分（30分钟）

1. 学习跨栏步技术

第一步：直观教学，建立表象。

根据学生的认知规律，教师先做完整、优美的示范，让学生建立正确的动作表象，然后再做摆动腿和起跨腿的分解示范。结合挂图，讲解跨栏步的动作要领。摆动腿要点：抬、伸、压。起跨腿要点：屈、拉、跨。

目的：优美的示范能激发学生练习的兴趣，形成正确的跨栏步动作概念。

第二步：组织练习，初步掌握。

根据运动技能的形成规律，练习者遵循由易到难、由简到繁、循序渐进的原则，围绕教材的重点和难点组织教学，在练习中采用集中和分散相结合的组织形式，组织以下练习步骤。

步骤一：复习起跨腿

方法：慢跑中栏侧起跨腿练习

要求：起跨腿外翻。

组织：六路纵队依次练习

意图：温故知新。复习起跨腿为学习"跨栏步"做铺垫。

步骤二：复习摆动腿

方法：慢跑中做栏侧摆动腿练习。连续过3个栏，体验慢跑中的摆动腿动作。

要求：摆动腿积极高抬，屈腿攻栏，过栏后大腿积极下压，摆臂协调。

组织：六路纵队依次进行练习。

步骤三：走动中栏中间过栏练习，目的：体验走动中摆动腿和起跨腿的剪绞动作。

步骤四：跑动中过"∧"形垫子，体验跑动中的跨栏步技术。

要求：注意剪绞动作和剪绞时机。

步骤五：分层练习，关注差异。

根据学生技能和体能上的差异，安排两个不同程度的练习：①慢跑过"∧"形垫练习；②慢跑过栏练习。学生根据自己能力选择。目的：使不同水平的学生都能体会到学习跨栏跑的乐趣。

易犯的错误与纠正方法：①直腿攻栏，起跨腿挂栏。采用原地摆动腿和起跨腿练习纠正；②跳栏。采用"∧"形体操垫替换栏架，消除学生的恐惧心理；③起跨点太近。栏架前画标志线，练习者踩标志线起跨。

2. 辅教材：素质练习（8分钟）

（1）内容：①俯卧撑：每组 10 次，共 5 组；②仰卧起坐：每组 20 个，共 5 组；③俯卧背肌：每组 20 个，共 5 组。

（2）组织教法。

①教师讲解、示范各个练习的方法、注意事项。

②组织分组，确定小组长。

③组织练习，巡回指导。

④组织点评。

目的：发展上肢、腹肌和背肌力量；培养吃苦耐劳的精神。

（四）结束部分（5分钟）

学生放松走成圆形，在教师的语言提示下，采用肌肉放松与心理暗示的方法，使学生的身心得到放松，为下一节课的学习做好准备。接着教师组织学生对本堂课进行小结。最后布置课外作业，宣布下课。

七、预计教学效果

通过本节课的学习，预计本课的教学目标基本实现。80%的学生能初步掌握跨栏步技术，20%的学生能在教师的指导和同伴的帮助下随堂练习。预计本课的平均心率为 120～130 次/分，运动密度为 35%～40%。

八、场地器材

场地：田径场。器材：栏架 20 个，图片 1 张。小垫子 12 床，录音机 1 台，磁带 1 盒。

二、案例二

排球正面双手垫球（初中）

各位老师（评委）：大家好！

我今天说课的内容是义务教育课程标准实验教科书《体育与健康》初二年级教材，排球正面双手垫球。下面我分别就本课设计的指导思想、教材分析、学情分析、教学方法、教学流程、场地器材以及教学效果的预计一一加以阐述。

第一，说指导思想。

排球运动是《体育与健康》教学内容不可缺少的组成部分，是学生非常喜爱的学习内容之一。通过排球基本理论知识和基本技术的学习，了解排球运动的文化,懂得排球运动的特点,掌握简单的排球技术原理。逐步提高基本技术的动作质量和综合运用所学各项基本技术的能力,使学生都能体验到排球运动的乐趣和价值,不断提高排球运动技术和参与比赛的能力。本课以体现课程改革新思想,转变教育教学方法和观念,发展学生身体素质和发展快乐体育为重点,以学生的兴趣爱好为切入点,以团结友爱,积极拼搏为德育渗透点,使学生养成良好的锻炼习惯,为学生培养终身体育习惯打下坚实的基础。同时发展学生速度、灵敏、耐力、柔韧等身体素质;对于提高身体机能,培养勇于竞争,顽强拼搏,积极进取团结合作等精神。

第二,说教材。

排球运动是通过发、垫、传、扣、拦等动作组成的。是在快速、激烈的情况下通过接发球、二传、扣球来完成的一项综合性的体育运动,具有集体性、竞争性强、趣味性浓等特点。通过排球运动,可以发展学生跑、跳等基本活动能力,提高灵敏、速度、力量、耐力等身体素质和动作的准确性、协调性,增加内脏器官的功能。同时还能培养学生勇敢顽强、机智、果断、胜不骄、败不馁等优良品质和团结一致、密切配合的集体主义精神。是一项有很高锻炼价值的运动项目。

本学期排球单元主要学习发球、垫球、传球、扣球等排球基本技术,本课教学内容是学习排球垫球技术,垫球技术是排球运动中最主要的基本技术,是接发球和防守的最常用的主要技术。起着组织全队相互配合的重要桥梁作用,垫球技术好坏直接影响到集体力量的发挥和战术配合的质量。

第三,说学情。

本次课的授课班级为初中二年级学生,共有40人男女各半,学生运动技能有差异,个别学生学习能力较强,有一定的基础,大多数学生掌握技术较差,但学生较喜欢体育活动,身体素质普遍较好,班级纪律好,集体荣誉感强。所以本课结合了挂图教学讲解示范,让学生在直观有了一个感性的认识。采用启发、模仿、创新、竞赛等教学方法,以及各种新颖的练习方法。循序渐进、层层深入、层层剖析,充分挖掘每个学生的潜在能力,充分发挥学生的主体作用,更好地促进学生努力达到教学目标。

第四,说教学目标。

以"终身体育"和"快乐体育"为指导思想。注重培养学生的终身锻炼的意识,学生在快乐中掌握锻炼的手段,积极参加体育锻炼,增强身心健康。

(1)认知目标:通过排球垫球的练习,激发学生对体育的兴趣,培养学生积极参加体育活动的态度和行为。

(2)技能目标:通过学与练,不仅发展了学生的灵敏性和协调能力,同时85%以上的学生能学会排球垫球技术的基本动作,能自主学习与锻炼,提高和他人合作的能力。

（3）情感目标：认真练习，通过游戏培养学生勇敢、机智、果断、胜不骄、败不馁的优良品质和团结一致、密切配合的集体主义精神。

第五，说教学重点与难点。

分析垫球的动作结构，把垫球技术分为：姿势、击球点、身体与手臂的协调动作几个环节。要想把球垫好、准确，关键是姿势和击球点，所以本课的重点是：正确的击球点和正面垫球的姿势。难点是：身体与手臂的协调动作。

第六，说教法与学法。

教学是教师传授知识与学生学习知识的互动过程。课的教法与学法应根据学情和教材的特点制定，本课的教法与学法主要以下几种：

教法：

（1）启发教学法：通过启发让学生更好地了解排球的基本知识，激发学生的学习兴趣。

（2）分解法：让学生从简到难地学习，使学生更容易掌握技术。

（3）游戏法：通过游戏活跃课堂气氛，巩固技术，培养学生的协作能力和集体主义精神。

学法：

（1）尝试法：发展学生创造能力，充分体现学生的主体性。

（2）展示法：通过展示有利于学生进行创造性的学习。

（3）游戏法：提高学生的兴趣，活跃课堂气氛，巩固技术。

（4）评价法：通过评价发展问题，解决问题，进一步启发学生的学习兴趣。

第七，说教学过程

（一）情境导入（10分钟）

（1）课堂常规。

（2）队列的变换练习。

（3）兔子舞：为了使学生精神振奋，达到热身效果，安排了舞蹈"兔子舞"提高学生的兴趣，同时培养学生情趣，达到热身效果。

（二）增智促技部分（30分钟）

1. 学习与体会：10分钟

（1）展示挂图：通过观看挂图以及教师介绍排球的基本技术和垫球的种类，讲解正面双手垫球的动作方法、强调动作要领并做正确的示范动作，让学生对动作有一个正确的概念。

（2）徒手练习：原地散点撒开，徒手做垫球动作姿势。在教师口令下反复练习 10～15 次。

(3)垫固定球:一人持固定球一人做正面双手垫球动作,让学生体会全身协调用力和正确的击球位置。重复练习 10 次再交换练。

(4)自垫:两人一组,一人连续向上方垫球,另一人观察同伴的动作,出现问题及时提点。

2.自主学与练:20 分钟

两人一球,自组合练习。

(1)一抛一垫:一人抛球,一人垫球,间距 3～4 米。每人练习 20 次左右。

(2)对垫:距离由近到远逐渐加大到 3～4 米连续对垫球。要求学生随时要做好垫球前的准备姿势,并快速起动和移动,保持好合理的位置进行垫球。

(3)自垫:一人一球连续向上方垫球。这一练习是让学生不断地提高控制球的能力,保持好人与球的位置关系。同时给学生一定的时间自主创新,提高学生的学习兴趣,进一步提高控制球和支配球的能力。

(4)对垫比赛(自我展示):两人对垫比赛,两人一组为单位进行连续的对垫比赛,看哪组连续垫球次数多,激发学生垫球的积极性和参与的热情。获得前三名的小组进行展示表演。

(5)合作发挥:(游戏)接力比赛。

规则:分为四组进行比赛,每组一球。双手平举把球放在腕关节以上 10 厘米处,不能夹球,快速跑到指定地后原地垫球三次后再跑回队伍把球交给下一位同学。最先完成的为胜。

目的是根据本课的内容安排这个游戏,再次巩固垫球技术。同时也培养学生的协作配合,团结合作能力。

(三)恢复身心部分(5 分钟)

(1)在教师带领下学生通过音乐来放松,促使学生消除肌肉的疲劳,身心得到恢复。

(2)对本课进行小结,学生参与自我评价,小组评价和综合评价。

(3)布置回收器材。

第八,说场地器材

本校的体育设施比较齐全,基本上可以做到人手一球,需要器材:排球 41 个,挂图 1 幅,录音机一台,磁带一盒。

最后,说本次课的预计效果。

预计本次课的教学目标基本实现,85％以上的学生能学会排球垫球技术的基本动作,预计本次课的平均心率为 110～120 次/分,练习密度为 35％～40％。

我的说课到此结束,谢谢大家!

三、案例三

体操技巧——跪跳起（小学）

尊敬的各位评委，上午好！我是1号选手。

今天我说课的内容是跪跳起，授课对象为小学三年级的学生，人数40人。下面我分别就本课设计的指导思想、教材分析、学情分析、教学目标的制定、教学过程、组织教学、场地器材以及教学效果的预计加以阐述。

本课我以健康第一为指导思想，以体育与健康课程标准为理论依据，并遵循全面发展学生的身心素质为教学原则来完成本课教学任务。

本教材选自义务教育《体育与健康》水平二，三年级体操技巧单元中的一个教学内容，为第一课时，是在已经学习了各种体操基础动作上进行的，主要发展学生柔韧、灵敏和协调能力，以及空间感平衡、自我保护的能力，为进一步学习体操组合动作打下良好的基础。辅教材为游戏蚂蚁赛跑，通过游戏的形式更好地激发了学生练习的兴趣，促进身心全面发展。

小学三年级的学生，正处于身心发展的关键期，对动作的模仿能力和好奇心比较强，但自制能力和运动能力相对薄弱，注意力容易分散。因此在教学过程中应采用直观性的教学方法、游戏的导入来激发学生的学习兴趣，循序渐进地引导学生掌握正确的技术动作。

为了完成本课特有的个性目标和素质教育提出的学会学习、学会健体等共性目标，我把本课的教学目标确定为：

（1）认知目标：通过音乐和游戏激发学生学习的兴趣，渲染课堂气氛，学生能初步了解跪跳起的动作结构和技术特点。

（2）技能目标：通过练习，85%左右的学生能初步学会脚背压垫，摆臂制动，以及锻炼学生柔韧、灵敏、平衡能力和空间感。

（3）情感目标：通过学习，学生能形成良好的体育道德品质和健康的意志品质。

如果说确定切实可行的教学目标是我上好课的前提，那么恰当地确定课的重点和难点则是上好课的关键。

为此根据教材与学情分析，我确定本课的教学重点是：摆臂制动，小腿压垫；而教学难点为：动作连贯协调。

根据学生的身心特点和本课的学习内容，为了构建能充分发挥学生主体作用的课堂教学结构，在教法上我采用了讲解示范法、纠正错误法、引导法等来帮助学生掌握重点、突破难点。

在学法上,强调以学生为主体,在教师的引导下尝试自主学习和小群体合作的学习方法,以激发学生学习的求知欲,促使学生在练中学、学中练。

为了优化课的教学过程,我把整堂课大致分为以下几个阶段进行:

第一阶段是准备部分,安排时间约 7~8 分钟,首先是 2 分钟的课堂常规,教师在篮球场集合队伍成四列横队,师生问好,检查服装,安排见习生,宣布本课内容。接着是原地四面转法的队列队形练习。练习次数 2~3 次,这样的安排即是对队列练习的有效检验,又能起到提高学生注意力的作用,为下面教学做准备。

随后教师带领学生做"大渔网"的游戏,讲解游戏规则并在场地内用垫子规定了小鱼活动的范围,时间约为 4~5 分钟。这样安排的目的把平时枯燥的慢跑融于游戏之中,增加了学生学习的兴趣,又为下面的教学做好了铺垫。

第 4 个内容是伴随着"江南 Style"欢快的音乐,教师带领学生进行六节乐律健身操。既引起了学生练习的激情又使学生各关节特别是脚踝关节得到充分活动,防止教学过程中运动损伤的发生。

课的第二阶段为基本部分:我主要安排了主教材跪跳起和辅教材游戏蚂蚁赛跑,时间约为 28 分钟。

第一个内容是主教材的教学与练习,我安排的时间约为 20 分钟。

首先教师出示图片,让学生了解本节课所要学习的内容叫跪跳起。

接着教师在原有的队形的基础上,教师用生动形象的语言和动作进行讲解和示范,讲授脚背压垫成跪立,两臂摆动跪跳起的口诀。示范 2~3 次,并讲解保护的方法,目的是为使学生在头脑中初步建立一个完整的动作表象。

之后让学生进行模仿动作的尝试练习,组织学生两人一组,共 20 组,一人做一人保护,次数为 3~5 次,并通过尝试发现问题,如何快速起跳。教师提出摆臂制动的同时,小腿压垫动作要点,并请两位学生示范,帮助其完成动作,目的是为加深学生对动作重难点的理解。

通过讲解动作和探索练习后组织学生进行集体与分散练习,我安排了以下的几个练习方法:

(1)练习一,原地纵跳,摆臂制动。练习次数为 3~5 次,目的是为突出快速摆臂制动对动作完成的重要性。

(2)练习二,两人一组在垫子上牵手做跪跳,练习次数为 3~5 次,目的是为突出小腿压垫对动作完成的重要性。

(3)练习三,集体听口令进行收腹跳动作的练习,次数为 3~5 次,练习起到锻炼学生腹肌,突出快收腿对完成动作的重要性。

(4)练习四,两人一组,进行完整动作的练习,同伴注意保护,次数为5～8次,目的是为让学生体会完整动作的练习方法,获得动作成功的体验,并且增强学习信心。

(5)然后学生展示与纠错。集合学生四列横队面向教师,教师指出学生练习中出现的错误进行指出并且纠正;邀请三个不同水平的学生进行示范,教师进行评价。目的通过让学生展示自己,激发学生练习的积极性,同时让其他学生了解自己所存在的问题,并且改正自己错误的的技术动作。

(6)再次组织学生进行分组练习,每人练习5～6次,安排同伴进行保护,强调安全第一,目的是让学生进一步完善和巩固技术动作。

(7)最后学生展示,教师对学生的练习结果做及时的评价和鼓励。

通过以上这环环相扣的活动安排,使学生在带着问题的学习中,很自然地掌握了动作练习要领,提高了课堂教学效率。

第二个内容是游戏蚂蚁赛跑,我安排了7～8分钟。

教师讲解游戏规则后将学生分成四组,每组10人,用体操垫铺成四条道路约10米长,在远端用垫子设成障碍物,学生模仿蚂蚁行走的样子在垫上爬行到达远端,绕过障碍物跑回进行接力比赛,进行2～3次,输的那组学生进行原地纵跳3次,通过走、爬、跑于一体的练习活动,进一步激发了学生的学习热情,掀起了课堂的又一个学习高潮。

第三部分是结束部分,我安排约4分钟:

(1)教师带领学生伴随着"让我们荡起双桨"优美的音乐边唱边舞愉悦身心。

(2)通过学生反馈教师点评突出本课优点、找出差距,鼓励学生继续努力,并布置课外作业素质练习:一分钟跳绳。

最后器材收回,师生道别。

根据本课设计,能顺利完成教学任务,并能达成预设的教学目标。预计本节课的练习密度在40%左右,平均心率为125次/分左右。

场地为篮球场一个,垫子20块,小蜜蜂一个,便捷式音响一个。

整堂课我组织学生在无忧无虑、无拘无束的学习氛围中掌握本领,充分发挥了一场多用和一器多用的效果。

我的说课到此结束,谢谢评委老师!

第四节　中小学体育与健康模课概述

一、何谓模拟上课

　　模拟上课(简称模课)又叫无生上课,是指教师在备课的基础上,对领导、同行或评委由教师模拟在无学生状态下师生双边的教学过程,主要是用来评比、研究与提高教师教学能力与水平,是教师教学研究和教学竞赛及教师竞聘活动的一种途径,其主要目的是利用课堂教学发现或培养体育教师的职业技能和综合素质。

　　它是讲课老师模拟上课的情景,把课堂教学中的过程在没有学生的情况下用自己的语言把它描述出来。它是一种将个人备课、教学研究与上课实践有机结合在一起的教研活动,突出教学活动中的主要矛盾和本质特征,即教学活动中教师处理教材和课堂教学理念、思维、技能、技巧,一定程度上忽略了学生的学习反应,同时又能摒弃次要的非本质因素,使教学研究的对象从客观实体中直接抽象出来,具有省时高效的特点。模拟上课的时间一般应控制在 10～15 分钟,不宜过长。

　　模拟上课以其时间短,参与性强等特点,客观、真实反映出执教教师的体育基本功、语言表达、体育教学技能、逻辑思维和处理教材能力。目前,无生上课普遍运用在体育教师招聘、职称评定、年轻教师业务技能培养等。

二、模拟上课与说课的区别

　　说课就是教师口头表述具体上课内容的一种教学设想及其理论依据,主要包括说教材,说教法,说教学流程等几项内容。教师不仅要说出"怎样教",还要说清"为什么这样教",要让听者不仅知其然,还要知其所以然。授课教师在备课的基础上,面对同行或研讨人员,讲述自己的教学设计,然后由听者评说,达到互相交流,共同提高的目的,更侧重于理论性。说课这一形式风靡全国,成为一种重要的教师考核手段,但其也存在一些不足。如许多说课者事先准备了大量的理论内容和框架,届时直接套入,造成理论泛滥,个性失却,而教师的最根本能力——课堂调控能力却无法表现。

　　模拟上课则弥补了此方面不足,侧重于教师综合素质和课堂调控能力的表现,侧重于实践性。模拟上课与真实上课最大的区别则主要体现在有无学生参与,整个过程都是教师在唱"独角戏",师生的互动表现主要根据教师描述或预设来进行,更像是艺术表现形式中的单口相声。

总之,模拟上课和说课共同的特点都是以语言表达为主体的活动。其主要区别是:模拟上课是模拟表演师生的双边活动,具有虚拟性与表演性,是在理想教学状态下体育教师教学过程实录,模拟上课注重的是课堂教学过程,在一定意义上说,模拟上课就是有生的真实上课;而说课是说教学的教法和学法,主要是根据教学内容进行教学思想,教学设计,教学过程、教学评价、体育场地和器材等课堂环节进行阐述,是对"教什么? 怎么教? 为什么这样教"的解释,要求说课教师要在说的过程中进行理论性说明,一般会利用到多媒体进行辅助。

三、如何进行有效的模拟上课

(一)模拟哪些内容

模拟上课实质上就是把平时准备的上课内容,包括过程中的内容、组织、教法和学法、师生互动……用简洁明了的语言演绎出来。把上课内容40 分钟压缩到 15 分钟左右的内容,应该抛弃一些简单的重复和学生具体的练习时间,通常以一句"练习结束"的话,表示该环节结束而顺利过渡到下一环节学习。

(二)各环节时间分配

如果不是临时受命,则在备课时就应严格按照模拟上课时间(一般 15分钟左右)的要求来准备,切忌超时。重点模拟上好基本部分技术教学的详细教学过程,把精心设计的一些形式要演绎全面,不可轻易放弃,最好备足10 分钟以上。准备活动如果较有特色,可稍微详细介绍,否则可一笔带过,不要浪费太多时间,最好控制在 2 分钟以内。放松活动,如若有精彩的放松舞蹈可现场演绎精彩片段,否则可用一句话来代替,课后小结则不可省却。

(三)要有新颖独特的一面

自己富有特色或者设计新颖的教学方法,可以稍微详细地介绍出来,得到听课老师或者评委认可。既要注重内功的修为,如:教学目标完成状况好! 具体环节设计及过渡棒! 教学预设巧! ……又要展现外功的胜人一筹,如:教态的自然,教学语言的精炼幽默,适当夸张的表情……

(四)师生互动环节的预设和课堂评价

不要以为没有学生的参与,就省却了师生的互动,也不要一味地拔高学生的回答水平而每次都能顺利回答出老师预设的问题。这里可有两种方法,一是教师模仿学生的语气,回答出老师的问题;二是用一个短停顿表现学生的可能回答。此时的评价也切忌都是简单的"好的,你不错","恩,对!对",而应考虑多样性。如让学生创想的评价,可以是:你的想象完全超出了老师的预想,太了不起了;引出技术要领或者教学重难点的评价,可以是:你真是个认真学习的好孩子,这样复杂的动作你都能用语言表述出来;比赛结束宣布成绩时,可以是:你们小组全队齐心协力,同舟共济,终于获得冠军,适当煽情。

第五节 中小学体育与健康模课的流程与评价

一、体育与健康模课的流程

(一)开始部分

对评委——(1)招呼,如:"各位评委,你们好!"(2)说内容、目标,如:"我上课的教学内容是……,依据内容,要达成如下教学目标……"

对学生——师生问好、口令及左、右、后转法、安排见习生、对学生要求等,教师都要边说边做。

(二)准备部分

设计队形和教师领做热身操等活动。

(三)基本部分

基本部分是一节课的设计中心,虽然没有学生上课,但是教师眼中一定要有学生。在基本部分应明确以下几点。

(1)教师怎样导入课?

(2)教学内容分几步走?

(3)教师激励语言运用和手势动作运用。

(4)教师说出并做出示范动作,指明重、难点。

(5)怎样安排小组自主、探究、合作学习与锻炼。

(6)学生学习成绩,怎样实现自评、互评和师评?

······

(四)结束部分

结束部分的活动具体安排如下。

(1)教师与学生一起放松身心,教师做出放松操等。

(2)引导学生说出上课感受和体会。

(3)教师课后小结。

(4)师生再见和送交器材等。

另外,对评委,说明练习密度、心率、所用器材数量等。最后,还要增加"谢谢评委指教"等词。

二、体育与健康模课需要把握的要点

(一)语言表达清晰,准确利用术语

语言是教师在进行教学时最基本的技能之一,对所有学科教师都是一样的。体育教师在进行无生教学时,要利用有限的时间把所设计的教学内容有一个通览,把几个关键环节多熟悉,进行强化记忆,莫在讲解时出现过多的空白时间,以给人准备不足的印象。在进行无生上课时很多教师因为紧张导致语言表达不清晰,语言逻辑混乱,使评委(或听课教师)没有兴趣认真听应聘教师所进行的教学设计。体育教师除对教学内容进行合理的设计外,自然的教态,富有亲和力的语言定会显示出应有的光彩。体育课作为一个专业性很强的学科,在进行无生上课时,教师要有意识的把所进行的教学内容或动作用体育术语表达出来,这样最少能展示出教师的基本素质。在无生上课中,有很多教师把体育术语用方言表达出来,如把肘关节称之为"胳臂(ba)肘",把"勾手"称之为"五指勾起"等。这样的动作称呼让评委感觉这样的话很刺耳,对个人的教学效果大打折扣,严重影响评委的印象分。

(二)把握体育与健康课的主要环节,注重示范的准确性

体育与健康课基本的教学设计主要就三个部分:准备部分,基本部分和结束部分。在这三个部分中,都需要教师对其进行详细的设计,做到重难点突出,多采用情境教学设计,精心设计导语和过渡语言,引起评委的兴趣,使

人感觉其教学设计真实有效,步骤清晰。在进行无生上课进行设计时,要充分考虑到无生上课和有生上课的根本区别,那就是无生上课有很多的口语表达是可以省略的,这样就避免了教师在无生上课时语言的啰唆。如在跑的有生上课时,教师采用分组教学,会根据分组情况进行"预备,跑"的多次口令下达练习,而如果在无生上课时,如果也采用此口令下达练习就让人感觉教师的口令枯燥无味,所以对于此类教学时,教师可以下达口令一次(主要是展示自己的口令下达情况),然后用一句话直接带过。

教师在进行教学重难点教学时,要多在此时进行重点把握,进行精心设计,详细规划,对讲解法、示范法和游戏法等教法做到胸有成竹。可以结合说课的形式,把教学目的和教学思路直接说出来,采用讲解和示范法有序进行教学。讲解能显示体育教师的思维和语言表达能力和对教学重难点的理解分析能力,示范是展示体育教师基本素质最重要的形式,最为外人所看重。在进行无生上课时要做到示范正确(把握示范的方向性),一招一式做到形神兼备,确保示范一次成功。在平时的无生教学中,有不少教师往往在示范上出现低级失误,感觉非常惋惜,失败的原因主要是对自己的示范不自信,或对动作掌握不熟练,也有太紧张造成的。无生上课和有生上课一个很大的区别是,在进行无生上课时出现示范失败是基本功不扎实的表现,而在有生上课时出现失败,有经验的教师能用语言搪塞过去,所以无生上课时出现示范失败,是很难自圆其说的,也无法进行弥补。

(三)体育与健康模课的优势要利用

模拟上课因为没有学生的参与,体育教师不需要对教学纪律和突发情况进行单独把握,消除真实课堂中学生可能出现的外界干扰,为体育教师充分展示自己留下理想的空间,便于教师根据自己的教学理念对教学内容进行理想化的设计,充分发挥自己的特长,尽情地展示自我。

1. 调动激情,尽量一个人兴奋起来

体育课是富有激情的课堂,在有生上课时,如果学生的激情调动不起来,课堂气氛不活跃,再好的设计也很难说上成功。在无生上课时,体育教师既是"导演",又是"演员",不仅在上课时把自己的设计思路完整地表现出来,还要调动自己的激情,把无生的体育课上得激情四溅,要求教师要投入到虚拟的真实教学中,以自己的专业技能和富有感染力的语言打动自己,带动听众,做到此处"无生"胜"有生"。

2. 根据自己的特长进行教学设计

无论是抽签选课题，还是自主选课题，都要在教学设计时，对自己的特长进行"转移"设计，毕竟只有自己最拿手的特长才能让自己充满自信，做到游刃有余。比如教师擅长舞蹈，要求的课题是田径类的，教师则要在准备部分设计以舞蹈为主的准备活动，或在结束部分采用舞蹈放松，使自己的专业特点在无生上课时展示得有声有色；如教师擅长跑，选的课题是跳，教师在教学设计中则要在基本部分的后半部设计跑类的游戏或跑跳结合的游戏。

模拟上课考验的是教师的基本素质，能直接反映出教师的基本技能，其难度在一定意义上说大于有生上课。因为无生上课节省时间（一般在 20 分钟左右）又能真实反映出教师应有的水平，在教学教研活动、教师招聘、年轻教师培养等方面经常被采用，其作用普遍被大家认可。作为体育教师，只要不断提高体育专业知识和技能，定会把自己的专业技能和教学业务展示得淋漓尽致，让无生上课成为展示自我的舞台。

三、体育与健康模课的评价

（一）看处理和解析教材过程

处理好教材是一节课的灵魂。在对教材进行解析时要目标明确、重点突出、难点突破，还需要体现以"学生发展为中心"的教学思路。

教师对教材的处理程度、深度是否得当，教师是否抓住重点、突破难点是模拟上课成败的关键环节。

（二）看教学设计过程

一堂课的教学目标的达成必须依靠合理的身体练习活动和恰当的教法手段来完成。因此，模拟上课应当充分考虑，通过模拟哪些事情来促进目标的达成。还要考虑学习、组织环节的设计，要让更多的学生参与其中。教学设计的重点是在教学设计中处理好知识与技能之间的衔接、动作与练习之间的衔接，才能使模拟上课突出亮点。在模拟课中肯定有个难点突破的地方。在教学设计时就要明确哪部分是学生的难点，在模拟上课时要呈现突破的步骤，这些都是考验着教师的设计能力。

（三）看师生互动与启发诱导过程

模拟上课，面对是虚拟的学生，因此模拟上课最难处理的就是师生互动环节。

在模拟师生互动中,要让每一个观摩老师时时感受到上课教师的心理感应能力,例如,吸引评委的眼光、情不自禁的点头、与评委进行目光的交流等互动,都在向观摩老师传达着这样的信息——教师的心里始终是从学生角度去考虑教学。

教师语言的启发性、教师提问的启发性、技能动作启发练习等,对学生动作技能形成和思维活动是至关重要的。

(四)看教师基本功展示过程

体育基本功是教师教好这个学科的看家本领。

模拟课堂教师基本功主要看以下几个方面。

(1)"技术水平"(示范、讲解);

(2)"模拟能力"(组织能力、学法指导能力、分析纠正错误能力、评价能力);

(3)"基本功"(声音、口令、口哨、激情、自信等)。

四、体育与健康模课注意事项

无生模拟体育课是一种模拟课堂的情景下展开的教学活动,许多问题要自问自答,重难点的揭示串插在课堂中。主要是考察面试教师的教育、教学功底。课堂上要充分发挥各方技能,说清教学思路,符合学生的认知特点,既要说教的思路,又要说学的方式和可能的结果,使评委对无生课堂的过程有一个完整的认识。关键要注意以下几点。

(1)首先,模拟上课肯定不是说课。虽然下面没有学生,面对的是评委,仍然应当"无生当有生",认真讲课。

(2)模拟上课是一种模拟课堂情景下展开的教学活动,许多问题要自问自答,重难点的揭示要串插在课堂中,课堂上要充分发挥各方面技能如:口才、组织才能、教学环节的设计等,提高无生课堂的气氛是关键。

(3)教学设计要合理、恰当、条理清晰、重点突出、难点突破。

(4)教学中当然要体现新课程理念。和平时课堂上课一样,通过小组讨论、探究活动等方式,体现面向全体学生、调动学生自主学习等新课程理念。

(5)扬长避短,展示自己:

①创设新颖的教学情境,精心设计导语,引起评委的兴趣。

②教态要自然、大方。语言要亲切、清晰,注意抑扬顿挫,要有激情,提高无生课堂的气氛。

③关键是自己的教法设计要符合学生的认知特点,自己设计、组织的活动能让学生积极参与,并能从学生的认知出发说出假设的结果。

(6)模拟上课时间一般为 10～15 分钟。由于没有学生,学生的活动和可能的回答都是教师自己说的,因此进度会快一些。内容要尽量完整。

(7)特别提醒点。

①模拟上课过程中的重点是"师生互动",处理"师生互动"的方法:

A. 提问(提问必须有答与应答)。

B. 练习的评价(点评、纠正错误、学生展示等)。

②模拟上课过程中的难点是学生位置,在组织中随时注意"学生去哪里了?"

③模拟上课过程中的遗忘点是器械布置,器械的摆放以及动态球的拿与收。

第六节　中小学体育与健康模课案例

一、案例一

立定跳远(小学)

各位评委上午好!我是 X 号选手。我上课的内容是立定跳远,第 1课时。

一、准备部分

(一)集合动员

(吹哨,做集合手势)集合!立正!向右看齐!向前看!同学们好!稍息!今天请同学们跟老师一起来学习立定跳远,今天是我们第一次学习,老师知道同学们特别喜欢玩游戏,所以老师为你们准备了一个游戏叫做救灾大行动。老师相信同学们在本节课的学习中,一定能做到积极的参与,团结协作。我们共同来完成好本次课的学习任务。同学们有没有信心?! 非常好,同学们都很有信心。

(二)游戏

同学们,下面跟老师一起做一个小游戏,这个游戏的叫做"听数集合",同学们请看场地,老师在操场上画了一个大圆圈,大圆圈的外侧画了很多小圆圈,大家绕大圆圈慢跑的同时,集中注意力,听老师喊数,如果老师喊3,

就 3 个人迅速站到最近的小圆圈内,如果老师喊 4 呢?对,就 4 个人迅速站到小圆圈里。好!老师提醒大家注意,在跑到小圆圈的时候要注意安全,不要撞到一起。大家都明白了吗?向右转!第一路跟着老师后面,2、3、4 路依次跟上,成一路纵队,跑步走!一二一,跑起来,后面同学跟上,注意前后间距。老师要喊数啦～三!哦。还有同学没有找到圆圈,下次反应要再快点。好,我们继续跑,一二一,跑起来,我们要步调一致,老师又要喊啦～四!这次同学们反应都很快,都做对了,非常好。

(三)总结

同学们向老师前面靠拢,我们刚才做了慢跑的小游戏,下面跟着老师一起跳一段健身操吧。以前排中间这位同学为基准,成体操队形散开,前后的距离稍微大一点。(跳健身操)向中看齐,向前看,稍息。同学们刚才跳得真是太好了。

二、基本部分

(1)下面老师把立定跳远的动作简单讲解一下,一二两排,蹲下!同学们请看挂图。两脚自然分开,与肩同宽,两腿屈膝半蹲,两臂后摆,双脚用力蹬地、摆臂,向前上方跳起,双脚同时落地,落地时要屈膝缓冲。同学们明白了吧。想看老师做个示范吗?好,老师来了,看好了。一,二,三!(示范)。同学们觉得老师跳得好不好?都说老师跳得好,老师相信你们好好学,一定会比老师跳得还要好!起立!

(2)下面,同学们先跟随老做一下原地的蹬摆练习,我们先学习向上跳起来,以前排第五名同学为基准,成体操队形散开。一～二～三!(示范),再来,一～二～三!(示范)。好,现在我们要向前跳了,一～二～三!(示范),不错,同学们一定要记住双脚要同起同落!再来,一～二～三!(示范)。(鸣哨)同学们学得很像了。

(3)下面由各小组长带到指定位置,参照挂图练习。这位同学,两脚不能并在一起,要分开,与肩同宽,恩这样做就对了。这位同学,单脚向前跨是不对的,要双脚同时用力起跳。这位同学,两脚不能前后落地,应该同时落地。这位同学,再蹲下去一点,对了,这样才能跳得更远。好,(吹哨)集合!

(4)老师看到大家学习得非常认真,老师看你们能不能跳过我身后的两条小河。请 3 位同学一组,要求你们相互指导,相互学习,好!散开练习。这位同学跳得不错,要是蹬地摆臂再用点力会跳得更远!这位同学注意,蹬地起跳的时候手臂同时迅速前摆,不能做反了。来,跟老师一起跳一次,体会蹬摆的感觉,一～二～三!(示范)恩,就是这样做。好,(吹哨)集合!

(5)刚才老师看到很多同学都跳得非常好!老师想请几位同学展示一下,这几位同学请到前面来,大家给他们鼓鼓掌(鼓掌),跳得不错。老师请你们点评一下刚才几位同学的动作,恩,你说他们蹬地有力量,动作协调,说得很好。老师认为他们跳得远,不仅是因为他们腿部有力量,更重要的是他们动作协调、标准。

(6)同学们知道,不久前雅安发生了地震,灾区的小朋友们需要我们的帮助,急需救灾物资。时间紧迫,同学们要把物资以最快的速度运到灾区。大家有没有信心完成任务? 很好,大家都很有信心! 同学们请看场地,我们手上的实心球就是救灾物资,每个人拿好自己的救灾物资,先爬过草地,再跨过壕沟,然后穿过小树林,把物资送到灾区,再迅速跑回,与第二个同学击掌接力。同学们听明白了吗? 我们比一比,在这次大行动中,看哪一小组完成得最快。第一组、第二组、第三组、第四组分别站到自己的起点处,准备好了吗? (吹哨开始)加油! 加油! 快快快! 要把手上的物资拿好,掉到地上了,快捡起来继续跑,快快快! 障碍物被踢倒了,快扶起来,快! 加油! 加油! 快快快! 第1名到! 第2名! 第3名! 第4名! 好,我们看到第几组获胜啦? 对,第2组获胜。虽然我们第4组最后到达,但是我们看到,有两名同学在比赛中踢倒了障碍物,并没有继续跑,而是立即扶起障碍物,这种严格遵守游戏规则的精神是不是也值得我们鼓励。我们给他们鼓鼓掌! 下面我们再来一次,获胜队要再接再励,没有获胜的也要加油,准备,(吹哨开始)加油! 每组的速度都很快,加油! 加油! 击掌接力! 第三组赶上来了,要反超了! 快快快! 加油! 加油! 第1名到! 第2名! 第3名! 第4名! 哇,太棒了! (吹哨)这次第三组后来居上,获得第一,我们给他们鼓掌(鼓掌)! 老师认为同学们这次任务完成得非常成功。集合!

三、结束部分

(1)经过一节课的学习,同学们都累了吧? 下面请大家跟随音乐,我们一起来放松一下。好,同学们站两排,成半圆形。全身放松,深呼吸,好! 起立,向中看齐! 向前看! 稍息!

(2)同学们这节课表现得非常积极,老师跟同学们合作得非常愉快。下节课我们还要继续巩固学习,希望大家还能像今天一样跟老师很好地配合,跟同学很好地合作。今天的课就上到这里,立正! 解散!

(面向评委)各位评委老师,我的课上完了,谢谢指导!

二、案例二

山羊分腿腾跃(初中)

各位评委老师大家好,我是＊号选手,我今天上课的课题是《山羊分腿腾跃》的第三次课。

体育委员："立正""向右看齐""向前看""各排报数""稍息""第一排""12人"……

模仿慢跑3~4步到体育教师前2米处"报告老师,本班应到48人,实到48人,报告完毕,请老师上课!"

老师:请归队

老师慢跑到学生队伍前,立定,做一个向右或向左转体动作。

老师:同学们好!

学生:老师好!

老师:稍息,同学们,前两节课我们学习了山羊分腿腾跃的助跑、起跳和推手、分腿动作,本节课我们继续学习山羊分腿腾跃的腾空和落地动作,上节课也有少数同学尝试完成了山羊分腿腾跃的完整动作,但是同学们的动作不够优美,我想通过本节课的学习,大部分同学都能勇敢地完成动作,并能够把动作做得大方、优美,同时在练习过程中知道保护和帮助同学。同学们,有没有信心?

学生:有。

老师:好,老师相信你们一定能和老师一起达成本节课的学习目标,首先,我们做准备活动,今天,准备活动的内容有三项:慢跑一圈、一个小游戏"快快跳起来"、徒手操。听口令,男同学向左转,女同学向右转,男生第6跑道,女生第2跑道,各成一路纵队跑步走。(此时,老师可以用哨声1—2—1)【停顿3秒】立定,向左向右转,下面我们进行一个小游戏,游戏的名字叫"快快跳起来",方法是:……规则是:……要求是……【此时,教师巡回监督,说:很好】

集合哨音,各组快速集合,教师口令指挥"立正,向右看齐,向前看,以＊＊同学为基准成广播体操队形散开,立定"

老师:大家一起跟我做徒手操,各关节要充分活动开,第一节:扩胸运动1、2、3……8……;第七节,向上纵跳10次,1、2、3……10(同学们认真完成准备活动)

老师:同学们,都活动开了吗?

学生:都活动开了。

老师:好,大家首先调整一下,做几次深呼吸。好,我给同学们准备了八块展板,每一个展板上都有山羊分腿腾跃的完整动作示意图和动作要领,以及我们本节课所要解决的重难点,按照我们上节课的分组,小组长带领本小组成员首先观看展板内容,然后,根据自己的理解及大家一起探讨的结果有序的尝试完成山羊分腿腾跃的完整动作,各小组一定要注意保护与帮助,小组长和第一个同学首先帮助,依次轮换,再强调一下,一定要注意什么?

学生:安全。

老师:好,解散。

此时,老师可以随意地走动一下,并走到一个小组中,说:"看看图上的动作,对照动作要领,发挥集体智慧"。停顿 5 秒,巡视到另一个小组,说:"完成得不错,就是腾空展体还不够明显"。"各小组一定要注意保护与帮助"。

停顿 5 秒钟,集合哨音。

老师:刚才同学们观看了展板,自己也尝试了山羊分腿腾跃的完整动作,我观察了一下,大部分同学都能过,还有少数同学不敢跳过,同学们在展板上也看到了我们本节课所要解决的重难点,重点:腾空、展体送髋;难点:克服畏惧的心里,注意保护与帮助。希望通过本节课的学习,能把我们制定的重难点解决掉。同学们,想不想看看老师的动作?

学生:想。

【老师示意、助跑、起跳,故意跳不过去】

老师:哎,老师也害怕,同学们给点掌声,鼓励一下老师。

【掌声】

【此时,老师优美地完成了动作】

【热烈的掌声】

老师:同学们,刚才老师在同学们的鼓励下,勇敢地完成了动作,老师完成得动作美吗?

学生:美。

老师:好,我相信同学们在你们的互帮互助、互相鼓励的情况下,一定能完成动作,要记住展板上的动作要领,同时回想老师刚才的动作,有信心完成吗?

学生:有。

老师:好,继续分组练习,各小组一定加强保护,注意安全,解散。

老师巡视,说:很好,再把髋关节上顶一点,效果会更好;不要怕,大胆一点,老师来保护你……很好,同学们给点掌声。

【掌声】

继续巡视,说:恩,小组长保护得很好,后面的同学不要急,注意安全。

【集合哨声】

老师:刚才老师巡视时,发现同学们练得很好,都勇敢地完成了动作,下面,我想请两个男同学、两个女同学分别展示一下,同时请同学们对照自己的动作进行自评和互评,有谁主动来展示自己,好,王成、刘婷、汪斌、李云。

1、2 组的组长保护。

【几个同学一一展示,掌声】【同学们也在窃窃私语,评价着动作】

老师:刚才 4 个同学都展示了,同学认为动作美不美?

学生:美。

老师:再次用热烈的掌声向他们表示祝贺。

【掌声】

老师:好,我们今天的山羊分腿腾跃就学到这,下面我们来做一个游戏,游戏的名称是"奔向北京,喜迎 2008",游戏的方法是……,规则是……,要求……。

我先布置一个场地,请各小组长和体育骨干模仿布置场地。

【停顿 3 秒钟】

老师:场地已经布置好了,我先示范一遍,请同学们认真观看。请同学们站到指定位置,游戏中,老师会给你们放点音乐,各小组加油,注意保护。预备,哨音。

【老师做放音乐的动作】

学生:加油、加油!

【停顿 3 秒】【集合哨声】

老师:立正,稍息。开始点评同学做游戏的结果和过程,让同学自评、互评游戏的过程。

【点评小结本节课,并提出课下练习要求】

老师:值日生留下收拾器材,其他同学,立正,同学们再见。

学生:老师再见!

老师:解散。

【面向评委】各位评委老师,我的课上完啦,谢谢! 请评委老师提问!

▶▶ 课后习题

1. 体育与健康说课与备课、授课之间是什么关系?

2. 体育与健康说课的主要内容是什么?

3. 体育与健康模拟上课的基本流程有哪些?

4. 体育与健康模拟上课的注意事项有哪些?

第三篇 中小学体育与健康教材教法实例

第十章 发展身体素质教材教法

第一节 发展力量素质

力量素质是指人体肌肉紧张或收缩所表现出来的能力。力量素质是身体素质中最基础的素质,是对人体运动影响最广泛的一项素质。如果力量素质差,要提高其他身体素质是很困难的。

力量素质主要由三种因素组成:一是做动作的肌肉群收缩的合力,这主要取决于参与运动的每一块主动肌的最大收缩力;二是主动肌同对抗肌、协同肌、固定肌的协调能力,这取决于各有关肌肉群的协调能力;三是骨杠杆的阻力臂和动力臂的相对长度,有时这个比例可因身体某部位的改变而向有利的方向转变。

一、发展力量素质的练习方法

(一)克服自身阻力的力量练习

1. 各种方式的俯卧撑

(1)教学要点:两臂要有屈伸,下屈时肘高于肩,撑起时两臂伸直,腰挺直。

(2)教学方法:①手撑高处做俯卧撑,逐渐降低手扶的高度;②单足支撑做俯卧撑;③在能顺利完成几次后,可将脚放在高处,或背上负重做俯卧撑;④俯卧撑推起,两手空中击掌,增加难度;⑤改变两手间距离做俯卧撑。

(3)教学提示:注意防止出现膝撑、挺腹等错误动作,每组做 9～20 次,休息 1～3 分钟。学生掌握该动作后,可采用定时计数测验及比赛、游戏的方法,提高学生练习的积极性。

2. 单杠引体向上

(1)教学要点:两臂同时用力,下颌过杠、身体保持平稳。

(2)教学方法:①杠上悬垂练习;②仰卧悬垂臂屈伸;③助力完成引体向上;④反握独立完成引体向上;⑤正握独立完成引体向上;⑥颈后引体向上。

(3)教学提示:注意纠正两臂依次用力的错误动作,练习时身体不要摆动和下肢蹬晃助力。每组 5～10 次,间歇 1～3 分钟,力量增强后,采用下肢负重的形式。练习后放松。

3. 仰卧悬垂臂屈伸

(1)教学要点:两臂协同用力,身体保持挺直,屈时胸贴杠面,伸时两臂伸直。

(2)教学方法:①斜站立悬垂;②高杠双臂悬垂;③斜站立悬垂臂屈伸;④助力完成动作,逐渐加大难度。

(3)教学提示:学生练习时,应有一人站立其后进行保护,防止脱手,注意纠正塌腰、两臂依次用力等错误动作。每组 6～15 次。

(二)克服外界阻力的力量练习

1. 各种方式掷实心球

(1)教学要点:蹬转迅速,挺臂展拉挥臂快。

(2)教学方法:①原地头上掷实心球;②单臂掷远;③双人掷接,注意伸臂迎球,顺势缓冲。

(3)教学提示:①在确认无人从投掷方向经过时再做练习,确保练习安全;②练习前要把肩充分活动开,防止伤害事故。

2. 原地推铅球(或实心球)

(1)教学要点:运用和掌握蹬、转、送、撑、挺、推、拔的用力顺序,将球快速推出。

(2)教学方法:①徒手练习;②原地推实心球。

(3)教学提示:在练习过程中,背部要放松。

3. 负重搬运

(1)教学要点：以"游戏"为主线，组织负重搬运教学内容。

(2)教学方法：①椅式抬人；②单人搬运骑负法；③拉车式抬人；④背负法。

(3)教学提示：提取重物时，要屈膝下蹲，尽量保持背部挺直，使重物靠近身体屈膝伸腿向上提取重物，不要直腿弯腰去搬，这会使腰部受伤。

二、发展力量素质应注意的几个问题

（一）正确地呼吸

进行力量练习时不可憋气。正确的呼吸方法是用力前，先深吸气，施力时，用力将气吐出，同时尽力将腹部肌肉向内拉；要恢复施力前的状态时，配合吸气动作慢慢地放松，直到开始前的状态。

（二）选择适当的负荷

只有在负有一定重量的条件下进行力量练习，才有可能提高力量素质。实践证明，一般人采用中等负荷（大约为本人最大负荷量的 70%）进行练习效果较好；有一定练习水平的人，可以采取大负荷和中负荷相结合的练习安排，重复的次数不宜太多，避免因负荷过大造成的过度疲劳。

（三）动作的速度需根据发展力量素质的性质来确定

练习时动作的速度不同，其效果也不相同，如发展爆发力，就要求练习肌肉的快速收缩的肌力，以提高肌肉收缩的力量和速度。在练习爆发力时，以用较小的负荷作快速的运动的训练方法为宜，着重提高运动中枢的同步作用和改进运动中枢之间的协调关系。

（四）重视时间的间隔

实验证明，每个人参加力量练习的初期，以隔日练习的效果较好。突击性的力量练习有可能提高得快，一旦停止练习后消退得也快。长期适当间隔的坚持力量练习，可较长期保持好的力量水平。

（五）根据性别和年龄特点区别对待

青少年时期，由于骨骼的弹性较好，但坚固性差，不宜做长时间的静止用力和大负荷量的练习。一般多安排些活动性力量练习和中、小力量负荷为好。此外,研究表明男子 8～16 岁,女子 8～13 岁力量素质增长较快,在这个时期加强力量练习的效果会更好。

第二节　发展速度素质

人体进行快速运动的能力称为速度素质。速度耐力是指人体保持较长时间内快速运动的能力。速度和速度耐力素质是人们生活和体育运动中经常需要的很重要的身体素质,许多运动与速度和速度耐力素质有密切关系。

一、速度素质的分类

速度素质从表现形式上可分为反应速度、动作速度和周期运动中的位移速度三种类型。

(一)反应速度

一般是指人体遇到突然的情况变化时刺激反应的快慢,如击剑对抗中的防守、短跑比赛的起跑等动作均需有较好的反应速度。

(二)动作速度

一般是指人体完成某一单个动作或成套动作所用时间的长短,如花样滑冰的旋转速度、投掷标枪的出手速度等。动作速度的快慢,主要取决于神经系统、肌肉系统和能量供应系统。

(三)周期性运动中的位移速度

一般是指人体在单位时间内移动的距离(如 5 秒或 10 秒快速跑)或单位距离的最短时间(如 50 米跑或 100 米跑等)。

二、发展速度素质的方法和指导

(一)反应速度的练习

练习方法一:学生站成一个圆圈,教师立于圆心。学生逆时针进行,教师举双手,学生足尖走;教师手放下时,学生矮子步走;教师右手侧举,学生面向圆心,向右做侧步跳;侧举左手,学生向左做侧步跳。

练习方法二:学生站成二列横队,报数,前后间距 1 米,教师任意叫号,如"6"号,两排中的 6 号则快速向前跑出,并冲过横线,先到者为胜。

(二)动作速度的练习

动作速度练习以循环练习的形式来进行,即将数个不同的练习,按一定顺序串联在一起,练习者可根据教师所设的若干"练习点",按一定的负荷和时间要求,在"点"上重复某一动作,然后更换到下一个练习点。练习者可根据具体情况,进行一轮或几轮练习。由于循环练习由一些以锻炼身体不同部位的肌肉为目的练习内容所组成,对增强全身肌力和肌肉收缩速度有较明显的效果。

循环练习的负荷应依据循序渐进的原则逐渐增加,练习可根据学生的极限能力的 2/3 来重复每个练习点上的内容。

(三)位移速度的练习

决定位移速度的主要因素是步频和步长,加大步长或提高步频均可提高跑速。增大步长的练习方法有:立定跳远、单腿跳(20～30 米)、三级跳、跨步跳、高抬腿跳、肩负重物半蹲跳、连续蛙跳等;增大步频的练习方法有:原地快速摆臂、快速原地高抬腿跑或行进中快速高抬腿跑(20～30 米)、顺风跑、下坡跑。

第三节 发展耐力素质

耐力素质是指人体长时间进行肌肉活动的能力,也可解释对抗疲劳与疲劳后恢复的能力。耐力素质是一种竞技运动项目的重要基础素质之一,也是人们通常用来评定一个人体质、健康水平的重要内容。运动项目中的中长距离跑、游泳、篮球、排球、足球等及日常工作和生活中持久性的体力劳动均离不开耐力素质。

一、耐力素质的分类

(一)肌肉耐力

肌肉耐力是指肌肉长时间对抗疲劳的能力。例如,长跑时腿部肌肉的用力、拳击手在比赛中多次出击、多次单杠引体向上等。

(二)无氧耐力

无氧耐力是指在供氧不足的情况下对抗疲劳的能力,其特点是强度大、持续时间短。200 米和 400 米快速跑是典型的无氧耐力项目。

(三)有氧耐力

有氧耐力是指在供氧充足的情况下对抗疲劳的能力,其特点是强度小、持续时间长,长跑和长距离游泳是有氧耐力的典型项目。

有氧耐力是利用体内的糖或脂肪分解时产生的热能运动,由于青少年正值生长发育阶段,发展有氧耐力有利于增大最大吸氧量,增强心肺功能。同时,在耐力练习的过程也是战胜疲劳的过程,这对培养青少年的顽强意志有很大的作用。

发展耐力素质的途径:一是增强肌肉力量,提高肌肉耐力;二是通过锻炼改善神经系统的调节和心肺功能。无论是为增强肌肉耐力,还是为增强心肺功能的体育锻炼,都必须采取"渐进极限负荷"的原则,所谓极限负荷,可以理解为使肌体的负担量超过本身原来的耐力水平。

二、发展耐力素质的练习方法

(一)提高肌肉耐力的练习

肌肉耐力水平取决于肌肉的性质,即肌肉的毛细血管网的扩展及神经对肌肉的支配。增加力量也是提高肌肉耐力的有效方法。实践证明,任何用重量或轻重量增加重复次数给予肌肉极限负荷的练习均能发展肌肉耐力,如负重练习、体力劳动、慢跑等,只要达到极限负荷的要求,对发展耐力全都有效。

常见的四种举哑铃的肌肉负重练习方法有前臂屈弧、肩上推举、前后侧举、腋下提拉等。

教学提示:练习时注意呼吸配合的方法,凡动作使胸廓扩大应吸气,反之呼气,同时强调动作的节奏和速度要求,主动用力时速度要快,还原时速度要慢,练习负荷要逐渐加大;哑铃重量适宜,一般每只 2~5 千克,每组练习安排 6~20 次,间歇 1~3 分钟,练习后应进行放松。

（二）提高心肺功能的练习

心肺功能的训练又可分为有氧训练和无氧训练两种方法。有氧能力的训练就是通过体育锻炼提高人体循环系统供应身体细胞氧气的能力。有氧锻炼通常多采用长距离跑、长距离游泳等耐力性运动项目。研究表明，间歇锻炼的方法，有利于心肺功能的提高。一般间歇锻炼法可采用四种形式：增加活动重复的次数、增加活动每次重复的时间、提高活动每次重复的强度、缩短每次活动间歇时间。

有氧锻炼的重复时间、重复次数及总的运动负荷要根据每个人的实际情况确定，其活动的运动负荷，应本着循序渐进的原则逐渐加大，提高无氧耐力的练习，可采取短时间、最大用力和短暂休息的重复工作或运动的方法进行。

研究表明，持续做剧烈的工作或运动约 1 分钟的效果较好，如快速间歇跑、重复跑、速度游戏、篮球、足球等运动项目的练习，均可提高人体的无氧能力。

1. 变速跑

变速跑主要是交换跑速和距离的一种发展有氧耐力的方法，它通过刺激强度（跑速）和刺激时间（距离）的相互作用，从而对人体产生强弱交替的刺激，使肌体产生抗疲劳能力，变速跑有利于消除由于固定练习节奏引起的疲劳感和厌倦情绪，提高练习的兴趣，调动练习的积极性。

练习方法：

(1)200 米中速跑——→100 米慢跑——→200 米中速跑——→100 米慢跑。

(2)100 米中速跑——→200 米慢跑——→100 米中速跑——→200 米慢跑。

(3)400 米中速跑——→100 米慢跑——→400 米中速跑——→100 米慢跑。

(4)轮流领先跑：全班同学排成一列纵队鱼贯慢跑，排尾的同学快速跑到排头位置，然后领头慢跑，另一排尾同学又快速跑到排头位置，如此反复进行。

2. 重复跑 300～500 米

重复跑是在相对固定的条件下，不改变速度或距离，反复练习某一段距离的方法，它由四个因素组成：距离、重复次数、完成练习的速度和休息时间。

练习方法：

(1)300 米中速跑(1 分～1 分 10 秒)×3，每次休息 5 分钟。

(2)400 米中速跑(1 分 20 秒～1 分 30 秒)×3，每次休息 5 分钟。

(3)500 米中速跑(1 分 40 秒～1 分 50 秒)×3，每次休息 5 分钟。

(4)1 分 30 秒～3 分跳短绳。

第四节　发展柔韧素质

柔韧性是指人体关节和肌肉韧带通过整个运动幅度(正常幅度)进行运动的能力。该运动能力与锻炼时动作的速度、幅度有关。柔韧性能的好坏与人体关节和动作幅度的关系十分密切。某一个关节的柔韧性好,就是在这个关节的肌肉收缩用力时,该关节能够在它的正常运动幅度内运动。身体柔韧性较好的人,在身体素质锻炼中可以从事较大范围的活动,并能较好地完成锻炼中所规定的各种要求。同时,还能避免一些运动创伤。柔韧性锻炼的目的,是让肌肉韧带充分拉长,使其更富有弹性。

一、柔韧性练习的基本要求

(1)持之以恒。柔韧性发展较快,但停止训练后,肌肉、肌腱、韧带已获得的伸展能力消退也快。因此柔韧性练习要持久。

(2)练习幅度应由小到大,逐渐增加,过分地发展柔韧度会导致关节和韧带的变形,影响关节结构的牢固性。为了防止受伤,练习幅度一定要由小逐渐加大;两人合作进行被动练习时,更应谨慎,以避免肌肉韧带拉伤。

(3)做好准备活动,以免拉伤。准备活动的目的是使肌肉发热、肌肉内部的黏滞性降低。肌肉伸展度与肌肉的温度有关,通过准备活动,提高肌肉的温度,降低肌肉内部的黏滞性,有利于柔韧性的发展。因此在做柔韧性练习时,要做好准备活动。

(4)结合其他素质进行练习。素质的发展相互间有转移的现象,运动器官的生长发育也会影响各种素质之间的关系。因此,柔韧性练习要与发展其他素质的练习、协调性练习结合在一起,使之相互促进,朝有利的方向发展。

二、发展柔韧素质的练习方法

(一)上肢柔韧性练习

1. 单人练习方法

(1)拉肩练习

教学方法:

①反拉肩:两脚开立,两臂伸直体后两手互握,上体前倾,两臂由后下向

上振动。

②侧拉肩:两脚开立,两臂屈肘于头后,一手扣另一臂,肘关节用力侧屈。

③仰撑拉肩:两腿并直,坐在垫上手指朝后直臂体后撑垫,屈腿时手不动,身体随之前移做拉肩动作。

教学要点:用力柔和、动作幅度逐渐加大。

教学提示:拉肩练习应在肩绕环准备活动以后,用较小的力量和幅度直接练习,待肩关节得到充分拉伸以后,逐渐加大幅度。拉到最大幅度后,可停留 20～60 秒,然后交换方向,反复练习。

(2)结合臂部动作的各种绕环练习

教学方法:

①同向臂绕环:可采用单臂、双臂连续或依次绕环的形式练习。

②双臂反向绕环:两脚开立,两臂伸直上举,一臂向前,一臂向右同时绕环。

教学要点:绕环时两臂伸直,身体保持直立,肩部放松,上肢与躯干的协调配合。

教学提示:练习可采用口令或音乐伴奏进行,动作熟练后,可加快速度和动作变化。

2. 双人练习方法

(1)双人压肩

教学方法:两人面对分腿站立,双臂搭在对方肩上,做上体同时向下振动动作。

教学要点:两臂、两腿伸直,上下振动一致。

教学提示:强调学生在口令下协调用力,配合一致。

(2)双人背向拉肩

教学方法:

①双人顶拉肩练习,即一人站在另一人之后,前面同学两臂上举互握,后者拉其手向后振动,同时一手顶其背上部。

②两人背对手上举互握,逐渐用力前拉。

③在教师的口令下进行练习。

教学要点:选择距离适当,身体稳定,用力一致,动作协调。

教学提示:练习时双脚不得移动,同时用力且均匀。拉至最大幅度时在停留 10～15 秒。

(二)腰部柔韧性练习

1. 各种方式的侧屈

(1)单人体侧屈

教学方法:两脚开立,五指交叉上翻举,一腿支撑,另一脚尖点地,上体侧屈。

教学要点:挺胸抬头臂伸直,手臂侧摆勿屈体,动作舒展、姿态美。

教学提示:避免腰椎过度伸展。

(2)双人体侧屈

教学方法:两人并肩站立,内侧手相握,外侧手头上相握,同时两人向外侧跨一步,成侧弓步,两手握紧,做体侧屈。

教学要点:用力一致,动作协调。

教学提示:避免两人双脚移动或抬离地面。

2. 下腰成桥

教学方法:分腿站立,两臂上举,体后屈下腰,手触地后,重心移至中间,用力蹬伸挺腹保持"桥"。

教学要点:展腹、屈腿、伸臂用力。

教学提示:避免颈部向胸部弯曲,避免头部向后仰或倾斜。

(三)下肢柔韧性练习

1. 压腿

教学方法:

(1)前压腿:一腿半蹲,另一腿前伸勾脚尖,两手按于前伸腿的膝部,上体前倾下压,两腿交换练习。

(2)侧压腿:一腿侧伸,一腿全蹲,两手扶膝,身体上下振动;两腿交换练习。

(3)前弓步压腿:两腿成前后弓箭步,两手扶膝,身体下振,数次后换腿练习。

(4)分腿坐压腿:大分腿坐于垫上,两臂上举,躯干随两臂向前、侧摆动。

(5)屈腿坐压腿:屈腿坐,脚心相对,两手扶膝下压于垫上,上体前倾下压,胸部尽可能触腿。

教学要点:被压腿伸直。

教学提示：无论以上哪种方法，均应遵循由轻到重，幅度逐渐加大的原则；达到最大幅度时应停留数秒。

2. 各种方式的摆、踢腿

教学方法：

(1)行进间正摆、踢腿：直立，两臂侧平举，一脚上一步，另一腿用力向上摆踢，两腿交换依次进行练习。

(2)行进间侧踢腿：两脚并立，两臂侧平举，左脚上步，转体90度，左臂上举，手心向侧，右臂腹前屈臂，手心向下，同时踢右腿，下落后左、右交换。

(3)行进间后踢腿：站立，左脚上一步，两臂上举后振，同时挺腹向后摆腿。

(4)前踢腿胯下击掌：直立，两臂侧平举，一脚前踢，两手胯下击掌，两腿依次交换。

教学要点：两腿膝关节伸直，摆踢用力一致。

教学提示：摆踢练习方法多种多样，可徒手，可双人，亦可采用辅助器械进行练习。

第五节　发展灵敏素质

灵敏素质是指人体在日常活动或体育运动中，表现出来的快速应变能力，它既与神经的灵敏性反应有关，又与力量、速度、协调性等素质有密切关系，是一种复杂的综合性的素质。

在对抗性的体育运动中，灵敏性素质尤为重要，如击剑、摔跤、武术等运动，都要求人们能够迅速地判断，不断地根据突然的情况变化，快速地改变和控制身体姿势，维持身体的平衡，随机应变采取对策。

一、发展灵敏素质的途径

发展灵敏性素质的关键是提高大脑皮质神经过程的灵活性。一般可采用躲闪和追逐游戏，根据不同信号变换动作的游戏，以及击剑、摔跤、武术、各种球类活动等。发展灵敏性素质还必须同时做到力量、速度、耐力素质的同步提高。

青少年时期是提高灵敏素质的最佳时期，如果能够从青少年时期长期系统地坚持灵敏性练习，将收到很好的效果，并且已发展起来的灵敏性素质能够保持很久。

二、发展灵敏素质的练习方法

(一)在跑动中突然改变各种方向的跑

(1)接受视觉信号改变方向:教师面向学生,学生在跑动中按教师突然打出的手势方向,迅速改变原来的跑动方向。

(2)接受听觉信号改变方向:教师采用击掌、报数、哨声等听觉信号提示,学生在跑动中按不同听觉信号表示的方向,迅速改变原来的跑动方向。

(二)各种方式的急跑、急停

限定步数的急跑、急停,如跑 5~7 步一停,连续进行练习;用信号控制的急跑、急停,如单声哨代表跑,重声哨代表停;特殊要求的急跑、急停,如急停后要求做某些规定的动作。

(三)在跳动中的练习

(1)左、右横跨:侧向跨步抬起前、后腿;横跨一步蹬地腿前跟;划弧摆臂原地双脚跳起提一膝;较近横跨距离的连续练习;逐渐加大练习难度。

(2)十字跳:直立、双脚起跳,落地成两脚前后或左右开立的十字交换跳。

(3)跳起后各种方式转身:原地双脚纵跳体会落地缓冲;跳起向左、右转体 90 度的转身跳;一跳一停逐渐加大空中转动角度;连续空中转身跳。

(四)持器械的练习

(1)交换扶棒:两人对面站立,间隔 2 米,各扶一根体操棒,听教师口令后,松开扶棒的手,向对方竖立的棒跑去,在对方的棒倒下之前到达者,为胜方,反之为负方。

(2)集体的跳跃棒练习:全班同学手拉手围成圈站立,圈内一同学手持竹竿,竿的另一头着地,使竿以一定高度依次从站在圈上的同学脚下经过,竿扫过站在圈上的同学时,该同学双脚跳起,触竿者被淘汰出局。

▶▶ **课后习题**

1. 发展力量素质的基本练习方法分别有哪些?
2. 发展速度素质的基本练习方法分别有哪些?
3. 发展耐力素质的基本练习方法分别有哪些?
4. 发展柔韧素质的基本练习方法分别有哪些?
5. 发展灵敏素质的基本练习方法分别有哪些?

第十一章 田径运动教材教法

第一节 跑

一、快速跑

快速跑是田径运动各个项目的基础,是径赛中距离最短、速度最快的项目。一般在运动竞赛项目中称为短距离跑或短跑,具体指 60 米、100 米、200 米、400 米跑。随着 20 世纪 60 年代塑胶跑道的出现和使用,在跑的技术上更加注意了高重心、高摆大腿和短促的后蹬动作的跑法,形成了更加适合快速跑的技术。当代短跑技术具有完善、合理的技术结构,步长步频的最佳比值,高水平的协调放松能力,合理的全程节奏四大特点。练习快速跑对发展快速奔跑能力,发展速度、力量、灵敏等素质有明显效果。快速跑时,由于人体在大量缺氧条件下完成大强度的活动,其生理表现为无氧代谢,负有大量氧债,属于"极限强度"运动。因此,对运动系统和内脏器官的功能发展均有较大的锻炼价值。此外,对培养学生勇敢、顽强、勇往直前的精神均有积极的作用。

快速跑的完整技术包括起跑和起跑后的加速跑、途中跑、终点跑(终点冲刺)。全程跑的成绩主要取决于起跑的反应速度,起跑后的加速跑,保持最高跑速的距离以及各部分技术的动作质量。

(一)动作方法

1. 起跑

起跑的任务是使身体在极短的时间内迅速摆脱静止状态获得向前的冲力,为起跑后的加速跑创造条件。起跑有站立式和蹲踞式两种。

(1)站立式起跑:当听到"各就位"口令后,学生自然地走或跑到起跑线后,两脚自然前后开立,把有力脚紧靠起跑线,全脚掌着地,后脚的前脚掌着地;身体稍前倾,两臂自然下垂,身体重心低并稍前移,前脚的异侧臂自然弯曲于体前,同侧臂稍屈在后,集中精力听起跑的信号。听到枪声或跑的口令后,两脚用力同时后蹬迅速前摆,两臂积极前后摆动,身体保持适当前倾,使身体迅速向前冲出。

(2)蹲踞式起跑:蹲踞式起跑器的安装方法有"普通式""拉长式""接近式"三种,通常采用"普通式"。"普通式"的前起跑器距起跑线一脚半(约45厘米),后起跑器距前起跑器一脚半(或一小腿),两个起跑器中轴线间隔约15厘米。前起跑器抵足板与地面夹角约45度,后起跑器约75度。起跑器的安装方法因人而异,以预备时身体感到舒适、放松,蹬离起跑器时,能充分发挥腿部力量,起跑后身体能保持较大前倾为宜。

蹲踞式起跑包括"各就位""预备""鸣枪(或跑)"三个动作。听到"各就位"口令后,做几次深呼吸,轻松地走到(或跑到)起跑器前,两手撑地,有力的脚先蹬紧前起跑器,另一只脚再蹬紧后起跑器,然后用膝跪在地上、两手拇指相对,其余四指并拢,虎口向前,撑于起跑线后,两手约与肩同宽,两臂伸直,肩微前移,超过起跑线,颈部自然放松,两眼视前下方半米处,注意听"预备"口令。听到"预备"口令后,平稳抬起臀部,稍高于肩,身体重心前移,前腿大小腿角度约90度,后腿约120度。注意力高度集中。当听到"跑"或"枪声"时,两手迅速推离地面,两臂用力前后摆动,两脚迅速蹬离起跑器,后腿以膝领先沿着地面迅速向前上方摆出,用前脚掌扒地,同时后腿要把髋、膝、踝三关节充分蹬直,把身体向前送出。做到起跑时反应快、蹬摆快、第一步落地快。

2. 起跑后的加速跑

起跑后的加速跑也叫疾跑,是从蹬离起跑器到途中跑之间的一段跑程。起跑后的第一步不宜过大,以后逐渐地增大到途中跑的步长。前几步躯干有较大前倾,随着步长和跑速的增加逐渐抬起上体。这段跑程两脚着地点的轨迹,应逐渐合拢到一条直线的两侧,这段距离一般男生13~15步,女生为15~17步,25~30米或稍短一些距离。

3. 途中跑

途中跑是整个跑程中最长、速度最快的一段。其技术是前脚掌落在身体重心投影点的稍前面(约一脚半处),脚触地后关节微屈,使身体重心很快地移过垂直阶段。接着后蹬腿的髋、膝、踝关节依次迅速伸直,完成快速有力的后蹬。后蹬角度约50度,后蹬的方向要正。随着腿的落地,摆动腿的大腿迅速有力地向前上方摆出,并且带动同侧骨盆前送,这时加大幅度,配合后蹬是十分有利的。落地前,大腿要迅速积极下压,这时由于惯性作用,小腿自然前伸,接着前脚掌迅速而有弹性地做向下、向后的扒地缓冲动作,这有利于缩短支撑时间和减少阻力。支持腿和摆动腿的协调配合,是途中跑技术的关键。

在途中跑时,头部正直,两眼向前平视,上体稍前倾。以肩关节为轴,两臂前后摆动要轻快有力,前摆时手稍向内,高度稍超过下颌,后摆是肘关节稍朝外。正确的摆臂动作不仅能维持身体平衡,而且有助于加快两腿动作频率和增大步长。

4. 终点跑(终点冲刺和撞线)

终点跑是全程跑的最后一段跑程。终点跑的技术与途中跑基本相似,只是要求在离终点约20米时,尽量保持上体的前倾角度,加强后蹬的力量和摆臂的速度。当身体离终点最后一步时,上体急速前倾,用胸部或肩部撞终点线。

5. 弯道跑

(1)弯道起跑和起跑后的疾跑:起跑器应安装在跑道的右侧,正对弯道的切点方向。起跑时,双手撑在起跑线后约5~10厘米处,使身体正对着弯道的切点。起跑后开始一段距离应沿直线跑进,缩短疾跑的距离,身体要早些抬起,尽快进入弯道跑。

(2)弯道跑技术:为了克服直道跑惯性所产生的离心力,进入弯道时,身体必须向圆心方向倾斜。后蹬时,右脚用前脚掌内侧,左脚用前脚掌的外侧着地。摆动时,右膝关节稍向内,左腿膝关节稍向外。右臂摆动的幅度和力量,都应大于左臂;右臂后摆时,肘关节稍偏向右后方,前摆时稍向左前方;左臂离开躯干。从弯道转入直道,身体逐渐减小内倾。跑200米时,注意放松,第一个100米要接近最高速度跑,第二个100米竭尽全力跑完全程。400米跑要注意放松,步幅开阔,有明显的节奏。

快速跑的教学重点是起跑的快速起动技术和途中跑的支撑腿与摆动腿的协调配合,其难点是后蹬有力、前摆充分和蹬摆结合技术的掌握。

(二)教学方法

1. 建立快速跑的概念

教师介绍快速跑的完整技术,扼要讲解快速跑的发展概况、基本技术和锻炼意义,使学生建立快速跑的概念。教师或学生进行技术示范,采用站立

式或蹲踞式起跑做完整的技术示范 1～2 次,距离可跑 30～40 米;观看优秀
运动员的技术图片、模型、录像或电影。

2. 学习途中跑技术

(1)先在直道上以中等匀速反复跑 15～25 米、30～50 米。在教学开始
阶段教师可利用耐久跑和快速跑途中跑技术上的差别,进行对比分析、讲清
快速跑特点后,进行途中跑练习。要求动作协调,步子开阔,强调蹬地和摆
腿的正确技术。

(2)10～20 米、30～40 米、40～60 米等不同距离的加速跑。在保持正
确姿势前提下,跑速逐渐加快到接近最快速度,不断完善技术和提高跑速。

(3)采用集体原地练习摆臂或学生分组做弓箭步的摆臂练习,摆动速度
可以逐渐加快,用口令或击掌等信号进行调节。教师可以直接进行指导,或
学生之间互相纠正。

(4)原地做屈膝前摆、大腿下压扒地练习,要求膝关节放松或仰卧肩肘
倒立做车轮跑的练习,以发展膝关节的灵活性。

(5)采用各种跑的专门练习,如小步跑、高抬腿跑等练习,以发展协调
性、提高基本动作,改进途中跑技术。

3. 学习弯道途中跑技术

(1)上弯道跑的练习:通过不等距离的直道跑,强调学生有意识地加大
右腿的蹬地力量和摆动幅度。

(2)下弯道跑的练习:通过不等距离的弯道进入直道跑,强调出弯道的
前几步身体逐渐正直,体会顺惯性的自然跑。

(3)学习完整的弯道跑技术:让学生跑 100～150 米的弯道,体会进入
弯道跑、弯道跑、出弯道跑的衔接技术。

4. 学习站立式起跑和起跑后的加速跑

(1)在教师讲解示范站立式起跑和起跑后的加速跑动作要点后,学生可
以按统一口令反复练习"各就位""预备"姿势的静态练习,或学生各自体会
动作,由教师和学生相互纠正动作。

(2)学生站成横队做直体前倾失去平衡后顺势跑 10～15 米的练习,体
会俯身快跑技术,或做走动中突然俯身快跑 10～15 米练习,要求上体逐渐
抬起。

(3)学生成横队,按统一口令练习起跑和起跑后的加速跑 20～25 米,或
学生自己做起跑和起跑后加速跑的练习。还可采取 4～6 名学生为一组,练

习起跑和起跑后的加速跑,着重培养学生反应和快速起跑的能力,教育学生不抢跑和不存侥幸心理。

5. 学习蹲踞式起跑和起跑后的加速跑(疾跑)

(1)学习安装起跑器的方法,让学生按"普通式"方法安装的要求,反复练习"各就位""预备"动作,教师纠正学生的错误动作,或学生两人一组互相辅导,辅导者一手放在练习者臀上部,另一手放在肩前,帮助体会"预备"动作的抬臀与探肩的空间感觉。

(2)在学习安装起跑器的基础上,学生分组练习起跑和起跑后加速跑,教师进行观察和指导。

(3)采用快跑上台阶练习(10~15级);快跑下台阶练习(10~15级);或快速上坡跑 15~20 米,中速下坡跑 1520 米。上台阶和上坡跑强调两腿用力蹬伸,两臂积极摆动和上体保持适当的前倾。

(4)学习弯道起跑器的安装方法和起跑、起跑后的加速跑技术。让学生按发令的要求,完成弯道起跑和起跑后的加速跑练习。

6. 学习终点跑和全程跑技术

(1)讲解、示范终点跑的完整技术动作,建立正确概念。

(2)先快速跑 20~30 米并直接跑过终点,再用快速跑,在接近终点 1 米处,做胸部撞线动作,迅速跑过终点。

(3)50~100 米全程计时跑练习。

7. 易犯错误与纠正方法

(1)"站立式"起跑:"预备"时身体重心没有落在前脚上,而落在两脚之间。

纠正方法:讲清动作要领,教师边示范,学生边体会,强调两脚之间的距离,多做"预备"姿势的静态练习。

(2)鸣哨(枪)后停顿一下再跑。

纠正方法:做向前移动身体重心的练习和直体前倾自然跑出的练习。

(3)"蹲踞式"起跑时第一步停顿,造成"二次起跑"。

纠正方法:用线划出第一步的落脚点,距起跑线约一脚至一脚半,限制第一步步长;强调第一步脚落地时前脚掌向后做扒地动作,多做原地斜向支撑后蹬跑练习和做直体前倾自然跑出的练习。

(4)起跑后上体抬起过早。

纠正方法:检查起跑器的角度;强调起跑时前腿充分蹬直,重心积极前移；起跑后要强调身体前倾并追赶重心；利用斜杆，限制起跑时上体过早抬起，反复练习。

（5）跳起撞线。

纠正方法：讲清撞线的技术，练习快速跑 20～30 米冲过终点不做撞线动作，然后再做 20～30 米加速跑，练习撞线若干次，并结合各种速度练习撞线动作。

二、耐久跑

耐久跑是发展持久奔跑能力的项目，是田径运动中长距离跑的综合总称，男子 800 米、1500 米、3000 米和女子 800 米、1500 米属于中距离跑，男子 5000 米以上，女子 3000 米以上属于长距离跑。耐久跑的特点是内脏器官做长时间强有力的工作与连续的肌肉活动，既要求跑出一定的速度，又要有持久性。当前中长跑技术发展较快，有步幅大、频率慢的跑法，有步幅小、频率快的跑法，目前正向着一定步长、高频率跑法的趋势发展。在耐久跑的过程中，最重要的是掌握正确的技术和合理地分配体力，一方面要尽可能减小体力的消耗，维持一定的跑速，另一方面要求在全程跑的过程中具有加速跑的能力，同时还要求跑时身体重心保持平稳、直线性强，有良好的节奏。因此，耐久跑能锻炼人们勇敢顽强的意志，培养吃苦耐劳、坚忍不拔和克服困难的优秀品质。

教师在耐久跑的教学中，首先应定期测试学生安静时的心率和活动后恢复到安静时心率的时间，就两项指标的先后变化，了解生理功能提高的幅度，了解生理功能指标与耐力素质之间的变化规律；探索有氧代谢和无氧代谢功能的发展与练习方法之间的关系及其规律，以指导教学。

耐久跑的完整技术包括起跑和起跑后的加速跑、途中跑、终点跑（冲刺）四部分。耐久跑和快速跑在技术结构上基本相同，但由于两者距离和速度要求各不相同，所以在技术上也有区别。

（一）动作方法

技术结构上基本与快速跑相同。起跑动作同快速跑中的"站立式"起跑动作；途中跑轻松自然，均匀而有节奏，幅度略小于快速跑；弯道跑占的比重大些。耐久跑中克服"极点"、掌握正确的呼吸方法、节省体力及合理地分配体力是很重要的。

耐久跑技术的重点是途中跑；难点是合理地分配体力，既要求跑得快，又要求轻松、自如、省力。

(二)教学方法

1. 介绍耐久跑技术特点,使学生建立耐久跑的技术概念

(1)以简练的语言,配合必要的教具(如图片、录像等),讲解耐久跑的技术特点,便于学生记忆。

(2)教师或技术较好的学生先做 200 米左右跑的示范动作,再按要领体会中长跑技术,男生中速跑 200～300 米,女生中速跑 100～200 米。

2. 学习改进途中跑的技术,提高跑的能力

(1)用 1/2 或 2/3 的力量重复跑 400～600 米,间歇 3～5 分钟,体会跑的节奏。

(2)对初学者可以通过游戏和综合练习提高学生练习的积极性,如指定专人领跑,接力跑、慢跑中做超人快速跑等,根据学生的情况分组练习。

(3)介绍弯道跑的技术特点。弯道跑 50～100 米,体会整个身体向左适度倾斜,两臂摆动幅度是右臂大于左臂,左脚掌以外侧、右脚掌以内侧着地;沿半径为 10～15 米的圆周做鱼贯中速跑进,体会弯道跑的技术;从弯道进入直道中速跑 20～30 米的练习,要求身体向内倾斜状逐渐正直,右臂摆动幅度逐渐平稳,脚落地技术正确;在以 15 米为半径的圆周上做让距离跑、接力跑,追逐跑等游戏,巩固弯道跑技术;弯道跑 30～50 米,体会弯道跑技术。

(4)越野跑,力求自然放松,学会利用不同地形,体会不同跑的速度,掌握越野跑的技术,为发展一般耐力打基础。

3. 学习改进起跑,起跑后加速跑、终点冲刺的技术

(1)通过讲解和示范,使学生建立正确的技术概念;做站立式起跑的练习,教师指导,学生互相纠正;快速反应练习,如看手势或听掌声、哨声等做快速起动,或做从原地站立到身体前倾、顺势跑出,并保持前倾加速跑 20～40 米的练习。

(2)加速跑 40～60 米的练习,保持完好的技术动作,为自然过渡到途中跑打基础;分别在直道和弯道上做起跑和起跑后的加速跑练习,一般跑 30 米左右。

(3)结合各种距离的耐久跑,练习终点冲刺。加强摆臂、后蹬、以顽强的意志保持最快速度冲过终点。

4. 改进全程跑技术

(1)不计时的全程跑,注意改进途中跑技术。

(2)计时全程跑,注意有节奏地呼吸和合理分配体力。

(3)全程跑考核,检查教学效果。

5. 易犯错误与纠正方法

(1)起跑后跑成折线:用对比法讲清跑切线和折线的利弊;沿划好的切线反复练习起跑。

(2)身体重心起伏过大,左右摇摆:沿着划好的线或看标记跑,做到视线与目标保持平行,脚着地位置不要出现"八字"脚;发展髋关节的柔韧性;加强弱腿,弱臂的力量练习,做弓箭步走和原地弓箭步跳。

(3)后蹬无力,形成坐着跑:讲清后蹬动作的重要性,强调用力顺序反复练习高抬腿跑、后蹬跑、上坡跑、下坡跑、各种弹跳动作,体会充分后蹬和送髋动作;做弓箭步练习。

三、接力跑

接力跑是以几个人互相配合,密切协作,分别跑完各自规定距离的集体项目,既是发展速度素质、协调性和培养快速奔跑能力的有效手段,又可培养密切合作的集体主义精神。正式比赛的接力跑有男、女 4×100 米、4×400 米;在群众性体育活动中,还有不同形式的接力跑,如不同距离的团体接力赛、异程接力、迎面接力等项目。接力跑的教材内容包括迎面接力和短距离接力跑。

接力跑与快速跑的技术基本相同,不同的是接力跑有传递接力棒的技术,要求各棒队员之间协调配合,保证在快速跑中完成传接棒,在此,这里只介绍握棒和传、接棒的动作方法。

(一)动作方法

1. 迎面接力跑

接棒人站在起跑线后,虎口张开右臂前伸准备接棒,传棒人右手用"立棒式"传给接棒人。为了防止抢跑,可在起跑线上插一竹竿或一面旗子,规定学生站在竿的左侧,并以右手从竿的右侧向前伸出接棒,接棒后迅速从竿的左侧跑出,起跑时可采用站立式姿势,教学时也可以用往返接力方式跑,传接棒的方法相同。

迎面"立棒式"传接棒的方法与正式接力比赛传接棒的方法不同。这种方法不仅可以提高跑的兴趣,充分发挥集体力量,同时也可以训练学生的反应速度和熟悉传接棒的方法。

2. 接力跑技术

(1)持棒起跑:第一棒的起跑,在 400 米起点用蹲踞式起跑。起跑时,应用右手握接力棒。握棒方法是用中指、无名指和小指握住棒的后端,用大拇指和食指分开撑地。接力棒不得触及起跑线和起跑线前面的地面。起跑技术与短跑相同。弯道起跑,起跑器的安装应靠近跑道的外沿,正对弯道切点。

(2)传接棒方法:传接棒的方法一般有下压式、上挑式和混合式三种,这里只介绍前两种方法。

①下压式。接棒人的手臂向后伸直,掌心向上,虎口张开向后,拇指向内,其余四指并拢向外,传棒人将棒的前端由上向前下方放入接棒人的手中。

②上挑式。接棒人的手臂自然向后伸出,掌心向后,虎口张开向下。传棒人将棒由下向前上方送入接棒人手中。

(3)各棒队员的配合

①接力区的跑法。站立式起跑,与中长跑的站立式起跑方法大同小异,只是头向后看;半蹲式起跑方法,接棒人站在接力区后端或预跑线内,选定起跑位置,两脚前后开立,两膝半蹲,上体前倾,用一只手支撑地面。手支撑地面有两种方法,一是二、四棒运动员左腿在前右手撑地,重心偏右。二是第三棒运动员右腿在前,左手撑地,重心偏左;或左腿在前,左手撑地,以保持身体平衡和便于观察传棒人的跑进和自己的起动标志线。

②传、接棒时机。接棒人站在预跑线或接力区后端,待看到传棒人跑到距自己 50 米处时,用站立式或半蹲式方法做好准备,眼看标志线(接棒人与标志线的距离要根据两人的速度决定,一般为 5.5 米)。当传棒人踏上标志线时,接棒人立即沿跑道的一侧跑出,并加快速度,当两人相距 1.5 米左右时,传棒人发出信号,接棒人立即伸手,传棒人迅速而准确地把棒送给接棒人手中。传接棒动作是在高速跑动中进行的,必须在接力区内完成。随后传棒人逐渐减速,留在自己道内,待其他道次传递完了再离开跑道。

4×100 米接力跑,多采用下压式传接方法。第一棒运动员用右手传棒,沿跑道内侧跑。第二棒运动员用左手接棒,沿跑道外侧跑。第三棒运动员同第一棒,第四棒同第二棒。

接力赛跑全程由四名队员组成,因此在比赛中应发挥每个队员的特长。一般说,起跑好并善于跑弯道的队员跑第一棒。灵敏、协调性好和速度耐力好,并善于跑直道和传、接棒好的队员跑第二棒。速度耐力好和传接棒技术好,善于跑弯道的队员跑第三棒。绝对速度好、意志顽强、冲刺好的队员跑第四棒。

接力跑的技术重点是传、接棒技术和速度的衔接,难点是在接力区内用高速跑完成传接棒技术。

(二)教学方法

1. 学习迎面接力跑

首先介绍迎面接力跑的完整技术和立棒式传接的方法,再做 20～30 米迎面接力跑的练习及 40～60 米的迎面接力比赛,以及 30～40 米往返接力比赛。

2. 学习短距离接力跑

(1)讲解接力跑的技术要领和简单规则,有条件可结合观看优秀运动员技术图片、录像,使学生建立正确的技术概念。

(2)学习原地传、接棒技术:排成两列横队并保持 1.5 米距离,在走步和慢跑中做传、接棒练习,可由固定传接棒的手开始练习,再过渡到摆臂发信号的传、接棒练习,体会传接棒技术。

(3)学习在接力区内传、接棒技术:先用中速跑,体会传接棒时机(先一、二棒和三、四棒配合,再二、三棒配合),再用快速跑在接力区内反复练习传接棒技术,调整好标志线距离,掌握好起跑的时机。

(4)介绍各棒队员的站位:第一、三棒站在跑道靠里侧,第二、四棒站在跑道外侧。

(5)组织 4×100 米接力棒比赛,巩固提高传、接棒技术:组织教学比赛时,应尽量使各队力量平均,跑程可适当缩短以增加练习次数,全程比赛应规定人数;分组分道在接力区里进行传、接棒练习,要按规则进行,并鼓励学生用集体主义精神完成比赛任务。传、接棒时,双方应注意传、接棒与速度的密切配合。

(6)突出集体练习:由于接力跑是集体项目,在体育教学的游戏和比赛中的分组,只要人数相等可以多人,也可以男、女生混合,传接器械除接力棒外还可以用小旗、小帽、彩带等实物。

3. 易犯错误与纠正方法

(1)标志线确定得不准确,使接棒人起动过早或过晚:根据2人的速度调整标志线的位置,并反复进行练习;传棒人将要向后摆臂时发出信号,接棒人的动作应及时准确。

(2)传、接棒不准:传棒人注意看准接棒者的手,把棒压(送)入接棒者手中;接棒人手臂伸出要稳,不要左右摇晃;明确传、接棒的位置和方法。

四、跨栏跑

跨栏是在奔跑中克服一定数量人为障碍物的练习,是田径运动项目中技术比较复杂、节奏鲜明、韵律性比较强的运动项目。合理的跨栏跑技术应当像跑一样跨过栏架,对身材高大、速度快的学生来说,只是在快速跑中加上跨过栏架的动作。跨栏跑时,技术越合理,越过栏架的时间越短。跨栏跑的运动成绩,决定学生的平跑成绩、过栏技术以及跑跨结合的能力,对提高学习锻炼的兴趣,提高速度、灵敏、柔韧、弹跳力等身体素质均有显著意义。同时对培养学生勇敢、顽强、果断的意志品质都将起到积极作用。

(一)动作方法

1. 起跑至第一栏的加速跑

起跑与快速跑的蹲踞式起跑基本相同,只是"预备"时,臀部抬得稍高些。起跑几步后身体与地面的夹角、抬腿幅度都比快速跑大,步长增加快、准确、稳定。

2. 起跨攻栏

起跨腿快速落地,并迅速蹬直髋、膝、踝三关节。摆动腿折叠后小腿前摆,上体前倾,异侧臂前伸。

3. 过栏

摆动腿过栏后大腿积极下压,同时起跨腿屈膝外展,经体侧迅速向前提拉,上体保持前倾,摆动腿的异侧臂向后划摆。

4. 栏间跑

下栏不制动,重心前移快,三步节奏明显,步长稳定,重心高,速度快。

5. 终点冲刺

同快速跑。

重点是"跨栏步";难点是"跨栏步"与栏间跑技术的结合。注意跑的直线性,身体的平衡性和节奏感。

(二)教学方法

1. 讲解示范

讲解跨栏跑的意义、锻炼价值、动作方法、技术要点和难点,有条件的学校可利用电影、录像、技术图片等直观教具,以加深学生对跨栏跑的正确概念。示范跨栏跑技术时,可用蹲踞式起跑过 3 个栏架,之后让学生体会跨 1 个栏的技术。

2. 跨栏步的专门练习和技术教学

(1)摆动腿技术的练习方法

①原地攻摆练习、面向栏站立(距离是练习者的一腿长),上体稍前倾,摆动腿屈膝向前方高抬,膝超过栏面后,小腿迅速向前摆出,然后大腿迅速下压,脚前掌在身体重心投影前落地。

②原地在鞍马上或肋木上做攻摆练习,要求上体前倾,摆动腿的脚跟应擦马背前伸,异侧臂前伸,同侧臂后摆。

(2)起跨腿过栏的练习方法

①原地在栏侧做起跨腿过横放栏架的练习,上体稍前倾,要求起跨腿过栏架时要充分折叠,膝盖外转高抬,足尖勾起。

②在肋木前做起跨腿过横放栏架的练习,上体前倾,手扶肋木,摆动腿前脚掌撑地,起跨腿在栏板后做提拉过栏动作;在肋木前做起跨腿过纵放栏架的练习,要求起跨腿屈膝外展并高抬,小腿放在栏架下,足尖勾起,做提拉起跨腿的练习。

(3)"跨栏步"技术的练习方法

①原地过栏练习,摆动腿大腿放在栏板上,小腿放松下垂,小腿抬起、伸直,摆动腿迅速下压着地,同时起跨腿迅速提拉过栏。

②慢跑正面跨 1～3 个栏练习,栏间用 5 步或 3 步,栏高 70 厘米。

3. 学习起跨过第一栏和栏间跑

(1)复习蹲踞式起跑和疾跑:距第一栏 1.5～1.8 米划起跨线,蹲踞式起跑 8 步上第一栏;在栏前 0.7～1 米外划落脚点,蹲踞式起跑 8 步过第一栏,要求脚踏在线上。

（2）栏间用线划出每步长度，按栏间步节奏跑 2～3 个栏；体会栏间步的技术和节奏；按标准栏距跑 3～5 个低栏，巩固、提高技术。

4. 学习全程跑技术

（1）蹲踞式起跑，跑过 5 个、8 个、10 个栏的练习。

（2）可成组进行练习或测验；还可以组织小组比赛集体计分。

5. 易犯错误与纠正方法

（1）摆动腿屈膝越过或从栏侧绕过栏架：强调起跨点；做屈膝前摆攻栏的模仿练习；利用跳箱等器械反复练习起跨攻栏动作。

（2）跳栏：划出起跨点，控制起跨距离；强调起跨腿充分蹬直，不要离地太早；强调在摆动腿过栏、大腿下压的同时，起跨腿屈膝外展，迅速提拉。

（3）起跨腿提拉太迟，拖在后面：强调提拉时机，用信号加以强化；多练习栏侧提拉动作；发展髋关节的灵活性。

（4）过栏时身体不平衡，落地向一侧偏斜：在垫上直角坐做模仿练习，注意两臂的配合摆动，强调上体前倾的时间是在过栏时。

（5）下栏后制动：用线标出落脚点，反复进行练习；下栏后起跨腿提膝积极向前跑出，把下栏动作与栏间跑紧密衔接起来。

（6）栏间 3 步不直，节奏破坏：改进过栏技术，控制好起跨点和落脚点；明确栏间步节奏；第一步稍小，第二步最大，第三步适中；沿划好的直线和横线跑栏间步，培养栏间步节奏感。

第二节　跳　跃

跳跃是人类活动的基本方式之一，是人类为适应生活环境的一种生存能力。随着社会的进步，跳跃已成为一种体育运动，跳跃运动对青少年的身心发展主要表现在以下几个方面：第一，跳跃运动能够促进青少年身体的正常生长和发育。它能调整人体的内分泌功能，增加脑垂体前叶生长素的分泌。第二是能够提高弹跳力。坚持跳跃活动能增强关节、韧带的弹性和柔韧性，有效发展下肢力量，发展肌肉运动的爆发力。第三，跳跃运动能发展身体的灵敏性和协调性。第四，跳跃运动能培养青少年坚强的意志，勇敢的精神。第五，跳跃运动是一种能力的培养，它将有助于适应生活和劳动的环境。它给生活带来方便，如日常生活中，跳过不宽的河沟，越过不高的障碍；

它给劳动带来帮助,尤其是野外作业,需要跑跑跳跳的事是经常碰到的;它给身心带来调剂,跳跃运动将调剂高度脑力劳动给予身心的重压,锻炼身体,增强身体对疾病的抵抗力,延缓身体衰老,增进身体健康。

一、跨越式跳高

(一)动作方法

1. 助跑

(1)从横杆的侧面直线助跑,用离横杆远的腿做起跳腿,助跑一般跑6～8步,助跑的路线与横杆成 30～60 度夹角。

(2)助跑逐渐加速,动作放松,最后 3 步助跑用全脚掌滚动式着地后蹬伸的方法,平稳降低身体重心,加快助跑的节奏。

2. 起跳

(1)助跑最后 1 步起跳腿大步前迈,伸直腿快速踏上起跳点,起跳点位置距离横杆垂直面约 60～80 厘米,离近侧跳高架立柱约 1 米的地方。用脚跟先着地并迅速滚动到全脚掌,经缓冲压紧后,在两臂和摆动腿的快速摆动配合下,起跳快速蹬伸起跳。

(2)在起跳腿迈向起跳点的同时,两臂平行后引。摆动腿蹬离地面后,以髋带动大腿积极向助跑方向摆动,当摆动腿摆近起跳腿时,伸直膝关节放下小腿,勾脚尖直腿向前上方高摆。同时,两臂向前上方高摆,配合完成充分起跳动作。

3. 过杆和落地

(1)起跳后身体充分腾起,摆动腿摆上杆后,腿伸直并内转下压过杆;起跳腿上提外旋,同时,上体适当前倾并稍向起跳腿一侧扭转,使臀部顺利移过横杆。

(2)在两腿跨越横杆时,两臂下垂;在起跳腿越过横杆后,两臂上举,摆动腿和起跳腿依次落入沙坑,并屈膝缓冲。

(二)教学方法

跨越式跳高技术的教学重点是起跳,难点是助跑与起跳相结合的技术。过杆动作着重掌握摆动腿杆上内转下压和起跳腿上提外旋的协调配合。

1. 用示范和讲解法介绍跳高技术

采用图片、录像、电影片或多媒体等直观教具作为辅助教学手段。

2. 用分解和完整教学方法，学习助跑和起跳技术

(1)助跑练习

加速跑 20～30 米。动作放松自然，步幅大，臂摆动前摆幅度稍大，全脚掌滚动式着地，平稳降低身体重心，最后三步加快节奏。

(2)摆动腿的摆动练习

起跳腿一侧的手扶肋木侧向站立，摆动腿练习向前上高摆的技术，连续练习。目视前上方，躯干正直，摆动腿屈膝由体后向前摆，当大腿摆至与地面垂直时，直膝伸小腿勾脚尖快速前上摆，带动髋部大幅度高摆，同时支撑腿由脚跟到脚尖滚动，摆动腿一侧的臂配合摆动。

(3)起跳腿蹬伸用力练习

同练习(2)，在摆动腿前上摆的同时，迅速蹬伸起跳腿。躯干正直，摆动腿前摆时骨盆朝前，在摆动腿直腿前上摆，摆至两大腿夹角约 20 度时，起跳腿爆发用力，充分伸展髋膝踝关节，身体向上跳起。

(4)练习迈步起跳

①一手扶肋木或把杆，起跳腿迈步放脚模仿练习。迈步出腿快，放脚快，紧腰挺髋，迈步结束时，起跳腿和上体成一倾斜的直线，同时两臂后引。

②迈步起跳和走步中完成起跳练习。迈步起跳时，两臂前上摆并制动，摆动腿前上摆幅度大，起跳腿经缓冲后爆发用力快速蹬伸，上体伸展，身体重心上升。

二、背越式跳高

(一)动作方法

1. 助跑

(1)通常采用先跑直线后跑弧线的方式：直线段助跑时，与横杆的夹角约在 75～90 度。进入弧线段助跑时，夹角逐步减小，约在 30 度，起跳点选择在离近侧跳高架立柱约 1 米，离横杆投影线前 80～100 厘米的位置。

(2)弧线助跑步点确定方法：通常采用走步丈量法，首先确定起跳点，然后从起跳点向助跑一侧平行于横杆的方向，自然地走 5 步，再以此点向助跑

起点方向(通常与横杆垂直)走 6 步,此处做一标记,为助跑直弧段的交界处,再继续延伸走 7 步做一标记,即为起跳点。在反复练习调整后确定下来,即直线段跑 4 步,弧线段跑 4 步的助跑路线模式。

(3)直线段助跑动作如同一般加速跑,逐渐加速,进入弧线段助跑时,身体向圆心方向倾斜,落脚点步步踩在弧线上,以全脚掌着地,后蹬角较小,后蹬用力大,最后 3 步节奏加快,使身体重心迅速前移。全程助跑轻松自然,快速有力,直、弧段助跑衔接流畅,为起跳做好准备。

2. 起跳

(1)助跑的最后一步摆动腿支撑时,后蹬迅速有力,并积极送髋。同时,起跳脚果断向前迈步,用脚跟先触地并向前快速滚动转为全脚掌着地,身体仍保持向圆心方向的倾斜姿势。

(2)在摆动腿的大小腿折叠迅速前摆时,经短暂缓冲的起跳腿开始蹬伸,在摆动腿大腿摆过水平面并制动时、起跳腿充分蹬伸,并拔腰提肩,充分伸展上体,两臂配合上摆后制动,身体由倾斜转为垂直,完成起跳动作,为过杆作准备。

3. 过杆和落海绵包

(1)起跳离地后,身体绕纵轴旋转,逐渐转为背对横杆。在摆动腿同侧臂引臂过杆后,头和肩过杆,并积极下潜。此时胸部展开,腿部放松,膝部微张,髋部充分展开和上挺,小腿自然下垂,整个身体在杆上呈背弓形姿势。当上体过杆并潜肩位置低于横杆时,低头屈髋,收腹落腰,使臀部过杆。此时,直膝举腿,伸开的两臂收至体侧,整个身体跃过横杆。

(2)落地时用肩背着海绵包缓冲。

(二)教学方法

背越式跳高教学的难点是弧线助跑起跳技术,重点是身体在杆上成"桥"的动作,发展对空中动作的控制能力。

1. 介绍背越式跳高技术

方法同跨越式跳高的教法。

2. 学习起跳技术

(1)练习摆动腿的摆动方法
摆动腿同侧臂手扶肋木,身体侧向站立,身体稍向起跳腿一侧倾斜,摆动腿屈腿前上摆,连续练习。摆动腿以膝领先摆向前上方,在大腿摆至稍高于水平位置时制动,小腿自然下垂,脚跟稍外展。

(2)练习起跳腿的蹬伸用力动作

同上练习,或不扶肋木练习,在摆动腿前上摆的同时蹬伸起跳腿。在蹬伸腿的同时,体会身体由内倾转变为垂直姿势,臂上摆,上体伸展。

(3)学习迈步起跳技术

迈步模仿练习,身体稍内倾,起跳腿向助跑弧线的切线方向插放,在摆动腿的摆动配合下,起跳腿蹬伸起跳。迈起跳腿时出腿要快,以全脚掌快速着地滚动压紧,紧腰挺髋,身体保持内倾姿势。

3. 助跑起跳练习

(1)沿着直径约 15 米的圆周加速跑。加速跑,脚掌始终落在弧线上,体会身体向圆心方向倾斜。

(2)沿弧线跑 4～5 步后的起跳练习。加快助跑节奏,沿弧的切线方向放脚起跳,体会用力起跳时身体腾起的感觉。

(3)直线助跑后进入弧线跑的练习。直线段跑 4～5 步,弧线段跑 4～5 步。直线段助跑动作放松自然,加速明显,身体重合位置较高;转入弧线段助跑时,动作流畅自如,身体向圆心方向倾斜。

4. 学习背越式跳高的过杆技术

(1)学习"后倒"练习。背向海绵包站立,直体向后倒,在身体失去平衡时伸膝举小腿,以肩背落海绵包。站立位置靠海绵包要近,避免动作控制不好跌坐在地上。后倒落包时伸膝举小腿,以免因收腹过猛,膝盖碰伤面部。

(2)助跑跳上高包的练习。助跑 7～9 步起跳,背越式姿势落高包上,包高约 1.50 米。助跑起跳积极,腾空中保持挺髋姿势,倒向横杆,身体成"背桥"。

5. 易犯错误与纠正方法

(1)助跑常见错误和纠正方法

易犯错误:助跑速度慢;直、弧段助跑不连贯;弧线段助跑时身体内倾不够,最后助跑不能按弧线跑,步点不准。

纠正方法:反复进行助跑练习,采用圆周跑、直道转入弯道的加速跑练习等;地上画上助跑标志线,沿灰线助跑和准确踏上起跳点。

(2)起跳中常见错误和纠正方法

易犯错误:迈步起跳时低头屈髋,摆腿动作不积极,助跑起跳不协调,摆臂动作不正确；身体过早倒向横杆；过早转体背对横杆；起跳不充分。

纠正方法：提高弧线助跑质量，强化迈步起跳的正确动作；复习跳高包及短助跑过杆练习。

(3)杆上和落地动作常见错误和纠正方法

易犯错误：身体不能与横杆成正交叉过杆；杆上屈髋坐杆；两腿紧张，直腿过杆；小腿碰落横杆；头或臀部落海绵包。

纠正方法：反复练习杆上动作模仿练习；垫上模仿仰卧挺髋、落腰时伸膝甩小腿的练习；在助跳板上起跳，延缓腾空时间，体会转体和后倒过杆动作的细节；发展身体动作的协调性和灵巧性，提高身体对动作的控制能力。

三、蹲踞式跳远

(一)动作方法

1. 助跑

(1)助跑步数为14～16步，根据个人的跑速发挥情况而定。助跑宜稳定而准确，要固定助跑的开始姿势，稳定助跑的步数和距离，步长和步频的变化相对稳定。要设置助跑标志，一般用开始助跑标记和检查助跑标记，检查助跑标志设在助跑的倒数第4步或第6步的步点位置。在练习和比赛中，培养助跑的调整能力。

(2)跳远助跑要发挥可控制的最高速度，在助跑达到最高速度时进入起跳。跳远助跑时动作放松，身体重心位置较高，步幅均匀，节奏明快，脚掌着地富有弹性。采用逐步加速或积极快速加速的发挥速度方式。

2. 起跳

起跳目的是在尽量减少水平速度损耗的前提下获得起跳所需要的垂直速度，起跳动作要做到：上板快、摆臂摆腿快、蹬伸起跳快。

(1)上板快：助跑最后一步，起跳腿几乎伸直快速地用全脚掌滚动着板，上体正直，目视前方，起跳腿与跑道间夹角为65～70度，脚着地点在身体重心投影点前约30厘米。

(2)摆臂摆腿快：起跳时，两臂快摆，摆动腿快速折叠前摆，在大腿摆至接近水平位置时制动，同时拔腰挺胸。

(3)蹬伸起跳快：起跳腿上板后稍屈膝缓冲，身体重心移至起跳板的前上方时立即快速蹬伸髋、膝、踝关节，在摆臂和摆腿的配合下，肌肉完成起跳动作,使身体腾起。起跳蹬地角约 70～78 度。

3. 腾空

(1)起跳后,摆动腿大腿抬高,起跳腿自然地留于身后,成"腾空步"姿势。

(2)在腾空步达到最高点时,起跳腿迅速屈膝向前上方提拉,与摆动腿靠拢,两腿继续上抬靠近胸部,上体稍前倾,两臂放下,空中成"蹲踞"姿势,准备落地时,在两臂后摆的同时,向前伸出小腿。

4. 落地

落地时,勾脚尖,伸直膝关节,在脚跟接触沙面时,两腿迅速屈膝,髋部前移,两臂屈肘前摆,身体重心迅速移过支撑点,用前倒或侧倒方法缓冲。

(二)教学方法

1. 用示范和讲解法介绍跳远技术

采用录像、图片、电影等直观教具,作为辅助教学手段。

2. 用分解结合完整的教学方法,学习助跑和起跳结合的技术

(1)起跳动作模仿练习。两脚前后站立,摆动腿在前,起跳脚在后,起跳脚向前迈步起跳,摆动腿和两臂摆动配合,身体腾起成腾空步姿势。起跳脚迈步快,摆臂摆腿配合快,起跳腿蹬伸快。

(2)跑动中起跳练习。在跑道或草地上每助跑 3 或 5 步做 1 次起跳动作的模仿练习。加速积极,踏跳快速,蹬伸有力,臂和腿摆动协调配合,上体正直,身体腾起有高度和远度。

(3)起跳后的腾空步练习。短助跑起跳,身体腾空后控制成腾空步姿势,以摆动腿落沙坑后跑出沙坑的练习。助跑积极,起跳中拔腰、顶头,摆动腿大腿前摆至水平位置时制动,起跳腿放松留在体后,两臂摆动配合,帮助维持身体姿势平衡,空中成跨步飞跃姿势。

3. 学习助跑和全程助跑距离的丈量方法

(1)学习跳远助跑技术。反复跑 30～40 米,固定助跑开始线、开始姿势和加速方式。助跑动作放松,后蹬有力,有弹性,节奏清楚,身体重心保持在较高位置,最后几步助跑节奏加快。

(2)确定助跑步数和距离。反复跑 30～40 米,在教师指导下,找出助跑

步点和距离。在反复助跑中确定助跑步数,找出最后助步第 4 或第 6 步的检查步点,设置检查标记。用尺丈量全程助跑距离和检查标志距离。

(3)练习助跑和调整助跑距离。在跳远助跑道上练习全程助跑。全程助跑练习在短、中程助跑跳远后进行。短、中程助跑跳远练习的距离可用走步法估量,即以计划助跑步数乘以 2,再减去 2 的普通走步数估量。在试跑几次后适当调整到准确助跑。

4. 学习蹲踞式跳远腾空和落地技术

(1)短助跑蹲踞式跳远。4～6 步助跑,起跳后完成腾空步,落地前起跳腿上举与摆动腿靠拢,双脚落沙坑缓冲。助跑起跳动作要连贯,起跳要充分,腾空步幅度要大而稳。

(2)学习跳远落地技术。立定跳远,落地前两脚前伸,越过置于沙坑中的彩带等标志后屈膝缓冲。助跑 3～4 步跳远,越过沙坑上方的橡皮筋后,两腿前伸落沙坑。落地时收腹、举腿,向前送髋,前伸小腿、落地后在摆臂配合下,身体重心移过支点。

(3)加长助跑距离的跳远练习。在短助跑 4～6 步练习跳远的基础上,增加两步助跑练习跳远 2～3 次,直到全程助跑的步数。要发挥速度,掌握好节奏。用走 3 步的方法增加两步助跑。

(4)全程助跑跳远练习。丈量好助跑距离,放上助跑标记,在试跑几次后调整步点,然后开始全程助跑跳远。全程助跑要快速、准确、稳定、跑直线,动作放松,节奏清楚。起跳时,摆蹬协调配合、拔腰挺胸、顶头和积极伸展上体,身体各部位协调一致用力。攻板意识强,起跳向前性好。落地时可采用前倒或侧倒的方法。

5. 易犯错误与纠正方法

(1)助跑和起跳中易犯错误和纠正方法。
易犯错误:步点不准;助跑最后几步减速;起跳方向不正,起跳时上、下肢动作不协调。
纠正方法:放松的加速跑练习,助跑最后几步加快节奏。调整全程助跑距离,确定检查标记;反复模仿起跳练习,4～6 步短助跑起跳模仿练习。

(2)腾空和落地时易犯错误和纠正方法。
易犯错误:空中不能维持身体平衡;落地时小腿前伸困难。
纠正方法:4～6 步助跑,利用助跳板起跳,空中有较长时间体会动作;短助跑跳远,限制腾空步远度,在越过橡皮筋后再前收起跳腿;发展腰腹肌力量;落地点标出目标,落地时伸腿越过标志。

四、挺身式跳远

(一)动作方法

挺身式跳远的助跑起跳技术参考蹲踞式跳远部分。

(1)起跳后,身体保持腾空步姿势。

(2)随后摆动腿大腿放下,小腿做向前、下、后方向的弧形摆动,伸展髋部,两臂向下后上方绕摆,起跳腿向后摆和摆动腿靠拢,臀部前移,挺胸展腹,形成展体挺身的空中姿势。

(3)落地前,两臂向前、向下后方摆动,同时屈髋收腹举腿,前伸小腿准备落地。

(二)教学方法

助跑与起跳的结合是跳远技术的关键。起跳腾空后放下摆动腿与挺胸展髋动作的配合是教学的难点。助跑和起跳的教学方法参考蹲踞式教学部分。

1. 挺身式跳远腾空动作模仿练习

(1)放下摆动腿的练习。原地站立,摆动腿屈膝抬起后放下,髋部伸展,两臂配合做绕环摆。以髋部发力放下摆动腿,同时伸展上体。摆动腿向下后方摆时,膝放松,小腿自然做弧形摆,头后仰,挺胸,上体稍后倾,整个身体成挺身姿势。

(2)立定挺身跳远练习。同上练习,并在展髋挺身之后蹬离起跳腿,两臂由上向下摆,完成立定挺身跳远。可在跑道上连续练习。动作要有较大幅度,有合理的节奏,有一定的力度。

2. 短助跑练习挺身式跳远

4～6步助跑起跳,腾空步后放下摆动腿,展髋挺胸后,稍收腹双脚落沙坑。起跳要充分,摆动腿摆幅要大,挺身充分,延续时间稍长。

3. 短、中程助跑跳远

6～8步、8～12步助跑跳远。加速要积极,起跳要充分,空中有完整的挺身动作,能举腿前伸落地。

4. 改进和提高全程助跑跳远技术

用已确定的助跑距离反复练习助跑起跳。复习和改进技术细节,采用针对性练习手段改进技术。

5. 易犯错误与纠正方法

(1)助跑和起跳技术部分易犯错误与纠正方法

参考蹲踞式跳远。

(2)腾空动作中易犯错误与纠正方法

易犯错误:腾空步幅度小;摆动腿动作紧张,髋打不开,挺身动作不充分;臂摆动配合不协调;落地时举腿和前伸动作拘谨;落地时身体后倒等。

纠正方法:反复模仿和体会摆动腿、摆臂和身体其他部分的动作,体会用力时的肌肉感觉。在短助跑练习中,体会动作的节奏,上、下肢动作的协调配合。在全程助跑跳远中体会快速起跳后的腾起动作。

五、三级跳远

三级跳远是在助跑后起跳,依次完成单脚跳、跨步跳和跳跃的田赛项目。

(一)动作方法

1. 助跑

(1)基本上同跳远的助跑(参见跳远助跑部分)。

(2)助跑倒数第 2 步的步长和步频不特意作调整。

(3)助跑最后 1 步起跳脚踏板时,着地点比较接近身体重心的投影点。

2. 第一跳(单脚跳)

(1)用较有力的腿做起跳腿。

(2)助跑后起跳脚全脚掌踏上板。

(3)臂和摆动腿用快摆和骤停配合越跳。臂的摆动采取单臂前后摆或双臂摆的方式。

(4)起跳腿上板经短暂缓冲后蹬伸起跳腿,蹬地角为 60～65 度。

(5)起跳时的身体重心腾起角 16～18 度。

(6)起跳后成腾空步。

(7)腾空步后,摆动腿向下后摆,同时起跳腿折叠前摆,完成交换腿动作。

(8)换步后的起跳腿大腿继续高抬,两腿呈大跨步姿势,并准备做下压扒地动作。

(9)在摆动腿和两臂用力前摆配合的同时,起跳腿向下后方压,以全脚掌落地。

(10)起跳脚落地并缓冲时,上体恢复正直姿势,身体重心前移,准备做第二次起跳。

3. 第二跳(跨步跳)

(1)以单脚跳的落地脚为起跳脚。

(2)在两臂和摆动腿的摆动配合下,积极蹬伸起跳腿,同时直腰挺胸,伸展上体。

(3)起跳时的蹬地角约为60度,身体重心的腾起角为12~15度。

(4)起跳后呈腾空步。

(5)腾空步后成大幅度跨步姿势,两臂前后摆或双臂摆至体后,维持身体平衡。

(6)跨步跳下落时,以髋部发力,摆动腿大腿下压,小腿前摆几乎直腿用全脚掌向下后方加速落地。

(7)落地点靠近身体重心投影点,两臂和起跳腿配合向前上方摆动。

(8)落地缓冲时身体重心迅速前移,上体恢复正直姿势。

4. 第三跳(跳跃)

(1)以跨步跳的落地脚为起跳脚。

(2)在双臂和摆动腿的摆动积极配合下完成起跳。

(3)起跳时的蹬地角约为65度,身体重心腾起角为16~20度。

(4)第三跳腾空中,一般采用蹲踞式或挺身式姿势。

(5)落地缓冲方法与跳远相同。

(二)教学方法

1. 用示范和讲解的方法介绍三级跳远技术

用电影片、录像、图片等作为辅教学手段。

2. 体会三级跳远的动作结构

立定三级跳远和助跑1步的三级跳远,顺序完成单足跳、跨步跳和跳跃。立定三级跳远采用单脚支撑的开始姿势,在摆臂和摆动腿前摆配合下,跳出第一步。

3.用分解教学法学习三级跳远技术

(1)学习助跑起跳技术。短助跑 4～6 步起跳,单脚跳后以起跳脚落沙坑。助跑起跳技术要衔接紧密,用双臂摆或单臂前后摆配合起跳。

(2)学习第一跳腾空中交换腿的动作。跑动中单脚起跳,经腾空步后迅速交换腿,用起跳脚落地,在草地或跑道上连续进行。助跑 3～4 步起跳后,摆动腿主动后摆,同时起跳腿积极前抬,完成交换步动作,并做好落地准备。

(3)学习第一跳的下落扒地起跳技术。模仿练习,身体侧对肋木站立,单腿支撑,同侧臂扶肋木,另一腿向前上方抬摆,大腿接近水平位置时积极下压,伸直腿用全脚掌加速下落扒地,着地点接近身体重心投影点,在草地或助跑道上连续模仿起跳腿的下压扒地动作。以髋部发力,两臂和摆动腿与起跳腿下压扒地动作相向用力,加大起跳效果。

(4)短助跑三级跳远完成第一跳。4～6 步助跑三级跳远,着重练习第一跳。第一跳要有较大的远度,空中交换腿动作要比较完整,换步后应有下压扒地起跳的意识。

(5)学习第二跳(跨步跳)及第一、二跳衔接技术。4～6 步助跑起跳的大跨步练习,可以跳上跳箱盖、跳上台阶,或直接跳入沙坑。起跳成腾空步后,摆动腿大腿继续向前上摆,两腿劈开角加大,空中为大跨步飞跃姿势。落地用全脚掌着地并跳起。

(6)学习第三跳(跳跃)及第二、三跳衔接技术。①学习第三跳。方法同短、中程助跑跳远练习,要选择弱腿跳远,起跳腾起角稍大。②第二、三跳衔接技术练习。行进中的左、左、右;右、右、左连续跳跃练习。动作要连贯、节奏要感强、身体正、落地后起跳要衔接好。③短助跑后的第二、三跳连接跳跃练习。助跑 4～6 步起跳后做跨步跳,落地后跳跃落沙坑。跨步跳幅度要大,有一定的远度,二、三跳动作衔接紧密,第三跳用力向上,加大起跳角度。

(7)学习和掌握完整的三级跳远技术。用 8～12 步助跑或全程助跑完成三级跳远。用白灰标出三跳的远度点。按 35％、30％、35％ 的三跳远度比例完成三级跳远,三跳节奏均匀,落地起跳动作衔接连贯。要努力跳好第一跳,增加向板进攻的勇气。并且在单脚跳后敢于主动下落着地。

4.易犯错误与纠正方法

(1)单足跳易犯错误和纠正方法。

易犯错误:第一跳跳得太高,损耗水平速度太多;第一跳跳不起来,远度太小;空中交换步动作过早或过迟,动作不协调等。

纠正方法:改进助跑;采用辅助练习手段,熟练空中交换步动作;短助跑三级跳远,按预定远度跳。

(2)第一、二跳衔接技术易犯错误和纠正方法。

易犯错误:第一跳落地消极;落地时小腿前伸,上体后仰;落地点离身体重心过近,上体前栽;下落扒地动作过早或过迟,使第一、二跳动作脱节;上、下肢动作不协调。

纠正方法:模仿练习,提高单脚跳落地技术;改进摆臂和摆腿的配合动作。

(3)第二跳以及第二、三跳衔接动作易犯错误和纠正方法。

易犯错误:跨步跳幅度小;空中身体姿势不平衡;动作紧张,过早落地,落地点离身体重心投影点过远,使二、三跳动作衔接不好;摆臂和摆腿动作不积极,第三跳跳不起来。

纠正方法:连续的跨步跳练习;从箱盖上跳下做跨步跳练习;发展腰背力量的素质练习。

(4)完整三级跳远技术易犯错误和纠正方法。

易犯错误:助跑步点不准,助跑起跳动作不连贯;三跳间远度比例不合适,节奏不好。

纠正方法:用标记标出三跳远度,用白灰线指示三跳路线,用击掌等信号强化三跳的节奏,改进摆臂和摆腿配合技术,维持好身体姿势平衡。

第三节　投　掷

这里以铅球项目为例,对田径投掷运动进行分析。推铅球的姿势主要有三种:侧向滑步推铅球技术(比较适合中学生特点的一种姿势);背向滑步推铅球;背向旋转推铅球(当前竞技体育中采用后两种姿势)。这里只介绍前两种。

一、动作方法

推铅球的完整技术是由握球、持球、预备姿势、滑步和最后用力、器械出手后的缓冲动作等几部分组成。以右手为例分析如下。

（一）握铅球的方法

五指自然分开，把铅球放在食指、中指和无名指的指根上，铅球重量在食指和中指之间，拇指和小指扶在球的两侧，手腕背屈，这样可以防止球体滑动，便于控制出球的方向，推球时能充分发挥手指手腕的力量，使铅球获得更大的速度。手指手腕力量较强的人，可将铅球适当地移向手指上方，这样更有利于发挥手指力量。手指手腕力量较弱的人，可将铅球放在靠近指根处，以免推球时挫伤手指。

（二）持球的方法

握好球后，将铅球放在锁骨窝处，贴着颈部，右臂屈肘，掌心向前，持球臂的大臂同肩齐平或略低于肩。

（三）滑步前的预备姿势

1. 侧向

持球后，侧对投掷方向，身体自然放松，左腿弯屈，站在投掷圈的后沿的直径线上，右脚外侧靠近投掷圈的后沿。重心落在右腿上、左脚以前脚掌着地，两脚相距约肩宽，左臂微屈于头前上方，身体向右倾斜，眼看右下方。

2. 背向

持球后，背对投掷方向，两脚前后站立，右脚尖抵住投掷圈内后沿，重心落在右腿上，左腿自然放松，以前脚掌在右脚侧后方着地；上体正直放松，右臂肘部下垂，左臂上举；眼睛注视前下方。

（四）滑步

（1）侧向滑步：从侧向预备姿势开始，左腿向投掷方向做一两次预摆，当最后一次预摆左腿回摆的同时，右腿弯曲，降低身体重心，当左腿回摆到靠近右腿时，左大腿带动小腿向推球方向摆出，同时右腿用力蹬地，用摆腿蹬地的力量带动髋部向前移动。在右腿充分蹬直后迅速收小腿，前脚掌沿地面滑至圆圈中心附近，同时左腿积极迅速地以前脚掌内侧着地，完成滑步动作。

（2）背向滑步：从背向预备姿势开始，先做一两次预摆，预摆时左腿自然弯曲，大腿用力平稳地向后上方摆起，右腿伸直，脚跟提起，前脚掌支撑体重

(有的是全脚掌)同时上体自然前俯,左臂自然地伸于胸前,略微低头,两眼看前下方。左腿摆到一定高度,待身体平稳后,回收左腿,同时右腿逐渐弯曲,当左腿回收到接近右腿时,身体重心略向后移,接着左腿大腿向投掷方向摆出、右腿用力蹬伸,使身体重心向推球方向移动。当右腿蹬直后,迅速收小腿,右脚、右膝边收边向左转,右脚掌沿地面滑至圆圈中心附近,同时左脚积极迅速用前脚掌内侧着地,完成滑步动作。

(五)最后用力

从右髋部发力,然后扩大到下肢和上体。当滑步结束后,左腿积极落地的一刹那开始最后用力。用力的顺序是右腿迅速蹬地,脚跟提起,右膝向内转,右髋边转边向前送,上体逐渐抬起向推球方向转动,当身体左侧移至与地面垂直的一刹那,左肩固定,右腿迅速蹬直,以身体左侧形成支撑轴。上体和头部向推铅球方向转动,右肩向前送出,挺胸抬头,以胸带肩,右臂积极做推球动作,最后用手腕和手指的力量将球从右肩上方沿 40 度左右的角度推拨出去。为了方便教学,最后用力可归纳为蹬、转、撑、送、挺、推、拨 7个字。

推铅球的重点是最后用力;难点是滑步和最后用力相结合的技术。

二、教学方法

(一)了解推铅球的技术

通过对推铅球技术的讲解、示范和看技术图片(有条件的可看电影、录像、幻灯片)等方法,使学生初步了解推铅球的技术;了解推铅球的场地、器材,推铅球的规则,并提出推铅球教学中有关安全措施及具体要求。

(二)学习原地推铅球技术

(1)学习握球和持球的方法:可用垒球或轻铅球体会技术动作。

(2)正面推球:正对推铅球方向,两脚左右开立约与肩宽,两腿弯曲,右手握铅球置于肩上,左臂自然上举,利用两腿蹬地的力量,将铅球向前上方推出。开始练习时,手臂不用力,主要利用下肢蹬地力量,逐渐结合用右肩和手臂的力量。

(3)同上练习,但在推球前上体向右扭转,左臂位于体前上方,使左侧肌肉扭紧拉长,当肩带向右转和铅球稍降低之后,加速把铅球向前上推出。要充分蹬伸两腿,伸展躯干和右臂并体会手指拨球动作。

(4)正对投掷方向,左脚在前,脚尖稍向内转,右脚在后,膝关节稍屈,用前脚掌着地,右肩向右扭转,右腿用力蹬地,送右肩挺胸将球推出。

(5)徒手或持轻器械做侧向推铅球的预备姿势,用十字线和 45 度角斜交叉线检查右脚和左脚的位置,徒手或用实心球做侧向推铅球的模仿练习。初步体会用力顺序。

(三)学习侧向与背向滑步推铅球技术

(1)徒手预摆练习:侧对投掷方向,两脚左右开立或背对投掷方向,两脚前后开立,右脚在前。上体前屈,重心落在弯曲的右腿上,右臂成持球姿势,左手拉住同肩高的肋木或其他物体,左腿屈膝预摆回收至接近右腿时,用力向投掷方向摆出,带动身体向投掷方向移动,反复练习。

在滑步时身体的移动,主要靠左腿摆动和右腿蹬地时所产生的合力,因此在滑步时应重视左腿的摆动。

(2)手持器械滑步练习:呈预备姿势后,预摆 1~2 次在左腿回收靠近右腿时,右腿用力蹬伸,左腿快速向身体后下方摆出,然后快收快落,完成滑步。

(四)学习滑步与最后用力的结合技术

(1)上一步推铅球:左脚在后,上一步推铅球,体会左腿一落地即开始最后用力。

(2)侧(或背)向滑步推球:侧向或背向(持较轻的铅球)滑步推铅球练习,逐渐加大摆动的幅度和强调最后用力的爆发力。

(五)易犯错误与利正方法

(1)推铅球时肘关节下降,球离肩过早,形成抛球:注意持球时手臂的动作,多做正面推球,要求肘关节抬平;多做原地推铅球的模仿练习,可在学生做好预备姿势后,教师或同伴站在练习者的前右侧,适当用力抵住其右手,体会推球的正确动作。

(2)推球时只用手臂力量,不能充分发挥下肢及腰背肌肉力量:原地做推铅球的模仿练习,体会用力顺序,学生做好预备姿势后,教师或同伴在前面抵住学生的右手,或者是教师在后面拉住学生的右手,要学生反复做蹬腿、起体推球动作。

(3)最后用力时左肩后撤:同伴站在背后用手抵住左肩,做原地推铅球的模仿练习,防止左肩后撤。

(4)推球时出手角度过低:在投掷前方一定远度和高度处悬一标志物,

要求推出的球触及标志物(标志物的高度和远度根据学生的成绩而定);推球出手时,强调两腿充分蹬直。

▶▶ 课后习题

1. 简述跨栏跑的教学方法。
2. 简述背越式跳高的教学方法。
3. 简述投掷铅球的教学方法。

第十二章　球类运动教材教法

第一节　篮　球

一、移动

（一）动作名称和结构

移动是指在篮球运动中，球员为了改变位置、方向、速度和争取高度等所采用的各种脚步动作的统称。移动是篮球技术的基础，也是比赛中运用最多的一项基本动作，对于提高篮球攻防技术和发展身体素质都有很大作用。移动包括起动、急停、滑步、跨步、后撤步、转身变向跑、变速跑、侧身跑和后退跑等。

移动的脚步动作结构由以踝、膝、髋关节为轴的多个运动动作所组成，上肢加以配合，特别是脚、髋、腰的协调用力对控制和转移身体重心，保持身体平衡，起着主动支配的作用。

（二）重点和难点

移动的教学重点应放在降低身体重心和用力蹬地技术方面。难点是蹬地的同时，腿部伸展的力和腰、髋的协调配合，人体内力和外力得以较好地结合，保证身体平衡地控制和转移，使人体获得起动、起跳、旋转和制动等位移的变化。

（三）教学步骤

（1）移动技术教学顺序是：基本站立姿势、起动、跑、急停、转身、跳、滑步，应遵循先易后难，先攻后守的顺序。

（2）移动技术的教学与练习步骤，应先在原地练习，让学生体会动作方法和难点，然后在慢跑中学习掌握正确的动作方法，在此基础上逐渐提高速度。

(四)易犯错误与纠正方法

1. 易犯错误

(1)基本站立姿势或起动前身体重心偏高、步幅过大,不便于迅速蹬地。

(2)变向跑时前脚掌内侧不主动用力,腰胯动作未协调用力。

(3)侧身跑时上体转体不够,侧转时内倾不够,跑步时脚尖不是向前。

(4)急停时身体重心过高,腰胯用力不够或过于紧张,没有用力蹬地和控制身体重心的动作。

2. 纠正方法

(1)教师用正确的示范动作引导学生练习,并在练习中反复用语言提示。

(2)为了使学生掌握规范的动作,在教学方法上可采用分解练习,由慢至快,由简入繁。

(3)跑的练习中,反复强调前脚掌内侧用力的部位,以及腰胯用力带动重心迅速转移。

(4)强调两腿弯曲降重心,或采用限制高度的滑步练习。

(五)移动技术教学训练的建议

(1)要强调移动在教学中的重要地位及对提高其他各项技术的重要作用。

(2)尽可能地运用视觉信号,培养学生扩大视野、随时观察场上情况变化的旨力。

(3)应把提高脚步动作的突然性、灵活性作为重点,注意动作之间的衔摘要紧密。

(4)应与提高专项身体素质紧密结合,还应与其他攻防技术结合进行。

二、传接球

(一)动作名称和结构

传接球是篮球比赛中进攻队员之间有目的地转移球的方法,是进攻队员在场上相互联系和组织进攻的纽带,是实现战术配合的具体手段。

传球的方式很多,常用的有原地双手胸前传球、原地双手头上传球、原地双手低手传球、原地反弹传球、原地单手肩上传球、行进间双手胸前传球和跳起双手头上传球等。接球有双手接球和单手接球。传球无论采用哪种方式都是全身协调用力，最后通过手腕和手指力量完成。

（二）重点和难点

传球技术教学的重点是使学生根据传球的目的和方式，学会利用前臂的伸摆和手腕、手指的力量作用于球的合理位置，迅速将球传出；难点是在传球过程中手法的运用和手脚动作的配合，即蹬地、腰腹和手臂用力与腕、指的协调配合。

接球技术的重点是伸臂迎球，当手指触球瞬间随球收臂后引，持球于胸腹前；难点是接球的手法和手脚动作的配合。

（三）教学步骤

（1）传接球技术的教学，首先通过讲解与示范的方法使学生初步掌握原地传接球的动作方法，然后逐步过渡到行进间传接球的教学。

（2）在掌握原地和行进间动作方法的基础上，再进行与其他技术相结合的教学，最后再进行有防守对拼情况下的练习，提高在实践中运用的能力。

（四）易犯错误与纠正方法

1. 双手胸前传球易犯错误与纠正方法

（1）传球时两臂用力不一致，身体动作和传球动作不协调：强调传球时正确的站立姿势，反复练习，并加强弱手的力量训练。

（2）传球动作不连贯，传球时将球推出手：多示范正确动作，着重徒手模仿练习。强调持球时拇指相对成八字形，两肘自然下垂，放松，靠近身体，并让学生体会持球出手时食、中指指尖内侧拨球的部位（感觉）。

2. 单手肩上传球易犯错误与纠正方法

（1）传球动作类似推铅球：反复讲解、示范，多做徒手和持球的引球与挥臂练习。注重抬肘，球应举至头的斜上方。

（2）传球时上、下肢用力不协调：强调传球前左肩对准传球方向。传球时，注意蹬地、转体动作。传球距离可适当加大，体会如何全身用力。反复练习。

3.反弹传球易犯错误与纠正方法

(1)传球时用前臂将球"砸"向地面:反复讲解、示范,使学生明确反弹传球与一般传球技术动作相同,只是改变了用力方向。

(2)反弹落点掌握不好:讲解入射角与反弹角的关系,亦可利用标志物来加强练习。

(3)出球点高,造成动作不协调:传球时先向前跨出半步或一步,再将球传出,使传球动作合理化。

4.双手头上传球易犯错误与纠正方法

(1)传球没有速度和力量:传球时利用腰腹和摆臂,以及向前抖腕和手指的力量,抖腕要快而短促。

(2)传球目标不准确:这是由于出手过早或过晚造成的,所以要讲清出手的时间,并做示范。

5.双手接球易犯错误与纠正方法

(1)持球不稳(易漏接):强调接球时伸手迎球,手指触及球时要随球后引,并反复练习。

(2)伸手迎球时手指向着来球方向,造成手指挫伤:多示范正确迎球的手型,手指向上,两拇指呈八字形。

(五)传接球技术教学训练的建议

(1)在教学过程中要狠抓传球手法,先教传平直球的用力手法,再教传折线球的用力手法,最后教高吊球(弧线球)的用力手法,并以三种传球路线交替进行练习。对动作规范和要领要严格要求,促使学生形成正确的传球手法,为掌握多样化的传球方式打好基础。

(2)在掌握动作规格的基础上,要注意把培养学生良好的观察能力和判断能力,善于隐蔽自己的传球意图,以及巧用假动作等个人战术行动与提高传接球技术结合起来。

(3)在传球的教学中,要重视接球环节的教学与训练,形成正确的接球手法,养成接球结束就是传球或其他进攻动作开始的习惯。

(4)传接球练习方法应根据学生实际情况进行安排,并在练习中注意培养学生之间互相默契配合的意识。

三、运球

(一)动作名称和结构

运球是持球者在原地或移动中用手连续按拍借助地面反弹起来的球的动作。运球是篮球比赛中个人进攻的重要手段,也是组织全队进攻配合的桥梁,对发动进攻和突破紧逼防守起较大作用。运球分为高运球和低运球两种。一般常用的运球方法有原地运球、行进间运球、体前换手变向运球、背后运球、运球后转身和运球急停、急起等。

(二)重点和难点

运球技术教学的重点和难点是手对球的控制能力,即运球时控制好球的反弹高度、速度和角度,脚步移动的熟练程度和手脚的协调配合。

(三)教学步骤

(1)运球技术的教学步骤:原地运球、行进间高与低运球、运球急停急起、体前变向运球、背后运球、转身运球和胯下运球。

(2)向学生讲清运球的目的和作用,以及运用的时机、动作方法、动作要领和关键环节,指导其掌握正确的运球技术。

(四)易犯错误与纠正方法

(1)掌心触球(拍球时有声响):讲清正确动作概念,做正确示范,帮助分析原因。多做(体会)手指、手腕随球上引和柔和按拍的动作,如对墙连续拍球、坐在小凳上拍球等。

(2)带球跑:运球教学要结合规则进行,讲清概念,并对易犯的几种违例现象逐一示范,进行分析。练习中要严格要求,发现走步违例要及时纠正、重做,反复练习;运球时用力要适度。

(3)两次运球:结合规则讲清两次运球概念,并多做正、误示范和模仿,严格要求,及时纠正,养成好习惯。

(4)原地或行进间运球时低头看球:教师要强调大胆运球,鼓励学生不看球,在快速运球中培养学员手指的球感,这样才能解放视野,要强调屈膝降重心。

(5)运球时脚踢球:反复练习,提高控制球的能力,强调落点在前脚的外侧前方。

(五)运球技术教学训练的建议

(1)在教学与训练中,要着重抓好运球基本功的训练,提高学生控制球、支配球的能力。学生初步掌握了运球动作后,要求他们抬头运球,用手的感觉来控制球,并在训练中严格要求,使他们养成运球时目视前方、观察场上情况和屈膝的习惯。

(2)教学训练中要狠抓运球的关键,要结合各种熟识球性的辅助性练习,练好手上功夫和脚步动作的快速与灵活性,特别要注意弱手的运球训练。

(3)在加强防守的练习中,要从消极防守到积极防守,在不断加强对抗的训练中,逐步提高学生的应变能力。

(4)运球必须与传接球、投篮、突破和抢篮板球等技术结合训练。结合战术训练时,要注意培养学生运球的战术意识,掌握好运球时机,不滥运球,要根据全队战术配合的需要合理运球。

四、投篮

(一)动作名称和结构

投篮是篮球运动的主要进攻技术,是组成战术的重要环节。

无论双手或单手投篮,都要特别注意用手指控制球,手心不要触球,原地投篮时要求屈膝蹬地、腰腹伸展、全身协调用力;跳在空中投篮时要求臂、腕、指协调用力,最后把力量集中到手腕、手指上,利用手腕手指前屈,指端拨球,使球从中指、食指指端投出。

(二)重点和难点

1. 原地单手肩上投篮

动作重点是两脚开立,膝稍屈,重心在两脚之上,投篮时下肢蹬伸,同时依次伸腰展腹,抬肘上伸前臂,手腕前屈带动手指拨球,最后通过食、中指柔和用力将球投出,球离手后右臂应有自然跟进动作。

2. 行进间单手肩上低手投篮

动作重点是投篮时,投篮手要充分向球篮的前沿举球,用挺肘和手腕上挑的柔和动作使球从食指、中指、无名指投出,手指拨球的方向是自下向上,球是向后旋转的,这是区别于其他投篮的重要特点。行进间单手低手投篮是在超越对手后的一种投篮方法,它具有速度快、伸展的距离远和护球好的优点。

3. 原地跳起单手肩上投篮

动作重点是两脚开立,膝稍屈,重心在两脚之上,蹬地向上起跳,同时两手持球上举至肩上,一手托球,另一手扶球的侧方。当身体跳至最高点时,向上伸直前臂,扣腕拨指,通过食指、中指把球投出。这是中远距离投篮经常使用的方法。

4. 急停跳起投篮

动作重点是利用跳步急停和跨步急停起跳,在急停前腾空时,两手持球,起跳时迅速举球至肩上,身体到最高点时伸前臂,用手指手腕的力量,柔和地将球投出。急停跳投常与突破结合使用,收效显著。

(三)教学步骤

(1)投篮技术的教学,首先应教原地投篮,接着教行进间单手肩上投篮、单手低手投篮,再教原地跳起投篮。

(2)通过讲解、示范,使学生建立完整、正确的投篮技术概念,掌握正确、规范的投篮手法以形成技术动作定型。在掌握了基本手法和步法的基础上逐渐增加练习的次数、距离、难度、强度、密度等,并在攻守对抗条件下提高投篮的命中率。

(四)易犯错误与纠正方法

1. 易犯错误

(1)持球手法不正确,五指没有自然分开,用手心托球。

(2)肘关节外展,致使上肢各关节运动方向不一致。

(3)急停时身体重心不稳,造成投篮时上下肢配合不协调,导致动作衔接不连贯。

(4)投篮时抬肘伸臂不够,导致手臂前推,形成抛物线偏低。

(5)行进间急停时第一步过小,第二步又未能缓冲,造成身体前冲,控制球能力差。

(6)跳起投篮时身体前冲,投篮出手时间过早或过晚,上下肢配合不协调。

2. 纠正方法

(1)重复讲解和示范投篮的动作要点,使学生了解投篮动作的基本结构,建立明确概念。

(2)借助外部条件限制、信号刺激等手段。如让学生以投篮手臂靠近墙壁做徒手或持球的投篮模仿练习,纠正肘部外展。用信号刺激,如"抬肘、伸臂、压腕"等词语纠正肘关节过早前伸、伸臂不充分以及屈腕、拨指不够或球不旋转等错误。用"跨步""二步小""提膝""出手"等语言信号提示学生跨步接球、起跳、出手时机等。

(3)多做徒手练习,使学生体会协调用力和掌握动作节奏。

(五)投篮技术教学训练的建议

(1)在投篮技术教学训练中,要在建立正确投篮技术动作定型的基础上,把投篮与摆脱防守、传球、接球、运球、突破、脚步动作、假动作、抢篮板球等技术结合起来,培养其应变能力。

(2)重视投篮的心理训练,提高投篮命中率。通过比赛和一些特殊的训练手段,提高学生的抗干扰能力,使他们能在一定的心理压力下,保持较高的投篮命中率。

(3)在战术背景下进行投篮训练,培养学生的配合意识,提高他们运用投篮技术的能力。

(4)在教学、训练中随时注意观察,发现错误动作,找出其产生的原因,及时采取针对性的措施加以纠正,以免形成错误的动力定型。

五、持球突破

(一)动作名称和结构

持球突破是持球队员运用脚步动作同运球相结合的快速越过防守人的一项攻击性很强的进攻技术。比赛中与中投和传球结合运用,不但能有效增强个人进攻威力,而且能打乱对方的防守部署,为同伴创造良好的进攻时机。

(二)重点和难点

1. 原地交叉步突破

动作重点是重心移至左脚,右脚内侧迅速蹬地并向左前方迈出一大步,上体左转、向防守人的右前方探肩；在左脚离地前，用左手放球于迈出的脚侧，同时左脚蹬地加速突破。

2. 原地同侧步突破

动作重点是以左脚为中枢脚，突破时左脚前脚掌内侧蹬地，右脚迅速向右前方跨步，同时上体右转，左肩下压，用右手放球于右脚的侧前方，左脚蹬地加速突破。

（三）教学步骤

持球突破主要由蹬跨、放球、侧身探肩和加速四个技术环节组成。两腿用力蹬地是持球突破获得速度的重要来源，同时上体前倾，重心前移，以此带动摆动腿的跨出，超越对手；转体侧身探肩是在蹬跨之后立即做出的动作，是用上体占据有利空间，保护球；放球是把球及时放在身体侧前方，利于起动速度的发挥；加速是突破技术中的重要环节，中枢脚用力蹬地加速突破是超越对手的关键。

（四）教学方法

1. 在无防守情况下的脚步动作练习

（1）原地持球做瞄篮、蹬跨、放球等动作，练习控制身体平衡和投篮与突破的衔接动作。

（2）向左、右、前方抛球，然后单手接球跳步急停，做交叉步或同侧步突破的脚步动作。

2. 在防守情况下练习持球突破

（1）两人一组，在消极防守下，提高投篮与突破结合的练习。

（2）两人一组，防守者可用积极移动堵截突破，但手臂不参与防守。

3. 在比赛中练习持球突破

（1）半场三对三攻守练习：要求采用人盯人防守，不准换人。进攻队员利用中、远投和持球突破进攻。达到一定攻守次数，交换攻防。

（2）全场比赛：持球突破算四分，中远投算二分，同时防守必须盯人，比赛中不得交换防守。

（五）易犯错误与纠正方法

（1）持球突破出现持球走的违例现象：（1）培养队员在快速移动摆脱防守接球后，两脚都能做中枢脚，并能及时向不同方向持球突破。（2）反复练习蹬跨、转体探肩、放球的练习，在中枢脚蹬地加速前球应离手。

（2）持球突破不善于同防守队员抢占有利位置：（1）培养队员勇猛、顽强的战斗作风，强化激烈争夺有利位置的攻击意识。（2）明确持球突破要学会"挤靠"防守队员的动作，克服"绕躲"防守队员的错误动作。

第二节　排　球

一、准备姿势和移动技术

准备姿势与移动是排球六项基本技术之一，属于无球技术，是完成其他五项技术的前提和基础。

（一）动作分析

1. 准备姿势

（1）动作方法

两脚开立（前后、平行）稍宽于肩，脚尖内收或朝前，脚跟稍提起；两膝弯曲稍内扣；上体稍前倾，重心靠前，落于前脚掌；两臂放松，肘自然弯曲并下垂，双手置于腹前，两眼注视来球。

准备姿势按身体重心的高、中、低可分为稍蹲、半蹲和低蹲三种。

（2）动作要点

两脚站位宽于肩，屈膝内扣体稍前；重心向前肘自屈，目视来球神专注。

（3）重点、难点

重点：两脚支撑时的着地部位及身体重心的控制。

难点：上体姿势与重心的调节。

2. 移动

（1）动作方法

准确判断来球后，脚快速发力，一脚蹬地另一脚迈出，同时向来球方向移重心。具体方法有交叉步、跨步、并步、滑步、综合步等。

交叉步：(以向右移动为例)上体稍向右转，左脚快速发力蹬地，并从右脚前向右交叉迈出一步，然后右脚再向右侧跨出一步，落在左脚的侧面，同时身体转动对准来球方向，保持击球前的准备姿势。

跨步：准确判断来球后，一脚支撑并蹬地，另一脚向来球方向跨出一大步，跨出腿的膝弯曲而下蹲，重心前移落于跨出的腿上，上体前倾；另一腿自然伸直或随重心前移而跟着上步成接球的准备姿势。

(2)动作要点

快速判断球落点，果断蹬地移重心；重心平稳快移出，正确取位脚站稳。

(3)重点、难点

重点：起动时蹬、迈动作的协调配合。

难点：移动时重心保持平稳。

(二)学练方法

(1)两人一组，根据动作要领，试做练习。

(2)获得教师口令、手势、哨声等信号后，做出快速准备姿势动作或迅速做出正确的各方向移动步法。

(3)自抛自接移动练习。自抛球由易向难循序渐进，要求钻到球下把球接住。

(4)二人互抛接球，提高判断和快速移动的能力。

(5)移动过障碍练习。在排球场内码放各种图案的实心球或标志物，要求学生依次触摸或绕过物体进行步法练习。

(三)易犯错误及其纠正方法

1. 准备姿势

(1)做准备姿势时只弯腰，不屈膝。

纠正方法：对照正确动作方法与要点，反复进行徒手练习。针对只弯腰、不屈膝的问题，可采取在地面上画线的方法，提示学生自我对照膝部投影线超过脚尖落于线上。

(2)全脚掌着地，重心后坐；重心过高。

纠正方法：练习中两脚保持微动，多做低重心屈膝姿势的移动练习。

2. 移动

(1)身体重心不固定,上下起伏过大。

纠正方法:可采用双人面对手拉手同方向的移动练习、穿过网下的移动练习。

(2)重心向后,起动不果断,移动速度慢。

纠正方法:快速起动练习。针对起动不果断、移动速度慢,可采用听信号不同方向的快速起动练习;两人面对进行领随练习等。

(四)教学建议

(1)教学组织形式可采取集体练习、分组练习、两三人的合作练习、个体独立练习等方法,教会学生学习。

(2)练习队形采用体操队形、对面站位、圆形、半弧形、自由散点站位等。

(3)利用游戏法进行各种练习。如:在不同队形中由准备姿势开始,听信号做单人、双人等不同方位的移动练习。为克服身体上下起伏过大,可提示学生进行双人面对手拉手同方向的移动练习、穿过网下的移动练习等。

(4)与技术动作结合的徒手练习。如:听信号做交叉步或跨步移动的传、垫球徒手练习,可利用手势和语言信号提示,也可分小组利用手势和语言信号进行(看谁做的标准)快速反应的游戏。

(5)两三人或小组间观摩交流练习。结合所学技术动作进行持球练习,提示学生调整好重心和保持正确姿势。

(6)素质练习。利用各种图形、场地线、移动路线的差异,进行多人组合的合作练习。如加强下肢力量的锻炼:二米交叉步往返移动摸线练习;提高快速反应和动作灵敏性的锻炼;记时听信号不同动作的移动练习等。

二、传球

排球传球是利用手指的弹击动作将球传至一定目标的击球动作。传球技术主要有正面传球、侧传球和背传球。

(一)动作分析

1. 正面传球

(1)动作方法

准备姿势:采用稍蹲姿势,上体稍挺起,仰头看球,两手自然抬起,屈肘,放松置于额前。

迎球动作：当来球接近额前时，开始蹬地、伸膝、伸臂，手指微张从脸前向前上方迎出，全身各部位动作应协调一致。

击球点：在额前上方约一球距离处。

手型：手触球时，十指应自然张开使两手成半球状，手腕稍后仰，拇指内侧、食指全部、中指的二、三指节触球的后下部，无名指和小指在球两侧辅助控制球的方向。两拇指相对近"一"字形。

用力方法：在迎球动作的基础上，当手和球即将接触前，手腕和手指要有前屈迎球的动作，当手和球接触时，各大关节应继续伸展，最后用手指、手腕的弹力将球击出。

（2）动作要点

蹬地伸臂对正球，额前上方迎击球；触球手型成半球，指腕缓冲控制球。

（3）重点、难点

重点：两手自然分开成半球状，击球点在额前上方约一个球的距离。

难点：全身协调用力、主动迎击球。

2. 背传

（1）动作方法

准备姿势：上体比正面传球时稍后仰，双手自然抬起置于额前。

迎球动作：抬上臂、挺胸、上体后屈。

击球点：在头上方，比正面传球略偏后。

手型：与正面传球相同，但触球时手腕要稍后仰，掌心向上，拇指托在球下，击球的下部。

用力方法：利用蹬腿、展体、抬臂、伸肘和手指、手腕的弹力，把球向后上方传出。

（2）动作要点

上体稍直臂上抬，掌心向上腕后仰；背部对正目标处，协调传球后上方。

（3）重点、难点

重点：击球点在头上方，后仰向背向用力。

难点：击球点正确稳定。

（二）学练方法

1. 徒手模仿练习

（1）原地模仿练习：徒手做传球准备姿势，听教师的口令依次做蹬地、展体、伸臂击球动作练习。重点体会传球前的准备姿势、身体协调用力的动作和传球的手型。

(2)原地传球模仿练习:重点让学生体会触球手型,击球点位置和身体协调配合动作及传球用力的全过程。

(3)两人一组,模仿练习:一人做好传球的手型持球于额前上方,另一人用手扶住球,持球者以传球动作向前上方伸展,体会身体和手臂的协调用力。要求另一人纠正持球者的手型及身体动作。

2. 击球点与击球手型练习

每人一球,自己向额前上方抛球:做好传球手型在击球点位置将下落的球接住,然后自我检查手型。

3. 原地有传练习

要求把球传向头的正上方,传球高度离手1~1.5米。连续传30次为一组。

4. 对墙有传球练习

要求距离墙50厘米左右连续对墙自传球体会正确的手型和手指、手腕用力的肌肉感觉。

5. 每人一球向左、右、前、后移动传球练习

要求自传一次高球,再传一次低球,提高控球能力。

6. 两人一组,一抛一传球练习

要求抛者向左、右、前后抛球,传球者根据来球快速移动传球。

7. 背传球练习

(1)每人一球,自抛背传球练习。要求将球抛到头上,两手腕后仰,掌心向上,依靠蹬地、展体、抬臂、伸肘动作把球传向后上方。

(2)3人一组,背传球练习。3人各相距3米左右,两边人抛球或传球,中间人背传球。要求同上。

(三)易犯错误及其纠正方法

1. 正面传球

(1)传球手型不正确,两拇指过分向前,手指僵硬。
纠正方法:一抛一接实心球,自抛自接,接住后自查手型。

(2)击球点过低或过高。

纠正方法:球点过低,多做自传练习;球点过高,多做平传或平传转自传练习。

(3)传球时有推压或拍打动作。

纠正方法:对墙传球,增强指腕力量,体会触球感觉。

2. 背传球

(1)翻腕太大。

纠正方法:自传中穿插背传。距离墙 3 米,自抛自做背传。

(2)身体过多后仰。

纠正方法:近距离背传过网。

(四)教学建议

(1)传球采用完整教学法,首先建立传球技术动作的完整概念。教学时,应先着重于手型、击球点和用力的准确与协调练习,然后逐步过渡到手指、手腕的弹击和控制球的能力练习上。

(2)教学中尽量采用触球次数多的练习,并在初学阶段就结合近距离移动的传球,这样利于形成正确的击球点和手型,为学生进一步学习难度较大的传球打下良好的基础。

(3)教学时自始至终要强调正确手型、正确的击球点和协调用力几个环节。同时还要注意指出典型易犯的错误动作,以便学生在学习过程中进行正、误对比。

(4)教学组织形式可采取集体练习、分组练习、两个人的合作练习、个体独立自主练习等方法,教会学生学习。

(5)可先利用软式排球和一些排球游戏进行练习,逐渐过渡到使用正规排球。

(6)教学过程中结合素质练习内容的合理搭配,适度增加手指、手腕的力量练习,如对墙手指撑、往返移动等速度耐力和协调性的练习。

三、垫球

通过手臂或身体其他部位的迎击动作,使球从垫击面上反弹出去的击球动作为排球垫球,主要有正面双手垫球、体侧垫球等等。

（一）动作分析

1. 正面双手垫球

（1）动作方法
准备姿势：
正面对准来球，两脚开立（前后、平行）稍宽于肩，脚尖内收或朝前，脚跟稍提起两膝弯曲稍内扣；上体稍前倾，重心靠前，落于前脚掌；两臂微屈置于腹前，两肘稍内收，两眼注视来球。
垫击手型：
抱拳式：一手半握拳，另一手包住握拳手，两拇指平行朝前。
叠掌式：两手手指上下相叠，掌根紧靠，合掌互握，两拇指朝前。
垫击球时两臂自然伸直，两掌根和两小臂外旋紧靠，手腕下压，使腕关节以上的前臂形成一个垫击的平面。
手臂触球部位：
用腕关节以上 10 厘米左右、挠骨内侧平面触球的后中下部。
击球点：
在腰腹前约一臂距离的位置上击球。
垫球动作：
在判断来球移动取位的同时，根据来球的方向和击球的需要，及时调整身体重心的位置，尽量将球保持在身体的正前方。垫球时，两臂并拢向前伸，迅速插入球下，同时蹬地、提腰前移重心，含胸收肩两臂夹紧，伸肘压腕加提肩，抬臂前送，利用全身协调用力将球垫出。
（2）动作要点
正面对准来球，两脚开立，两臂并靠插入球下，在腰腹前约一臂距离的位置上，用腕关节以上 10 厘米左右部位，触球的后中下部并快速蹬伸前移重心；击球时，两臂伸直夹紧，提肩压腕、前送，靠上下肢的协调用力配合来控制击球的力量和方向。
（3）重点、难点
重点：击球点和手臂触球的部位。
难点：两臂伸直夹紧，提肩压腕、前送和全身协调用力。

2. 体侧双手垫球

（1）动作方法
左侧垫球时，先以右脚前脚掌内侧蹬地，左脚向左跨出一步，重心移至左脚,保持两膝弯曲,同时,两臂向左侧伸出,左臂高于右臂,右肩微向下倾斜。击球时,用右转体和收腹动作,配合提肩抬臂在身体左侧稍前的位置截住来球,用两臂垫击球的后下部。

(2)动作要点

向侧跨步前侧伸臂,向内转体提肩击球。

(3)重点、难点

重点:向侧蹬跨伸臂截住来球。

难点:蹬地转体,全身协调用力。

(二)学练方法

(1)用双手叠掌或抱拳互握的垫球手型练习。要求前臂夹紧并伸直,形成垫击平面,教师及时检查。

(2)结合半蹲准备姿势的原地集体徒手模仿垫球练习。要求先慢后快,重心低。动作协调,教师及时检查并纠正错误动作。

(3)原地与移动的徒手垫球动作练习。听教师口令做原地徒手垫球动作,看教师手势做前、后、左、右的并步、交叉步、跨步的移动垫球动作练习。要求动作正确、协调、连贯。

(4)击固定球练习:两人一组,一人双手持球于腹前,另一人做垫击动作。重点体会正确的击球点、手型及手臂用力时的肌肉感觉。

(5)垫抛球练习:2 人或 3 人一组,相距 4 米,一抛一垫或一抛二垫。要求先教会学生用双手下手抛球,抛出的球弧度适宜,不太旋转,落点准确。垫球者先将球垫高垫稳,然后要求垫准位。

(6)对墙垫球练习:学生每人一球,于距墙 2 米处连续对墙自垫。要求击球手型、垫击点和击球部位正确,用力协调,控制球能力强。

(7)2 人或 3 人一组:一人抛球,另一人或两人轮流向左、右、前、后移动垫球。要求移动速度不宜太快,垫出的球要稍高,并控制好落点。垫球者尽量做到正对垫球方向垫球。

(8)3 人一组跑动垫球或 4 人一组三角移动垫球:要求垫球人尽量移动到位,对正来球,把球准确垫到位。

(三)易犯错误及其纠正方法

1. 正面垫球

(1)击球时手臂并不拢、伸不直。

纠正方法:两手手指交叉轻握,垫抛球或固定球,或反复做徒手练习。

（2）臀部后坐，主要用抬臂力量垫球。

纠正方法：双手并拢用手绢绑住，臂与胸之间夹一球，然后垫抛球或固定球。

2. 体侧垫球

（1）伸臂没有侧身，造成球没有截住。

纠正方法：徒手模仿练习，慢动作体会。

（2）蹬跨幅度小，移动慢。

纠正方法：徒手的移动步法练习，结合蹬地跨步，提高速度和幅度。

（四）教学建议

（1）垫球教学应先在简单条件下进行练习，如原地徒手练习以及击固定球的练习，原地垫击一般弧度和落地比较固定的轻球，再进行移动垫球练习。在学生垫球动作基本正确、能初步控制垫球的方向和落点后，再逐步加大练习的难度。

（2）教学组织形式可采取集体练习、分组练习、两三人的合作练习、个人自主练习等方法，教会学生学习。

（3）合理利用教具与器材，开始学习时，可使用软式排球，逐渐过渡到正规排球。

（4）注意观察学生的心理变化，帮助学生克服学习中遇到的困难。初学垫球时，由于击球方法掌握不熟练，易屈肘松臂，臂不敢插入球下，应注意营造课堂轻松的学习气氛，关注学生的个性特点，教学中多采用学生示范、学生评论的方法，培养学生的积极性和自信心。

四、发球

发球是队员在发球区内，用一只手将球直接击到对方场区的一种击球方法。最基础的发球技术有正面下手发球、侧面下手发球、正面上手发球等等。

（一）动作分析

1. 正面下手发球

（1）动作方法

身体面对球网，两脚前后开立，两膝稍弯曲，上体略前倾，一手托球于体前腰腹之间,击球臂后摆;发球时,持球手臂向击球臂前约一臂距离将球抛起约 20～30 厘米,当球下落时,击球臂由后向前直臂前摆,用全掌或掌根、拳、虎口击球的后中下部,用力将球击出,随之重心前移进入场内。

（2）动作要点

一手持球臂前伸,将球向击球臂的前方约一臂距离适度上抛;击球臂由后向前积极前摆,击准球的后中下部,随之重心前移进入场内。

（3）重点、难点

重点:直臂挥摆,挥臂路线与方向,击球时机。

难点:抛球高度与位置,挥臂的路线与速度,击球点的掌握。

2. 侧面下手发球

（1）动作方法

准备姿势:左肩对网,两脚左右开立,约与肩同宽,两膝微屈,上体稍前倾,重心落在两脚之间,左手持球置于腹前。

抛球:左手将球平稳上抛于胸前,距身体约一臂远,球离手高度约一个半球。抛球同时,右臂摆至右侧后下方。

挥臂击球:利用右脚蹬地向左转体的力量,带动右臂向前上方摆动,在腹前用全掌、虎口或掌根击球后下方。击球后,身体转向球网,并顺势进场。

（2）动作要点

侧身对正球网,直臂抛球于两脚之间,手臂后摆,蹬地向前转体挥臂击球的后下方。

（3）重点、难点

重点:直臂抛球同时臂后摆,击球于后下部。

难点:抛球高度与位置,蹬地转体动作连贯协调。

3. 正面上手发球

（1）动作方法

准备姿势:面对球网,两脚自然开立,左脚在前,左手托球于体前。

抛球与引臂:左手将球平稳地抛于右肩的前上方,高度适中,同时右臂抬起,屈肘后引,肘与肩平,上体稍向右侧转动,抬头、挺胸、展腹、手掌自然张开。

挥臂击球:利用蹬地使上体向左转动,同时收腹,带动手臂向前上方快速挥动。在右肩前上方伸直手臂的最高点处,用全掌击球的后中下部。击球时,手指和手掌要张开与球吻合,手腕要迅速做推压动作,使击出的球呈上旋飞行。击球后,随着重心前移,迅速入场。

（2）动作要点

手托上抛高一米，同时抬臂右旋体；转体收腹带挥臂，弧形鞭甩应加速；全掌击球中下部，手腕推压要积极。

（3）重点、难点

重点：抛球于体前，挥臂放松速度快，击球准确包满球。

难点：挥臂击球有力并准确，球呈上旋飞行。

（二）学练方法

1. 徒手模仿练习

（1）全班学生徒手模仿发球挥臂动作和抛球动作，体会发球用力顺序和挥臂的轨迹，掌握正确的挥臂方向和速度。

（2）徒手做抛球挥臂击球动作练习，即做好准备姿势，左手前上置于击球点位置，右手做挥臂击球练习（击在左手掌上），体会击球手法和击球部位，练习抛球、挥臂、击球动作的协调性。

2. 抛球的练习

（1）原地抛球手法练习。做抛球练习时，要求掌心向上平稳地托送球，练习正确的抛球手法，体会抛球的位置和高度。

（2）固定目标的抛球练习。每人一球站在网或墙边，利用球网或墙壁的适当高度作为标记，把握抛球的准确性。

（3）做抛球、抬臂和引臂的配合练习。体会抛球的位置、高度和抬臂引臂的连贯动作。

3. 击固定球练习

（1）模仿发球挥臂动作击固定球练习。一人双手持球置于腹前或头上，另一人做挥臂击球练习（不要将球击出），体会击球部位和手法。

（2）击固定球或吊球练习。一手将球按在墙上，一手挥臂练习击固定球或将球吊在空中，练习挥臂击球，主要体会挥臂动作、击球手法、击球点和击球部位。

（3）两人对击练习。3人一组，甲持球，乙、丙面对面站立，做好发球的准备姿势，同时做击球动作击甲手中的球。体会挥臂击球时手臂发力的肌肉用力感觉。

4. 对墙或挡网做抛球与挥臂击球练习

体会抛球与手臂挥摆的配合以及击球手法的用力。

5. 两人站立两条边线上对发练习

体会挥臂路线与正确的击球部位,或两人隔网对发球练习,先站在距球网 6 米左右处,后逐渐拉长到 9 米或更远距离,体会控制球的力量与弧度。

6. 巩固发球练习

3 人一组,发球者与接发球者相距 12 米左右,另一人站在接发球者右前方做二传,3 人规定次数与组数交换。

7. 发球准确性练习

可将对方场区划分成左右或前后部分或规定区域,进行点线(直线、斜线)结合的练习。

(三)易犯错误及其纠正方法

1. 正面下手发球

(1)抛球太高太近。
纠正方法:直臂抛球距身体一臂远,反复练习抛球动作。
(2)击球挥臂屈肘,方向不正,击球点不正确。
纠正方法:反复进行抛球、击固定球的分解练习和对墙自发球练习。重点体会准确的抛、击球动作。

2. 侧面下手发球

(1)抛球与摆臂击球不协调。
纠正方法:反复结合抛球做摆臂练习。
(2)击球后重心不及时前移。
纠正方法:反复进行短距离的完整动作练习。提倡学生间的观察与交流,互帮互学,以建立正确的感性认识。

3. 正面上手发球

(1)抛球偏前、偏后。
纠正方法:讲清抛球方法,做固定目标抛球练习。
(2)挥臂未呈弧形。
纠正方法:反复徒手做弧形挥臂或扣树叶练习。

(3)手未包满球,无推压动作。

纠正方法:对墙轻扣球,体会手包球推压动作,使球前旋。

(四)教学建议

(1)教学组织形式可采取集体练习、分组练习、两三人的合作练习、个体独立自主练习等方法,教会学生学习。发球技术教学应遵循由易到难、由简到繁、循序渐进的原则,在教学顺序安排上通常是先教下手发球,再教上手发球,最后教飘球、勾手大力发球及其他发球技术。

(2)教学中要注意抛球动作与摆臂击球动作的协调配合,因为抛球是前提,击球是关键和难点。抓住抛球和击球这两个环节,强调抛球要平稳,挥臂动作迅速协调,击球准确。

(3)在发球教学中,由于发球练习的形式比较单调,教师要不断变化练习的方法,提出具体要求,并将发球与接发球结合起来进行练习。

(4)多采用游戏法帮助学生学习。如:

①击球比高:用正面下手发球的动作击球的下部,看谁击得球又高、方向又正。可提示学生注意动作方法,击球部位和击球点应相对固定。

②发球比远:在标志线后分小组或自由结伴,在学练中互帮互学,自定目标,并教会学生怎样观察,赏识同伴。可由教师规定距离,提出要求,也可由学生自主制定练习标准和学习目标。

(5)注意辅助练习的合理搭配,有针对性地发展学生的力量素质与协调性。

(6)注意发现学生的个性特点,有侧重地发展学生独立学习的能力。

五、正面扣球

扣球是队员跳起在空中,将高于球网上沿的球有力地击向对方场区的一种击球方法,是得分的主要手段。正面扣球是各种扣球的基础。

(一)动作分析

1. 动作方法

(1)准备姿势:扣球助跑前采用稍蹲姿势,两臂自然下垂,站在离网 3 米左右处,身体转向来球方向,观察来球,做好向各个方向助跑起跳的准备。

(2)助跑:助跑开始时,左脚先向前迈出一步,紧接着右脚再快速跨出一大步,左脚及时并上,踏在右脚之前,两脚尖稍向右转。两臂绕体侧向上引摆。

（3）起跳：在助跑跨出最后一步（即第二步）、左脚并上踏地制动的同时，两臂自后积极向前摆动，随着双腿蹬地向上起跳，两臂配合起跳有力地向上摆动。

（4）空中击球：起跳后，挺胸展腹，上体稍向右转，右臂向后上方抬起，身体成反弓形。挥臂时，以迅速转体、收腹动作发力，依次带动肩、肘、腕各部位关节向前上方成鞭甩动作挥动。击球时，五指微张，以掌心为主，全掌包满球，在手臂伸直的最高点的前上方击球的后中部，同时主动用力屈腕、屈指向前推压，使扣出的球呈上旋状。

（5）落地：落地时，以两脚前脚掌先着地再迅速过渡到全脚掌着地，同时顺势屈膝、收腹，以缓冲下落的力量，立即做好下一个动作的准备。

2. 动作要点

助跑节奏慢到快，一步定向两步跨；后步跨上猛蹬地，两臂配合向上摆；腰腹发力应领先，协调挥臂如甩鞭；击球保持最高点，全掌包球击上旋。

3. 重点、难点

重点：助跑与起跳的衔接，击球点与击球部位。
难点：准确判断，正确取位，击球时机和击球点的掌握。

（二）学练方法

1. 助跑起跳练习

（1）原地双脚起跳练习。全班同学听教师口令练习原地起跳技术，要双脚蹬地力猛快速，两手臂配合划弧摆动起跳，顺势扣球手臂上举，后引、抬头、展腹，身体成反弓形，落地时双脚前脚掌过渡到全脚着地，屈膝缓冲。

（2）一步或两步助跑起跳练习。集体听教师口令做一步或两步助跑起跳。要求练习速度由慢到快，手脚配合协调，注意控制身体平衡。

（3）学生分别站在进攻线后，听教师口令向网前做两步助跑起跳练习。在此基础上再学习多步助跑、变方向助跑和跑动起跳。要求学生注意助跑起跳的节奏和起跳点位置的选择。

2. 扣球挥臂动作的击球手法练习

（1）徒手模仿扣球挥臂练习：按规定的队形听教师口令做挥臂练习。要求挥臂放松自然，弧形挥动，有鞭甩动作。

(2)扣固定球练习:扣吊球,或两人一组,一人双手持球高举,另一人原地扣固定球,或自己左手举球,右手做挥臂击球练习。要求击球时全手掌包满球,做快速鞭打动作。

(3)自抛自扣练习:每人一球,距墙5米左右先抛一次扣一次,然后连续对墙扣反弹球,或两人面对面相距6~7米对扣,也可在低网上自抛自扣等。要求击球力量不宜过大,动作放松,手腕有推压鞭甩动作,使击出的球呈上旋飞行。

(4)扣抛球练习:两人或多人一组,一人站在距墙5米处抛球,另一人或多人依次对墙扣抛球。在低网前的一抛一扣练习,或在低网前轮流扣教师的抛球练习。要求抛球距离有近有远,弧度由低到高,扣球者选好起跳点,保持好击球点,挥臂击球手法正确。

3. 完整扣球练习

(1)4号位扣球练习。扣球者每人一球,先将球传给3号位,再由3号位把球顺网抛或传给4号位,扣球者上步助跑起跳扣球。要求掌握好上步起跳时机,在空中保持好人与球网的位置。

(2)结合一传的扣球练习。接对方发的轻球,垫给3号位二传,然后二传把球传给4号位,由4号位队员助跑起跳扣球。要求以中等力量扣球,注意正确的挥臂击球手法,选好击球点,防止触网或过中线犯规。

(三)易犯错误及其纠正方法

1. 易犯错误

(1)助跑起跳时机掌握不好,过早或过迟;重心不稳有时前冲触网。
(2)起跳点不正确,与球的距离保持不合理。
(3)挥臂路线与方向不正确,不能在最高点击球。
(4)击球与击球部位选择不好,全掌包不住球。

2. 纠正方法

(1)反复分解,完整徒手练习,体会正确动作要点。
(2)多做助跑起跳扣固定球或扣摸树叶或其他标志物练习。体会各技术环节的衔接和准确的击球。
(3)多做限定助跑起跳点的徒手模仿或完整扣球练习。体会正确的取位,保持好人与球的位置和正确的挥臂方向以及积极有力的扣击球。

(四)教学建议

(1)扣球技术是学生最感兴趣的技术,学生的积极性都比较高,但学生的注意力往往会集中在扣球效果上,而忽视对正确扣球技术动作的掌握,在教学中应注意引导学生掌握正确的扣球技术动作,为其他扣球技术的学习打好基础。

(2)扣球球教学中,应重点抓好助跑起跳和正确的击球手法练习,解决好人与球的位置关系。初学时,应加强分解动作练习,并适时地与完整动作练习相结合。对于扣球技术的重要环节,必须进行反复、系统的强化练习。

(3)为了教学方便,对扣球教学练习的总体要求要先徒手扣,后用球扣;先抛扣,后传扣;先轻扣,后重扣;先中远网扣,后近网扣;先扣高球,后扣快球。

(4)加强安全防范意识的培养,适时提醒学生注意练习时脚下球的及时处理,养成关爱他人、遵守纪律的良好习惯。

六、拦网

拦网具有双重性,既是最积极的防守技术,又能起到直接得分的作用。拦网分单人拦网和集体拦网两种。

(一)动作分析

1. 动作方法

由准备姿势、移动、起跳、空中拦击、落地五个环节组成。

(1)准备姿势:队员面对球网,两脚左右开立,约与肩同宽,距网 30～40厘米,两膝微屈,两臂屈肘置于胸前。

(2)移动:常用的步法有一步、并步、交叉步、跑步等。无论采用哪种移动步法,都要做好制动动作,以保证向上起跳,避免触网和冲撞同队队员。

(3)起跳:原地起跳时,两腿屈膝,重心降低,随即用力蹬地,两臂以肩发力,在体侧近身处,做划弧前后摆动,帮助身体迅速跳起。移动后的起跳,其起跳动作与原地起跳一样,但要注意制动并使移动与起跳动作紧密衔接。

(4)空中拦击:起跳时,两手从额前沿球网向上方伸出,两臂伸直并保持平行,两肩上提。拦网时,两臂应伸过网去接近球。两手自然张开、屈指、屈腕成半球状。当手触球时,两手要突然紧张,手腕下压盖在球的前上方。

(5)落地:拦球后,要做含胸动作,以保持身体平衡。手臂要先后摆或上提,从网上收回至本方上空,再屈肘向下收臂,以免触网。与此同时屈膝缓冲,双脚落地,随即转身面向后场,准备接应来球或做下一个动作准备。

2. 动作要点

判断移动及时起跳,两臂摆动伸网沿,提肩压腕张手捂,眼看扣球拦路线。

3. 重点、难点

重点:起跳有力,拦网手型正确,触球刹那提肩压腕。
难点:准确判断,正确取位,拦网时机的把握。

(二)学练方法

(1)徒手模仿练习。原地徒手练习拦网手型。要求两脚平行站立,两臂上举伸直,两手间距约 20 厘米,十指自然张开。

(2)原地扣拦练习。两人一组,面对面相距 1 米左右站立,一人预先做好拦网手型,一人对准拦网人双手自抛自扣。要求扣球者准确地把球扣在拦网人的双手上,让拦网者体会拦网手型和拦网时的肌肉感觉。

(3)原地结合低网一扣一拦练习。两人一组,隔网站立,一人扣球,另一人拦网。要求扣球者把球扣在拦网者双手上,拦网者要根据扣球人的抛球情况,及时伸臂拦网,体会触球时的提肩压腕动作。

(4)网前原地起跳拦网练习。学生集体听教师口令在网前做原地起跳拦网。要求起跳后保持好身体平衡,既要有伸臂过网的拦网动作,又不能触网或过中线犯规。

(5)网前左右移动一步起跳拦网练习。教师站在网前高台上持球于网上空,学生依次在网前左右移动一步起跳拦网。要求学生随教师举球位置的变化而左右移动,移动制动与起跳动作要连贯。

(6)隔网盯人移动拦网练习。两人一组隔网相对,其中一人主动向左右移动起跳拦网,另一人盯住对方,并及时移动起跳在网上与对方双手击掌。要求平行网移动,防止触网,移动由慢到快,保持好人与网的合理位置。

(7)一抛一拦练习:两人一组隔网站立,一人向网口上沿抛球,另一人起跳将球拦回。要求拦网人体会起跳时间和拦网动作。

(三)易犯错误及其纠正方法

(1)起跳过早或过晚。
纠正方法:教师给予起跳信号,反复练习起跳时机;深蹲慢跳或浅蹲快跳。

（2）拦网时两臂有向前扑打动作。

纠正方法：在网边反复做原地提肩、压腕动作；低网一扣一拦练习，强调收腹动作。

（3）闭眼拦网或两手之间距离大而漏球。

纠正方法：拦网时眼盯球，养成观察球的良好习惯；网前徒手移动起跳伸臂后不急于收臂，等落地时检查。

（四）教学建议

（1）在拦网的教学中，应以学习单人拦网技术为主，双人与集体的拦网技术为辅。当学生初步掌握了拦网技术后，应该增多结合扣球和防守反击的练习使拦网、保护、防守及反攻扣球等技术互相串联和衔接。

（2）在教学中，必须抓好拦网的移动、起跳、伸臂、手型、拦击动作等环节的教学。在改进和提高阶段则应重视判断能力、突然起跳的能力、空中身体转动、倾斜的控制能力、拦网手法等基本功的练习。这样才能提高拦网的实战效果。

（3）拦网教学不能安排过早或过于集中过早安排拦网学习，不符合排球技术教学的规律。

（4）在拦网教学中，要逐渐提高难度，一般先学单人拦网，后学双人配合拦网，其次学拦固定路线的扣球，再学拦变化路线的扣球。先学拦近网扣球，再学拦远网扣球和各种快攻扣球，同时要强调拦网后的落地动作，以避免运动损伤。

第三节　足　球

一、无球技术

足球的无球技术是指在足球比赛中，除一名运动员进行短暂的控制球动作外，其他运动员绝大部分时间都是在无球的情况下活动的。

（一）起动

起动动作，在许多情况下是与各个技术动作密切联系在一起的，并在一定程度上影响着技术动作完成的质量。

突然快速的起动为完成各项有球技术动作赢得有利的时间优势,也为尽快发挥速度的快速跑提供最大的冲力。

起动的教学重点和难点是快速反应和身体重心的调控能力。

(二)跑

跑是足球运动不可缺少的重要的无球技术之一。例如,进攻队员的摆脱接应、拉出空当、占领空位及包抄射门,防守队员的紧逼盯人、互相补位、堵截争抢及封闭射门角度等都需要快速地跑动来完成。

跑动速度、路线、动作,应根据临场进攻与防守的变化而随之改变。常采用的跑的方式有:快速跑、曲线跑、折线跑、侧身跑、插肩跑、后退跑等。

跑的教学重点和难点是准确判断攻防位置的变化,快速反应和身体重心的调控。

(三)急停和转身

在比赛中,为甩掉对手或不被对方甩掉,需要学生在快速奔跑中采用突然停止跑动及突然停止跑动后立即转身或原地转身改变移动方向。一般常用的方法有:正面急停、转身急停、前转身和后转身等技术动作。

在急停和转身技术的教学中,重点和难点应放在身体重心的控制,蹬地力量、方向和上体与下肢的配合上。

(四)假动作

在比赛中,为了摆脱对手的紧逼或者为了把对手控制的球夺过来,常用快速而逼真的身体虚晃动作,使对手产生错误的判断,做出错误的行动或动作,而达到自己的预定目的。

在假动作教学中,重点应放在快速虚晃中控制自己身体重心的移动和假动作与真动作快速、恰当地衔接上。

二、有球技术

(一)踢球

踢球是指用脚的不同部位将球击向预定的目标。

踢球是足球运动的特征,也是足球技术中最重要的技术,在比赛中运用得最多,一般用于传球和射门。踢球的方法主要有脚内侧踢球、脚背正面踢球、脚背内侧踢球和脚背外侧踢球。虽然踢球的方法很多,动作要领也不尽相同,但是,每一种踢法都是由助跑、支撑脚站位、踢球腿的摆动、脚触球和踢球的随前动作所组成。

在踢球技术教学中,应把支撑脚的位置,踢球腿的摆动和脚触球的部位作为教学的重点,其中脚触球的部位是教学的难点,它对踢球技术动作质量起着重要的因素,因为它不仅是决定出球准确性的重要环节,也是影响出球力量的重要环节。

1. 教学方法

(1)做各种接球动作模仿练习,体会动作顺序,尤其是缓冲来球下撤的动作要领。

(2)接各种地滚球练习,可以两人一组,一人手抛球、一人练习接控球动作,体会动作要领。

(3)接各种反弹球练习。①自抛自接球、自踢高球自接球、自颠球后踢起自接球,体会各种接球动作要领。②二人一组互抛互接,互踢互接,体会各种接球技术要领。③在增加消极防守情况下做接球练习,进一步掌握接球技术要领。

(4)接各种空中球练习。由自抛自接、互抛互接,加消极防守者的接球练习,在掌握接球技术动作要领后,逐步增加难度。

2. 易犯错误与纠正方法

踢球时脚部过度放松,未能用脚的正确部位触球:反复进行无球的模仿踢球动作练习,也可用实心球做触球练习,体会动作要领;对墙做踢球练习,左右脚反复进行,体会动作要领;在掌握了基本要领后,可由同伴手抛各种方向、高度的球,及时调整位置,并用正脚背踢、外脚背踢各种反弹球、体侧球,也可结合射门练习,要求踢准预定目标。

(二)接球

接球是指队员有目的地用身体的合理部位触球,以改变运动中球的力量、方向,使传球处于所需要的控制范围内。临场运用的射门、传球、运球等的先决条件是要获得并控制住球。比赛的激烈和高速度,使得接控球在狭小的空间和短暂的时间内进行,处理球时必须熟练地掌握接球技术,以适应现代足球比赛的需要。

接球的方法主要有:脚内侧、脚背正面、脚背外侧、脚底、大腿、腹部、胸部、头部等部位的接球。接球技术尽管多种多样,但其动作结构大多由移动与选择接球方法、改变运行中球的力量和方向、随球移动三个环节组成。

1. 教学方法

(1)做各种接球动作模仿练习体会动作顺序,尤其是缓冲来球下撤的动作。

(2)接各种地滚球练习,可以两人一组,一人手抛球、一人练习接控球动作。

(3)接各种反弹球练习。

(4)接各种空中球练习。由自抛自接、互抛互接,增加消极防守者的接球练习,在掌握接球技术动作要领后,逐步增加难度。

2. 易犯错误与纠正方法

(1)接球时踝关节过于紧张,后撤或下撤的时间掌握不好,易使球蹦出去:做抛接实心球的接球练习,自抛自接,反复体会踝关节放松和下撤的时机。

(2)接反弹球时判断不好落点,将球漏过:自抛球判断落点,体会接球时机,也可多做互抛互接反弹球练习,根据球的不同弧度判断反弹方向。

(3)接球部位触球不准,易漏球,接不准球,控制不住球:多做自抛接球,逐步过渡到互抛接球的练习,强调目视来球,用正确部位触球。

(三)头顶球

头顶球是指球员有目的地用头的前额把球击向预定目标的动作。

足球比赛中,球经常在空中运行,获取和利用空中球的最好办法就是头顶球。因头部是人体的最高部位,额骨宽大、平坦而坚硬,在争夺空中球时,占绝对优势。尤其在进攻时,可以利用头顶球进行传球,加快进攻速度,最后完成射门任务。在防守时可用头顶球抢断或破坏对方进攻中的空中传球,解除门前的危机,阻止对方射门,转守为攻。所以头顶球是足球技术中不可缺少的重要技术之一。

在头顶球技术教学中,应注意掌握原地顶球和跳起顶球的教学方法。原地顶球的教学重点应放在顶球部位、用力方法、头击球的时机上。跳起顶球的重点应放在顶球时机把握及用力顺序上。头顶球的教学难点是根据球的运行速度、路线、性能及顶球时球所处的空间位置,进行及时的移动以到达顶球时所需要的位置,准确地做出头击球动作。

1. 教学方法

(1)双手持球用球在头部前额处触击,以体会顶球部位和消除惧怕心理。

(2)徒手做顶球动作模仿练习,体会动作要领。

(3)用吊球做顶球,体会动作要领。

(4)自抛球做顶球练习。

(5)两人一球,一抛一顶。

(6)用头做连续颠球练习。

(7)两人一组互踢顶球练习。

2. 易犯错误与纠正方法

(1)顶球无力,顶球时间过早或过晚:先顶固定吊球,要求体会上体后仰,挺胸展腹,收腹折体,反复体会用力时机,在此基础上再做一抛一顶。

(2)顶球时闭眼、缩脖、不敢主动迎顶:除多做模仿练习外,多顶固定吊球,并且可用球主动触及头部顶球部位,以消除害怕心理。

(3)顶球时选不准,顶不到球或蹭顶球:先做助跑顶悬吊球,再顶高抛球,反复体会顶球时机,并提高判断能力。

(四)运球

运球是指球员在跑动中用脚连续拨球,使球处于自己控制范围的触球动作。运球是个人控制球能力和个人进攻能力的集中体现,它是为完成战术配合和个人突破服务的。常用的运球方法有:脚背正面运球、脚背内侧运球、脚背外侧运球和脚内侧运球。运球和控制球常用的动作有:拨球、拉球、扣球、挑球和捅球等。运球过人的方法有:强行突破,运球假动作突破,快速拉、扣、拨球突破,穿裆突破和人球分过突破等。

运球技术的教学重点应放在运球基本姿势、触球部位和动作方法上。运球过人技术的教学重点应放在过人时距对手距离、过人方向和过人时机上。

在运球技术教学过程中,难点是拨、拉、扣、挑动作的紧密衔接及身体重心的控制。需要指出的是,不论是运球时的推拨,还是过人时的拨、拉、扣、挑的触球,用力都不宜太大,使球始终处在自己的控制范围内,在过人时,身体重心不能越过支撑点,以控制自身的平衡。

1. 教学方法

(1)在走和慢跑中用左、右脚交替运球,体会推拨球的技术动作要领。注意动作规范化。

(2)直线变速运球;曲线变速运球;越各种障碍运球,体会同(1)。

(3)在消极防守中运球,包括:看信号运球,要求运球时能观察场上情况;在限制的区域内(如中圈内)自由运球时,不许碰人或影响别人运球;一对一消极防守中运球,可用拨球过人、拉球过人、扣球过人、挑球过人、变速突破、掩护晃动过人等技术做运球过人。

2. 易犯错误与纠正方法

(1)身体僵硬影响动作的协调自如,造成离球过远,控制不住球,或者触球部位不恰当,不能按运球者的意图运行:多做无对抗、慢速的条件下运球练习,使其了解和掌握各种运球方法,也可以用脚内侧或脚外侧做圆周拨球练习。

(2)眼睛只盯着球(低头),不能随时观察场上情况:多做抬头运球练习,体会用眼睛的余光去观察或用脚去感觉球,把眼睛解放出来。

(五)抢截球

抢截球是指运用合理的动作把对手控制的球、传出的球夺过来或破坏掉所做的各种动作。

抢截球是转守为攻的积极手段,是防守中的主动行动,是防守的重要武器。因此,要求每个学生很好地掌握抢截球技术。

抢截球技术包括抢球和截球两部分。抢球技术一般有正面抢球、侧面抢球和侧后铲球。正面抢球有正面跨步抢球和正面倒地铲球,侧后铲球有同侧铲球和异侧铲球。截球技术在比赛中经常使用的动作有踢球、顶球、铲球和停球等技术动作,归它必须根据临场需要合理地选择使用某种动作。

在抢截球技术的教学中,应把教学的重点和难点放在判断、掌握抢截球的时机和抢截球后自己身体重心的调整上。

1. 教学方法

(1)示范讲解,要突出动作要领。

(2)一人脚旁放一实心球,另一人做抢球练习,体会脚触球部位。

(3)两人相距 4~6 米,中间放一实心球,两人同时做向前跨步抢球,体会重心前移要领。

(4)一人做直线运球,另一人做正面跨步抢截,体会判断选位和抢球的时机。

(5)两人并肩慢跑互相做合理冲撞练习后,一人运球另一人在侧后做铲球练习,体会同(4)。

2. 易犯错误与纠正方法

(1)抢球时猛扑,失掉重心:多做徒手模仿练习,或一人消极进攻,一人抢球,体会抢球时机和动作要领。

　　(2)侧面抢球时冲撞时机不好,造成用手、肘、臀部推人,导致犯规:可做两人在慢跑中做合理冲撞动作,注意当对方靠近自己一侧的脚离地后进行冲撞,同时冲撞一侧的手臂应紧贴身体。

　　(3)铲球时机过早或过晚而失误:多练铲定位球(实心球),体会正确的着地方法和时机。

(六)掷界外球

　　掷界外球是指将比赛中越出边线的球,按照规则的规定用双手掷入场内预定目标的动作。

　　规则规定直接接到界外掷入的球没有越位限制,从而给进攻队员以充分活动的自由,因此,掷界外球是一次很好的组织进攻机会,但如掷界外球技术不规范造成违例,将会失去一次极好的组织进攻机会。

　　掷界外球分为原地掷界外球和助跑掷界外球。

　　掷界外球技术的教学重点应放在用力顺序上,难点是掷球过程中蹬地和甩腕掷球的配合及身体重心的控制。

1. 教学方法

　　(1)助跑做徒手掷球练习,体会动作要领。
　　(2)两人一球互掷球,距离由近至远,体会动作要领,动作应规范。
　　(3)结合战术练习掷界外球。

2. 易犯错误与纠正方法

　　掷球时后脚离地或掷球时球不从头上连贯掷出:多做原地模仿练习,体会动作方法和用力顺序。掷球距离由近逐步向远过渡,强调动作的规范性,并且要遵守规则进行练习。

(七)射门

　　射门是足球运动最重要的技术。射门决定胜负,应作为一项专门技术来学习训练。关于射门应注意的问题有以下几点:

　　第一,射门必须准确、突然、有力。在此基础上再强调突然性和力量。

　　第二,注意主动寻找射门时机,射门意识强能抓住瞬间出现的机会破门得分。

　　第三,培养应变的能力,这是以各种熟练的射门技术为基础的,只有运用自如,才能保证对临场各种来球采取应变措施,最大限度地捕捉射门机会。

(八)守门员技术

守门员是全队的最后一道防线,其主要任务是不让球射入本方球门。同时,守门员要善于观察全局,起到协助指挥全队防守和进攻的作用。

守门员技术分为无球技术和有球技术。无球技术主要有选择位置、准备姿势和移动动作。有球技术主要有接球、扑接球、拳击球、托球、掷球和踢自抛球等。

守门员技术教学中的重点和难点是接球和扑球。即接球手型和接球时的身体为重点;根据对方射门地点、角度,准确判断来球的位置、方向、速度和力量,快速地选择正确合理的位置,堵截和接住对方的传球和射门为教学的难点。

1. 教学方法

(1)看信号做各种移动练习。
(2)接抛球、从地滚到平直球及高空球,体会掌握各种接球方法的要领。
(3)接踢球,要求和体会同(2)。
(4)扑球练习,双手举球跪在沙坑或垫上,然后腿、上体、手臂依次倒地,呈扑地滚球姿势,要求体会倒地顺序和方法。
(5)站在沙坑内,做双手举球倒地扑球练习,体会同(4)。
(6)在沙坑内扑抛来的地滚球、平直球,体会同(4)。
(7)站立扑接地滚球、平直球、高球。
(8)守门练习,接不同角度射门的球。

2. 易犯错误与纠正方法

(1)由判断错误而造成选位错误:反复练习接或托抛来的高球。要求根据来球的高度逐步掌握选位的准确性。
(2)移动迟缓:连续扑接从不同角度抛来的各种球,根据来球的速度、方向进行快速移动,提高反应速度。
(3)手触球部位不准确,使球脱手:反复扑接侧面定位球。
(4)双手抓球,后撤缓冲不好,使球从手中弹出:多讲动作要领,反复练习接力量大的低平球。

三、足球教学的教法与建议

(1)在足球教学中应把基本技术放在首位,并抓住教学的重点和难点反复进行练习,从中找出规律性的东西,帮助学生掌握基本技术。

（2）在足球教学中,应遵循循序渐进的教学原则,根据动作的复杂程度和学生的实际能力,由易到难、由浅入深、由简单到复杂,合理地安排教学的顺序。

（3）在学习足球的基本技术时,要巧妙地运用讲解与示范,使学生尽快建立正确的技术动作表象和完整的概念。讲解力求通俗易懂、简明扼要,表达生动形象,具有启发性。示范动作力求准确、熟练、轻快、优美、实效,而且要注意正确地选择示范位置和方向。

（4）在足球教学中,当学生基本掌握技术动作后,应注意加强对抗性的教学和训练,在抗争中提高技术和抗争能力。一般多运用教学比赛的形式或采用游戏的方法。在运用竞赛法和游戏法教学时,要考虑人数相等、实力相当、条件接近,竞赛规则力求简明,评定胜负的方法简便。教师尤其应重视组织工作,加强思想教育,严格要求,防止伤害事故发生。

（5）在整个足球教学中,除了让学生掌握足球的基本技术、简单的战术外,不可忽视对学生进行耐心细致的思想教育,严格要求,严格训练,培养勇敢顽强、机智果断、胜不骄、败不馁,积极进取的优良品质和团结协作、默契配合的良好作风。

▶▶ 课后习题

1. 以篮球某一投篮技术为例,介绍其动作方法、教学重难点和教学步骤。

2. 介绍排球正面双手垫球的动作方法、教学重难点和教学步骤。

3. 以足球某一踢球技术为例,介绍其动作方法、教学重难点和教学步骤。

第十三章　体操运动教材教法

第一节　徒手体操

一、概述

徒手体操是基本体操的内容之一,它不需要任何器械,而是以身体的不同姿势、方向、路线、幅度、节奏组合而成的单个动作或是成套动作。它可以单人做、双人做或集体做,可以原地做,也可以行进做。徒手体操不仅是重要的基本教材内容和各项目的辅助练习,还被广泛地运用于体育课的准备活动、课间操和课外体育活动,而且可以作为终身锻炼的一种手段。

(一)徒手体操教学的任务

通过徒手体操的教学,学生初步了解一些常用的基本术语,学会一些成套的徒手操。培养学生正确的身体姿势,促进其身体正常发育,全面发展其身体素质,促使其养成锻炼身体的好习惯,并对学生进行组织纪律性和集体主义的教育。

(二)徒手体操教学的特点

(1)徒手操动作简单易学,形式简便易行,内容丰富多样,可以根据不同情况的需要选择动作内容,掌握运动负荷,既可达到全面锻炼的目的,又可重点突出,费时不多,收效较大。

(2)徒手操既是重要的基本教材内容和各项目的辅助练习,又广泛运用于准备活动、课间操、课外活动,还可用于团体操的表演。

(3)由于徒手体操不受场地、人数及其他外界环境的限制,因此便于普及为全面健身活动和组织竞赛。

(4)经常坚持做操,能提高人体内脏器官机能,促进人体全面发展,有效地增强体质,增进健康,振奋精神。

(三)徒手体操及其教学的重点和难点

徒手体操的教学内容包括徒手体操的基本术语和选编成套徒手操。在徒手操教学中,教师应把重点和难点放在选编成套徒手操上。因为成套的徒手操,是把人体各部位的不同性质的动作组合在一起,既要注意上肢和下肢、腹部和背部的动作,还要注意动力和静力,紧张和放松相结合。学生学起来比较困难,动作难于掌握,因此,教师在课堂教学中要注意正确运用科学合理的教学方法,使学生尽快地掌握成套的徒手体操。

(四)徒手体操的教法与建议

(1)徒手体操教学多以集体做操的形式出现。因此,在教学中,教师要注意结合教材内容特点和学生情况,进行组织性、纪律性和集体主义思想教育,使学生精神振奋,情绪饱满,注意力集中。同时注意严格要求与正面诱导相结合,联系学生具体事例,实事求是地多表扬多鼓励,既肯定成绩,又指出存在的问题,使学生明确努力方向。尤其注意言传与身教相结合,以身作则,为学生作出表率。

(2)合理组织做操的队形。做操的队形可以有多种多样,一般除经常采用的四方形、长方形、圆形之外,还可选择扇形、半圆形或梯形等,应根据教学的内容、对象水平及场地、气候条件等实际情况选择队形。做操的队形要便于全体学生都能看清教师的示范动作,保持适当的距离,便于学生练习。教师要选择好位置,最好选择高一些的位置,便于师生互相观察。另外,还要注意风向、阳光及周围的环境,尽量排除或减小干扰。要最大限度地集中注意力,提高学生的练习兴趣和效果。

(3)徒手操教学中,教师应注意正确运用正确的示范、简要的讲解和口令。

二、徒手体操的教学内容

(一)单人成套动作

(1)原地动作:如中学生广播体操(青春的活力、时代在召唤)。

(2)行进动作:行进徒手操(简称行进操)是在走、跑、跳等行进中进行的徒手操,要求走、跑、跳的步法必须与徒手动作协调一致。因此,行进操的难度和对协调性的要求高于定位操。在体育教学中,多采用前进一步做一个动作的方式进行练习,使动作与步法有规律、有节奏、协同进行。

(二)双人动作

双人动作是两个人相互配合,运用扶持、帮助或对抗等动作进行协调一致的练习。由于双人动作需要两个人协同练习或是借对方的力量来完成动作,因此就加大了完成动作的难度,对提高学生的协调性,发展力量、柔韧、灵敏等身体素质,培养学生相互协作、团结友爱的精神都有积极的作用。双人动作有助力性、对抗性及协调性特征。

(三)集体动作

集体动作是在徒手操动作的基础上,多人排成纵队(扶肩)或横队(手拉手)做协同一致、互相配合又相互制约的身体练习。通过集体动作的练习,可以提高动作的准确性、一致性及协调性,从而培养学生的集体观念。

第二节　器械体操

器械体操,通常是指在单杠、双杠、高低杠、平衡木、吊环和鞍马上进行的各种运动。通过器械体操的练习,能有效地提高身体各器官的机能,促进身体的正常发育,同时对锻炼学生的意志品质,培养勇敢顽强、克服困难、沉着果断的精神有显著作用。

一、单杠

单杠是中学体育的重要教学内容之一,主要有以低单杠为主的部分简单的悬垂、混合悬垂、摆动、屈伸、回环、转体、上法和下法等基础动作。通过练习,对增强上肢、肩带和腹背肌群的力量和柔韧性有积极作用;对发展身体的灵巧性、平衡性、协调性,以及改善前庭分析器功能有显著作用。通过单杠教学,掌握基础动作技术的过程,培养学生勇敢、顽强和勇于克服困难等优良品质。

(一)单杠的教学内容及重难点

(1)一脚蹬地、一腿摆动翻上(女生):重点是蹬地、摆腿、腹贴杠;难点是倒肩与屈臂引体的配合。

(2)蹬地翻上(男生):重点是蹬地、举腿,腹贴杠;难点是收腹举腿与屈臂引体的配合。

(3)骑撑后倒挂膝上(以挂右膝为例):重点是重心后移,直臂后倒;难点是后摆腿与直臂压杠配合。

(4)单挂膝后回环:重点是伸腿倒肩;难点是制动腿与直臂压杠配合。

(5)骑撑前回环(以右腿在前为例):重点是重心提起,前腿远跨;难点是前腿压杠、展髋的时机。

(6)支撑后回环:重点是直臂倒肩;难点是倒肩与腹贴杠的配合。

(7)骑撑转体180度成支撑:重点是倒肩、撑杠、移重心;难点是以头、上体带动挺身转体。

(8)支撑后摆转体90度下:重点是支撑后摆,推手转体;难点是推手转体时机。

(9)后撑、前摆直角下(男生):重点是举腿翻臀;难点是伸腿展髋与推杠配合。

(10)跑动屈伸上服单杠):重点是举腿翻臀,伸腿压杠;难点是腿与上体的配合。

(11)高杠依次慢上(男生):重点是扣腕压杠;难点是移重心与扣腕压杠、立肘配合。

(12)高杠慢翻上(男生):重点是屈臂引体、后倒收腹举腿;难点是上下肢协调配合。

(13)高杠屈臂起摆(男生):重点是收腹举腿,髋、肩前送;难点是收腹举腿与伸腿送髋的配合。

(14)高杠直臂起摆(男生):重点是振浪举腿,髋、肩前送;难点是振浪协调与举腿送髋的配合。

(15)悬垂摆动后摆下(男生):重点是后摆;难点是直臂压杠、推手时机。

(16)高杠屈伸上(男生):重点、难点同跑动屈伸上(低单杠)。

(17)悬垂摆动上成骑撑(男生):重点是前摆时伸腿送髋,拉肩角,回摆时穿腿压杠;难点是穿腿压杠时机。

(二)单杠的教法与建议

(1)合理安排教学内容的顺序,充分考虑单个动作之间的有机联系,从纵、横两个方面分析教材内容的难易程度。由易到难安排教材,还要注意相关动作技能形成过程中的影响因素,从而为完成教学任务,提高教学质量打下良好基础。

(2)当前中学体操器材配备不足,器材少,学生人数多。为了顺利完成单杠的教学任务,教师可以根据器材与人数的相关比例,把所教内容与原地或垫上等器材上的辅助练习、诱导练习相结合,既可以发挥学生的学习积极性,分析、研究所学动作的难点、重点,在辅助练习中认真体会,积极思考并建立所学动作的概念,同时又解放了教师,可以专心照顾在单杠器材上练习的学生,加快教学的进程,提高教学质量,也弥补了器材的不足。

(3)单杠教学由于支点小,稍有不慎便会出现伤害事故,因此要认真加强保护与帮助,并且教师要重视学生骨干的培养。其中应特别引起重视的环节,是单杠容易出现脱手伤害的位置,一般情况是在杠下垂直部位前或后45度角所夹的范围内。因此要集中精力观察该范围学生练习时的表现,保护人应在初学阶段手不离开练习者的手臂或腹背处,以便及时施以保护与帮助。此外应特别指出,当练习者做类似回环或高杠悬垂摆动类型的练习时,当其不能顺利回环而回摆或悬垂摆动回摆时,在上述范围内更容易脱手,此时一定要及时施加帮助,避免脱手飞离器械造成损伤。

(4)加强课堂教学组织工作。单杠教学容易出现脱手飞离器械的事故,所以教师要严密地进行课堂的教学组织工作,如人员的分组、站位,骨干的分工,保护与帮助方法的培训。教师所在位置要统观全体学生的全部练习过程,以便及时调整或加强要求,保证教学任务的顺利完成。

(5)教学前应认真检查单杠器材安装是否牢固,防护器材布置是否合理,主辅教材练习场地是否在教师的监控之下,方便教师的观察。

二、双杠

双杠是开展得较为普遍,深受学生喜爱的器械体操项目之一。它由支撑、摆动、摆越、屈伸、倒立、转体、空翻等动作组成。这些动作可以单独做,也可编成整套进行练习。通过双杠的练习对增进人体上肢、肩部、胸背、腰腹的肌肉力量、韧带、骨骼的发展,对培养学生的协调性和控制能力有良好的作用。同时还能锻炼学生坚忍不拔、勇于克服困难的意志品质。

(一)双杠的教学内容及重难点

(1)支撑摆动:重点是以肩为轴,直臂顶肩;难点是掌握前、后加速摆腿时机。

(2)外侧坐越两杠下(女生):重点是压杠摆腿,直臂撑;难点是推杠移重心的时机。

(3)滚杠:重点是以腿带动身体翻转;难点是翻转时,以腰骶部支撑杠,直膝分腿转动。

(4)分腿前滚翻成分腿坐:重点是提臀、肘外张;难点是掌握换握成屈体挂臂撑的时机。

(5)支撑后摆下:重点是后摆腿过杠面;难点是推手、顶肩、换握杠。

(6)支撑前摆向内转体180度:重点是两手依次推杠、转体;难点是以脚带动转髋、展体落下。

(7)分腿坐,右腿杠中后摆转体180度成分腿坐:重点是右腿杠中后摆时,重心前移至两臂;难点是摆腿转体与另一腿摆越杠的配合。

(8)低杠挂臂撑,蹬地屈伸上成分腿坐:重点是蹬地摆腿成屈体挂臂撑;难点是伸腿送髋与两臂压杠的配合。

(9)支撑摆动后摆转体180度成分腿坐:重点是摆出杠面转髋;难点是脚尖带动转髋,迅速分腿。

(10)挂臂撑摆动(男生):重点是前后远伸;难点是加速摆腿时机。

(11)分腿坐慢起肩倒立(男生):重点是提臀张肘;难点是举腿、展髋配合。

(12)肩倒立侧翻下(男生):重点是推手、侧翻;难点是以脚带动身体挺直侧翻。

(13)支撑后摆肩倒立(男生):重点是后摆腿,肩前移;难点是屈臂控制肩前移。

(14)挂臂撑前摆上(男生):重点是前摆腿、臂压杠;难点是压臂时机。

(15)挂臂撑屈伸上(男生):重点是"打腿",压杠;难点是两者协调配合。

(16)挂臂撑后摆上:重点是甩腿压杠;难点是两臂压杠,顶肩。

(17)杠端跳起经屈体悬垂摆动屈伸上:重点是伸腿送髋,腿制动;难点是伸腿送髋,臂压杠时机。

(二)双杠的教法与建议

(1)双杠练习都是人体在一定高度上进行的,初学时容易产生恐惧心理,教师除了进行必要的鼓励、树立信心,调动积极性外,还要注意切实抓好支撑摆动、挂臂撑等基本技术的规范化要求,加强开始和结束姿势的教学,注意动作的正确用力和姿态,以逐步养成良好的习惯。

(2)教师要加强备课,抓住教材的重点和难点,并能及时地纠正错误动作。运用多种教法和措施,使学生有足够的练习时间和次数,并要有目的、有计划地安排一些辅助练习,为更好地掌握技术动作提供必要的条件。

(3)课前要仔细检查器械,如器械是否稳固,场地是否有障碍物,还要检查学生是否带有金属制品等,要排除任何可能造成事故的因素。

(4)课上要对学生进行安全教育,克服麻痹大意的思想。要充分利用双杠便于保护帮助的有利条件,运用多种教法,提高教学效果。在保护帮助中,保护者要站在正确、合理的位置上,运用合理的手法,促进教学任务的完成。还要注意根据不同阶段区别使用保护和帮助,新授课上,一般要加强帮助,使之建立正确的动作概念。复习课上,一般重保护而少帮助,最好让学生独立完成,以逐渐消除学生的依赖思想,养成自信。

三、支撑跳跃

支撑跳跃是在跳跃过程中,借助两手的撑推,迅速腾越器械的练习。经常练习能增强上肢和下肢的力量,提高身体的灵巧性、协调性及平衡能力,促进中枢神经系统、心血管系统、呼吸系统、前庭分析器功能的发展。掌握超越障碍的实用技能,对培养学生勇敢、顽强、果断、勇于战胜困难的精神都具有显著的作用。

(一)支撑跳跃的教学内容及重难点

(1)跳上成跪撑、跪跳下:重点是提臀、收腹、屈膝;难点是摆臂制动与小腿下压协调配合。

(2)跳起前滚翻跳下:重点是撑臂提臀;难点是屈臂低头于手前。

(3)斜向助跑的直角腾越:重点是踏跳、支撑、摆腿;难点是并腿与换手撑的时机。

(4)斜进助跑的俯腾越:重点是提臀摆腿;难点是推手挺身。

(5)横马分腿腾越:重点是提臀分腿;难点是推手顶肩振上体。

(6)侧腾越:重点是提臀侧摆腿;难点是推手展髋的配合。

(7)屈腿腾越:重点是提臀、收腹、屈小腿;难点是推手,急振上体。

(8)横马屈体腾越:重点是提臀屈髋;难点是立腰、抬上体。

(9)纵马分腿腾越(预先后摆)(男生):重点是含胸远撑臂;难点是顶肩、推马、抬上体。

(10)横马头手翻(男生):重点是提臀、收腹屈体;难点是打腿方向及推手及时。

(二)支撑跳跃的教法与建议

(1)支撑跳跃是在短时间内完成动作的,很难给学生留下一个较深的动作表象,因此教师除要善于用完整的动作示范给学生建立动作概念之外,更要注意将支撑跳跃动作分为几段,依次进行教学,在进行分段教学时,教师的讲解重点要突出,术语要正确,语言要生动形象、通俗易懂,要符合学生的接受能力。教师的示范要尽量做到动作准确、轻松、姿态优美,以激发学生学习的欲望。教师还要把握示范的时机与位置,要根据出现的问题,有针对性地讲解示范,并注意选择好示范的方向和位置,以便于所有学生都能观察和分析。

(2)支撑跳跃对培养学生的心理素质有着极其重要的作用。意志品质、身体素质和技术是完成支撑跳跃动作不可缺少的要素。教学过程中教师在抓意志培养和技术教学的同时,要特别选择和安排一些与专项技术有密切关系的专门性的诱导练习,以逐渐增强信心和勇气,去战胜困难,越过障碍。教学中,教师还要根据具体情况,组织阶段性专项教学。

另外,在女生教学中,要考虑女生的身体形态结构及生理特点、心理特点,如腿部、肩带力量小,胆子小。因此,在教学中多做一些跳上、跳下和推撑的练习,以增强腿部和肩带的力量。

(3)运用保护帮助要适时、适度。支撑跳跃的教学中,保护与帮助不仅是保证安全的手段,也是促进学生体会和掌握动作的主要方法。帮助适时、适度就是既要发挥保护帮助的作用,又要尽量减少学生对保护帮助的依赖。适时,是指恰当地掌握助力和脱保的时机,助力时机表现在教师的助力能与学生的动力融为一体,促使学生体会动作要领。脱保时机,即是教师根据观察学生练习情况和体验助力时的"手感",判断学生独立完成动作的时机,使其在具备条件时,独立完成动作。适度,是根据实际需要,给予助力的大小要适度,能不用就不用,能少用就少用,只需八分力就不能用九分力,让学生依靠自己的努力,充分发挥自己的作用,逐步地掌握动作,完成教学的要求。

第三节 技 巧

一、概述

技巧教材是中学体育课的重点教材之一,它包括各种不同的滚翻、手翻、倒立、平衡等内容。由于它的动作比较简单,又是以单人动作为主的,不需要专门的场地和器材,易于普及,锻炼价值高,深受学生的喜爱。经常进行练习,对促进身体的正常生长发育,养成良好的身体姿态和健美的体魄,对增强骨骼肌肉、关节韧带及内脏器官的机能,对提高前庭分析器的功能,发展身体的平衡定向能力及灵敏、协调、柔韧等身体素质都具有显著的作用。同时对培养学生的勇敢、果断、顽强、不怕困难、团结协作、助人为乐的优秀品质,密切人与人之间的关系具有现实意义。

(一)技巧教学的任务

通过技巧教学,学生基本掌握前滚翻、后滚翻、鱼跃前滚翻、直腿后滚翻、侧手翻、头手翻、前手翻、肩肘倒立、头手倒立、手倒立以及由各种倒立和滚翻组合的其他动作和各种平衡,并学会保护与帮助的基本方法,避免伤害事故的发生,进而培养学生勇敢、果断、机智等意志品质和团结友爱的协作精神。

(二)技巧教学的特点

(1)技巧项目内容丰富多样,既有双人项目,又有集体项目;既有单套比赛,又有全能比赛。

(2)技巧运动对场地、器材设备的要求不高,既可在垫上练习,也可在草地、沙地、稻草堆,以及松软的土地上练习,便于在青少年儿童中普及开展。

(3)由于技巧运动形式多样,简单易学,尤其一些集体项目,可培养协调配合的能力。系统地练习技巧运动,对于提高前庭分析器的功能,发展空间定向能力,训练肌肉放松和紧张的协调性,增强关节韧带和骨骼系统都有良好的促进作用。同时,还可以把技巧作为其他运动项目的辅助练习手段。

(4)技巧运动要求有一定的艺术性,不仅动作要求舒展、协调、连贯,有节奏,姿态刚健优美,而且配上音乐伴奏和舞蹈动作,能给人以美的享受。

二、技巧的教材教法

(一)技巧的教学内容及重难点

(1)肩肘倒立(女生):重点是举腿升髋;难点是夹肘展髋。

(2)后滚翻成半劈腿:重点是滚动圆滑;难点是推手、重心后移。

(3)单肩后滚翻成跪撑平衡(女生):重点是头向左屈,左手推垫;难点是后举腿控制重心。

(4)桥(女生):重点是体后屈时抬头看手;难点是臂、腿充分伸直。

(5)前软翻单腿落(女生):重点是分腿倒立时撒肩吊腰;难点是摆动腿落地的同时推手、顶髋、立腰。

(6)俯平衡(燕式平衡):重点是两腿伸直,一腿后举时,维持平衡;难点是抬头挺胸,后举腿高于头。

(7)鱼跃前滚翻:重点是蹬地跃起;难点是屈臂缓冲与团身前滚的时机。

(8)远撑前滚翻:重点是两脚蹬地充分有力;难点是两臂伸撑与蹬地的

配合。

(9)头手倒立:重点是头手成等腰三角形支撑;难点是夹肘立腰与展髋的配合。

(10)有人扶持的手倒立:重点是蹬地摆腿的配合;难点是直臂顶肩,紧腰收臀。

(11)手倒立前滚翻:重点是直臂肩前移;难点是肩前移与低头、含胸的时机。

(12)侧手翻:重点是两腿的蹬摆配合;难点是经分腿倒立侧翻。

(13)侧平衡(男生):重点是两腿伸直;难点是身体平衡。

(14)前后劈腿:重点是前脚前伸,两手撑地直到两脚贴地;难点是前脚脚跟着地,同时后腿膝盖尽量绷直,脚背内侧贴地。

(15)鱼跃前滚翻直腿起(男生):重点是上体猛前压,直腿起;难点是滚动与上体前压的配合。

(16)直腿后滚翻(男生):重点是举腿翻臀;难点是屈体、推手。

(17)头手翻:重点是两腿蹬伸展髋;难点是打腿与推手挺身的配合。

(18)前手翻(男生):重点是摆腿顶肩;难点是推手挺身。

(19)侧手翻向内转体 90 度(男生):重点是转体;难点是转体与屈髋收腹的时机。

(二)技巧的教法与建议

(1)在技巧教学中,教师应掌握设计辅助练习的方法和要求。辅助练习是构成教学步骤的基本因素,是学生掌握技术动作的桥梁。在采用辅助练习时应注意与教材内容的一致性;与学生基础水平的适应性;与学生技术动作的渐进性和现有条件、设备的可行性。

(2)由于技巧动作内容较多,结构较复杂,有些动作技术性较强,在练习过程中,学生稍不注意会因某些失误而可能受伤,使教学任务的完成受到影响。因此,教师应在课堂中进行周密的组织和指导,加强保护与帮助,避免出现失控现象。

(3)在技巧教学之前,教师应根据学生的实际情况、场地的条件,充分准备好器材,而且做到器材的布局要有利于学生的练习和相互观察,在组织教学中,加强课堂练习。

(4)合理安排素质练习与技术教学。素质练习不仅对全面发展学生身体有明显作用,也是正确掌握各种技术动作的基础,教学中应将素质内容列入教学程序中,有机地配合技术内容的教学,使两者结合,发挥多目标、多功能的立体化作用。

▶▶ **课后习题**

1. 体操运动教学中，对于徒手类体操运动有哪些教法与建议？
2. 体操运动教学中，对于器械类体操运动有哪些教法与建议？
3. 体操运动教学中，对于技巧类体操运动有哪些教法与建议？

第十四章　武术运动教材教法

第一节　武术教学概述

一、武术教学任务

(1)使学生了解武术的特点和它在中华民族文明史上的作用,明确学习武术的目的既是为了锻炼身体,也是继承这项民族文化遗产,发扬我国的优良传统文化。

(2)通过武术的教学,发展学生的柔韧、灵敏、速度、协调和力量等身体素质,增强肌肉、韧带的伸展性和弹性,提高各关节的灵活性和中枢神经系统、心血管等内脏器官的机能。

(3)使学生掌握教材中的武术操、基本动作和组合动作、拳术套路以及攻防动作。

(4)培养学生勇敢顽强、机智果断的优良品质和朝气蓬勃、刻苦耐劳的精神,增强学生的民族自豪感。

二、武术教学的一般规律

(一)武术教学的三个阶段

中学的武术教材是根据由易到难、循序渐进的原则编写的,在教学中可分为三个阶段。

第一个阶段:进行武术中拳术的手型、手法、步型、步法等基本动作和武术操的教学,提高学生的身体素质,掌握动作技术。

第二个阶段:学习组合动作、少年拳、形神拳等套路,要掌握套路特点和运动方法。

第三个阶段：在巩固和提高套路的基础上，学习单人和双人攻防动作，初步掌握攻防技术的性质和作用。如果学习攻防动作的条件不够成熟，也可选棍术或剑术进行教学，初次掌握器械套路的方法。

（二）武术教学的顺序

武术的特点之一，就是以套路为运动形式，而套路是由若干基本动作所组成，每个完整的套路，一般都包含动作的方向路线、功架的结构、发力的特点、节奏的变化、手眼的配合等要素。要让学生逐步学会动作和套路，可按下列教学顺序。

（1）弄清动作的方向路线。

（2）进一步掌握动作技术。

（3）要使学生完整地掌握动作，并使其规范化。

（4）要使学生体会武术的技法，以及神形兼备的要求。

（5）通过多练达到熟练掌握套路，并不断提高动作质量的目的。

（三）讲解和示范的特点

在武术教学中教师的讲解和示范、对于教学的成败起着极其重要的作用。讲解和示范是思维和直观相结合的教法，是使学生建立正确动作概念和掌握动作的基本方法。

1. 讲解的特点及内容

（1）讲解动作的规格和要求时，力求通俗、精炼、形象、准确，可多用武术的术语或口诀。

（2）讲解动作的基本技法，如进攻和防守的方法和部位。

（3）按动作的顺序，每一个动作，一般先讲下肢（步型），再讲上肢（手型、手法），最后讲上、下肢的配合。

（4）讲动作的关键环节。

（5）讲动作的攻防意义。

（6）讲学习中易犯的错误。

2. 示范的特点及方法

教师的示范是使学生通过直观感性认识来了解动作的形象、结构、过程、从而获得正确的动作表象。武术教学的示范有自己的特点和方法。

（1）示范的位置可以选择在横队的等边三角形的顶点。

（2）教师的示范面根据动作的需要，可采用正面、镜面、斜面、侧面和背面。在教套路时,需要示范领做,教师要随着队列的变化方向不断变换自己的位置,最好保持在队列前进方向的左前方。领做时最好先用背面示范,便于学生直接模仿教师的动作。开始可用慢速示范,以后逐渐加快示范的速度。

(四)组织教法

(1)以集体练习为主,分组练习为辅,要充分发挥教师的主导作用和调动学生的学习积极性。

(2)注意培养和使用武术骨干,使其发挥"小教员"的作用。集体练习时把他们安排在适当的位置,可以起到不同的角度的示范作用。分组练习时,发挥"兵教兵"的作用,让他们做好教师的助手。

(3)练习时可进行教学比赛,择优示范和讲评。

第二节　武术基本动作

武术的基本动作是组成套路的主要内容,指手型、手法、步型、步法、腿法、身法和眼法。这些动作在教学中反复出现,而且是武术所特有的,具有一定的风格和技击意义。另外,这些动作不仅是套路中看得见,用得上的基本功。也是发展身体素质的有效手段。因此,加强基本动作的教学、有助于掌握教材中的套路,领会和保持武术动作准确、有力、有神的独特风格,从而达到有效地锻炼身体的目的。

武术教学经初步掌握某种动作后,要让学生单独练习,使他们的动作能做到熟练、准确、劲力顺达、完整紧凑。当学生掌握某一部分动作时(如手型、步型等)可用口令或代号指挥学生改换做已学过的各种动作(如拳变掌、掌变钩等);当学生已初步掌握了各种基本动作后,可指挥其将上下肢动作联合起来练习(如马步冲拳、弓步推举、上步劈拳等)。最后,要把单个动作与手、眼、身法、步法协调地结合起来,体现内外合一,神形兼备的特点。单个动作或组合动作,练起来要手、眼、身、步一起活动,停下来时要手到、眼到、步到、身到,动作协调一致,同时完成。

一、手型

手型是指两手所塑造的不同形状。

(一)拳

1. 教学步骤

(1)拇指外展,四指并拢成八字形。
(2)四指由第一骨节依次屈曲握紧。
(3)拇指紧扣于食指和中指的第二指节上。
(4)直腕,即前臂的轴线穿过拳面的中心。

2. 易犯错误及纠正方法

握拳无力,掌心空虚,掌面不平,指骨突出。纠正方法:强调握拳如"卷饼",将手充分握紧,并用拳面支撑做俯卧撑练习。

(二)掌

1. 教学步骤

(1)四指并拢向后伸张。
(2)拇指屈曲紧贴食指侧面。
(3)翘腕成侧立掌。

2. 易犯错误及纠正方法

(1)四指分开或四指不直而且后弓不明显,纠正方法:可用向后压手腕的方法纠正、即一手五指并拢,伸直,小指在下,横放在另一手的手心上,然后用另一手把它握紧后向手背方向搬动。
(2)拇指屈附不紧,远离食指侧面而成八字掌。纠正方法:强调大拇指弯曲、内收。

(三)勾

1. 教学步骤

(1)直腕,五指捏拢。
(2)用力屈腕似"镰刀"。

2. 易犯错误及纠正方法

五指散开,屈腕深度不够。纠正方法:用一只手握紧另一只手捏拢的五指,向下拉引。

二、手法

(一)冲拳

分平拳与立拳两种:平拳拳心向下;立拳拳眼向上。

1. 预备姿势

两脚左右开立,与肩同宽,两拳抱于腰间向后,掌心向上。

2. 动作说明

挺胸、收腹、直腰,右拳从腰间向前猛力冲出,转腰、顺肩,在肘关节处过腰后,右前臂内旋。力达拳面,臂要仰直,高与肩平。同时左肘向后牵拉。练习时左右可交替进行。

3. 要求与要点

冲拳时拧腰顺肩,肩肘放松,拳走直线,急旋前臂,要有寸劲,力达拳面。

4. 教学方法

练习时先慢做不用全力,注意掌握出拳路线和用力顺序,逐步过渡到快速用力。先练一侧冲拳,然后左右交替。交替冲拳时要前冲后拉,胸前交错。要求出拳快而有力,防止肩僵、肘死、弓腰、低头。

5. 易犯错误及纠正方法

(1)冲拳时肘外展,使拳从肩前冲出。
纠正方法:强调肘贴肋运行,使拳内旋冲出。
(2)冲拳无力。
纠正方法:强调紧握拳和肩下沉,冲拳时,前臂要内旋,动作要快速。
(3)冲拳过高或过低。
纠正方法:可在练习人前面设一与肩同高的目标,让他向目标冲击。

(二)架拳

1. 预备姿势

与冲拳同。

2. 动作说明

右拳向下、向左、向上经头前向右上方画弧架起，拳眼向下，眼看左方。练习时，左右可交替进行。

3. 要求与要点

松肩，肘微屈，前臂内旋。

4. 教学方法

练习时右拳上架、旋臂、甩头，眼随拳走，甩头时眼光迅速向左。注意走拳路线和手眼配合。防止耸肩、缩颈、屈肘过大、拳在头顶和旋臂时间不当等错误。

5. 易犯错误及纠正方法

易犯错误：经体侧亮拳，动作路线不对。
纠正方法：同伴对其头部冲拳（给以目标），让其体会上架动作要领。

(三)推掌

1. 预备姿势

与冲拳同。

2. 动作说明

右拳变掌，前臂内旋，并以掌跟为力点向前猛力推出，推击时要转腰，顺肩，臂要伸直，高与肩平。同时左肘向后牵拉。练习时，左右可交替进行。

3. 要求与要点

挺胸、收腹、直腰。出掌要快速有力，有寸劲。同时还要做好拧腰、顺肩、沉腕、翘掌等动作。

4. 教学方法

(1)做旋臂、坐腕、挑指等动作。加强腕关节柔韧性和灵活性练习。
(2)练习时先慢做不用全力，注意掌握推掌路线和用力顺序，逐渐过渡到快速用力。先练一侧推掌,然后左右交替。

(3)注意立掌时间。

5. 易犯错误及纠正方法

(1)推掌时肘外展,使掌从肩前推出。

纠正方法:强调肘肋运行,使掌内旋冲出。

(2)推掌无力。

纠正方法:强调立掌和肩下沉。推掌时前臂要内旋,动作要快速。

(3)推掌过高或过低。

纠正方法:可在练习人前面设一与肩同高目标,练习朝目标推掌。

(四)亮掌

1. 预备姿势

与冲掌同。

2. 动作说明

右拳变掌,经体侧向右、向上画弧,至头部右前上方时,抖腕亮掌,臂成弧形。掌心向前,虎口朝下,眼随右手动作转动,亮掌时,注视左方。练习时,左右手交替进行,

3. 要求与要点

抖腕、亮掌与转头要同时完成。

4. 教学方法

练习时右掌沿体右侧上摆至头右上方(稍高于肩),旋臂、亮掌、甩头。注意亮掌、甩头、转体的协调一致。

5. 易犯错误及纠正方法

(1)抖腕动作不明显,形成以臂部运行为主。

纠正方法:单做抖腕练习,并经常做转腕练习,借以提高腕部的灵活性。

(2)抖腕,亮掌与转头不一致。

纠正方法:做亮掌时,用信号(击掌)或语言提示,使其配合一致。

三、步型

(一)弓步

1. 动作说明

左脚向前一大步(约为本人脚的 4～5 倍)),脚尖微内扣,左腿屈膝半蹲(大腿接近水平),膝与脚尖垂直。左腿挺膝伸直,脚尖内扣(斜向前方),两脚全脚着地。上体正对前方,眼向前平视,两手抱拳于腰间。弓右腿为右弓步;弓左腿为左弓步。

2. 要求与要点

前腿弓,后腿绷;挺胸、踏腰、沉髋;前脚同后脚成一直线。

3. 教学方法

(1)原地练习:可先在地上画一条线,约三到四脚长,然后做正确的弓步动作,坚持一定的时间,以体会动作要领,并发展下肢力量。
(2)行进间练习:结合弓步冲拳等手法做左、右交替的连续练习。

4. 易犯错误及纠正方法

(1)后脚拔跟。
纠正方法:提高膝和踝关节的柔韧性,并强调脚跟蹬地。
(2)后腿屈膝。
纠正方法:强调后腿挺膝和用力后蹬。
(3)弯腰和上体前俯。
纠正方法:强调头部上顶,并注意沉髋。

(二)马步

1. 动作说明

两脚平行开立(约为本人脚长的 3 倍),脚尖正对前方,屈膝半蹲,膝部不超过脚尖,大腿接近水平,全脚着地,身体重心落于两腿之间,两手抱拳于腰间。

2. 要求与要点

挺胸,踏腰,脚跟外蹬。

3. 教学方法

(1)两脚按规格站好后,保持挺胸立腰姿势,再慢慢屈髋、屈膝成马步,坚持一定时间。

(2)结合手法进行练习,先原地后上步,再左、右交替连续进行。如连续马步双冲拳、马步架冲拳等。

(3)脚尖外撇、弯腰、跪膝、蹶臀是初学者易犯的错误,要针对学习情况,采用相应的措施纠正。

4. 易犯错误及纠正方法

(1)脚尖外撇。

纠正方法:经常站立做里扣脚尖的练习,或做马步练习,强调两脚跟外蹬。

(2)两脚跟过大或太小。

纠正方法:量出 3 脚距离后,再下蹲做马步。

(3)弯腰跪膝。

纠正方法:强调挺胸、塌腰之后再下蹲,膝不得超过脚尖的垂直线;或手扶一定高度的物体做动作。

(三)虚步

1. 动作说明

两脚前后开立,右脚外展 45 度,屈膝半蹲,左脚脚跟离地,脚面绷平,脚尖稍内扣,虚点地面,膝微屈,重心落于后腿上。两手叉腰,眼向前平视。左脚在前为左虚步;右脚在前为右虚步。

2. 要求与要点

挺胸,塌腰,虚实分明。

3. 教学方法

(1)原地练习,并步直立,右脚外展 45 度,左腿前伸,脚尖不着地。支撑腿慢慢下蹲,前脚虚点地面,成虚步,眼看左前方。

(2)手扶器械练习,姿势由高到低。

4. 易犯错误及纠正方法

(1)虚实不清。

纠正力法:前脚先不着地,等支撑腿下蹲后再以脚尖虚点地而,成虚步。

(2)后腿蹲不下去。

纠正方法:可做单腿屈蹲或双腿负重屈蹲等练习,以发展下肢力量。

(四)仆步

1. 动作说明

两脚左右开立,右腿屈膝全蹲,大腿和小腿靠紧,臀部接近小腿,右脚全脚着地,脚尖和膝关节外展,左腿挺直平仆,脚尖里扣,全脚着地。两手抱拳于腰间,眼向左方平视。仆左腿为左仆步;仆有腿为右仆步。

2. 要求与要点

挺胸、塌腰、沉髋。

3. 教学方法

(1)原地练习:两脚并步站立,立腰屈膝,重心移至右腿屈膝成全蹲,同时左脚外侧伸向左方平铲成左仆步。上下振动数次后,坚持一定时间。

(2)左方交替连续转向做仆步练习。

(3)结合手法练习。如仆步穿掌等。

4. 易犯错误及纠正方法

(1)平仆腿不直,脚外侧掀起,脚尖上翘外展。

纠正方法:使平仆腿的腿外侧抵住固定物体(如墙壁),防止脚外侧掀起。

(2)全蹲腿没蹲到底,脚跟提起。

纠正方法:多做仆步压服练习,同时强调平仆腿一侧用力,沉髋、拧腰。

(3)上体前倾。

纠正方法:挺胸、塌腰后再下蹲成仆步。

(五)歇步

1. 动作说明

两腿交叉靠拢全蹲,左脚全脚着地,脚尖外展,右脚前脚掌着地,膝部贴近左腿外侧,臀步坐于右腿接近脚跟处。两手抱拳于腰间。眼向左前方平视。左脚在前为左歇步;右脚在前为右歇步。

2. 要求与要点

挺胸、塌腰、两腿靠拢并贴紧。

3. 教学方法

(1)练习时两腿交叉站立,下蹲成歇步。要求保持挺胸立腰姿势,强调下蹲时两腿贴紧。
(2)可结合手法练习,如左、右穿手亮掌。

4. 易犯错误及纠正方法

(1)动作不稳健。
纠正方法:前脚脚尖充分外展,两腿贴紧。
(2)两腿贴不紧。
纠正方法:强调后腿贴紧前腿外侧,并加强膝与踝关节柔韧性练习。

四、步法

(一)击步

1. 预备姿势

两脚前后开立,同肩宽。两手叉腰。

2. 动作说明

上体前倾,后脚离地提起,前脚随即蹬地向前纵。在空中时,后脚向前碰击前脚。落地时,后脚先落,前脚后落,眼向前平视。

3. 要求与要点

跳起空中时,要保持上体正直并侧对前方。

（二）垫步

1. 预备姿势

两脚前后开立与肩同宽，两手叉腰。

2. 动作说明

后脚离地提起，脚掌向前脚处落步，前脚立即以脚掌蹬地向前上跳起，将位置让于后脚，然后再屈膝提腿向前落步，眼向前平视。

3. 要求与要点

跳起空中时，要保持上体正直并侧对前方。

（三）弧形步

1. 预备姿势

两脚前后开立与肩同宽，双手叉腰。

2. 动作说明

两腿略屈，两脚迅速连续向侧前方行步。每步大小略比肩宽，走弧形路线。眼向前平视。

3. 要求与要点

挺胸、塌腰，保持半蹲姿势，身体重心要平稳，不要有起伏现象，由脚跟迅速过渡到全脚掌，并注意转腰。

五、步型与步法的组合练习

（一）弓步与马步的组合练习

1. 动作

弓步推掌－拗弓步冲拳－马步冲掌－并步抱拳。

预备姿势：并步抱拳。

弓步推掌：左脚向左迈出一步成左弓步；同时左拳变掌，由腰间向前推出成立掌,手指向上,眼看左手。

拗弓步冲拳:弓步不动,右拳由腰间向前冲出平拳;同时左拳收回腰间。两眼平视。

马步冲拳:上体向右转 90 度成马步,右拳收至腰间;同时左拳由腰间向左冲出成平拳。两眼向左平视。

并步抱拳:左脚收回靠拢,同时左拳收回腰间,成并步抱拳。右势动作相同,方向相反。

2. 要求与要点

弓步换马步时,以左脚跟和右脚掌为轴,迅速转动成马步。重心移动时,弓步换马步姿势不要有起伏。推掌要顺肩,冲拳要拧腰、顺肩、沉膝。

3. 易犯错误及纠正方法

弓步拔跟,马步脚尖外撇、凸腰。

纠正方法:做弓步时,后脚脚尖内扣,挺膝;做马步时脚尖向前,扣膝、挺胸、塌腰。

(二)仆步与虚步的组合练习

1. 动作

提膝穿掌-仆步穿掌-虚步挑掌。

预备姿势:并步抱拳。

提膝穿掌:左拳变掌经下向上、向右按掌,随即左腿屈膝提起,同时右拳变掌,经左手背上向右上方穿出,手心向上;左手顺势收于右腋下,上体微右转,目视右掌。

仆步穿掌:右腿屈膝下蹲,左腿迅速伸直成左仆步;同时左手经胸前向下沿左腿内侧穿掌至脚面;右手成侧立掌,手指向上。眼看左手。

虚步挑掌:右脚前上一步成右虚步;同时右手经下圆弧上挑,掌指与肩平;左手经上向后画弧成正勾手,略高于肩。两眼平视。继续练习,动作相同,方向相反。

收势:两脚并拢,并步抱拳。

2. 要求与要点

左提膝与右穿掌要同时完成。仆步要拧腰、转头。穿掌动作要协调一致。上步变虚步时,重心要落于后腿,前脚尖虚点地面。

3. 易犯错误及纠正方法

提膝不过腰,掌穿得慢,仆步翻臀,穿掌、仆步不协调,虚步、实步不明确,身体前倾。

纠正方法:在原提膝的基础上,一手抱膝,一手握脚向前提抱,然后再配合穿掌练习,仆步一腿全蹲,另一腿仆直,两手抓握两脚外侧,左右移动重心,然后两手松开,做仆腿或穿掌的配合练习。

(三)歇步与马步的组合练习

1. 动作

歇步亮掌—转身抡臂正踢—马步盘肘—歇步下冲拳。

预备姿势:并步抱拳。

歇步亮掌:左脚横跨一步,同时右拳变掌向右侧画弧上举,手心向上,眼视右手。右脚向左腿后插步成歇步;同时、左拳变掌由下向上从右臂内穿出,并向左、向右画弧成反勾手,右臂向左、向下、向左画弧至右侧上方亮掌。眼向左看。

转身抡劈正踢:身体起立,并右转90度,右臂稍向下、向前成侧上举,同时左勾手变掌侧下举。身体向右后转180度,同时右臂向后、向下画弧一周至头部右上方亮掌;左手向前、向上,随体转向下画弧一周成反勾手,随即左腿向前上方踢起。目视前方。

马步盘肘:左脚落地向右转体90度成马步;右掌抱拳收回腰间,左勾手变拳由外向里平胸盘肘,拳心向下,两眼向前平视。

歇步下冲拳:左脚外撇,身体左转90度,右脚前跟成歇步。右拳向前下冲拳成平拳,同时左拳收回腰间变掌,目视前下方。继续练习,动作相同,方向相反。

收势:右脚上步向左脚靠拢,并步抱拳。

2. 要求与要点

做歇步时,两腿靠拢,后膝紧贴前小腿外侧。抡臂转身要以脚掌为轴,腰为主,动作要快。踢腿时,支撑要稳,挺胸收腹。正踢变马步时,以脚掌为轴,膝盖微内扣,挺胸立腰。转歇步下蹲时,后膝盖必须紧贴前小腿后侧。起伏转折,要求协调一致。

3. 易犯错误

歇步:后膝盖顶住前膝窝,动作不稳;正踢:支撑腿摇摆不定,凸背、弯腿;抡臂:耸肩弯臂;马步:弓腰凸背,脚尖外撇。

纠正方法:歇步:两腿靠拢,后膝贴紧前小腿外侧,拧腰坐稳;正踢:脚尖上勾,挺膝上摆时,挺胸,收腹;抡臂:臂垂直,松肩,抡动时,臂要紧贴身体。

(四)五种步型的组合练习

1. 动作

拗弓步冲拳－弹踢冲拳－马步架打－歇步盖打－提膝穿掌－仆步穿掌－虚步挑掌。

预备姿势:并步抱拳。

拗弓步冲拳:左脚向左迈出一步,成弓步;同时左手向左平搂并收回腰间抱拳,右拳向前冲拳成平拳,目视前方。

弹踢冲拳:重心前移,右腿向前弹踢,同时左拳由腰间向前冲拳成平拳,右拳收回腰间。眼视前方。

马步架打:左脚落地向左转体90度,两腿下蹲成马步,同时左拳变掌,屈臂上架,右拳由腰间向右冲拳成平拳,头部右转,目视右前方。

歇步盖打:左脚向右脚后插一步,同时右拳变掌经头上向左下盖,掌外沿向前,身体右转90度,左掌收回腰间抱拳。目视右手。上动不停,两腿屈膝下蹲成歇步;同时左拳向前冲出成平拳,右掌变拳收回腰间。目视左拳。

提膝穿掌:两腿起立,身体左转。随即左拳变掌,手心向下,右拳变掌,手心向上,由左手背上穿出,同时左腿提膝,左手顺势收至右腋下。目视右手。

仆步穿掌:左脚落地成仆步。左手掌指向前,沿左腿内侧穿出。目视左掌。

虚步挑掌:左腿屈膝前弓,左脚蹬地向前上步,成右虚步,同时左手向上、向后画弧成正勾手,略高于肩,右手由后向下、向前顺右腿外侧向上挑掌,掌指向上,高与肩平,目视前方。

继续练习动作相同,方向相反。

收势:两脚靠拢,并步抱拳。

2. 要求与要点

五步拳结合五种步型、步法和三种手型编成组合。要求、要点均与前同。

3. 易犯错误及纠正方法

五种步型动作不规范,尤其是歇步盖打,蹲不下去。
纠正方法:加强基本功练习。

六、腿法

(一)弹腿

1. 教学步骤

(1)两腿并立,两手叉腰。
(2)先练习弹低腿,即弹击对方小腿胫骨部位,力达脚尖,然后增加高度至水平位置。
(3)左右腿交替练习。
(4)结合手法练,如弹腿冲拳,推掌等。
(5)做行进间的弹腿冲拳或推掌动作。

2. 易犯错误及纠正方法

(1)屈伸不明显,近似踢摆动作。纠正方法:强调收髋,屈膝后再弹踢出去。
(2)力点不明显,没有爆发力。纠正方法:强调挺膝,绷紧脚尖。

(二)侧踹腿

1. 教学步骤

(1)先做侧压腿、侧摆腿练习。
(2)立正成抱肘姿势,左腿屈膝上提,脚尖上勾,向左下方踹出,与膝盖同高。
(3)手扶一定高度的物体(如树),做侧踹腿练习,身体可向物体方向稍倾。
(4)左右交替做侧踹腿练习。

2. 易犯错误及纠正方法

(1)脚尖向上面侧蹬腿。纠正方法:强调将腿内旋后再踹出。

(2)力点不明显,收髋。纠正方法:多做仆步压腿、侧压腿等练习;强调侧踹时要有爆发力。

▶▶ 课后习题

1. 武术教学的三个阶段指的是什么?

2. 介绍五步拳的动作要领、教学方法,以及易犯错误与纠正方法。

参考文献

[1]中华人民共和国教育部.义务教育体育与健康课程标准(2011年版)[M].北京:北京师范大学出版社,2012.

[2]中华人民共和国教育部.普通高中体育与健康课程标准(2017年版)[M].北京:人民教育出版社,2018.

[3]杨文轩.义务教育体育与健康课程标准(2011年版)解读[M].北京:高等教育出版社.2015.

[4]季浏.普通高中体育与健康课程标准(2017年版)解读[M].北京:高等教育出版社.2018.

[5]浙江省教育厅教研室.浙江省义务教育体育与健康课程指导纲要[M].杭州:浙江教育出版社,2015.

[6]人民教育出版社课程教材研究所.体育与健康(教师用书)[M].北京:人民教育出版社,2014.

[7]李卫东.体育课程教学模式[M].北京:高等教育出版社,2018.

[8]汪晓赞.体育与健康新课程热点探析[M].上海:华东师范大学出版社,2015.

[9]颜庆.中学体育教材教法[M].北京:北京师范大学出版社.2013.

[10]毛振明.体育教学论[M].北京:高等教育出版社.2016.

[11]潘绍伟.学校体育学[M].北京:高等教育出版社,2015.

[12]周建新.体育学科教学法[M].北京:人民体育出版社.2016.

[13]杨建国.新编中学体育教材教法[M].北京:北京体育大学出版社.2011.

[14]曾振豪.体育教学风格[M].北京:高等教育出版社.2016.

[15]施小菊.体育微格教学[M].厦门:厦门大学出版社.2013.

[16]薛继长.中小学体育教材教法[M].长春:吉林大学出版社.2011.

[17]王长生.体育教师职业技能[M].武汉:华中师范大学出版社,2012.

[18]李志勇.中小学体育说课经典案例[M].长春:吉林大学出版社,2014.

[19]于可红.体育课程教学模块设计[M].北京:高等教育出版社,2008.

[20]罗希尧.中学体育教材教法[M].北京:高等教育出版社,2005.

[21]于素梅.中学体育教材教法[M].北京:北京体育大学出版社,2003.